COCINA ESPAÑOLA
ANTIGUA Y MODERNA

Condesa de Pardo Bazán

© Hiria liburuak
ISBN: 84-9797-067-5
Deposito Legal: BI-2632-04

Hiria liburuak
Portuetxe bidea, 51-109
20018 Donostia-San Sebastián (Gipuzkoa)
Tel.: 943 22 40 68
Fax: 943 22 40 67
www.hiria.net

Diseño y maquetación: Joseba Berriotxoa. www.erroteta.com
Printed in UE

Ninguna parte de esta publicación podrá reproducirse, grabarse o transmitirse en forma alguna, cualquiera que sea el método utilizado, sin autorización expresa por escrito de los titulares del Copyright.

COCINA ESPAÑOLA
ANTIGUA Y MODERNA

Marquesa de Pardo Bazán

HIRIA

ÍNDICE GENERAL REDUCIDO

Prólogo de Marina Domecq 9

LIBRO PRIMERO, COCINA ESPAÑOLA ANTIGUA

Prólogo al libro primero 15

Caldos, cocidos, potes, potajes, sopas, migas, gachas 19
    Los caldos 19
    Los cocidos 21
    Las ollas 22
    Los potes 24
    Escudillas y potajes 26
    Las costradas 30
    Sopas de caldo 32
    Sopas frías en vino 34
    Sopas frías en agua 35
    Sopas calientes en agua 37
    Las migas 38
    Las gachas 43

Los platos de huevos 45
    Las tortillas 50

Fritos, frituras o fritadas, y fritangas 55
    Las frituras o fritadas 61

Peces, crustáceos, moluscos 65

Peces de mar	65
Peces de dos aguas y agua dulce	91
Crustáceos y moluscos de mar, agua dulce y tierra	98
Aves de corral y palomar. Caza de pluma	111
Aves de corral	111
Aves de palomar	123
Caza de pluma	124
Las carnes	131
Carnes de matadero	131
Buey	131
Vaca	135
Ternera	139
Carnero, cabrito y cordero	149
Cerdo	155
Embuchados o embutidos	164
Caza de pelo	171
Los vegetales	177
Los accesorios	191
Masas	191
Pichones	193
Salsas	198
Salsas para el cocido	198
Salsas para pescado	200
Para las carnes	201
Para asados de carne	202
Para mejorar los manjares	203
Los escabeches	204
Ensaladas frías	206
Los postres	209

LIBRO SEGUNDO, COCINA ESPAÑOLA MODERNA

Prólogo al libro segundo 215

Los caldos, sopas, purés 219

Los caldos 219

Las sopas 222
    Sopas de caldo sencillas 222
    Sopas de caldo más escogidas 224
    Sopas de caldo, vegetales 227
    Sopas de pescado 229

Los purés 231
    Purés sencillos 232
    Purés más escogidos 233
    Costradas 236

Los platos de huevos 239
    Las tortillas 246

Los fritos 249
    Las pastas de freír 249
    Las croquetas 250
    Platos volantes de horno, conchas, cazuelitas, cubiletes y bocadillos 262

Peces, crustáceos y moluscos 267
    Peces de mar 268
    Peces de dos aguas y agua dulce 283
    Crustáceos y moluscos 285

Aves de corral y palomar. Caza de pluma 291
    Aves de corral 291
    Aves de palomar 298
    Caza de pluma 299

Las carnes 305
    Carnes de Matadero 305
    Buey 305

Ternera	310
Carnero, cabrito y cordero	322
Cerdo	327
Caza de pelo	334
Los vegetales	341
Un poco de repostería	365
Los rellenos	369
Pasteles sin masa	375
Los trufados	376
Platos fríos a la española	379
Los accesorios	383
Los entremeses	383
Entremeses de pescado	385
Entremeses de carne	386
Entremeses embutidos	387
Guarniciones	387
Guarniciones vegetales	388
Las salsas	393
Las ensaladas	399
Los postres	405
Repostería	405
Postres de sartén	407
Postres de fruta	408
Postres de huevo	411
Helados finos	412

PRÓLOGO

Nadie podría resumir la vida de Doña Emilia Pardo Bazán en unas pocas páginas. Porque esta mujer excepcional, culta y curiosa, precursora del feminismo, impetuosa y reflexiva a la vez, capaz de una actividad que todavía hoy asombra, cultivó todos los órdenes literarios, desde la crítica hasta la gastronomía, pasando por la novela, la poesía o el periodismo. Su biografía parece el argumento de una de sus obras y es que doña Emilia se entregaba con tal pasión a cuanto emprendía y estuvo en la vanguardia de tantas cuestiones, que muchos de sus contemporáneos no la entendieron. Así que ya es hora de darle su sitio.

Nacida en 1841 en La Coruña, hija única de noble gallegos, creció con una libertad poco común y una bien nutrida biblioteca a su disposición que alentaron desde muy pequeña su personalidad y su talento literario. En vez de jugar a las muñecas lo hacía con trenes y caballos; leía libros poco corrientes para su edad y se cuenta que a los nueve años tiraba versos por el balcón de su casa a las tropas que volvían de África. A los 16 años conocía a Plutarco, Cervantes, Víctor Hugo y le interesaba Zola. De 1868 recuerda "Tres cosas sucedieron ese año: me puse de largo, me casé y estalló la Revolución de Septiembre". En efecto, sus padres arreglaron esa boda con José Quiroga, con el que tuvo dos hijos pero cuyo carácter débil solo le inspiró el respeto de quien tenía "el convencimiento íntimo de que un divorcio acabaría, moralmente, con el compañero". Por eso y porque no tenían nada que decirse, en 1889 se separó amistosamente de él.

Don Francisco Giner de los Ríos, fundador de la Institución Libre de Enseñanza, su padrino y consejero literario, le aconsejó leer obras de autores españoles como Alarcón y Valera, porque aunque dominaba de sobra los extranjeros y las nuevas corrientes europeas, nada sabía de lo que se cocía en su propio país. Entusiasmada por el descubrimiento escribió su primera novela, Pascual López, que se publicó en Madrid en 1879. Y ya en esta obra primeriza destacan los retratos que traza de las costumbres culinarias de los pícaros estudiantes universitarios, de las comidas tradicionales gallegas y de las ricas casas madrileñas que visita en protagonista, iniciando así su interesante carrera como historiadora de la cocina, que es el que aquí interesa.

Desde entonces empezó a publicar con regularidad novelas que alcanzaron mayores éxitos: Un viaje de novios (1881), La Tribuna (1883), El cisne de Vilamorta y La dama joven (1885), y en 1886 y 1887 aparecieron sus dos obras más famosas, Los Pazos de Ulloa y La Madre Naturaleza. En todas ellas y en otras posteriores abundan descripciones de cocinas y utensilios, guisos y costumbres culinarias que ofrecen al estudioso aspectos fascinantes de aquella época. Viajera impenitente, residió algún tiempo en Vichy; recorrió varias veces Inglaterra, Austria y Francia, lugar este último donde conoció a su admirado Zola, Huysmans y Víctor Hugo y frecuentó las tertulias de los hermanos Goncourt; visitó la Exposición Universal de Viena en 1872 y la de París en 1900. En 1882 publicó La cuestión palpitante, con prólogo de Clarín, obra muy controvertida donde expuso la tesis naturalista que en aquel momento triunfaba en Europa, vencedora de la escuela romántica que a su juicio aún se practicaba en España.

Le salían por doquier amigos y enemigos, aunque todos importantes. Frecuentó a Castelar, Cánovas del Castillo y Canalejas. El mismo Clarín que empezó por considerarla "un sabio", terminó por criticarla con dureza. Se carteaba con Marcelino Menéndez Pelayo, pero éste hacía comentarios bastante hirientes de doña Emilia a sus espaldas. Blasco Ibáñez puso fin a su amistad porque fue ella quien ganó el concurso de cuentos al que los dos se presentaron. Don Juan Valera en cambio llegó a admirarla y se convirtió en uno de sus mejores amigos. En los últimos años de su vida recibía en sus salones a escritores noveles como Wenceslao Fernández Flórez, César González Ruano y Vicente Aleixandre.

Por poner un ejemplo de la clase de opiniones que inspiraba, he aquí dos encontradas en la correspondencia de don Juan Valera y don Marcelino Menéndez y Pelayo: "La Pardo Bazán me ha enviado, con una carta muy amable, su primer tomo de Los Pazos de Ulloa. Hasta ahora solo he leído la autobiografía literaria que pone al principio y que está bien escrita y se lee con gusto", dice el primero. El segundo contesta a vuelta de correo: "Doña Emilia Pardo Bazán ha publicado el primer tomo de una nueva novela que no he leído. Pero si he leído unos apuntes autobiográficos con que la encabeza y que, a mi entender, rayan en los últimos términos de la pedantería. Dice... que cuando ella era niña la Biblia y Homero eran sus libros predilectos... Parece increíble y es para mí muestra patente de la inferioridad intelectual de las mujeres... el que teniendo Dª Emilia tantas condiciones de estilo y tanta aptitud para estudiar y comprender las cosas, tenga al mismo tiempo un gusto tan rematado y una total ausencia de tacto y discernimiento".

Su vida amorosa también fue intensa. Desde la larga y ardiente relación que mantuvo con don Benito Pérez Galdós, pasando por los tres días de "insolación" vividos con Lázaro Galdiano tras conocerlo en la Exposición Universal de Barcelona de 1889, hasta el apasionado aunque breve romance con el joven pintor Joaquín Vaamonde que la visitó en su pazo de Meirás en 1895 cuando ella rondaba los cuarenta y cuatro años, doña Emilia pese a que no era guapa, atrajo y cautivó a muchos hombres.

En 1892 empezó a publicarse bajo su dirección, la Biblioteca de la Mujer, con obras de Stuart Mill, doña María de Zayas, Luis Vives, y otros muchos. En 1906 la nombraron presidenta de la sección de literatura del Ateneo madrileño y en 1908 Don Alfonso XIII le concedió el título de Condesa. Consejera de Instrucción Pública en 1910, catedrática de literatura contemporánea en la Universidad Central en 1916, no consiguió entrar en la Academia por la oposición de casi todos los entonces académicos. Cuando murió, a los 70 años, el 12 de mayo de 1921, estaba componiendo un artículo —llegó a escribir más de 1.500— que se publicó al día siguiente en el ABC.

En 1913 publicó dos importantísimos volúmenes dedicados a la gastronomía: La Cocina Española Antigua y La Cocina Española Moderna. En el prólogo del primero, recopilación de recetas típicas de distintas provincias españolas, explica los móviles de esta publicación. Uno, enriquecer la Sección de Economía Doméstica de la Biblioteca de la Mujer y ayudar al ama de casa, que sigue "todavía relegada a las faenas caseras"; otro "el deseo de tener encuadernadas y manejables varias recetas antiguas... por haberlas conocido desde mi niñez y ser a mi familia como de tradición" y, por último, porque la cocina es, a su entender, uno de los documentos etnográficos más importantes que existen. También se disculpa de no haberse acercado más a los fogones, pero es que "nunca me sobra un minuto para hacer cosas sencillas y gratas, como un pastel de ostras, por ejemplo". Curioso es el colofón: "En las recetas que siguen encontrarán las señoras muchas donde entran la cebolla y el ajo. Si quieren trabajar con sus propias delicadas manos en hacer un guiso, procuren que la cebolla y el ajo los manipule la cocinera... sería muy cruel que conservasen, entre una sortija de rubíes y la manga calada de una blusa, un traidor y avillanado rastro cebollero".

En el segundo de estos recetarios dice que quiere adaptar la nueva cocina europea, más ligera, delicada y elegante, a la mesa española. No se trata de imitaciones, porque, insiste, "si bien nos ha invadido la cocina francesa, y algo la inglesa y la alemana, también hay una reacción favorable a la nacional y regional". Y sigue diciendo: "Combinar lo excelente de los guisos nacionales con el gentil aseo y exquisitez,que hoy se exigen en la cocina universal, es lo que este libro tiende a fomentar un poco".

Como toda persona inteligente e inquieta, la contradicción formaba parte inseparable de su ser. Y una de sus mayores contradicciones era la defensa absoluta de la cocina regional por encima de modas y corrientes europeizantes, mientras que en lo literario se inclinaba a seguir las pautas marcadas por los autores franceses de su tiempo. Al prologar La Cocina Práctica de Picadillo (Manuel Mª Puga y Parga) ofrece una visión de la literatura culinaria "como un inmenso estómago" cuyas oscilaciones son "la energía social e individual... lo que con sonoro vocablo se llama historia" y añade: "La monotonía horrible de la cocina francesa vertida al castellano en las fondas, está proscrita de la cátedra de Picadillo. Esto me ha puesto de buenas con él".

Esta mujer, que se levantaba todos los días a las cinco de la mañana para escribir hasta las doce, era en lo relativo a la comida y seguramente a todo lo demás, golosa y austera, generosa y puritana, exaltada y crítica a la vez. Pero siempre con ingenio, talento y sentido del humor. Juzguen ustedes, si no, en las páginas siguientes.

Marina Domecq, Madrid 1996

LIBRO PRIMERO

COCINA ESPAÑOLA ANTIGUA

PRÓLOGO AL LIBRO PRIMERO

Al publicar un libro de Cocina, me parece natural decir que no tengo pretensiones de dominar esta ciencia y arte. Soy, tan sólo, una modestísima aficionada. Más que enseñar, deseo aprender.

Varias razones me mueven, sin embargo, a imprimir las recetas que he ido coleccionando para mi uso. La primera en importancia, es la siguiente.

Tiempo ha fundé esta Biblioteca de la Mujer, aspirando a reunir en ella lo más saliente de lo que en Europa aparecía, sobre cuestión tan de actualidad como el feminismo. Suponía yo que en España pudiera quizás interesar este problema, cuando menos, a una ilustrada minoría. No tardé en darme cuenta de que no era así. La Biblioteca tuvo que interrumpirse en el noveno tomo, a pesar de mis esfuerzos por prestarle variedad, mezclando en ella obras de historia y de devoción. Encariñada, sin embargo, con la idea, siempre esperaba el día en que la Biblioteca continuase; sólo que, aleccionada por la práctica, y como en los años transcurridos no se hubiesen presentado sino aislados y epidérmicos indicios de que el problema feminista, que tanto se debate y profundiza en el extranjero, fijase la atención aquí, decidí volver a la senda trillada, y puesto que la opinión sigue relegando a la mujer a las faenas caseras, me propuse enriquecer la Sección de Economía Doméstica con varias obras que pueden ser útiles, contribuyendo a que la casa esté bien arreglada y regida.

Otro móvil que me ha guiado, en el caso presente, es el deseo de tener encuadernadas y manejables varias recetas antiguas o que debo considerar tales, por haberlas conocido desde mi niñez y ser en mi familia como de tradición. Gano en esto comodidad, y espero que gane el público, que con algunas se chupará los dedos.

En esta cuestión de la cocina, como en todas las que a la mujer se refieren, la gente suele equivocarse. Sin recordar la superioridad de los cocineros respecto a las cocineras, se da a entender que la cocina es cosa esencialmente femenil. Y por lo mismo, y como me han visto aficionada a estudios más habituales en el otro sexo, puede que se sorprendan de que salga de mis manos, o mejor dicho, de mis carpetas, un libro del fogón. Sin que crea que el hecho me favorece ni me desfavorece, diré que siempre me he preocupado de cosas caseras, porque me entretienen, y si no he trabajado más en este interesante ramo, la culpa ha de achacarse a que nunca me sobra un minuto para hacer cosas sencillas y gratas, —un pastel de ostras, por ejemplo—. La cocina, además, es en mi entender, uno de los documentos etnográficos importantes. Espronceda caracterizó al Cosaco del desierto por la sangrienta ración de carne cruda que hervía bajo la silla de su caballo, y yo diré que la alimentación revela lo que acaso no descubren otras indagaciones de carácter oficialmente científico. Los espartanos concentraron su estoicismo y su energía en el burete o bodrio, y la decadencia romana se señaló por la glotonería de los monstruosos banquetes. Cada época de la Historia modifica el fogón, y cada pueblo come según su alma, antes tal vez que según su estómago. Hay platos de nuestra cocina nacional que no son menos curiosos ni menos históricos que una medalla, un arma o un sepulcro.

Excuso advertir que no presumo de haber recogido ni siquiera gran parte de los platos tradicionales en las regiones. Sería bien precioso el libro que agotase la materia, pero requeriría viajes y suma perseverancia, pues, en bastantes casos, las recetas en las localidades se ocultan celosamente, se niegan o se dan adulteradas. En mi propio país hay recetas que no he logrado obtener. Me apresuro a añadir que agradeceré de veras las que me envíen, para incluirlas en las sucesivas ediciones. Las solicito de toda España y de América. Me acuerdo siempre del caso del «viejo del reflejo». En Manises, cuando visité este singular pueblecillo, existía un anciano alfarero, último en guardar como una vestal el secreto del reflejo misterioso de los cacharros hispano-árabes. Ni a sus nietos ni a persona alguna quería confiar el procedimiento. Una leyenda le rodeaba. Poco después el viejo moría, llevándose a la tumba el reflejo encantador.

Hay que apresurarse a salvar las antiguas recetas. ¡Cuántas vejezuelas habrán sido las postreras depositarias de fórmulas hoy perdidas! En las familias, en las confiterías provincianas, en los conventos, se transmiten «reflejos» del pasado, —pero diariamente se extinguen algunos.

Si hay que dar sentencia en el eterno pleito entre la cocina española y la francesa, o, por mejor decir, la europea, opino que la comida es buena siempre cuando reúne las tres excelencias de la del Caballero del Verde Gabán: limpia, abundante y sabrosa.

Hay muchos platos de nuestra cocina regional y nacional, de justísima fama. En cuanto a las primeras materias, no ignoramos que son excelentes, si bien las carnes de matadero, en otras naciones, se ceban mejor. En cambio nos podemos ufanar de nuestros pescados de mar y río, de nuestras frutas, de bastantes aves de corral y caza de pluma, de nuestros jamones gallegos y andaluces, y las hortalizas empiezan ya a cultivarse como es debido, a pesar de no hallarse muy aclimatadas a nuestra mesa. No obstante, de vegetales se componen los caldos de pote y escudillas, las ensaladas frías y el clásico gazpacho. Hay una gramínea, el arroz, que en ningún país del mundo se entiende y se prepara como aquí. En Francia el arroz sabe a agua chirle. Nuestros embutidos son también muy superiores a los extranjeros. La cocina española puede alabarse de sus sabores fuertes y claros, sin ambigüedad de salsas y de aderezos; de su pintoresca variedad según las regiones; de su perfecta adaptación al clima y a las necesidades del hombre, a su trabajo y a su higiene alimenticia; y de una tendencia vegetariana, debida quizá a las ideas religiosas y al calor. Para demostrar la influencia de la Cuaresma y de la vida conventual en nuestra cocina se necesitaría escribir un largo artículo.

Que la cocina española propiamente dicha tiene su sello, lo demuestra, entre otras cosas, su extensión y evolución en América. En Cuba, en Méjico y en Chile, abundan los platos hoy nacionales, que revelan a las claras lo hispánico de su origen y la aplicación de los elementos ibéricos al nuevo ambiente. Algunos he incluido en este tomo.

En la cocina española quedan todavía actualmente rastros de las vicisitudes de nuestra historia, desde siglos hace. En Granada tuve ocasión de ver unos dulces notabilísimos. Eran no recuerdo si de almendra o bizcocho, pero ostentaban en la superficie dibujos de azúcar que reproducían los alicatados de los frisos de la Alhambra; y no por artificio de confitero moderno, sino con todo el inconfundible carácter de lo tradicional. Del mismo modo, perduran formas de panes y quesos, que, a través de las edades, conservan la hechura votiva de los que se ofrecían a las deidades libidinosas de Fenicia o Cartago.

Cada nación tiene el deber de conservar lo que la diferencia, lo que forma parte de su modo de ser peculiar. Bien está que sepamos guisar a la francesa, a la italiana, y hasta a la rusa y a la china, pero la base de nuestra mesa, por ley natural, tiene que reincidir en lo español. Espero que, en el tomo de la *Cocina moderna*, se encuentre alguna demostración de cómo los guisos franceses pueden adaptarse a nuestra índole.

Varias recetas de este libro llevan la firma de las señoras que me las proporcionaron. Cuando transcribo alguna especial de otros libros de cocina, lo hago constar; la probidad obliga, —y además, tiene el encanto de lo nuevo, pues generalmente, en esta materia, no hay tuyo ni mío—. No es posible, naturalmente, que todas las recetas de un libro sean inéditas, ni siquiera que lo sea una tercera parte; pero si somos dueños de las fórmulas que figuran en cien Manuales, siempre cabe la selección de lo claro y fácil, y hasta de lo ya ensayado; y tampoco se debe copiar una receta sin fijarse en si contiene algo reprobado por el sentido común o por la gramática, caso asaz frecuente. Repito que no pretendo quitar méritos a nadie, ni me precio de Angel Muro, y por eso omito ejercer severa crítica. Me limito a afirmar que el lenguaje de un libro de cocina español debe ser castellano castizo. Va cundiendo una especie de algarabía o jerigonza insufrible, de la cual son muestras las minutas de fondas y banquetes. Líbrenos Dios de tal lengua franca, semejante a la que se usaba en Liorna. También hay que defender el idioma nacional.

Lo más femenino de este libro es la recomendación con que voy a terminar el prólogo.

En las recetas que siguen encontrarán las señoras muchas donde entran la cebolla y el ajo. Si quieren trabajar con sus propias delicadas manos en hacer un guiso, procuren que la cebolla y el ajo los manipule la cocinera. Es su oficio, y nada tiene de deshonroso el manejar esos bulbos de penetrante aroma; pero sería muy cruel que las señoras conservasen, entre una sortija de rubíes y la manga calada de una blusa, un traidor y avillanado rastro cebollero.

La Condesa de Pardo Bazán

CALDOS, COCIDOS, POTES, POTAJES, SOPAS, MIGAS, GACHAS

En este volumen, consagrado a la Cocina antigua, una sección importante tiene que corresponder al caldo, el cocido y las sopas —que en realidad, ya son evolución del primitivo y gran plato nacional: la olla castiza—. «Volcad la olla» era en otras épocas equivalente a servir el yantar. La olla tenía carácter burgés, con relación al pote o caldero, más popular, superviviente en chozos labriegos y majadas pastoriles.

La división en caldo y cocido del contenido de la olla, es todavía base de la alimentación en España. Del caldo se deriva la sopa, pues buena parte de las sopas, con el caldo del puchero se hacen —aunque no todas, ni mucho menos—. Parece perogrullesco decir que el caldo es tanto mejor, cuantos más ingredientes sustanciales entren en el cocido.

LOS CALDOS

Caldo del puchero

Se pone agua a hervir, y cuando hierve, se le echan los garbanzos, ya remojados y lavados, y que estarán en agua templada o más bien caliente, para que no pare de cocer la olla. Se añade la carne lavada en agua hirviendo, un puerro, una zanahoria, una chirivía, perejil, jamón y tocino; se deja hervir, se espuma, se sala, y luego ya debe cocer sosegado para que salga clarito.

Así que el caldo está hecho, se aparta la cantidad que hace falta para la sopa; no debe moverse ni revolverse caliente, porque se pone ácido.

(Condesa viuda de Pardo Bazán)

Caldo Sustancioso

Se hace con jamón, gallina y hueso de tuétano. El mejor jamón para el puchero es el añejo y sin rancio, y la gallina, la gruesa y no muy vieja aún.

El caldo a la española generalmente es de un amarillo claro; pero hay quien lo prefiere más subido de color, y esto se pude conseguir de varios modos.

Basta hacer un poco de caramelo oscuro con azúcar o tostar en el horno nabos o cebollas hasta que tomen tono rojizo y añadirlos al puchero después.

Caldo de pollo para enfermos

Un pollito tierno, que se despedaza rompiéndole los huesos; hervir un litro de agua, echarle el pollo así despedazado, una pulgarada de sal y dos lechugas amarradas y blanqueadas. Debe cocer a remanso una hora.

Caldo de pescado para sopa de vigilia

Se pone al fuego una olla con agua, una cucharada de aceite o dos, según la cantidad de caldo que se necesite (para ocho personas, dos cucharadas soperas de aceite), un puerro, tres cebollas, un diente de ajo, tres zanahorias, una hoja de laurel, una rama de tomillo, una chirivía y un tallo de apio.

Cuando estas hortalizas y yerbas han levantado hervor, se añaden el pescado, la sal y la pimienta. El pescado puede ser una cabeza de merluza, que es lo que suelta más grasa y gelatina; sirve también robaliza, congrio, lubina o raya. El pescado azul no es utilizable.

Se deja cocer a fuego flojo, y cuando se ve que el pescado está consumido, se pasa todo por tamiz, haciendo puré, y se vuelve a poner al fuego añadiendole agua, si es preciso, para obtener el caldo más o menos líquido. Si no se quiere puré, se aprieta un poco con cuchara sobre el colador, y basta.

LOS COCIDOS

Cocido o puchero español

Se pone agua a la lumbre, en marmita, de las dimensiones oportunas para la cantidad de caldo que se quiera obtener.

Lo indispensable para un cocido mediano es: un trozo proporcionado de buey o vaca, tocino, hueso con tuétano, zanahoria y chirivía. Las verduras y los garbanzos se echan primero; las carnes y tocino, una hora después; pasado el primer hervor, el caldo debe cocer mansamente; hay que espumarlo y luego salarlo; debe remansar tapado y durante tres horas lo menos.

Las cocineras cuidadosas encierran los garbanzos en un saquillo o red de gancho, para que no dejen en el caldo pellejitos.

El caldo debe desengrasarse antes de hacer uso de él para la sopa, a menos que se trate de costradas. En la cocina española no se suele desengrasar.

A voluntad se añaden, jamón, codillo, gallina, chorizo, huesos de vaca, buey y ternera, rabo y oreja de cerdo, manos de ternera, etc.

Las patatas deben cocer aparte, porque enturbian el caldo.

También conviene cocer aparte la verdura, con la morcilla o el chorizo. El chorizo engrasa demasiado el caldo y lo tiñe de pimentón.

En muchos puntos de España se sustituye la vaca o el buey con el carnero, y se echa a la olla la perdiz.

Bola de Zamora para el cocido español

Se pica un diente de ajo con un ramillete de perejil; se añade pan rallado y un huevo, a carne de la víspera, picada; se incorpora bien todo y se fríe veinte minutos antes de comer, habiendo formado una bola que se enharinará ligeramente para que no se deshaga. Momentos antes de servir el cocido se echa la bola en el caldo y se sirve con la verdura.

Cocido veracruzano

En olla con bastante agua fría se pone una libra de ternera, una de vaca y un trozo de tocino añejo. Hierva la olla a fuego moderado; en cuanto el agua se caliente, se añadirá otro par de vasos y se avivará el fuego para que la olla espume. Se va quitando la espuma según asoma.

A las cuatro horas de cocción se añade media col, una lechuga, tres nabos, tres zanahorias, un puñado de garbanzos remojados, despojos de pavo, media gallina y unos huesos de cordero asado, un poco de perejil, tres clavos y una cebolla asada. Se deja cocer cuatro horas más, añadiendo agua caliente a medida que merma; se pasa el caldo para hacer sopa con rebanadas de pan, y el resto del cocido, se sirve en fuentes.

LAS OLLAS

Olla podrida

Si hay un plato español por excelencia, parece que debe ser ése, del cual encontramos en el *Quijote* tan honrosa mención, y, sin embargo, se me figura que ya no se sirve en ninguna parte, y que, como las gigantescas especies fósiles de los períodos antediluvianos, se ha extinguido.

La evolución de la olla podrida es, según queda dicho, el cocido muy ilustrado, que tiene decididos partidarios y parece estar destinado a resistir la invasión de las fórmulas modernas. Y, en efecto, la olla podrida era sencillamente un cocidazo.

La teoría es ésta: reunidas muchas cosas buenas, ganan todas. Y los médicos nos dicen que los alimentos son más sanos cocidos que fritos o guisados.

No censuremos, pues ni el cocido en grande ni la misma olla podrida; pero reconozcamos que suprimen el resto de la minuta. Después de una «costrada» y un cocido fuerte, ¿qué más se ha de comer?

Bien espumado el puchero y añadidos los garbanzos, se echará tocino fresco y añejo, gallina, jamón, chorizo, manos de ternera, orejas de cerdo, una pelota hecha con picadillo, y más tarde patatas, arroz, judías, habas y guisantes frescos. Todo ello ha de cocer cinco horas, y después se sirve... en las bodas de Camacho.

Oille u olla a la española, según Gouffé

Nadie ignora que los franceses, cuando de algo español se trata, pierden la cabeza y no dicen ni escriben, con honrosas y raras excepciones, sino desatinos, hasta en aquello que más obligación tienen de conocer. Por delante esta afirmación, no sorprenderá la siguiente receta, que tomo de Gouffé, el gran técnico, la autoridad indiscutible (aunque no indiscutida) en culinaria.

Cuatro kilos de pierna de buey deshuesada. Un kilo de tendones de buey. Dos pichones. Un pollo. Un pecho de cordero. Dos perdices. Un jamoncillo bien desalado. Un pato. Ocho *saurisos* o salchichas españolas *(sic)*.

Atense las carnes, desplúmense las aves, y a la olla con todo.

Dos litros de garbanzos remojados; mójense con caldo magno, hierva, espúmese y escúrrase.

Envuélvanse en un paño dos pimientos dulces, seis rabiosos, cuatro clavos de especia, media nuez moscada. Póngase todo en la marmita, hágase hervir despacio, retírese cada carne o ave así que estén cocidas.

Póngase en una cacerola una col limpia, lavada y cortada en cuatro; hágase blanquear, escúrrase, sazónese y átese con bramante. Vuélvase a poner en cazuela con el caldo desengrasado de la olla. Dése forma bonita a treinta nabos y treinta zanahorias, blanquéense y cuézanse aparte. Lávense y blanquéense dos lechugas. Glaséense veinte cebollas de mediano tamaño. Cocido todo, retírense las carnes. Pásese y desengrásese el caldo. Clarifíquese. Resérvense los garbanzos.

Cuézase en agua salada un kilo de guisantes. Paraméntense las carnes, glaséense, colóquense en fuente grande, en medio el buey, a la esquina los chorizos, al otro lado el jamón; alrededor de la pierna de buey los tendones, el tocino cortado en pedazos cuadrados, el pecho, el pollo, el pavo y los pichones trinchados. Por ramilletes, sobre las carnes, la col, las lechugas, las zanahorias, los nabos, las cebollas y los guisantes. El caldo sírvase en sopera aparte. ¡Y convídése a comer a Gargantúa, y dígase luego que el país de la sobriedad es España!

Cazuela chilena

Esta sopa es de cordero. Se corta una libra de cordero en pedazos pequeños, y se rehoga en manteca de cerdo, con cebolla picada fina.

Separadamente se tiene agua hirviendo en una olla grande y se le incorpora la carne partida y rehogada, ocho o diez patatas en trozos, quinientos gramos de arroz, sal, hierbabuena y orégano.

Se espuma, y cuando se va a servir, se introducen dos huevos enteros batidos. Todo ello ha de quedar caldoso y servirse en platos, como sopa. En vez del cordero puede ponerse gallina.

(Don Ramón de Cárdenas)

LOS POTES

Pote gallego

El pote es todavía la comida de los aldeanos de Galicia. Son sus elementos berzas, habas y patatas, deduciéndose que el labrador gallego es vegetariano (por fuerza), y no le va mal con serlo, desde el punto de vista del vigor.

En la tierra, generalmente, no se llama pote, sino *caldo*, a este manjar.

Se hace cociendo primero las alubias en agua, y cuando hierven, se les añade un trozo de *unto* (tocino rancio). Luego, la verdura, que puede ser berza gallega, nabo, nabiza, calabaza, grelo o repollo, y las patatas en pedazos. Hierve el tiempo que desee el que lo ha de comer, y la mayor parte de los labriegos lo comen medio crudo, acompañado de un mendrugo de pan de maíz.

La nabiza es la hoja del nabo, y el grelo, su tallo tierno y flor.

Y la inmensa mayoría de los que han nacido en Galicia, y muchos que en ella no nacieron, encuentran gustoso el plato. Hoy se venden en Madrid, y muy solicitados, grelos y nabizas. Naturalmente, este manjar admite perfeccionamientos, que se reducen a acompañarlo, además del unto, con algo de cerdo, despojos —nunca jamón—. El rabo, el morro o *fociño*, la oreja, el codillo, el costillar del cerdo, no fresco, sino salado, el chorizo, dan al caldo realce. Estas añadiduras se sirven con el cocido. Claro es que los pobres aldeanos sólo rara vez pueden agregar al caldo un despojo del cerdo que salan en su artesa. Y un cantar anuncia «alegría y alegrote» cuando un rabo danza en el pote mísero.

Caldo gallego de berzas o repollo

Se pone a cocer agua en una olla, y en ella se echan las alubias escogidas y limpias. Cuando hierven se añade un poco de agua fría para que se pongan tiernas, y cuando no sobrenaden, estarán cocidas.

Entonces se sala y se agregan las patatas, que ya estarán cortadas, y la verdura, que también lo estará groseramente; todo ello se habrá lavado antes en varias aguas, y la última, hirviendo, a fin de que, al echarlo en la olla, no se interrumpa la cocción.

Se añade unto y grasa, que puede ser de la aprovechada de fritos, etc. El unto es cosa labriega, es lo clásico. Si se pone, debe estrujarse después de cocido, para que la grasa se reparta por el caldo. Este caldo mejora con toda grasa, y si se le añade rabo, oreja o costilla de cerdo, le sienta muy bien.

Toda verdura con que se haga el caldo, debe estar a remojo en agua desde la víspera, a fin de que pierda el ázoe. La berza gallega hay que refregarla mucho antes de ponerla en el caldo, para que suelte el verdín. Los grelos deben cocer con la olla descubierta, y dentro de la olla, un cucharón de palo.

(Condesa viuda de Pardo Bazán)

Caldo gallego de nabizas

Se lavan muy bien, en varias aguas, las nabizas, para quitarles la tierra, y se dejan de víspera en remojo.

Al otro día se parten con la mano (nada de cuchillo), arrancando con retorcimiento ligero lo blando de la hoja, y tirando los tallos y venas duras.

Se ponen luego las nabizas en un barreño, y se les echa por encima, de golpe (fuera del fuego), cantidad de agua hirviente. Se les escurre luego esta agua, y se repite la operación, moviendo las nabizas con una pala para que no amarilleen.

Un cuarto de hora después se friegan con la mano, para que suelten el verdín, como quien frota trapos para quitar una mancha.

Después de estas operaciones previas, que explicadas parecen difíciles, pero no exigen sino algo de costumbre, se echan las nabizas en el pote, donde ya estarán cociendo las patatas en cachitos, y se les pone sal y unto, o grasa de cerdo, o tocino, lo bastante para dar sabor al caldo.

En un pucherito aparte se cuecen las judías blancas o alubias y unas cuatro patatas enteras de regular tamaño; y, cuando estén bien cocidas, se pasan por tamiz y se incorporan al caldo para espesarlo.

Necesita el caldo de nabizas de tres a cuatro horas de cocimiento.

(Elena Español)

Caldo gallego de harina

Se hace como los demás, sólo que se le añade, cuando empieza a hervir, una cucharada o un puñado de harina de maíz.

Caldo gallego de calabazo

Llaman en Galicia *calabazos* a unas inmensas calabazas doradas.

Se monda el calabazo, se trocea y, cocidas ya las alubias y las patatas, se añade el calabazo en vez de verdura.

Una cucharada de azúcar hace más grato este caldo, cuya sosera no carece de gracia. Se puede cocer en leche, si se prefiere.

Pote provinciano

Medio kilo de judías, blancas y finas, se pone a remojo seis horas. Luego, a la olla, con una col rizada, muy picadita, o col y media, si no es muy grande.

Cuando han cocido judías y col hora y media, se añaden 150 gramos de tocino y tres chorizos picantes, y hora y media después, cuarto kilo de patatas en trozos.

Habiendo cocido el pote a fuego igual y manso cinco horas, se puede servir.

ESCUDILLAS Y POTAJES

Escudella catalana

La base de este plato regional es col, berza o repollo, que se lava y se pica de un grueso regular. Se añaden patatas, también picadas, y se echa todo en agua con sal y un poco de caldo.

Se le agrega luego, cuando esté cocida la verdura, fideos gordos y arroz.

De escudella catalana hay infinitas recetas, pero no se diferencian mucho, y descubren el parentesco con el caldo gallego, aunque la escudella se acerca más al tipo de los «potajes».

Escudilla de ángel

La receta es de Altimiras, piadoso cocinero que dedica su libro de cocina a San Diego de Alcalá, y recomienda que antes de poner al fuego la olla se ponga el cuerpo en tierra y el espíritu en Dios. Como en todas estas recetas antiguas, es preciso aclarar un poco el texto y reducir las proporciones conventuales.

Media libra de arroz y dos cuartillos de leche; un huevo, canela molida con azúcar; lávese el arroz en agua tibia, se enjuga, se maja y se pasa...., lo cual significa, en lenguaje moderno, que lo sencillo es tomar harina de arroz. Hiérvase la leche y échese la harina en una cazuela, desatándola con leche fría; luego, en una olla, se reúnen harina, leche y azúcar; se añade la mitad de los huevos con claras y la otra mitad sin ellas; con un cucharón se revuelve sin cesar hasta que se cueza y espese. Se sirve espolvoreado por encima con arroz y canela. Antes de empezar a incorporar los huevos se añade medio cuartillo de buen caldo.

Fabada asturiana

Las *fabes* para este plato regional han de ser blancas, de las llamadas de manteca, y han de estar en remojo ocho o diez horas.

Pasado este tiempo, se ponen a cocer en agua sin sal, la sal las atiesaría, y basta con la del *tocin*.

Así que empiezan a enternecerse, se les añade el *tocin* y la *morciella*. El tocino ha de ser entreverado, y la morcilla, picante o cebollera, pero de sangre.

Del grado de cocción sólo puede juzgar la guisandera que la atiende. Como sucede con casi todos estos platos en que entran despojos de cerdo y vegetales, el secreto está en curtir muy bien los vegetales con las grasas. Más vale que las *fabes* se deshagan que encontrarlas duras.

El codillo de cerdo, un buen trozo de jamón unos chorizos, lejos de adulterar la fabada, la mejoran.

Y todos saben que el asturiano, si fuese rey, comería *morciella* con *fabes*.

Potaje de garbanzos

Se echan, después de escaldados, en agua adicionada de aceite crudo; se les añade sal, un refrito de cebolla y un diente de ajo machacado; se sala, se agregan espinacas picadas, se deja cocer y se espesa con una yema de huevo.

Otra fórmula de potaje de garbanzos

Debe advertirse que el potaje de garbanzos bien hecho es un plato admitido hoy en Cuaresma, en mesas finas. Un inteligente me comunica esta receta.

Ante todo, garbanzos de los mejores de Fuentesáuco; se ponen a remojo de víspera. Se cuecen en agua sola, sin sal ninguna; cuando empiezan a ablandar, se les agrega un refrito de cebollas, aceite y un solo diente de ajo machacado; se pican espinacas y se añaden al potaje, así como el refrito y una miga de pan empapada en vinagre.

Se sala, y al empezar a cocer los garbanzos se les habrán añadido unos despojos o hilachas de bacalao en pequeña cantidad y solo para dar sabor. El potaje ha de estar suelto, pero espesito.

Potaje de castañas

Puede hacerse con castañas frescas o pilongas; siempre el quid consistirá en que cuezan lo bastante para estar muy blandas y sin deshacerse del todo y en elegir castañas de las mejores, azucarosas.

Siendo pilongas, hay que ponerlas en remojo veinticuatro horas lo menos.

Después se cuecen con agua y sal; cuando estén cocidas, se majan unas pocas en el mortero con una corteza de pan tostado y remojado en vinagre; se incorpora este puré a las castañas, un polvo de canela y una cucharada de azúcar; si se quiere, se puede añadir una cucharada de miel.

Potaje de judías blancas

Han de ser de las muy finas, que en Madrid abundan, y cuyas dimensiones no son mayores que un grano de guisante.

Se cuecen en agua fría. Se salan después de cocidas. Se hace reventar en el mismo puchero, y con las judías, un puñado de arroz.

Se prepara un refrito de cebolla picada, un diente de ajo entero, aceite y pimiento rojo, y se deja cocer con el potaje un cuarto de hora.

A todos estos potajes de legumbres secas, como habas, garbanzos y arroz, les hace favor machacar en mortero un puñado del potaje y añadirlo convertido en puré.

Potaje de almejas

La misma fórmula del potaje de garbanzos, añadiéndose hilachas de bacalao y huevos picados cocidos.

Descascárense almejas y agréguense al potaje con su agua, —unas veinte por comensal—. Déjense hervir en el potaje treinta minutos.

Antes de cerrar la serie de los potajes conviene advertir que es una fórmula muy elástica y en ella cabe un sinnúmero de combinaciones. Las lentejas, el arroz, la cebada mondada, infinitas verduras, se prestan a inventar potajes variados.

Burete

Permítase una pequeña disgresión. El burete pertenece al subgénero de las escudellas o potajes. Pudiéramos llamarle también *bodrio*. Ya se sabe que el bodrio de los espartanos tenía por objeto inculcar a los niños la sobriedad. El deficientísimo Diccionario de la Academia no trae la palabra *burete*, y tampoco la encuentro en otros Diccionarios más completos que el de la Academia y muy superiores a él.

Ahora bien; el burete era un plato que los franciscanos empleaban mucho, y lo hacían de carne y de pescado. No son los franciscanos precisamente émulos de Lúculo ni de Apicio, y por eso no respondo de que sea exquisito el burete. He aquí la receta:

Se prepara caldo de hierbas y se sazona con sal y especias a gusto; se añade perejil y un poco de hierbabuena. Píquense lechugas y acederas y añádanse, así como una buena cantidad de cebolla picada y frita y queso rallado; póngase todo a cocer, espésese con pan rallado, sáquese del fuego a que sude; en el caldo tibio se desata media docena de huevos (medio huevo por comensal) y se revuelve todo en la escudilla.

LAS COSTRADAS

Costrada clásica

En caldo graso se cuecen a fuego lento cortezones de pan duro o tostadas no muy delgadas. Cuando el pan está empapado y en el fondo de la cacerola hay un poco de pegue, se le añade, si se quiere, más caldo. Esta sopa debe ser grasienta, pero al servirla, y antes de agregar el caldo, conviene escurrir la grasa. Procúrese que forme costra reduciendo al horno.

Costrada dorada a la antigua española

Bátanse ocho yemas y desátense en caldo frío. Pónganse en la cazuela las rebanadas de pan bien tostadas y écheseles por encima el caldo y los huevos, añadiendo unas gotas de zumo de limón. Añádase manteca caliente, un polvo de canela y azúcar molido, espolvoreado por encima. Vaya al fuego con lumbre abajo y arriba. El azúcar, más o menos, según el gusto.

Esta sopa ha de estar, como todas las costradas, seca y tostadita.

Costrada de hortalizas

Este plato es de todas las estaciones; pero son preferibles las hortalizas de primavera.

Se pone en una tartera manteca de cerdo o de vaca, y se pica cebolleta fresca, dejándola que se pase a fuego manso. A medio pasar, se añade zanahoria finamente picada y perejil lo mismo, siendo preferible, siempre que de picar se trate, hacerlo a máquina.

Bien pasado todo, agréguense espinacas, lechugas, acelgas y demás verduras de la estación, cortadas menudamente, pero sin picar. Mientras van cociendo, tuéstense rebanadas de pan lo más delgadas posible y muy doradas. Póngase todo alternando en la tartera, capa de pan y capa de hortaliza, y por remate, capa de pan. Se añade caldo, que sea graso, y se deja cocer, destapada la tartera en el horno, hasta que la capa superior se tuesta y hace costra.

(Elena Español)

Costrada a la lugareña

Se tuestan rebanadas de pan; se fríen, para doce personas de buen apetito, seis chorizos, y se cortan en rebanadas finas también.

Se cuecen diez o doce zanahorias, seis cebollas grandes, y, ya muy cocidas, se pasan por tamiz, reduciéndolas a puré espeso.

En una cacerola se van colocando capas de chorizo y capas de pan, y se rellenan con el puré los intersticios. La última capa debe ser de pan.

Se moja con caldo del puchero, se añade la manteca de cerdo en que se han freído los chorizos, y alguna más si el caldo no fuese muy grasiento, se sala moderadamente y se pone a horno templado, cuidando de que no se achicharre ni quede demasiado caldosa. Pueden escalfarse encima huevos, al servir.

Costrada de arroz

Lávese el arroz en agua tibia y cuézase a fuego suave, en caldo; cuando esté cocido, desengrásese un poco, si no agrada la grosura. Pónganse unos tropezones de tocino chiquitos, cúbrase, y con ascuas sobre la tapadera, déjese un rato más al fuego, hasta que por encima se dore.

Costrada de Cuaresma a la cubana

Se pone agua en una marmita, con un picado de perejil, raspas de queso y una pulgarada de pimienta. Se majan en el mortero una cucharada de piñones, otra de almendras, un diente de ajo y como media cebolla; se añade sazón de azafrán y pimienta, se deslíe con agua, y se echa la tercera parte en la marmita, sobre rebanadas de pan tostado. Así que arranca el hervor, se le añade el resto del majado, se tapa la marmita con una cobertera con ascuas por encima, hasta que forme costra, y se sirve.

Costrada de manteca, de vigilia

Tostadas de pan, bien tostadas, se ponen en la tartera y se les añade agua hasta que las cubra.

Cuando rompen a hervir se les añade una cucharada de manteca de vaca y sal.

Al estar en punto, habiendo formado un poco de costra, se escalfa un huevo por persona sobre la tartera, y se sirve.

SOPAS DE CALDO

Sopicaldo

Es fórmula sencillísima; pero a veces lo confunden con otras sopas.

En un bol o tazón se echan recortes de pan, y encima se vierte el caldo hirviente.

Se tapa el tazón, y a los dos minutos está hecho el sopicaldo.

Si se casca un huevo sobre el pan antes de echar el caldo, es todavía más sabroso y alimenticio.

Panetela

Se tuesta muy bien en el horno una cantidad de pan rallado, fino, se pone caldo al fuego, y cuando hierve, se le incorpora el pan rallado, dejándolo cocer un poco.

Es sopa de convalecientes.

Sopa calada

Sobre tostaditas finísimas y muy socarradas de pan se vierte el caldo, hirviendo más o menos, según se quiera la sopa espesa o clara. Para dar sabor se añade una hojita de hierbabuena. Mientras se cala, la sopera debe estar tapada.

Si se prefiere el pan sin tostar, es conveniente que no sea del día.

Cachuela de oropesa

Para hacer la cachuela se fríen asaduras de cerdo frescas; con esa fritura se da sustancia al caldo; se añaden especias, y con ese caldo se cala la sopa, de rebanadas delgadas de pan.

(Antonio Sánchez Pérez)

Sopa mexicana

Se cortan rebanadas de pan seco, muy delgadas, y se tuestan ligeramente en el horno, hasta que tomen un color doradito. Se pican pedacitos de jamón del tamaño de dados y se les dan unas vueltas en la sartén. En esa misma grasa se fríe una cantidad de tomate, y luego en un cazo se coloca una capa de las rebanadas del pan, otra del jamón y tomate, y unos cuantos garbanzos del cocido, y se repite la misma operación hasta llegar a la mitad del cazo. Luego se llena éste con el caldo del puchero, se deja cocer todo junto un rato a que se esponje el pan, y queda una sopa exquisita.

Sopa de fideos

No todo el mundo sabe hacer la sopa de fideos, aun cuando parece la más vulgar de las sopas de pasta y una de las más triviales de la cocina española.

Ante todo hay que fijar las cantidades. Para que sea clara, un litro de caldo y treinta gramos de fideos; para que sea espesa, sesenta gramos. Y si se quiere, como algunas personas, que la cuchara se tenga de pie, de cien gramos para arriba.

Hay que quebrar los fideos y dejarlos cocer en el caldo tanto tiempo como tarden en estar blandos, sin estar deshechos.

En muchos puntos de España la sopa de fideos se colorea con azafrán.

Sopa a la marinera

Para esta sopa hace falta pescado vario y menudo, que no sea azul: pescado del tipo de la pescadilla, como el que se usa para la sopa rape.

Cuécese este pescado menudo en caldo y se escurre en el colador el líquido que deje. Se habrá cocido mucho, hasta que suelte toda la sustancia y gelatina.

Póngase el caldo en una cacerola y añádase aceite, un ramillete, un poco de corteza de limón, una cabeza de ajo, una cebolla y pimiento picante en pequeña cantidad; dése un hervor hasta incorporación; quítense el ramillete y el limón y añádanse trozos de salmonete, merluza o besugo, y cuando vuelve a hervir y el pescado está cocido, se vierte en la tartera, sobre el pan muy dorado, el caldo, y se añaden los trozos de pescado, alternando con el pan.

Y es mejor y más lógico que la *bouillabaisse* francesa, porque en ésta no se pone pescado dos veces y se desustancia todo el que se puso.

Sopa de menudillo

Se pican menudillos de gallina, menos los huevecillos sin cáscara, que deben ir enteros, y se fríen en la sartén en manteca de cerdo, incorporándose después a la sopa de arroz cocido en caldo, suelta, o de pan tostado.

SOPAS FRÍAS EN VINO

Sopa de loro o de bestia cansada

Llámase así, porque los carreteros y mayorales alguna vez la dan a sus caballos o mulos para devolverles el vigor después de una caminata larga.

Los racionales, en igual caso, no la desdeñan, y es confortable y refrigerante.

Se reduce a empapar un trozo de pan en vino tinto puro o adicionado de agua, añadiéndole, a voluntad, una pulgarada de azúcar.

Sopa borracha

Es la anterior, más refinada.

Se hace poniendo bizcochos en la cazuela y empapándolos en vino tinto o generoso, con añadidura de canela y azúcar.

También se hace poniendo, en lugar de bizcochos, rebanadas de pan tostaditas.

Sopa borracha de torrijas

Se cortan rebanadas gruesas de pan y se rebozan en huevo y fríen en manteca de cerdo o vaca.

Se dejan enfriar y se colocan en una fuente, emborrachándolas con vino blanco. Se añade azúcar, un polvo de canela y media cucharada de coñac.

Esta sopa o más bien plato de capricho, gana mucho estando muy fría, semihelada.

SOPAS FRÍAS EN AGUA

Gazpacho andaluz

He aquí una de las varias recetas que por todas partes se encuentran y riñen las unas con las otras, porque hay tantos gazpachos diferentes como morteros. Casi todos son buenos y refrescantes, en tiempo de calor, y las modificaciones las introduce el gusto.

El gazpacho es un plato nacional, que sirve de alimento a infinidad de braceros en las provincias del sur de España, donde también aparece en todas las mesas de familia. En otro tiempo se consideraba tan popular, que en una mesa algo refinada no cabía presentarlo. Hoy el gazpacho se ha puesto de moda y, helado, se sirve como sopa de verano en la mesa del Rey y en las casas más aristocráticas.

Gazpacho andaluz

Se echa en el mortero sal, un pimiento verde, dos tomates buenos (el refinamiento consiste en quitarles las simientes), y en cuanto al ajo, dígase lo que se diga, basta y sobra frotar ligeramente con un diente las paredes del mortero.

Se machaca todo; se le añade un migajón de pan; se remoja con agua; se sigue majando; se le añade despacio media taza de aceite crudo; se ponen el vinagre y el agua en una ensaladera; se pasa la pasta por el colador, y el vinagre, poniéndole pan a pizcos.

Ha de durar la preparación del gazpacho lo menos veinte minutos, por lo escrupuloso del majado.

Gazpacho extremeño

Se majan en un almirez un par de dientes de ajo con un poquito de sal y unas gotas de aceite, y a poco se añade una miga de pan mojada y se vuelve a majar hasta que resulte una pasta. Se espolvorea con una pizca de pimienta, y se añade una cucharada de agua, revolviendo siempre y agregando agua hasta llenar el mortero. Luego se vacía en una fuente y se aumenta el agua a gusto, migando el pan a pizcos y dejándolo allí en remojo. Poco antes de servir se echa una cebollita picada, y al servir, un chorro de vinagre.

Este gazpacho admite tomates picados, pimientos verdes y pepinos, todo muy picadito. No falta quien le adicione lechuga.

Gazpacho de campaña

Se unta el mortero con ajo; se muele en él una corteza de pan remojada en agua y la mitad de una lata de pasta de tomate; se encarga al asistente que apriete bien; se echa la pasta en una cazuela; se le añade un vaso de aceite y otro de vinagre, sal, unas ruedas de pepinillos, si gustan, y un poco de pimiento; se sacan pellizcos de pan duro, y agua a proporción; se mete la cazuela en un remanso del arroyo para helar el gazpacho y se come, si hay tiempo y no mandan salir a escape.

(Un oficial de Artillería)

Gazpacho blanco refrigerante

Se machaca muy bien un diente de ajo; lo mismo unas cuantas almendras crudas y despellejadas; se mezclan con los ajos, y a todo se unen seis cucharadas de aceite, desliéndolo en almirez. En una taza de agua remójese un trozo de pan, y májese con los ajos y almendras y seis cucharadas de vinagre; luego se añaden el agua, el pan y la sal; después, al conjunto, se le echan los pizcos. Este gazpacho se recomienda por refrescante, en verano, y helado es delicioso.

Ajo blanco

En la morisca Loja, en un palacio con patio de columnas, comí yo este gazpacho, plato regional, y si al leer su receta no parece apetecible, en una tarde de calor, oyendo correr una fuente, bien se puede calificar de agradable.

En un mortero de palo se machacan tres dientes de ajo, dos docenas de almendras mondadas o de habas frescas, y se trabaja todo con una tacilla de aceite y otra de vinagre, que se van añadiendo alternando y muy poco a poco, como se hace en la salsa mayonesa. Cuando forma una masa compacta y crecida, se le añade un huevo entero, y después, agua y pan a pizcos. Ha de ser su densidad como de leche buena, y se han de notar más las almendras que el ajo.

All y oli

En la masía de la Creu, descansando para subir a Montserrat, trabé conocimiento con este aderezo excesivamente típico, que puede tener sus aficionados, y que allí, cerca del gran santuario catalán, no me pareció mal del todo. Yo lo comí cortando pan en forma de *sandwich*, y untándolo ligeramente con el ajo, aceite o *all* y *oli*.

Se machacan seis u ocho dientes de ajo, mondados y partidos a lo largo, quitándoles el germen. Hay que tener cuidado de majar siempre hacia la derecha.

Se añade un poco de sal, un huevo, y aceite gota a gota, como para la mayonesa. Al espesar la masa como manteca, está hecho el plato.

SOPAS EN AGUA

Sopa de ajo

He aquí la modesta sopa del pueblo y de la clase mesocrática española. Como el gazpacho, será rehabilitada un día, porque es sana, apetitosa, y hoy ya se sirve en Cuaresma en mesas muy aristocráticas. Más de un señor que tiene cocinero, pide en el Suizo, en la calle de Alcalá, al volver del teatro, unas sopas de ajito, y se las come con delicia. Los *sandwichs*, para nosotros cosa elegante, son en Inglaterra un manjar popular, y si España fuese poderosa, ¿quién sabe si sus sopas de ajo no traspasarían en triunfo la frontera?

Se mondan y fríen muy bien algunos dientes de ajo en manteca o aceite; no se deja que se quemen; se añade sal y agua, y se hierven las rebanadas de pan el tiempo necesario para que tomen color y se penetren en la grasa. Algunas sopas de ajo llevan una pulgarada de pimiento dulce. Pueden hacerse sin agua, con caldo del puchero.

Sopa de ajo fácil

Se cuece en cacerola un litro de agua, un vaso de aceite, sal y uno o dos dientes de ajo, a más de una pulgarada de pimiento dulce; cuando todo esté bien cocido, se tienen en la sopera rebanadas de pan tostado y se calan con el líquido hirviente.

Sopa de almendra de Navidad

Este plato de la noche clásica forma parte de la cena de Navidad, con el besugo, la ensalada de coliflor y la compota.

Se toma mucha almendra, 500 gramos lo menos; se pela y se machaca para obtener lo que se llama la leche, que se consigue desatando con agua, al machacar, el jugo de la almendra. Hay que tener cuidado con la cantidad de agua, para que salga espesa la leche.

Extraído su jugo, se retira la parte inerte de la almendra, y con la leche se mojan las rebanaditas de pan, ligeras y un poco tostadas, poniendo al fuego la sopa, con añadidura de azúcar y un polvillo de canela.

La sopa no ha de ser seca, sino líquida, y debe poder comerse a cucharaditas la leche en que flotan las rebanadas.

Dejando enfriar esta sopa y helándola en sorbetera, está exquisita.

Sopa cubana de cebollas

Se fríe cebolla con un diente de ajo, y si no hay ajíes, se le pone pimiento dulce morrón; cuando se dore, se sala y se añade un poquito de cilantro; se agrega agua y se deja cocer todo; cuando está a punto se añaden las rebanadas de pan, que deben hervir, sin que tengan tiempo a ablandarse.

LAS MIGAS

Célebres migas de la Academia militar

Las migas son un plato enteramente primitivo, ibérico. Seguramente las comieron los que anduvieron a la greña con romanos y cartagineses. De las de la Academia hablan con nostalgia y cariño los que ya hace años pasaron de alumnos. No encuentran otras migas como aquéllas... ¡Es que eran la juventud y el alegre compañerismo!

Cortado el pan de hogaza, en cubos de medio centímetro próximamente, se le humedece en agua con sal y pimentón, la víspera del día en que se quiera comerlas, y así se tienen hasta el momento de pasarlas por la sartén con poco aceite, agitándolas constantemente con una paleta. Deben echarse pedazos de ajo en la sartén.

(Fórmula debida al Sr. Director de la Academia)

Migas de Jaén

Manuela cogió la fuente y el pan de dos libras, y de sus dedos salían, retorcidos, los pedacitos del *miajón* y del *cortezón*, y tan ligeros se movían sus dedos, que el mulero decía, dándoselas de galante:

—¡Quién fuera pan, *pa* que tú le tiraras repiscos!

Josefica tostaba el aceite, y luego, después de tostado, echaba el agua, y luego, en el aceite y en el agua, un puñado de sal sin moler. Y, con la cuchara de hierro, meneaba la sal y la deshacía. Y brillaban dentro las cáscaras de los ajos fritos. El calor de la lumbre llegó a lo alto de la sartén. Unas burbujillas, como cuentas de cristal, salieron a la superficie, y cuando fueron ya muchas y cuando juntas todas, el hervor del agua produjo un ruido como rumor de mujeres que cuentan historias en un duelo. Josefica cogió la fuente vació el pan hecho pedazos, y dale que le das, agitó la mezcla.

¡Qué juntos están ya el pan, el aceite, la sal y el agua! A cada movimiento de la cuchara salía del fondo, con más calor, la sabrosa mezcla.

En la puerta del cortijo el mulero de los requiebros y ella se miraban.

—¡Cuando te digo que tú y yo haremos *güenas* migas!

(*Alfredo Cazaban Laguna, cronista de Jaén*).

Migas de Teruel

Son las migas de esos platos que todo el mundo tiene la pretensión de hacer mejor que nadie, y hay provincias españolas donde se cree que sólo con el pan de allí cabe hacer buenas migas.

Lo cual prueba que, como sabemos, el plato es altamente tradicional y castizo.

Un escritor aragonés de talento, el señor Gascón, autor de esta receta, afirma que sólo con el pan de Teruel dará resultado.

Se toma un pan sentado, de tres días; se parte a la mitad y se corta en trocitos del tamaño de garbanzos, prefiriendo la corteza a la miga. Se ponen en una servilleta y se rocían con agua, envolviéndolos después. Luego se espolvorean con sal fina. Así se dejan, bien envueltos, hasta el día siguiente.

Media hora antes del almuerzo se fríe aceite en sartén, quemando dos dientes de ajo. Cuando el aceite está en su punto, se quitan los ajos y se echan las migas a la vez, revolviéndolas sin cesar con espumadera de hierro doce o quince minutos. Se sirven muy calientes.

El Sr. Gascón asegura que las migas confeccionadas así las habrán comido mil veces los célebres *Amantes*.

Migas canas

Se calienta el aceite hasta que esté rusiente. Se hacen las migas a pizcos y se remojan para que estén blandas por dentro y crocantes por fuera. Se echan en la sartén con pimentón y sal. Se las vierte por encima el aceite hirviendo y se sacuden para menearlas. Se sacan echando chispas, se sirven, y a cada plato se agrega un chorro de leche fría.

(Tomás Carretero)

Migas canas a la antigua española

Míguense tres panecillos regulares con toda su corteza, sálense bastante, y luego se añade leche hasta bañar, póngase a fuego manso, tápese un plato con otro, y cuando el de abajo esté caliente, vuélvase para arriba, y así se calentará igual por todas partes; póngase al fuego la sartén con manteca de vaca, y cuando esté caliente la manteca, dos arenas de sal y dos dientes de ajo; échense luego las migas, habiendo quitado los ajos, y dése la vuelta a las migas en la sartén con un cucharón; déseles luego forma como de tortilla, y muévanse en la sartén para que no se peguen hasta que estén tostadas, y vuélvanse para que se doren por todas partes. Si se les quiere añadir dulce, se suprimirán los ajos.

Montiño, donde encuentro esta receta, advierte, a fuer de cocinero aristocrático, que se tenga cuidado de no sobrar las migas con el cucharón, porque se harían mazacote, «como migas de pastores». La torta de las migas ha de quedar tostada, reunida, y enteros los bocados de pan.

Migas de nata

Avisa Montiño, al dar esta fórmula refinada de migas, que para ningún género de migas se ha de cortar el pan con cuchillo, salvo para las migas de gato, que son sólo de corteza. Siempre se ha de migar con la mano.

Se migan, pues, panecillos molletes de leche, y se les echa nata suficiente y azúcar molido, revolviendo todo en frío para que la nata se incorpore al pan; luego, en un cacillo y sobre brasas, se revuelven con cucharón para que no se peguen, y al derretirse la nata, se hará como un bollito, procurando no pegar ni aplastar el pan. Cuando estén tostadas por abajo, vuélvanse para tostarlas por arriba y sírvanse calientes.

Migas son éstas de señores, y en el plato de migas se observa bien la jerarquía social.

Montiño añade que algunos señores quieren las migas tostadas por fuera, pero sin que se derrita la nata por dentro, y que, para conseguir este resultado, hay que mezclar muy bien en frío el pan, el azúcar y las natas, y poniendo el cacillo al fuego, en vez de revolver se empieza a acomodar el bollito, y así se saca blanco por dentro y tostado por fuera. Estas migas se llaman (por otro, y feo nombre) heces.

Migas canas de pastor

Aquellos viejos pastores que cantó Gabriel y Galán, que ritman el vivir, hacen en sus majadas las migas canas del siguiente modo:

En un caldero de hierro, al fuego, echan una pella de sebo de cabra, y deshacen en una escudilla dos molletes de pan. Derretido el sebo y quitados los chicharrones, requeman en el aceite una miga para que se le marche al sebo el crudo.

Luego se añade el pan migado, se aprieta con el cucharón y se salpica como medio cuartillo de agua, que rocíe todo el pan. Cuando se alza vapor, se revuelve y desmenuza el pan con el cucharón, se sacude vivamente el caldero y se vuelca la masa. Se deja diez minutos. Se aparta de la lumbre, se hace un hoyo con el cucharón en medio de las migas y se vierte encima leche fresca. Por este aditamento de leche se llaman «canas» las migas.

Esta receta la ha dado muy detallada un escritor, del cual he dicho yo hace años, como Pedro Crespo en *El Alcalde de Zalamea*:

«Caprichudo es el don Lope: no haremos migas los dos.»

Y por eso añado que su receta es muy bonita y típica.

Y debo advertirle al autor, que el sebo es cosa elegante, muy usada en la cocina inglesa para los *puddings*.

Migas sin ajo

Diego Altimiras, autor del *Nuevo arte de cocina*, al dar esta receta, avisa sentenciosamente, que cualquier cosa se pude hacer sin ajos; pero que muchas veces «los ajos son el ser de cualquier cosa». Y la frase falla definitivamente el pleito entre los partidarios acérrimos y los enemigos jurados de esa hortaliza nacional, el duro ajo, con el cual y el rojo pimiento, tan bien comía antaño el esclavo como el señor.

Para hacer migas sin ajos, mójense con agua salada después de migarlas menudo; se picará cebolla, se freirá, y con ella las migas, bien doradas; si se quieren convertir en sopas, se aumenta el agua; en la sartén se vuelven como si fuesen una tortilla y se dejan tostar bien.

Migas generales

A pesar de las afirmaciones de que sólo con determinado pan pueden hacerse buenas migas yo las he visto hacer en Galicia, y no muy malas.

Tómese un pan añejo, de ese pan moreno del país llamado *mollete*, y deshágase en trocillos rociándolo con agua (no mucho, porque se ablandaría).

Déjense envueltos los pizcos en un paño blanco toda la noche, y al otro día fríanse en buen aceite, quitándole el verde con dos dientes de ajo, que se extraen antes de echar las migas.

Añádase un poco de sal y un polvillo de pimiento encarnado.

Fríanse también chorizos de Carballino, un tanto picantes.

Sobre las migas colóquense los chorizos. Un excelente plato de almuerzo, y más si se agregan huevos escalfados.

Las migas no deben darse por hechas hasta que tomen un color dorado y adquieran consistencia, pero sin que lleguen a endurecerse con exceso y a convertirse en carboncitos.

LAS GACHAS

Gachas manchegas

Se fríe muy bien aceite, y se le añaden unos pedacillos de papada de cerdo.

Cuando ya están fritos, se quitan; en la grasa se echa pimienta, pimentón, clavo y alcaravea, y luego se le adiciona lentamente harina de almortas, que se dorará en la grasa. Se añade agua bastante caliente, desliendo la harina y revolviendo sin cesar con cuchara de palo.

Cuando las gachas han adquirido color y sabor se sirven poniendo los trozos de papada encima.

Otras gachas manchegas

En una cacerola capaz, treinta gramos de harina y cuatro decilitros de leche.

La harina se deslíe, se añade un polvo de sal, cinco gramos de azúcar, y se hierve durante veinte minutos, revolviendo siempre con cuchara de madera. Si espesa mucho, aclárese con leche.

Gachas de Todos los Santos

Salía de la sartén un columna de humo, que hacía toser porque daba en el galillo.

Apagó el humo de pronto la caída de un ciento de coscorrones de pan bazo, que empezaron a freírse, y al freírse, morenos como eran, se pusieron primero rubios, y luego amarillos, y luego dorados, y luego como la canela, y luego de color de hábito del Carmen, porque ya estaban fritos. Se remangó María el refajo, cogió con la mano derecha el cucharón de hierro, y empezó a dejar caer con la otra puñados de harina, y meneando siempre a un lado para que no se cortara la mezcla, y soplando a menudo la lumbre, con los ojos entornados y doblando la cabeza fue haciendo aquellas gachas sustanciosas sobre las que, luego que estuvieron frías, cayó un jarro de *miel de caldera*, espesa, transparente, limpia, como chorros de cristal que aún no se ha endurecido

Tan buenas estaban las gachas como los coscorrones, cuando después de hacer María la cruz en la sartén se hundieron en ella las cucharas de boje que llevaban a la boca de aquella pobre gente el clásico manjar de la noche de Todos los Santos.

(*Alfredo Cazaban Laguna, cronista de Jaén.*)

Gachas gallegas o «papas» de maíz

Plato humildísimo, aldeano. Requiere harina de maíz fresca, fina y bien cernida. Se hierve en agua y con sazón de sal, evitando que forme grumos, y cuando adquiere consistencia se echa en platos poco hondos, y se sirve caliente, o fría y con corteza formada, según los gustos. Se tiene en la mesa una jarra de leche y un azucarero con azúcar molido. Se hace un hoyo en el plato y se va añadiendo leche y, a voluntad, azúcar.

Puches de trigo fresco

Descascarado y limpio el trigo, se cuece con agua, sal, mucha y buena manteca, pimienta y un polvo de canela molida. Se le puede añadir leche y azúcar. Es un engordativo de primera, y se recomienda para los que padecen dispepsia ácida. Hay hablistas que no quieren que esto se llame *puches*, sino *puchas*. Yo siempre he oído llamarles lo primero.

LOS PLATOS DE HUEVOS

No son muy variados en la antigua cocina española; lo sabemos por la divertida fabulilla de Iriarte.

Huevos pasados

Son los huevos pasados motivo eterno de discusión. El uno los quería casi crudos y el otro los prefiere como piedras. Y se han inventado unas maquinillas (que realmente nadie usa), con las cuales se pasan en la misma mesa, a capricho.

Para las personas que los prefieren en un punto regular, el sistema es muy sencillo: se echan en la marmita donde han de pasarse, que estará llena de agua fría, que se pone al fuego y, cuando rompe a hervir, se sirven los huevos, dentro del mismo recipiente.

Lo general es hacer lo contrario; echarlos en agua hirviendo, y con el reloj de arena, o a ojo, o haciendo devociones, dejarlos hasta suponerlos pasados ya. Con este procedimiento, casi siempre se tomarán los huevos fríos por dentro o duros.

Deben servirse con picatostes fritos.

Las hueveras serán una antigualla, pero son el único modo decoroso de comer un huevo pasado.

Por supuesto, los huevos que se pasen, se lavarán antes cuidadosamente.

Huevos escalfados

Los huevos pueden escalfarse en varios líquidos: agua, caldo, salsa de tomate, vino de Jerez, o sobre una costrada hirviente, que se sirva en la propia marmita donde se hace. Cuando se escalfan en agua, tiene que ser poca, para que no los ensope, y se echan de alto y se sacan con la espumadera.

Los huevos escalfados están bien con el arroz a la americana, con la salsa de tomate sobre magras de jamón, con el pisto sin huevo, las costradas, etc.

Huevos fritos

Acerca de los huevos fritos ha escrito Angel Muro no poco, y desarrollado teorías complicadas.

Dejo el asunto en manos de otro aficionado distinguidísimo, *Picadillo*, autor de *La cocina práctica*. He aquí lo que dice el orondo maestro:

«Angel Muro, en su *Practicón*, somete el huevo a una porción de manipulaciones que yo creo innecesarias para obtener un huevo perfectamente frito.

Basta para esto poner en una sartén, al fuego, una gran cantidad de manteca de cerdo, y hacer que se caliente hasta que desprenda un humo azulado. En este momento debe echarse el huevo, roto de antemano, en un pocillo, cuanto más chico mejor, procurando que caiga en la sartén en el centro y desde la menor altura posible, aunque para ello sea preciso introducir el pocillo en la sartén.

Se le echa la grasa por encima dos o tres veces con la pala, y cuando se ve que el huevo está dorado por abajo, se toma con la misma pala y se coloca en la fuente.

Conviene no dejar bajar el nivel de la manteca de cerdo, añadiendo más cantidad a medida que se van friendo los huevos.

Por mi cuenta, indico que los huevos pueden freírse bien, y más a la española, con aceite andaluz fino; y que, por cuestión de vista, conviene redondearlos, con la boca de una taza antes de que vayan a la mesa, pero sin dar tiempo a que se enfríen.

Huevos fritos a la cubana

Se fríen los huevos en la sartén uno por uno, se ponen en una fuente a lo largo, de dos en dos, y a los lados el plátano frito en corona. En otra fuente, arroz en blanco moldeado; en los extremos de la fuente, el picadillo. El plátano, una vez cortado en ruedas, debe pasarse ligeramente por un poco de harina, y freírlo en manteca de cerdo muy caliente, hasta que tome un color dorado, quedando bien escurrido y extendido en un papel de estraza.

El picadillo se compone de tasajo, que se pica un poco; se hace un refrito con cebolla, unos dientes de ajo picados finos y unas hojas de laurel; se le echa, cuando está bien rehogado, tomates crudos picados o salsa de los mismos, fresca o de conserva; se deja que vaya cociendo un rato, se le añade el tasajo y un poco de jugo de carne, se sazona, se tapa y se pone al horno. Este picadillo, a falta de tasajo, se hace con carne asada o cocida. El arroz debe estar seco y que salgan sueltos los granos y no hechos una pasta.

Duelos y quebrantos o chocolate de la Mancha

Sea responsable la erudición del Sr. Rodríguez Marín, reciente comentador del Quijote, si digo que los duelos y quebrantos o chocolate manchego, son sencillamente huevos fritos, con torreznos, o sea, tocino frito también.

Y me figuro que llamarían a este plato, tan sencillo como apetitoso, chocolate de La Mancha, porque en tiempo del Ingenioso Hidalgo, el chocolate era un lujo todavía, y en La Mancha se desayunaban con torreznos y huevos. Estoy pronta a rectificar la interpretación, cuando se publiquen las investigaciones que anuncia el propio erudito acerca de este punto sutil.

En Andalucía se suelen tomar con el chocolate huevos fritos y hasta magras de jamón.

Huevos con tomate y jamón

Límpiense los tomates muy maduros, uno por cada huevo, y déseles vueltas en la sartén, con manteca de cerdo, un picado de cebolla y dos dientes de ajo.

Tradásése de la sartén a una marmita el tomate y su aderezo, y déjese cocer a fuego lento, salpimentando.

Bien sazonado el tomate, se freirán o escalfarán los huevos, y en la fuente donde se sirvan se les añadirá el tomate muy caliente. Las magras de jamón estarán ya fritas, y se presentarán alrededor.

Huevos con tomatada

No son lo mismo, como se verá, que los huevos con tomate.

Tómense tomates buenos, medio kilo, y cuezan una hora, con un hueso de buey, perifollo, chirivía, zanahorias, una hoja de laurel, sal y pimienta; así que estén bien cocidos, pásese todo por tamiz, vuélvase al fuego, añadiendo un vaso de Jerez, y sírvase sobre huevos duros cortados en cuatro pedazos. La tomatada ha de ir muy caliente.

Huevos duros guisados

Cuézanse patatas cortadas en cachos, en agua salada; escúrranse y pónganse en la marmita, donde ya estará un refrito de aceite, cebolla, ajo y perejil picado; ténganse los huevos duros cocidos, córtense en dos pedazos y agréguense a las patatas y al refrito. Cueza a fuego lento; sazónese a gusto y échese, para espesar, una cucharada de harina.

Huevos a la hugonota

Poner a la lumbre suave y con un poco de jugo, un plato de metal; cascar sobre él cuidadosamente los huevos, para que queden enteras las yemas; sazonarlos con sal y pimienta; pasarles por encima, como a herejes que son, la pala enrojecida y servirlos semi blandos.

De este modo de preparar los huevos habla ya don Tomás de Iriarte en sus *Fábulas literarias*.

Huevos revueltos con cebollas

Batir media docena de huevos y echarlos en la marmita. Sazonar con sal y pimienta. Poner la cacerola a lumbre floja, agregando una nuez de manteca de cerdo, revolviendo aprisa con cuchara de palo, hasta que comience a espesar. Añadir entonces tres o cuatro cucharadas de picado de cebollas ya ablandado en la sartén, y a los pocos segundos trasladar el conjunto a una fuente y presentarlo guarnecido de rebanadas de pan fritas.

La fórmula de los huevos revueltos es invariable. Se pueden revolver con tomate, con tocino, con espárragos, con jamón, con guisantes; pero siempre lo que se les añade ha de estar, si es verdura, cocido, rehogado y bien sazonado, y si es jamón, por ejemplo, frito ya.

Huevos remenats

Es preciso contar con una tartera de barro, en la cual se echan agua y aceite en cantidades proporcionales, habiéndola untado previamente con ajo.

Se baten bien batidos los huevos que se desee preparar, se echan en la tartera, se tapa ésta, y un momento después ya están los huevos *remenats*.

Humorada inocente

Se elige una cantidad de huevos frescos, por ejemplo: una docena. Se cascan, separando las yemas de las claras. Se baten las yemas y se colocan dentro de una vejiga muy limpia, cuya capacidad pueda encerrarlas. La vejiga se ata con bramante, para impedir que penetre en ella el aire, y se introduce en un puchero con agua hirviente, a buena lumbre, hasta que las yemas hayan cuajado. Se desata, entonces, el bramantillo, y se saca de la vejiga una yema enorme. Tomando, enseguida, otra vejiga mayor, en la que se ponen las claras del huevo batidas, se coloca la yema en el centro y se ata la vejiga, sumergiéndola a su vez en agua hirviente hasta que se haya endurecido la monstruosa clara.

Se retira seguidamente a un plato, y una vez fría, se extrae de la vejiga un huevo gigantesco, que podrá servirse entero, o en mitades, o en rebanadas que participen de clara y yema, presentándolo con una salsa adecuada a los huevos duros, o guarnecido de cebolla rebanada, orégano y perejil picado, y sazonado todo ello con sal y pimienta, aceite y vinagre.

Pisto manchego

Hágase un picado no muy grueso de cebolla y trozos de jamón magro, y fríase todo en aceite andaluz o manteca de cerdo.

Cuando empiece a tomar color, añádase, calabaza en trozos. Al estar blanda la calabaza, se agrega un picado de tomate y otro, grueso, de pimiento morrón previamente asado. Se deja que rehogue junto en la cacerola, se añade caldo, y poco antes de servir se revuelve con los huevos, cuidando de que éstos no se pongan duros, o se le escalfan encima.

Este pisto se hace sin huevos también.

LAS TORTILLAS

Hay algo característico de la cocina española en los platos de huevos, y son las tortillas. Nadie desconoce la célebre definición que de la tortilla da el Diccionario de la Academia «Fritada de huevos batidos, comúnmente hecha en figura redonda a modo de torta y en la cual se incluye de ordinario algún otro manjar». Y el mismo libro define «fritada» «conjunto de cosas fritas». La tortilla del Diccionario debe de ser de las españolas, por lo de la redondez. En todo se diferencian de las francesas. Estas son prolongadas en su forma, mientras las españolas se ajustan a lo circular de la sartén; las francesas son esponjadas por fuera y jugosas, semilíquidas por dentro, y las españolas sólidas por todos lados.

Compactas y duras, se conservan dos o tres días, como un fiambre, y fiambres se comen en cacerías y meriendas.

Hormigos o formigos

Es una espacie de tortilla de migas, de sabor sencillo y no desagradable.

Ante todo hay que migar pan en leche y freírlo en manteca de cerdo, hasta dorarlo.

Bátense luego los huevos, adicionados con leche también, y las migas, desengrasadas, se mezclan con el pan y se fríen sacándolas cuando la tortilla toma bonito color. Esta tortilla puede espolvorearse con azúcar.

Tortillitas de San José

Se baten (para cuatro personas) cuatro huevos, con perejil muy picado, sal y un poco de pan rallado. Cuando hace pasta, se va cogiendo a cucharadas y echando en la sartén, en la cual se tendrá ya la grasa bien caliente. Al estar doraditas se sacarán una a una, colocándolas en una cazuela. En la misma grasa que sobra en la sartén se fríe un poco de cebolla bien picada con una chispita de ajo, una cucharada de harina y una sospecha de pimentón. A falta de éste, se puede freír una cucharada de tomate con la cebolla. En el mortero se machaca perejil y se agregan dos cacillos de agua caliente, y todo junto se echa en la cazuela por encima de las tortillitas. Se sazonan con sal y pimienta, y se deja que hiervan un rato, antes de servir.

Tortillejas guisadas

Hágase una tortilla extensa, no muy gruesa, de cebolla, de miga de pan, de patatas o sólo de huevos, y dórese bien en la sartén.

Sáquese y déjese enfriar.

Con la boca de un vaso o con un molde a propósito, córtense en esta tortilla redondelitos mayores que un duro. Deben parecer tortillejas.

Hágase una salsa con cebolla picada, perejil lo mismo, zanahoria, puerro, caldo, una cucharada de harina, sal y pimienta, y una nuez de manteca de cerdo. Hierva despacio esta salsa, y cuando esté medio reducida, pásese por tamiz, vuélvase al fuego hasta que esté muy caliente, y entonces pónganse en ella cinco minutos, lo bastante para calentarse, las tortillas, y sírvanse ordenadas en una fuente y bañadas en la salsa.

Huevos de capirote o tortillejas

Tomarás docena y media de huevos, partirás los cascarones por junto a las coronillas; les quitarás toda la clara, quédense las yemas en los cascarones, y echarás un poco de sal y anís en cada uno; luego pondrás la sartén al fuego con media libra de manteca de vaca, y menearás las yemas con un palillo, e irás echando en la sartén estos cascarones boca abajo; luego veles echando de la manteca caliente por encima con la paleta, y vendrás a hacer un tortilleja en la boca de cada cascarón; sácalas de la sartén, que se escurran; harás unos picatostes angostos, y sírvelos entre los huevos. Son huevos secos y de buen gusto.

(Montiño)

Tortilla de cebollas

Cuézanse con manteca de cerdo, en la sartén, cebollas cortadas en ruedas y, cuando estén cocidas, viértanse encima los huevos batidos para formar la tortilla, terminando la acción como de ordinario.

Tortilla de patatas

Se cortan las patatas del grueso y tamaño de un duro y se fríen en aceite o manteca de cerdo, sin dejar que se pongan ni recias ni doradas. Han de quedar blancas y blandas, y bien colocadas, formando capas, sin irregularidad.

Hay quien prefiere ruedas de patata muy frita, y hay quien saltea las ruedas en manteca de vaca con perejil picado; hay quien emplea patata cocida, desmenuzadita, dada «una vuelta» en la sartén, y sazonada con sal y una miaja de pimienta. Entre estos sistemas cabe elegir.

Se baten los huevos reunidos, se salan y se incorporan en la sartén a la patata, para que tome color la tortilla.

Tortilla de pececillos

Con todos los pececillos menudos puede confeccionarse una tortilla, en que el huevo no tiene más oficio que reunir a los peces dándoles una forma bonita, de rueda, las colas todas hacia el centro y las cabezas dibujando la circunferencia.

Sirven para este objeto los boquerones, las lachas o tranchos y los *peones*, de mi país.

Esta clase de pececitos ni se escama ni se vacía, sino que van a la sartén cual salen del mar, pudiendo lavarse, si se tiene escrúpulo, en agua salada, y secarlos con paño, lo cual les quita las escamillas.

Se disponen como he dicho, en un plato, que se vuelca sobre la sartén para guardar la forma, o se hacen varios abaniquitos que se van disponiendo en la sartén hasta completar la rueda, y luego se echan los huevos, que estarán ya batidos y salados, y se cuaja la tortilla.

Tortilla de bacalao

Suele aprovecharse el bacalao que se tiene guisado o frito. Se deshilacha o pica, y se añade a los huevos de la tortilla, haciéndola como todas.

Por el mismo procedimiento se hace la tortilla de merluza, la de atún y la de besugo.

Tortilla de espárragos trigueros

Se cuecen en dos o tres aguas los espárragos para desamargarlos, y en la última se pone sal y pimienta. No se aprovecha sino la parte blandita y la cabeza del espárrago.

Se cortan en trozos y se hace la tortilla como las otras.

Tortilla de jamón

Se pica jamón en cubitos pequenos, y también se puede picar un poco de tocino, friéndolo todo en grasa. Se escurre bien y se hace la tortilla. En ésta, como en todas las que llevan dentro algo salado, no se salan los huevos.

Tortilla de chorizos

Hay que cocer antes los chorizos y freírlos luego, cortándolos en ruedas, lo más finas posible.

Se hace la tortilla como todas, y es una de las mejores.

Filloas

Se baten dieciocho huevos en una olla nueva de barro, u otra vasija limpia; en ellos se van echando cuarenta onzas de harina de primera y revolviendo con una cuchara de palo. Si al acabar de envolver la harina con los huevos está demasiado dura la mezcla, se añade un poco de los cuatro cuartillos de leche que corresponden a estas cantidades. Compacta la masa, se trabaja bien con la cuchara, para deshacer los bollos que haya formado la harina; y si se prefiere amasar con la mano, hágase dentro de la misma olla. Así que no hay bollos, se añade poco a poco la leche, y, siempre revolviendo, al acabar de echar la leche se agrega un cuartillo de agua y una onza de sal molida. Se deja quieto el *amohado*, dos horas poco más o menos, y si al hacer las filloas se ve que no salen finas, será que es gorda la leche, y que necesita un poco más de agua; se le añade lo más medio cuartillo, pero si la leche no es gorda, salen bien sin tener que añadir agua.

Cuando van a hacerse, se revuelve el *amohado* y se cuela en otra olla, por colador gordito, pero en el cual queden los bollos de la harina; aunque, bien trabajada con los huevos, no forma bollos.

Se tiene la sartén caliente sobre la lumbre. se frota rápidamente con tocino o unto, y se extiende una capita de *amohado*. Cuando está la tortillita ligeramente dorada por un lado, se vuelve del otro. La capa de *amohado* ha de ser delgadísima. Cuanto más sutil, más sabrosa es la filloa.

La confección de las filloas es muy lenta haciéndolas una por una; pero ahora existen sartenes especiales, que tienen un solo mango y cuatro platos, y con las cuales pueden freírse a un tiempo cuatro filloas.

La filloa es, en Galicia, la más delicada golosina de Carnaval. Tiene fanáticos. Este plato, al parecer típico de los fogones gallegos, existe también en la cocina popular francesa.

Filloas de sangre

Hácense añadiendo al *amohado* una cantidad pequeña de sangre de cerdo, batida como la que se destina a las morcillas. Sólo lo necesario para colorear.

FRITOS, FRITURAS O FRITADAS, Y FRITANGAS

Generalmente, en las mesas caseras españolas, el frito ocupa un lugar preferente. Suele servirse después del cocido o, si no hay cocido, de la sopa.

Es además plato barato, en general, pero no fácil del todo, y por consecuencia, no popular. El pueblo no come frito propiamente dicho, pues no todo lo que se fríe es un frito, en el sentido cocinero de la palabra, la cual, por cierto, con este sentido tan usual, no aparece en el Diccionario de la Academia. Otros Diccionarios la identifican con fritada y con fritura. Pero ruedas de merluza fritas, verbigracia, no son un frito.

Y por eso me ha parecido que convenía distinguir los platos de sartén en fritos, frituras o fritadas, y fritangas. Frito es el manjar que se prepara con arte y regularidad para la sartén. Fritura o fritada, el manjar que se fríe sin otro aliño. Fritanga, el manjar grosero, de sartén igualmente.

Hay en la cocina española muchos fritos que corresponden a la sección de postres de sartén. n Andalucía he visto servir, después de la sopa, el frito, espolvoreado de azúcar.

Rebozado usual

Se reduce la harina y huevo batido, o huevo batido y ralladura de pan.

Pasta de freír abuñolada

Tómese media libra de harina, formando en su centro un hueco en el que se echarán tres yemas de huevo (cuyas claras se guardarán aparte), cinco gramos de sal y dos cucharadas de aceite fino. Deslíase el conjunto con cuchara de palo, incorporándole poco a poco agua tibia, a fin de obtener una pasta lisa, suelta, aunque lo bastante espesa para que se adhiera a la cuchara. Esta operación debe hacerse en una vasija.

Déjese en reposo una o dos horas, y diez minutos antes de emplearla, se batirán las claras, y al estar firmes, se mezclarán con la pasta.

Frito alzado

Se toma a cucharadas la pasta antedicha y en el centro de cada cucharada se pone un pedacillo de jamón o de merluza, o una ostra, o una penca de coliflor, todo cocido o frito ya. Y a la sartén, en manteca de cerdo o de vaca, hasta que alcen como un buñuelo.

Frito hueco de sesos

Se hace pasta de freír con harina y sal, añadiéndole luego clara de huevo batida a punto de nieve.

Se tienen ya cocidos los sesos de vaca, ternera o carnero; se parten en trozos pequeños, se envuelven en la masa, y se fríen.

Fritos de hostias

Se pica un poco de jamón magro con otro poco de perejil; se fríe en manteca de cerdo, con una corta cantidad de harina, y se agrega leche, hasta que forme como una pasta de croquetas. Se tiene un seso de ternera cocido en caldo y, habiéndolo escurrido, se mezcla con la pasta anterior —todo en proporción de cantidades— y se bate mucho hasta que forme una pasta homogénea.

Se extiende la pasta sobre hostias, debiendo quedar del grueso de medio dedo; se cubre con otras hostias, que se humedecen por el borde para que se adhieran a las de abajo; se recortan con tijera, de la forma y tamaño que agrade; se rebozan con huevo y pan rallado; se fríen en mitad aceite y mitad manteca y se sirven muy calientes.

Fritos de almejas

Se necesitan almejas muy grandes. Extraídas de la concha, hiervan un momento en su propia agua, procurando que no cuezan del todo.

Frías ya, envuélvanse en la pasta de abuñolar, y fríanse en aceite, con cuidado de darles vueltas para que salgan abuñoladitas.

Soldaditos de Pavía primeros

«Plato clásico en Madrid durante los días de Semana Santa.

Los soldaditos de Pavía requieren para su preparación un buen bacalao. Se corta éste en trozos cuadrados, del mismo tamaño, los cuales se tienen por espacio de veinticuatro horas a remojo en agua, mudándosela con frecuencia. Se escurren, se secan con un paño y se envuelven en huevo batido, haciéndolos freír en aceite muy caliente. Cuando están bien dorados se escurren del aceite y se dejan enfriar, y una vez fríos se envuelve cada uno en una tira de pimiento morrón, asado o en conserva según la estación.»

Esta es la receta de «soldados de Pavía» que encuentro en *La Cocina Práctica*, y me parece muy bien; pero, al hallar en el *Practicón* la que sigue, me entran dudas.

Soldaditos de Pavía segundos

«Buenas y largas tiras de bacalao remojado, limpio de pellejo y raspas, empapadas en una pasta de freír, coloreada con una chispa de azafrán; se fríen en mucho aceite, y han de quedar muy tostadas y crujientes.»

No será poco difícil averiguar las verdades históricas, si en un punto concreto de cocina actual y popular difieren tanto las versiones. Parece más verosímil la primera, porque la tira de pimiento morrón recuerda la chaquetilla roja del valiente regimiento, y explica el nombre del plato.

Fritos de bacalao a las Torres de Meirás

Desalado un pedazo gordo de bacalao, como un cuarterón, se limpia y cuece en el agua justa, sin que nade en ella. Luego se pica con la media luna.

Se echa en fuente sopera y se le añade un poco del agua donde coció, para que lo ponga jugoso; luego se le va salpicando harina, por lo regular tanto bulto de harina como de bacalao, y se trabaja mucho. Se añade poca sal y un punto de pimienta, con dos yemas de huevo, y debe formarse una masa bastante espesa, pero no dura.

Al punto de freír, se baten en nieve las dos claras, se incorporan, y luego se hacen bolas o cuadros, y se fríen en bastante aceite o grasa de cerdo; interiormente, van quedando esponjados.

Este mismo frito puede hacerse con carne que sobre del asado o con gallina; sólo que entonces debe desleírse la harina en leche, añadir el picadillo de la carne o de la gallina, luego las yemas, y las claras por último.

Fritos de bacalao a la vizcaína

Si ha sobrado bacalao a la vizcaína, lo cual no suele suceder cuando está bien guisado, se pica quitadas las espinas, con todo su aderezo, y luego el picado se maja.

Se le incorpora harina y yemas de huevo hasta que forme una pasta jugosa; se le añaden las claras de los huevos batidas en nieve, y se fríe en aceite o manteca, quedando como buñuelos los fritos.

Albóndigas de lenguado

Después de cocido en caldo, se pica menudo el lenguado, con miga de pan, sal, pimienta, ajos, perejil y huevos batidos, para que todo forme una masa de regular consistencia. Con ella se hacen las albóndigas, cubriéndolas de pan rallado, y se fríen en aceite o manteca.

Se sirven adornadas con ramitos de perejil.

Albondiguillas de merluza

Después de bien lavada la merluza, se limpia de espinas y pellejo, y se pica la carne menudamente. Fríanse algunas cebollas y macháquense, bátanse tres o cuatro huevos y mézclense íntimamente el picadillo de merluza, la cebolla frita y los huevos, añadiendo perejil en polvo y una pulgarada de azúcar. Fríanse las albondiguillas, que se forman con esta pasta, en aceite bien caliente, y sírvanse solas o acompañadas de la siguiente salsa:

Echense en el aceite en que se frieron las albóndigas una cucharada de harina y unas gotas de vinagre; revuélvase bien y alárguese con agua caliente, dos o tres cucharadas no más.

Albóndigas de carnero

Se pica menudamente un porción de carnero y se le añade el cuarto de su peso de carne de salchicha, miga de pan mojada en leche, patatas cocidas, perejil picado, sal, pimienta y unas yemas de huevo. Bien incorporada la mezcla, se forman las albóndigas, se pasan por ralladura de pan y se fríen. Todas las albóndigas pueden acompañarse con salsas, sea de tomate, o picante, o de huevo y vinagre.

Empanadillas de escabeche de besugo

Para hacer el relleno, con el besugo en escabeche limpio y desmenuzado, se fríen doscientos gramos de pasta de tomate. Se añade una cucharada sopera de harina, un poco de nuez moscada rallada, sal, medio cuartillo de leche (todo esto, al fuego), revolviéndolo sin cesar y poniendo luego la pasta a enfriar en una fuente.

La masa de las empanadillas se hace poniendo en vasija la harina con un poco de sal, manteca derretida al baño maría, y vino blanco.

Con cuchara de madera se revuelve y mezcla bien, hasta que está en disposición de trabajarla con la mano sobre la tabla. Trabájese como diez minutos, déjese reposar otros diez, y estírese con el rodillo, dejándole el grueso de un duro.

Córtense rodelitas con la boca de un vaso, póngase una cucharada de relleno, y doblando la masa bien sujeta en forma de cordón alrededor, o serrándola con la rodaja, queda la empanadilla en forma. Fríase en aceite muy caliente.

Pueden hacerse estas empanadillas rellenándolas con toda clase de pescados, aves y carnes.

Teresicas de pescado

Bien cocido el pescado, y sin espinas, se maja en el almirez, se le agrega pan rallado, azúcar y clara de huevo, muy batida antes, y se forma una masa, de la cual se hacen porciones como nueces.

Se escurren en una fuente, se fríen en manteca o aceite, y al servirlas calientes, se espolvorean con azúcar.

Abrigos de ternera

Se cortan lonjitas muy delgadas y no muy grandes, de carne de ternera magra y fina, y se aplanan con la paleta, adelgazándolas más.

Se tiene hecho y rehogado un picadillo de jamón, tocino, perejil, miga de pan y huevo cocido, y se coloca una porción sobre cada lonja, cubriendo luego con ésta el picadillo, y reuniéndola de modo que forme el relleno como un gabán o sayo. Se ata con hilo, se fríe sin rebozar, con manteca, se desata y se sirve.

Frito de manos de ternera rellenas

Se hace un picadillo con jamón, tocino, cebolla, perejil, un poco de pechuga de ave, pimienta, polvo de clavo, sal, y una miga de pan mojada en vinagre. Todo ello se repica y amasa junto, y se le da una vuelta en la sartén.

Se tienen las manos de ternera muy bien cocidas, blandas y deshuesadas. Se rellenan y se rebozan en huevo y ralladura de pan, friéndolas en manteca de cerdo.

Frito de orejas de ternera

Cocedlas un poco, primero en agua, y luego del todo en caldo; sazonad con sal y pimienta; cortadlas en pedacitos de buena hechura y ponedlas en adobo, en aceite, vinagre, una hoja de laurel y el zumo de una naranja agria.

A las tres horas, escúrranse los pedazos, rebócense en pasta de freír, y ya fritos sírvanse con adorno de perejil.

Frito de hígado de vaca

Se limpia bien el hígado; se parte en filetitos del grueso de una barra de lacre, todos de la misma longitud, se sazona con sal y pimienta, se reboza con un batido de huevos, aceite y una capa de harina, y se fríe.

Frito de sesos de vaca

Se limpia y cuece la sesera con agua y sal; se corta en pedazos cuadrados, no muy chicos; se envuelve en pan rallado y huevo; se fríe, y se sirve guarnecido con perejil.

Magras de jamón fritas

Se busca jamón magro y fresco, y se desala rápidamente en agua, dejándolo en ella cosa de hora y media.

Se cortan las magras con un cuchillo muy afilado, para que salgan limpias; se les deja un grueso como de un dedo, lo más; se igualan poniéndolas unas encima de otras, porque no hay cosa más fea que magras de distinto tamaño; y como las rebarbas se aprovechan para picadillos, no hay que escatimar el recorte.

Se fríen en manteca de cerdo muy caliente, y están bien con las *chorreras* o huevos fritos, mejor albuñolados, y en salsa de tomate.

LAS FRITURAS O FRITADAS

Frituras de vieiras

Las vieiras pueden freírse enteras, pero si son grandes, convendrá partirlas. Córtense en ruedas del grueso de una peseta, a través de la hebra, envuélvanse en harina de maíz o de trigo, y fríanse hasta casi achicharrarlas. Sírvanse con ruedas de limón alrededor.

Fritada de angulas

Las angulas, ya saladas, han de freírse en aceite de modo que salgan doraditas de la sartén. Es un bicho muy feo, pero tiene sus aficionados. Adórnense lo posible con limón, perejil, etc., para encubrirlas.

Fritada de calamares

Se cuecen primero y luego se cortan en ruedas o en tiras, friéndolos acompañados de pizquitos muy pequeños de jamón y tocino.

Fritura de pescado a la andaluza

En Málaga he comido esta fritura, cuyo secreto, a mi parecer, no consiste sino en que fríen el pescado, o en una enorme sartén, o en un caldero, y mucho a la vez, y en un lago de aceite, y todo cortado en trozos chicos, como huevos de paloma.

La fritura que me tocó saborear contenía pescado de muy varias clases: pescadillas, salmonetes, merluza, anguila, calamares en ruedas, y no sé si algo más.

El procedimiento es salar los trozos, envolverlos en harina, y que estén retostaditos y crujidores cuando salgan del fuego.

Doy fe de que esta fritura española tira del vino azucaroso y alegre, con el cual la sirven, y aun los que detestamos el alcohol nos vemos en apuro para no regar con varias copas o cañas de manzanilla el pescado del Mediterráneo aderezado así.

Fritura de riñones

Hay que partir cada riñón por la mitad y lavarlo escrupulosamente en agua hirviendo, algo salada. Pueden ser de ternera, carnero o cerdo.

Luego se cortan en rebanaditas, y se fríen con manteca de cerdo, a fuego vivo.

Se retiran cuando empiezan a estallar. Se acompañan con patatas fritas, en ruedas del tamaño de un duro.

Salchichas fritas

Se preparan las salchichas cortando el bramante, cuidando de que no quede ningún pedazo de él; se sumergen en agua hirviendo, se deja dar un par de hervores, se cubre la cacerola y se quita del fuego. Quedan así diez minutos; luego se retiran, se pinchan, y se fríen en manteca de cerdo, hasta que estén pasaditas, sin llegar a achicharrarse.

Se sirven sobre puré de patatas, y, si se quiere, acompañadas de huevos estrellados.

El mismo procedimiento, y acompañamiento, para el chorizo.

Chorizo frito

Se procede como para la salchicha, excepto que la salchicha se fríe y sirve entera, y el chorizo cortado en trozos. Con huevos estrellados está excelente: tiene que ser chorizo fresco, sin picante, y no de los magros y duros, sino tierno y grasiento.

Morcillas fritas

Toda morcilla, sea picante o dulce, puede servirse en fritura. Para que no se deshaga en la sartén, se envuelven los trozos en huevo batido, luego en harina, y luego otra vez en huevo batido. Si la morcilla es dulce, se espolvorea de azúcar al salir de la sartén. Si es picante, de sal, muy a la ligera.

Alcachofas fritas

Se cuecen antes, desamargándolas, alcachofas de mediano tamaño, más bien chicas, y ya fritas, se parten en dos pedazos, se rebozan en huevo batido y pan rallado, o en pasta de freír, y se fríen en manteca de vacas.

Berenjenas fritas

Móndense y córtense en tajadas sutiles, que se empaparán en un batido espeso compuesto de harina desleída con un huevo y agua, una pulgarada de sal y un poco de aceite.

Se fríen, envueltas en pan rallado.

Están también buenas, muy tostaditas, sin rebozar en nada.

Garbanzos fritos

No son lo mismo que la «ropa vieja», cuya fórmula se encontrará entre los platos de carne. Los garbanzos fritos pueden ser sobrantes del cocido, o sencillamente cocidos aparte en caldo, hasta que se pongan blandos y jugosos.

Entonces llega el momento de freírlos, acompañados de unos torreznillos o de unas migajas de longaniza o chorizo deshecho y cocido también previamente. Han de ir dorados, pero no duros.

Fritanga de menudillos

Cortados en pedazos el hígado, el corazón, los bofes, la asadura, en suma los despojos que se empleen para tan democrático plato, se fríen en sartén con buena porción de cebolla picada y una cabeza de ajo separada en dientes.

Los menudillos pueden ser de ave o de ternera, buey, vaca, etc.

Cuando va tomando color la fritanga se le añade sal y pimiento rojo picante o dulce, según los gustos.

Buñuelos de sangre

En seguida de degollado el cordero o cabrito y recogida su sangre, que se sazonará con sal y pimienta, se tendrá aceite hirviendo, se echará la sangre a cucharadas, y queda formando buñolitos.

Fritanga de sangre

La sangre puede ser de cerdo, aunque la fórmula no varía si es de ternero o carnero.

Se rehogan en aceite, hasta que tomen color, una o dos cebollas picadas, y se agrega sazón de pimiento picante; luego se echa la sangre, con sal y pimienta y mucho tomate; se revuelve, y cuando está todo bien pasado, se sirve.

Gallineja

Es una fritanga muy tosca, de tripas de cordero, buche o cuajar de cerdo, ubre de vaca, y en suma, despojos y membranas de animales de matadero.

Se trocea grueso, se fríe en aceite hirviendo, y se sazona con sal, pimiento picante y pimiento dulce. A veces, las cocineras al aire libre prescinden de este último requilorio.

PECES, CRUSTACEOS, MOLUSCOS

La riqueza de las costas españolas haría interminable esta sección, y es necesario limitarse, dejando además a la inteligencia de los que leen el entender que la mayor parte de los guisos de un pez blanco son aplicables a otro pez blanco, y que la mayor parte se cuecen, fríen y asan del mismo modo.

Sólo quiero recordar que la pesca tiene que ser fresquísima, y el pescado manido no se puede presentar a nadie.

PECES DE MAR

Para cocer el pescado

Regla general para cocer todo pescado: poner en la besuguera cebollas, perejil, apio, zanahoria, cebolleta; en suma, hierbas y hortalizas sabrosas, y una o dos cucharadas de aceite. Pero, como puede ser más rápido cocerse algunos peces que las hortalizas, pueden hervir solas antes un rato, y en el caldo, ya frío y sazonado con sal y pimienta, poner el pez a que cueza.

Merluza cocida

Se limpia la merluza. Se espolvorea con sal. Se pone luego en agua salada, fría, con una cucharada de aceite, y cuando rompe el hervor, cocido está el pez. En la cocina moderna, se quita a la merluza el pellejo.

Merluza frita

Hay dos maneras de freír la merluza, y ambas buenas.

Se puede cortar en ruedas muy delgadas, y rebozarla sólo en harina; o en ruedas ya algo gruesas, y envolverla en huevo y pan rallado.

Siempre se debe quitar la espina.

Merluza en ajada

Generalmente se toma, para este guiso, la cabeza de la merluza, con el trozo que le corresponde.

Se cuece la merluza en agua y sal, con patatas mondadas y troceadas groseramente.

Se fríen en aceite tres o cuatro dientes de ajo, y con el mismo aceite, un chorro de vinagre, y un vaso del agua en que ha cocido la merluza, se hace una mezcla en un tazón, y se agrega pimiento dulce, lo bastante para dar color al guiso. Momentos antes de servirse la merluza, y al fuego, se le incorpora esta salsa.

Merluza abierta

Se desespina una cola de merluza, se abre, se salpimenta, se moja media hora en leche, y luego se fríe entera, envuelta en huevo batido y pan rallado.

Se adorna con aceitunas deshuesadas y cogollos de lechuga.

Puede acompañarse con salsa de tomate.

Merluza asada

Se toma una cola de merluza y se desespina. Se pone en un plato que resista al fuego, haciéndole unas ligeras incisiones en la parte de arriba y metiendo unas cortaditas de limón; se espolvorea de sal, se añade aceite, en el cual se habrán frito dos dientes de ajo, que se tiran; se cubre con pan rallado y perejil, y se asa en el horno.

Hay que procurar que no se seque el aderezo, porque al servir debe estar jugosa e impregnada de aceite la merluza, y si sobrase aceite, se escurrirá antes de servir.

Merluza con guisantes

Se cortan ruedas de merluza y se ponen en una marmita, con un refrito de cebolla picada y tomate, perejil y puerro, y una miga de pan mojada en caldo. Cuando está a medio guisar la merluza, se añaden los guisantes, que se habrán cocido muy bien en agua salada. Es preciso que estén mantecosos.

A última hora se agrega un espeso rubio, y si se queda muy compacto, un poco de caldo caliente.

Merluza con avellanas

Después de limpia la merluza, se divide en trozos bastante grandes, que se salcochan en vino blanco, y se cuecen. Májense avellanas, perejil, cinco o seis dientes de ajo y un poco de pan tostado; deslíese con agua, caldo o vino y viértase en la cazuela donde se coció la merluza. Déjese hervir todo junto cinco o seis minutos y sírvase.

Otra fórmula

Cuézase ligeramente la merluza con agua y sal, unas ramas de albahaca y una hoja de laurel.

Májense avellanas, y altérnense capas de pasta de avellanas, de pan rallado, de queso rallado y ruedas finas de merluza. Añádase manteca de cerdo y otro tanto de aceite, y tuéstese en el horno.

En vez de avellanas, pueden emplearse piñones y nueces. Y puede también formarse la pasta con los tres frutos, y añadir almendra.

Merluza rellena

Para rellenar la merluza se debe elegir una cola de buenas dimensiones, y desespinarla sin abrirla, limitándose a despegar interiormente la espina con un cuchillo, y a tirar de ella, sacándola entera; operación que parece difícil, y no lo es.

Quitada la espina, queda el hueco para el relleno. Hay dos fórmulas de relleno; creo más apetitosa la primera.

Se pica cebolla menudísima, y perejil, igualmente menudo; se cuece todo, con una arena de sal. Ligeramente cocido, se pasa por la sartén con un picadillo grueso de pimientos verdes, si puede ser de los pequeños, a los cuales se agregará después el contenido de una lata chica de tomate, o un tomate fresco. Pasado el picadillo, se introducirá en el hueco, incorporándole un poco de queso de Villalón raspado. Las cantidades, naturalmente, en relación con el tamaño de la merluza, que, ya rellena, se asará, rodeándola de una guarnición de pan rallado impregnado de aceite, para que llegue jugosa a la mesa.

El segundo relleno se hace picando un pedazo de la merluza por la cabeza y añadiéndole pan rallado, perejil y cebolla picados y fritos, y unos pedacillos de jamón y tocino, picados menudamente también. Todo ello pasado por la sartén antes de rellenar.

(Elena Español)

Merluza a la calabresa

Córtese la merluza en ruedas, dos por comensal, y córtese en tiras delgadas, para cada comensal también, una cebolla grande y dos pimientos verdes. Saltéense pimientos y cebolla en aceite andaluz, con un picado muy menudo de ajo y perejil.

Salteado ya, se le agrega una copa de vino blanco por cada dos comensales, y cuando haya reducido se añade, por cada copa de vino blanco, una cucharada de salsa de tomate.

Se toma luego un plato que pueda ir al fuego; se unta con aceite, y se ponen en él las ruedas de merluza, sazonadas con sal, pimienta y zumo de limón. Se echa sobre las ruedas la mezcla del aderezo, y se espolvorea con miga de pan blando rallado, y unas gotas de aceite, poniéndolo en el horno como unos veinte minutos. Se sirve en la misma fuente o marmita en que se ha guisado. Es muy popular este guiso en fondas y hosterías madrileñas.

(Del libro «Todos los platos del día»)

Merluza rellena al estilo de Toro

Límpiese la merluza quitándole las agallas y conservándole el buche entero. Extráiganse las huevas y la asadura con mucho cuidado, a fin de que no revienten.

Prepárese un relleno con diversos mariscos, pan rallado, queso de bola en la misma forma, jamón picado, ajos, perejil, especias finas, un poco de nuez moscada en ralladuras, huevos cocidos picados y el hígado de la merluza si estuviese bien fresco. Unase a esta pasta un huevo cocido, y rellénese con ella la merluza, no sin haberlo pasado todo por la sartén.

Colóquese en tartera y rodéese de almendra picada, perejil, un poco de ajo, limón, aceite, tiras de pimientos morrones, pan rallado y un poco de agua.

Métase en el horno y cuando esté asada sírvase en fuente larga con una servilleta por debajo. Tengo que objetar a esta receta, que será mejor asar la merluza en besuguera y servirla donde se asó, porque, sin género de dudas, ganará no moviéndola de su pegue.

(Del libro «La Cocina Práctica»)

Merluza a la manchega

Se prefiere la ventrada del pez, que, después de rehogada en aceite, se pone en cazuela con un picado de cebolla, no muy fino, tomate fresco en trozos, un rojo de harina, sal, pimienta y una rajita de canela en rama.

Se moja con caldo del puchero y se deja levantar el hervor a fuego vivo.

Se aparta y se pone a fuego más flojo, como media hora, hasta que esté en punto el guisado.

Merluza a la vizcaína

En una tartera de barro vidriado póngase aceite a calentar y échesele perejil picado, media hoja de laurel y dos cucharadas soperas de harina. Cuando tome color se mojará con caldo, cucharada por rodaja de merluza, y se salpimentará.

Cuando levante hervor se agregará la merluza en ruedas, añadiendo puntas de espárragos y guisantes, que ya estarán cocidos.

Se retirarán las hojas de laurel y se servirá en la tartera.

Merluza en guiso de bacalao

Es un modo excelente de guisar la cabeza de la merluza, o mejor dicho, la ventrada, porque para la cabeza propiamente dicha la ajada es el guiso mejor.

Se parte y se desespina, en crudo, el trozo de merluza que se quiera; se corta como el bacalao, se fríe y se coloca en una cacerola honda, alternando: capa de merluza, capa de ruedas de patata del grueso de un duro (ya fritas), capa de tomate y capa de pimiento asado y blando.

Este pimiento, si es morrón y de lata, no necesita asarse antes, pues ya está curtido. Puede ser verde o rojo.

Se sala, se moja con mitad de agua y mitad aceite, y al horno, o a cocer a remanso bastante tiempo.

Si se quiere hacer sin pimientos, también sale bueno el guiso.

Pescadillas fritas

La pescadilla se fríe en forma de rosca, de modo que la cola esté cogida por los dientes del pez.

Se envuelve en harina, y en cuanto al grado de achicharramiento, depende de que agrade más o menos crocante la fritura.

Pescadillas al vino de Rueda

Tómense pescadillas de las mayores, y ya limpias y escamadas, ponedlas en la besuguera bien untada antes de manteca o aceite; mójese con medio vasito de Rueda por pescadilla, sálese, sazónese con pimienta, y añádase un diente de ajo picado menudo.

Déjese cocer tres o cuatro minutos; vuélvanse las pescadillas y riéguense con el cocimiento; déjese reducir un tanto la salsa. Al servir, añádase un poco de manteca de vaca y el zumo de un limón, y sírvase en el mismo plato o besuguera, si es presentable.

Bacalao a la vizcaína legítimo

Desalado y cocido el bacalao, se pone para la salsa mitad de aceite y mitad manteca de cerdo, con bastante cebolla picada, friéndola con cuidado. Cuando la cebolla está dorada, se echa una corteza de pan tostado y un poco de caldo; se tienen cocidos unos seis pimientos choriceros, bien limpios, cuya carne, raspada con un cuchillo, se unirá a la cebolla frita, echando una cucharada de harina y pasando todo ello apretadamente por colador, de manera que quede una salsa bastante espesa; se introduce en ella el bacalao sin espinas gruesas y haciéndolo hervir ligeramente, se sirve.

(Del libro «La Mesa vizcaína» por doña D. V. de U.)

Otra fórmula de bacalao a la vizcaína

Previamente desalado y cortado en trozos regulares, se pone en agua, a la lumbre, a que dé un hervor, mientras se asan en parrilla unos cuantos tomates que enseguida se despellejan y se aplastan en un plato con cuchara de palo.

A la vez, se rehoga ligeramente en sartén, con aceite, buena porción de cebolla menudamente picada, y antes que se dore, se agrega el tomate y se termina el rehogo.

Se ordenan en una cazuela los trozos de bacalao, se cubren con la cebolla, tomate y aceite de la sartén, y se pone la cazuela a lumbre mansa hasta que el bacalao quede bien cocido.

Durante la cocción, hay que sacudir a menudo la cazuela, para que el bacalao se empape de su salsa.

Otra fórmula de bacalao a la vizcaína

Se toma bacalao langa; se pone en remojo durante veinticuatro horas; se saca, se seca y se fríe después; se le ponen pimientos riojanos, a los cuales se les quita la carne; de ésta se hace una salsa espesa y se va añadiendo una capa de salsa y otra de bacalao, se tiene en el horno breve rato; enseguida se sirve.

Bacalao a la purum-salsa

Esta receta, vizcaína también, fue remitida con una atenta carta y publicada en El Noroeste, periódico de la Coruña. Dice literalmente así:

«Se desala el bacalao, que, por supuesto, siendo de Escocia resulta mejor, y se pone en una pota a cocer con patatas en rebanadas, retirándolo del fuego antes de que esté del todo cocido.

En otra pota pequeña se coloca igualmente al fuego manteca de vaca y aceite, por mitad, en cantidad suficiente para hacer una salsa abundante, con una cebolla, grande, entera, y cuando ésta está bien cocida se saca todo del fuego y se pasa la cebolla por tamiz, haciendo con ella y con la salsa una papilla bien revuelta; después se le escurre al bacalao cocido toda el agua, y en una tercera pota se va colocando por capas alternas, una de bacalao y otra de patatas, echando encima de todo el cocimiento de aceite y manteca y procurando que este líquido lo cubra bien; y, seguidamente, a fuego lento, bien tapado y con brasas encima, se pone a hervir, por un par de horas al menos, moviéndolo con alguna frecuencia por las asas para que no se pegue.»

Bacalao a las Torres de Meirás

En una marmita algo honda y de plata o metal se van colocando:

Capa de bacalao (bien desalado, desespinado, cortado en trozos iguales y frito en sartén a la ligera) .

Capa de ruedas de patata (también algo fritas).

Capa de ruedas de cebolla (frita, que haya tomado color).

Capa de tomates y pimientos rojos o verdes, el tomate deshecho y pasado por la sartén, y el pimiento asadito antes.

En otra cazuela se sazona el aceite, porque siempre conviene desleir en él la sazón para que se reparta bien.

Se echa en el aceite: sal en cantidad suficiente, pimiento dulce, dos dientes de ajo machacados, y, si hay afición, pimiento picante o una guindilla muy raspada.

Viértase el aceite, hasta cubrir la mezcla, y se pone al fuego, a remanso.

Necesita lo menos tres horas para amalgamarse.

Pasado este tiempo, si tiene demasiado aceite, se escurre por un costado de la marmita, y se pone en el horno caliente, diez minutos, a que forme costra.

Se sirve en la marmita.

Bacalao a lo carretero

Cocido en agua y enjuto, colóquese en un plato. Fríanse en aceite unos dientes de ajo, agregándoles enseguida pimentón dulce o picante y unas cucharadas de vinagre. Cubrir con esta salsa el bacalao, al servirlo.

Bacalao con piñones

Bien remojado el bacalao, se corta en trozos cuadrados, se desespina, y se coloca en tartera, con el pellejo hacia arriba. Se pica en el mortero cebolla y perejil, y si gusta, un poquito de ajo; encima se pisan los piñones y encima de los piñones pisados, que serán como un puñadito, una cucharada de harina de trigo. Bien pisado todo, se va añadiendo poco a poco aceite frío, que tenga quitado el rancio, y una poca de agua también fría, porque este guiso casi sólo requiere aceite, pero el agua es para cocer el bacalao. Se reúne todo en la tartera, con un poco de sal y una pulgarada de azúcar, y se deja terminar a fuego no muy vivo al principio; después, se pondrá en el horno, para que forme costra.

Bacalao en nogada

Se pican nueces, una cantidad regular, y se ponen al fuego en una cazuelita con agua, sal, un poco de aceite y un polvo de harina.

Se tiene cocido el bacalao, en trozos, y media hora antes de servirse, se le agrega la nogada, con la cual hierve.

Bacalao con pasas

Se fríen en la sartén en aceite, envueltos en harina, trozos iguales de bacalao bien desespinados y limpios.

Se fríe también, quitado el bacalao, una regular cantidad de cebollas, cuidando de que no tome color y de que se ablande por igual; y luego se fríen rebanaditas de pan en cantidad suficiente.

Se tienen preparadas pasas de Málaga, buenas, de regular tamaño. Se pone en la marmita: capa de trozos de bacalao, capa de tostaditas, cebolla y pasas, y así alternando, hasta que se llene casi, dejando dos dedos libres para lo que hincha el pan. Se termina con capa de pan.

Se moja con el aceite de freír y agua salada y se pone a fuego moderado hasta que esté en punto. Se tuesta un poco en el horno para que se forme costra. Se sirve en la marmita.

(Condesa viuda de Pardo Bazán)

Bacalao a la gallega

Se diferencia este bacalao de los demás guisos de bacalao en general en que no se trocea.

Hay que escoger una hoja grande de buen bacalao y, después de desalada, convendrá cortar en ella un pedazo lo más grande posible, de forma lo más perfecta, cuadrada o cuadrilonga y cocerlo en caldo del puchero, hasta que esté blando.

Ásese luego al horno, sobre una capa de pan desmigado, aceite, perejil picado y cebolla lo mismo, habiéndosele dado a este aderezo una vuelta en la sartén. Por encima se cubre con el mismo aderezo, pero antes de ir a la mesa se tienen, ralladas, unas yemas de huevo cocido, y hechos pedacitos pimientos morrones, y antes de servir y teniendo cuidado de que no se enfríe el bacalao, rápidamente, se le sustituye el aderezo de arriba con una bandera española, dibujada con las yemas y pimientos.

El arte de este bacalao asado consiste en que no se seque, que conserve jugo por dentro. Y siempre convendrá acompañarlo con una de las varias salsas que para el pescado se emplean, servida en salsera.

Bacalao a la madrileña

Se cuece medio kilo de garbanzos para otro medio kilo de bacalao. Si se aumenta el bacalao, auméntense los garbanzos también. Con los garbanzos debe cocerse un puñadito de habichuelas y tres cebollas de mediano tamaño.

Májese, en el almirez, como la cuarta parte de los garbanzos, cebollas y habichuelas, con una miga de pan frotada y remojada en vinagre; colóquense en tartera, que pueda ir a la mesa, los trozos de bacalao, alternando con los garbanzos, el majado y el refrito; báñese en aceite y póngase a fuego manso, sirviéndolo cuando esté el punto.

Bacalao a la americana

Se rehoga, a lumbre regular, una mezcla de pedacitos de limón sin grano, rebanadas de cebolla, orégano, laurel y buena porción de manteca de vaca. Luego se agregan doce o quince patatas para que cuezan a sazón.

En el plato en que deba servirse se coloca el bacalao, previamente cocido y cortado en trozos, rodeándolo con las patatas y cubierto de una salsa compuesta de un cuarterón de manteca de vaca, mezclada con media cucharada de harina, sal, pimienta, moscada, tres yemas de huevo y un poco de agua tibia, todo ello bien incorporado a la lumbre, sin que llegue a hervir, y terminado con una cucharada de vinagre.

Bacalao con papas a lo canario

Se limpia y se desala; se fríe en aceite hasta que se dore; se saca, y en el mismo aceite se fríen las patatas (papas) partidas en trozos, y ocho dientes de ajo; sofritos los ajos, se sacan de la sartén, y se echa el bacalao añadiendo tres vasos de agua.

Déjese hervir, y cuando esté todo cocido se hace una majada de ajos fritos, perejil, pimiento, un poco de picante que se incorpora al guiso, con más media docena de nueces majadas y media docena de huevos duros hechos ruedas. Se deja hervir y se sirve.

Bacalao con miel

Cocidos los trozos de bacalao sin espinas, se escurrirá bien, y se envolverá en una masa de harina y miel alcarreña, sazonada con sal, pimienta y canela y mojada con un poco de agua: se tendrá bien caliente el aceite en la sartén, y se freirán en él los trozos, hasta tostarlos un poco.

Bacalao a la levantina

Se desala muy bien el bacalao, se hace trozos y se cuece en agua un poco salada.

Se secan al horno pimientos dulces y uno picante; se majan, ya secos, en el mortero, y con ellos un puñado de almendras tostadas, todo sazonado con pimienta, canela y clavo. Se da a este majado una vuelta en manteca, en la sartén y se pasa a una marmita, donde se le incorpora el bacalao, con parte del agua de su cocimiento. Añádase, después que ha hervido un poco, una cucharada de vinagre, dos o tres de aceite, un picado de aceitunas gordas y pepinillos en vinagre, y sazón de orégano. Déjese hervir otro poco, hasta que esté en punto.

Bacalao sin agua

Estando ya el bacalao remojado y limpio, se rehoga en aceite bastante cebolla, y ya casi rehogada, se le ponen los pedazos de bacalao con una cabeza de ajo, sal y una hoja de laurel. Se revuelve al fuego, muy flojo, y se le añaden piñones y pasas, dejándolo hacerse muy poco a poco, hasta que esté blando y tierno.

Al servirlo se retiran la cabeza de ajo y la hoja de laurel.

Bacalao a la Carmen Sánchez

Esta fórmula pertenece a don Benito Pérez Galdós.

Se pone a desalar bacalao bueno, del blanco y grueso, durante seis horas. Después se limpia y, en vez de cortarlo en trozos, se hace lengüetas. Se engrasa con aceite desranciado el interior de una marmita de plata o metal que pueda ir a la mesa, se espolvorea con pan tostado rallado y se colocan las lengüetitas en el fondo. Se cubren con capa de pan rallado, perejil picado a lo invisible y un riego de aceite. Se repite la operación con otra capa, hasta formar una especie de torta de un grueso regular. Se termina con capa de pan rallado, empapado en aceite, y se mete la torta en el horno a medio temple por espacio de una hora.

Bacalao Angel Muro

Este escritor gastrónomo dice que no comía el bacalao sino como sigue:

Se pone el bacalao en remojo veinticuatro horas, y después se limpia de pellejos y raspas y se desfilacha en largas tiras.

En mucha agua hirviendo se les da un hervor de cinco minutos.

Se tapa la cacerola y se dejan media hora en el agua, manteniéndola sin hervir a muy alta temperatura.

Se sacan y escurren y se sirven entre los pliegues de una servilleta, sobre un calentador de mesa y para comer las hilachas se acompañan con untura de manteca de vaca fresca y patatas cocidas.

Albondiguillas guisadas de bacalao

Se hace el picadillo con bacalao cocido; se mezcla con miga de pan, sal, pimienta, perejil y ajos, todo molido, y huevos batidos en proporción para que tome una consistencia regular.

Bien mezclado todo, se hacen bolas, se envuelven en pan rallado y se fríen. Después se cuecen en caldo de pescado y se guisan en un espeso de harina requemada con manteca, que ligará con una o dos yemas de huevo, y a la cual se añadirá un chorrito de vinagre.

Buches de bacalao

Los buches de bacalao admiten las preparaciones del bacalao mismo, y hay que desalarlos igual antes de proceder a guisarlos. He aquí una receta excelente para los buches:

Ya desalados, pártanse en pedacitos finos y pónganse en una cacerola, haciéndoles dar un par de hervores.

En otra marmita pónganse como un huevo de manteca de cerdo, dos cucharadas de harina, cebolla y perejil picado, sal y pimienta. Colóquese al fuego —fuego lento— y váyase echando, desde arriba, leche, revolviendo con cuchara de palo y siempre en el mismo sentido. Cuando espesa la mezcla se sacan los buches de bacalao de la cazuela donde hirvieron, y escurriéndolos primero cuidadosamente, vayan a la marmita con la salsa y déjeseles dar otro hervor, despacio, en ella.

Lenguas de bacalao

Lávense y desálense veinticuatro horas, mudándoles el agua a menudo.

Cuézanse luego en marmita en agua fría, y cuando hiervan, apártense del fuego vivo, pero cerca del calor. Escúrranse luego las lenguas sobre un paño y pónganse en otra cacerola con un poco de grasa de cerdo, perejil picado y el zumo de dos limones; zarandéense dos minutos. Rehóguense dos cebollas cortadas en ruedas, con aceite, sazónense, líguense con un poco de leche y una cucharada o dos de harina, y que acaben de cocer en la mezcla las lenguas de bacalao. Poco antes de terminar el guiso añádasele dos o tres cucharadas de salsa de tomate. Sáquense las lenguas con la pasadera y sírvanse cubiertas por el guiso.

Abadejo frito

El abadejo no es lo mismo que el bacalao, aun cuando Cervantes lo identifique con él y con la truchuela. Es, eso sí, de la misma familia del bacalao y de la merluza.

El abadejo se fríe en ruedecitas muy delgadas, rebozado en harina.

Abadejo guisado

Se trocea y se cuece en marmita con caldo del puchero, sal, pimienta, clavo, ramillete y cebollas. Cuando esté a medio cocer, añádase vino blanco, pan rallado, finas hierbas picadas, y queso con mantequilla derretida.

Para que forme costra, póngase la cobertera de la marmita con brasas.

Besugo asado, de Nochebuena

A un besugo mediano, se la dan cortes en el lomo y se le colocan cortaditas de limón, incrustadas en ellos. Se sala, y se pone en la besuguera sobre una capa de pan rallado y perejil, remojada con aceite. Otra capa de lo mismo se extiende sobre la parte de arriba. Se asa en el horno, y al servirlo se rocía con el zumo de un limón.

Besugo cocido, de Nochebuena

Se sala el besugo, se le hacen incisiones en la parte que ha de ir a la vista, y en éstas se colocan rajitas de limón; se pone en la besuguera, se cubre de agua, se le añade el aceite a proporción, tres o cuatro cebollas partidas, una hoja de laurel, unas ramas de perejil y un poco de pimienta, y así se cuece.

La salsa de este besugo se hace con una pulgarada de azafrán, una docena de almendras dulces sin tostar, algunos piñones y cuatro o seis nueces, una miga de pan remojado, y con esto y con el caldo del besugo se forma un espeso, dándole vueltas a la lumbre.

Este procedimiento es aplicable a la merluza y al pajel.

Ollomoles empapelados

El ollomol de Galicia es el besugo de Laredo. Puede admitir todos los guisos del besugo.

Tómense dos o tres no muy grandes; límpiense y escámense; séquense con un paño; pónganse en una fuente y riéguense con aceite, polvoreándolos de sal y luego de pan rallado, mezclado con hinojo picado.

Envolvedlos en hojas de papel aceitado, y asadlos en la parrilla, sobre fuego muy suave, cosa de veinte minutos, volviéndolos con frecuencia. Para servirlos, se desempapelan.

Mero a la habanera

Limpio, se pone a macerar en aceite, con zumo de limón y pimienta en polvo. A la hora y media se coloca a lumbre regular en las parrillas, dándole vuelta cuando esté bien asado por un lado, a fin de que sea igual su cocción.

Trasládése luego a una fuente, y sírvase rociado con una salsa de tomate, cebolla y ajos, todo bien frito en aceite con un poco de perejil y unas alcaparras.

Mero o cherna a lo caimanero

Se corta en ruedas el mero, y se tiene preparado en la marmita, en manteca de vacas, cebolla y ajo picado, sazonado con pimienta, frito ya, al cual se añade un rubio de harina tostada, y caldo. En este guiso se pone el pescado, se le deja dar unos hervores a la lumbre y se sirve.

Joroba de mero a la española

Se toma la joroba del mero, que muchos creen ser el mejor pedazo de este supuesto rey de los peces comestibles, y se le quita la piel. Se mecha con tocino, y en una cacerola se pondrán cebollas y zanahorias a rebanadas, ramillete y un poco de manteca; se añade media botella de vino blanco y un vaso de caldo de pescado.

Se cubre con un papel blanco, untada con manteca de vaca la superficie, y se pone al horno hasta que reduzca el líquido bastante; de vez en cuando se cuidará de regar el trozo de mero para que no se seque. Ya cocido, se pondrá en una fuente, guarneciéndolo como se quiera, porque en esto cabe todo.

Lenguados fritos

Después de limpios los lenguados, se salan y se envuelven en harina.

En una sartén se tiene aceite muy caliente, y minutos antes de servirse, se fríen en él los lenguados, teniendo cuidado de que no se achicharren, pues el lenguado ha de ir a la mesa jugosito.

Se presentan adornados con perejil y trozos de limón, para que con el zumo exprimido los sazone en su plato cada comensal.

Si los lenguados son muy grandes, es lástima freírlos, pues hay que cortarlos en trozos.

Lenguado con mejillones

El lenguado de lomo gris es mejor que el lenguado de lomo negro. En la cocina moderna se arranca al lenguado la piel del lomo; en la antigua española no se tomaban ese trabajo.

Elíjase un buen lenguado, vacíese, escámese, lávese en agua fría y enjúguese con un paño.

Colóquese luego en la besuguera, mójese con vino de Rueda, échese sal y pimienta, y añádese una chispa de ajo, picado menudo. Déjese hervir sosegado tres o cuatro minutos, dése la vuelta al lenguado y acabe de cocerse, regándolo con el mojo.

Colóquese entonces el lenguado en la fuente donde ha de servirse, situada cerca del fuego para que no se enfríe. Pásese el cocimiento y mézclese con el agua de unos cuarenta mejillones que se hayan abierto. Guísense en esta mezcla habiendo reducido un poco, los mejillones, y añádase aceite fino, tres yemas de huevo y el zumo de un limón, así como un menudo picada de cebolla y perejil. Ya guisados los mejillones, colóquense alrededor del lenguado, pásese por tamiz el guiso, échesele encima y vaya todo al horno a tomar un poco de color. Después sírvase.

Siempre conviene repetir que no debe ir seco el lenguado a la mesa, sino jugoso. Si falta salsa se puede aumentar con una miaja de caldo y vino blanco.

Lenguado con malicia

Cuando el lenguado es de esos que tienen poca sustancia y la carne no muy tersa (los hay así, sin dejar de estar frescos), se abre de arriba abajo y se despega la carne lo mejor que se pueda, dejándola adherida por los costados.

Por la abertura se frota el interior del pez con pimienta, una miajita de guindilla y un diente de ajo, se rellena en capa delgada con amasijo de cebolla picada, jamón muy picadito, tocino lo mismo, y miga de pan remojada en leche; a este relleno se le habrá dado antes una vuelta en la sartén. Debe ser como masa para croquetas; el mérito es que vaya delgada la capa y que se reparta por igual, como si todo el pescado hubiese engrosado un poco. Con hilo gordo se ata bien para que no se escape el picadillo.

Colóquese después el lenguado en un plato y mójese con vino ajerezado, espolvoreándolo de sal. Déjese cocer a fuego no muy fuerte, regando para que no seque, y, un poco antes de retirar el pez de la lumbre, añádase una nuez de manteca de cerdo y picado de perejil. Córtense y retírense los hilos.

Rodaballo frito

Para freír el rodaballo hay que trocearlo habiéndolo limpiado cuidadosamente.

Se fríe envuelto en harina o en fécula de patata, y se puede bañar antes de freírlo en caldo o leche, escurriéndolo bien, si se quiere que la harina se adhiera con más igualdad.

Rodaballo bodeguero

Sirve un trozo, o el pez entero, si no es muy grande.

Extiéndase en una marmita baja, riéguese con poco aceite, cubriéndolo con ralladura de pan. Se exprime encima el zumo de un limón, y se sazona con clavillo, moscada, sal y pimienta. Póngase en horno caliente, y sígasele echando por encima Jerez y manteca derretida, renovándolo cuando reduzca la salsa. Tiene que venir a la mesa el rodaballo jugoso, pero no caldoso.

Pajeles fritos

Los pajeles se fríen como los lenguados, teniendo cuidado, al freír, de no achicharrarlos, para que la carne conserve su jugo; a menos que prefiera crujiente la fritura: es una cuestión paladar.

Panchos o buraces fritos

Este pescadito, de una sosera agradable, no conoce mejor arreglo que freírlo en aceite muy caliente, no dejando que se achicharre, porque debe quedar por dentro jugoso.

Lachas o tranchos fritos

Este pececillo, de la familia del sábalo, tiene un sabor finísimo, menos pronunciado que el de la sardina, a la cual se parece mucho. Ver una cesta de *tranchos* es ver un millar de hojas de cuchillo de plata.

Se fríen como los boquerones, descabezados, en ramillete o abanico, y envueltos también en huevo batido y harina.

Anguila de mar o congrio, frito

Hay dos clases de congrio, el negro y el blanco. Se tiene por mejor el negro. Al congrio siempre debe quitársele la piel. Todos los guisos de la anguila son aplicables al congrio.

El congrio delgado es el único utilizable para presentar frito. Se limpia, se trocea, y se fríe rebozado en harina. Nunca es manjar de confianza, porque tiene muchas espinas, y cuanto más delgado es, más molestan.

Congrio cocido

El congrio, de buen tamaño, está excelente cocido. Se elige, para presentar, el trozo medio, preferible a la cola; la cabeza no es aceptable nunca, excepto en ajada.

Como todos los demás peces, el congrio debe cocerse en agua que esté fría.

Congrio en pimentada

Se toma un tartera y se pone en ella el congrio, que tendrá que ser de un grueso regular, partido en trozos, despellejado y envuelto en harina, rehogándolo bien en aceite.

Ya rehogado, se ponen, en la misma tartera, pimientos morrones picados grueso, cebolla también picada, una sola raspita de guindilla, pimienta y una cucharada de pasta de tomate. Se deja que todo cueza con el congrio, y cuando está medio hecho el guiso se añaden guisantes frescos cocidos de antemano en agua salada.

Cuando los guisantes y pimientos estén tiernos, se sirve.

Rubio o escacho con guisantes

Este pescado es muy gelatinoso, y en su sazón, y con guisantes, excelente. Se tienen ya remojados los guisantes, si son secos, y sin remojar, si son frescos y tiernecitos; en este caso, se blanquean, y ya blanqueados, pueden añadirse al rubio, en una marmita, con agua salada, aceite, una miga pequeña de pan remojada en vinagre y deshecha, y una espolvoreadura de harina. Cueza todo hasta que el escacho esté muy blando y los guisantes lo mismo. Entonces se saca el pez, y se sirve rodeado de los guisantes.

Dorada a la Cornide

Póngase en una tartera con algún caldo y bastante aceite, a más de vinagre, pimienta, sal, azafrán, y añádanse pasas de Málaga, y unas tostadas de pan, que no conviene que empapen todo el mojo. Cueza hasta que esté en punto, remuévase, si es preciso, y sírvase el pez sobre las tostadas y pasas.

Atún a la ribereña

Se cortan filetes de atún a lo largo de su hebra y se mechan con tocino.

Se ponen en plato de saltear con aceite frito, cebollas, zanahorias, sal, limón y tomillo. Se moja con caldo y se deja cocer hasta que reduzca.

Se cocerán aparte desperdicios de atún en vino blanco y caldo de pescado, se tamizarán y se hará un espeso rojo, añadiéndole un vaso de Jerez y volviendo a colar por estameña. Se pasan los filetes a una cacerola; se les añade esta salsa espesada; se dejarán en ella a fuego manso unos veinte minutos, se sacarán y se les echará encima la salsa muy caliente.

Atún bermejo

Se hace trozos el atún, fresco o en conserva, y se le da una vuelta en la sartén, añadiéndole poco después mucho tomate picado, y otro tanto de pimiento morrón, picado igualmente y asado ya. Se agrega sal, pimienta y una chispita de ajo.

Cuando todo está frito sin haber llegado a achicharrarse, se traslada a una cazuela, y en ella se deja unos veinte minutos, a fuego manso, con un cacillo de caldo.

Rueda de atún fresco asado

Para asar el atún, hay que empezar por ponerlo en adobo o *marinada*.

Hágase ésta con aceite bueno, cebolletas, dos dientes de ajo, perejil picado, tomillo, laurel, sal, pimienta, ruedas de limón. Déjese en el adobo dos horas lo menos. Luego, escúrrase la rueda y ásese a fuego manso. Sírvase rodeada de salsa de tomate y tiras de pimiento.

Salmonetes fritos

Los salmonetes está muy bien fritos, siempre que se les deje dentro, al limpiarlos, su hígado. Se envuelven en harina y se fríen, sirviéndolos con perejil y cortaditas de limón.

Salmonetes a la parrilla

Se les practican unas incisiones en el pellejo para que no estalle; se espolvorean con sal y pimienta, y se untan con aceite, por medio de las barbas de una pluma.

Se dejan así un poco de tiempo; se limpian después con un paño, y se envuelven en papel untado de aceite, asándolos a la parrilla.

Se desenvuelve el papel; se ponen los salmonetes sobre la fuente, y se sirven, acompañados de una salsa de piñones o avellanas.

Salmonetes en agraz

Se fríen primero, dejándoles el hígado; con el aceite en que se frieron se sofríen dos dientes de ajo y perejil picado; se añaden luego los salmonetes, y un vaso de agraz, dejando hervir todo hasta que esté a punto.

Salmonetes victoriosos

Se toman salmonetes de regular tamaño, se les extraen los hígados y se pican, mezclándolos luego con sal, pimienta y un poco de aceite. Con esta mezcla se bañan los salmonetes por dentro y fuera, y tomando hojas de laurel de las mayores, se cubren con ellas los salmonetes, que se asan en las parrillas, a fuego lento.

Cuando está en punto de asado, se quitan las hojas y se sirven, con su jugo.

Salmonetes con piñones a la alicantina

Déseles sólo una vuelta en la parrilla o en la sartén, y luego pasen a una cacerola, con dos vasos de agua, un picado de perejil invisible, sal, pimienta, azafrán, clavo, canela y un polvo de azúcar.

Cuando levanten el hervor añádase una cucharada de aceite, bastantes piñones, dos yemas de huevo cocidas y estrujadas y medio diente de ajo pisado.

Que hierva todo junto diez minutos, y se puede servir.

Salmonetes a la rebañada

En una marmita de plata o metal blanco que pueda ir al fuego y no sea muy honda, se colocan los salmonetes ya limpios, entreverados es decir, colas con cabezas, sobre un lecho de pan rallado fino mezclado con un picadillo de perejil.

Se añade aceite y nuez de manteca; se moja con una cucharada de aguardiente; se cubre con pan rallado mezclado con queso y unas cuantas setas pequeñas, catalanas, de esos *bolets* que están secos y hay que ponerlos en remojo y cocerlos bien antes de usarlos; se sazona fuertemente con pimienta y poca sal, porque el queso lleva alguna, y se pone al horno, teniendo cuidado de que no se seque, porque deben venir algo jugosos a la mesa, aunque por el fondo pegados.

Salmonetes rellenos empanados

Se hace un picadillo con jamón, tocino, una miga de pan mojada en caldo, sal, pimienta, moscada; se rellenan los salmonetes y se asan. Ya medio asados se sacan del horno, se envuelven en masa sumamente fina, y uno a uno se fríen y sirven.

Dentón en salsa

El dentón es un hermoso pez, de buen tamaño y carnes muy blancas. Puede presentarse cocido o asado en parrilla. También puede servirse en salsa.

Se limpia, se escama bien y se parte en ruedas del grueso de un dedo, poniéndole a marinar con limón, aceite, cebollas, perejil, sal y pimienta. Luego se ponen las rajas, sin el adobo, en una cacerola, con manteca de vacas y un vaso de Jerez, bien tapado y a fuego lento, un cuarto de hora.

Se trasladan las cortadas a una fuente, colocándolas como si el dentón estuviese entero; y con él, se sirve una salsa compuesta de: un litro de caldo muy concentrado, que se pone a reducir al fuego, y al estar reducido se le incorporan cuatro yemas de huevo, desleídas en caldo frío, sazonando con moscada y zumo de limón, y añadiendo una nuez de manteca de vacas.

Boga a la parrilla

Se limpia, se escama y se pone a marinar dos horas en sal, pimienta, ruedas de cebolla, perejil en rama, ajo picado y zumo de limón. Pasadas las dos horas, se le dan unos cortes en el lomo con un cuchillo, se envuelve en un papel untado de aceite y se asa sobre la parrilla a fuego regular. A los diez minutos se vuelve del otro lado. Se sirve en una fuente entre ramas de perejil.

Pargo en costra

Se marina, y después se pone en una cazuela con cebollas partidas y aceite, cubriéndolo con cebolla, perejil, ajo, alcaparras y anchoas, todo muy picado, embutido en pan rallado y regado con aceite. Se le agrega el zumo de medio limón, un poco de caldo concentrado, vinagre y aceite, y se pone al horno, hasta que forme costra. Al servirlo, se le rodea con su aderezo.

Raya cocida

La raya no es un pez fino; tiene la carne fibrosa y recia. La mejor clase de raya es la «estrellada», que ostenta en el lomo una especie de estrellitas doradas. En Francia, a esta raya estrellada le llaman *raie bouclée*. La raya hay que lavarla mucho, quitarle la cabeza y la cola, así como el amargo del hígado, y generalmente se corta en trozos grandes.

Debe cocer la raya durante media hora. Cocida ya, hay que pelarla, quedando sólo aprovechable la carne, que se puede acompañar con salsas o con una mezcla de aceite, vinagre, sal y pimienta.

Sarda o maquerel a lo pescador

Límpiense, córtense las cabezas, pártanse en trozos las sardas y ténganse seis horas en salmuera.

Después se escurren y se ponen en una marmita, con pimiento dulce, perejil picado, vinagre, aceite y dos hojas de laurel. Añádase un poco de agua, un diente de ajo y unas patatas cortadas irregularmente, en trozos. Que cuezan a fuego suave, y sáquense cuando el guiso esté hecho.

Sardinas fritas

Recuérdese lo dicho de la frescura del pescado. La sardina *quiere* que desde la playa se oiga el chirrido de la sartén donde la fríen.

Se limpian, descabezan y escaman, se salan gordo y se rebozan en harina. Se tiene la sartén con aceite muy caliente, y se colocan en ella simétricamente, friéndolas y volteándolas, para que se pasen por todas partes.

La sardina frita se come caliente y fría, y en esta última forma se le nota menos el tufo a saín.

Puede servirse adornada con pimientos fritos.

Hay quien las unta por dentro, antes de freírlas, con un amasijo de ajo, perejil picado y sal.

Sardinas «escanchadas»

Se limpian las sardinas lo mismo que para freírlas, y una vez bien lavadas se les da un corte a lo largo del vientre, abriéndolas y extrayéndoles la espina.

Cada sardina así preparada debe parecer un abanico.

Se salan convenientemente con sal fina y se rebozan en huevo batido y ralladuras de pan, friéndolas en buen aceite. A medida que van saliendo doradas, se colocan superpuestas en la fuente y después se sirven con ensalada de lechuga.

(Del libro «La Cocina Práctica»)

Sardinas complicadas

Se limpian, descabezan, desespinan y aplanan, y se hace un picadillo de miga de pan, leche, pimienta, sal, un poco de ajo y una yema de huevo.

Se cortan pimientos morrones encarnados y gordos, dándoles la forma de sardina abierta y aplanada, y se coloca un pimiento cortado así entre cada dos sardinas, untadas con el picadillo.

Se rebozan en huevo y harina y se fríen.

Sardinas enroscadas

Se limpian, se escaman, se quitan las cabezas y se parten al medio, suprimiendo la espina. De cada media sardina se forma una rosca, y en medio se le pone un relleno de pan, cebolla y perejil picado, humedecido con aceite; riéguese con aceite también el plato, sazónese con sal y pimienta, y póngase a fuego manso, bajo el horno de campaña, o bajo una tapadera con brasas encendidas; al cabo de diez minutos, el plato estará para servir.

Sardinas en garita

Se limpian y descabezan las sardinas y se enroscan y guisan como las anteriores.

Se tienen asados pimientos morrones enteros, verdes o rojos, limpios de semilla, y se mete dentro de cada uno una o dos sardinas, con su guiso correspondiente y pan desmigado para rellenar los intersticios.

Y, en una marmita, se colocan al horno, hasta que forman algo de costra; entonces pueden servirse.

La parte entera del pimiento va hacia abajo, y la boca, o sea la parte donde estaba el tallo, que es por donde se rellena, para arriba.

Se sirven en la misma marmita.

Sardinas según Pilar

Se limpian, descabezan, desespinan y enroscan, y se pica cebolla y tomate, que se fríe en aceite, guisando luego el picado con las sardinas enroscadas, añadiendo la sazón. Es un guiso sabroso y sirve para relleno de empanadilla y empanada.

(Pilar es la mayordoma de las Torres de Meirás)

Sardinas a las Rías Bajas

Escámense, lávense en agua salada, sálense gordo, envuélvanse en hojas de parra y ásense a la parrilla.

Así se comen en las Rías Bajas, y también en las costas bretonas.

Antes de asarlas, de cualquier modo que sea, se les puede dar un corte en el lomo, y colocar dentro orégano y pimiento dulce y picante.

Sardinas dobles

Se abren y desespinan sardinas grandes.

Se frotan por dentro con sal y pimienta y se hace el relleno, que consiste en un picadillo de ternera, jamón, tocino, un diente de ajo, una miga de pan mojada en vinagre.

Todo esto va a la sartén, donde se le da una vuelta, y luego se pone una capa de relleno sobre una sardina, tapando exactamente con otra.

Se rebozan en harina y huevo batido, y se fríen a fuego vivo, sirviéndolas calientes sobre una cama de lechuga y escarola, o de pimientitos verdes fritos y blandos.

Sardinas rellenas a la antigua

Después de limpias y escamadas, se les cortan las aletas y el rabo y se desespinan. Se deshacen bizcochos, se mezclan con huevo batido, azúcar, canela en polvo y una poca almendra rajada, todo bien batido e incorporado, y se rellenan con el amasijo las sardinas, poniendo poco, porque hincha mucho. Se fríen en aceite; luego se pasan a la cazuela, a que se guisen con una salsa de vino blanco, canela y azúcar.

Sardinas endiabladas

Quítese la espina, la cabeza y las agallas a las sardinas; riéguense con aceite derretido sazonado con guindillas; córtense trozos de miga de pan gramado, de centímetro y medio de espesor, y algo más largos y anchos que las sardinas; ahuéquense ligeramente en medio las cortadas de pan; coloréense por ambos lados en aceite, y en medio de cada una se pone una sardina. Luego al horno, y sírvase caliente

Sardinas saladas

Estas sardinas se salan en Galicia, donde les llaman *revenidas,* y no sé si en el resto de España, con sal muy gorda, en el pilo, en las fábricas de salazón.

Quitada la sal, se asan en parrilla, o sencillamente sobre la plancha caliente del fogón. Es una comida que llama por la sed. Es la única manera de condimentar la sardina, que no exige que el estrépito de la mar se oiga desde el comedor. Porque pueden traerse a Madrid las sardinas, sin que pierdan su fuerte gusto.

Arenque preso

Se limpia y descabeza; se raspa la piel dura, y se hace una caja de papel como para las mantecadas, sólo que más larga y untada de manteca o aceite. Dentro se coloca el arenque y encima un picado de perejil, cebolla, puerro, rábano, ajo y pimienta, a lo cual se agrega aceite y pan desmigado que lo empape. Y se pone en parrilla, teniendo cuidado de que no se queme el papel. Cuando está hecho se rocía con limón.

Este guiso es aplicable a la sardina y al jurel.

Torrijas de anchoas

Se fríen en aceite unas rebanadas de pan largas y delgadas, se separan en un plato, y se les echa por encima una salsa hecha con aceite fino, zumo de limón, pimienta, perejil, cebolla y un poco de ajo, todo picadito. Sobre cada rebanada se pone una anchoa, lavada antes en vino blanco.

Esta fórmula, que encuentro en el *El Practicón*, se la he visto aplicar a una señora, en forma de emparedado, y con el pan sin freír.

Calderada

He aquí cómo la guisaban, muchos años hace, en Sangenjo, los marineros de un balandro pesquero, en el cual nos divertíamos recorriendo los pueblecillos de aquellas maravillosas rías.

El componente más usual eran las cabezas de merluza, el congrio, el cuchillo o escacho, el múgil, algún pancho, alguna dorada. Escogían pocos, no muy gordos, porque los gordos se vendían mejor; lavados y destripados, y enteros o troceados si eran mayores, los ponían a cocer en el caldero, bajo la llama, en agua de mar. Cuando todo había cocido, quitaban la mitad de la *salsa,* y en una sartén hacían un refrito de ajo y cebolla picada gorda, a la cual añadían pimentón, así que enfriaba un poco el aceite, porque de otro modo se quema y pierde su hermoso color encarnado, que es la gala del guiso. Este refrito lo añadían al pescado, en la misma caldereta, incorporándolo a la salsa reducida a la mitad, como se dijo; lo dejaban al fuego todo un cuarto de hora, y estaba lista la apetitosa calderada.

Caldereta asturiana

Se necesita una cacerola ancha y baja, con tapa que cierre bien. Tómese pescado pequeño, como salmonete, múgil chico, dorada, barbuda, escorpión, rubio, y en general los que no son azules. Se toman también almejas, berberechos y navajas.

Se limpia y lava todo en agua de mar, y se corta cebolla en ruedas grandes; se pica perejil, se añade pimienta negra, pasta de pimiento morrón, aceite bueno, Jerez añejo, nuez moscada y guindilla. Media hora antes de la señalada para comer, se ponen en el fondo de la cacerola las ruedas de cebolla; luego, capa de los pescados inferiores; luego más cebolla, perejil picado, polvos de pimienta, nuez moscada, sal, pasta de pimiento, guindilla y parte de los mariscos; y así se va alternando, pescado mejor, aderezo, marisco, etc., hasta llenar la cacerola, poniendo al final el pescado más fino; se echa media botella de aceite y media de Jerez, y se tapa herméticamente, poniendo encima peso. Luego se tiene preparado fuego de llama; se pone la cacerola, sobre unas piedras, y se activa el fuego hasta que rompa a hervir; cuando hierva, quítese la llama y déjese la brasa, para que siga cociendo con igualdad. En un cuarto de hora está hecha la caldereta, y se sirve en su cacerola misma.

Manjar fenicio

Cree Angel Muro que lo sea el que él llama *lo romesco*, y que se guisa y come en la costa del Mediterráneo. Y de él supone que se derivan la *bouillabaise* de Marsella, el *arroz a vanda* de Valencia, el rape de Málaga, y otras sopas y calderetas y guisotes de pescado que en todas las costas españolas, hasta en la cantábrica, se pudieran descubrir.

Hácese así *lo romesco*: en caldero de hierro se fríe una reducida cantidad de aceite —reducida, entiéndase, con relación al volumen del guiso—, y, cuando está hirviendo, se le echan unas cabezas de ajo y una guindilla vacía. Se añaden dos o tres más, muy picadas, fuera del fuego, para que no se pongan negras.

Se añade vino tinto, del fuerte y oscuro, y el pescado, de todas clases, cortado en trozos, añadiendo agua para que cubra y se pueda cocer bien, durante la cocción veinte minutos.

Añade Angel Muro que se come en cuencos de barro.

PECES DE DOS AGUAS Y AGUA DULCE

Truchas fritas

Suele decirse que la trucha nunca está mejor que con las cuatro efes: frita, fría, fresca y... fiada.

No es fácil averiguar cómo puede ser fiada una trucha, porque los pescadores cobran al contado; pero, en efecto, siendo fresca, es excelente frita y fría. Debe dejarse enfriar, después de freírla en sartén frotada con unto o tocino (nada de aceite y poca sal).

Otros las fríen en aceite, rebozadas en harina, pero lo clásico es el unto o tocino, que así se hace en la montaña.

Truchas a lo cazador

Al borde de los hondos ríos gallegos suelen detenerse los cazadores a descansar, y a veces se presenta un pescador que lleva ensartadas en una varilla una docena de truchas acabadas de coger; no las fía, pero las vende por unas monedas de cobre.

Los cazadores las compran; arman una gran hoguera de ramas; abren un hoyo en la tierra; echan dentro la brasa; ponen sobre la brasa una laja de pizarra; y cuando la laja está candente, asan sobre ella las truchas, sin más aliño, y las encuentran exquisitas.

Trucha a la española

Escámese y vacíese la trucha por las agallas.

Rellénese de manteca, perejil y cebolletas picadas, sal y pimienta. Póngase a cocer en aceite superior, perejil, cebolletas, tomillo, laurel, sal y pimienta gruesa. Colóquese después en las parrillas, envuelta, con todo el aderezo, en dos hojas de papel untado de aceite.

Tostada ya, suprímase el papel y las hierbas; trasládese a la fuente, y sírvase, cubierta con una salsa fuerte de anchoas y pimienta.

Truchas rellenas a la mexicana

Limpias y escamadas, rellénense con almendras mondadas y partidas, aceitunas, pimientos en conserva, cebolla y perejil, todo ello muy picado y sazonado con sal, pimienta, orégano, alcaparras, aceite y vinagre. Cúbranse de miga de pan rallado, sal y pimienta, rocíense con aceite, y envuelta cada trucha en un papel untado con manteca, pónganse en las parrillas a la lumbre, dándoles vueltas para que la cocción resulte igual.

Sírvanse sin desempapelarlas

Truchas asalmonadas, reos, truchas «bicales»

La trucha asalmonada, y el *reo*, que es un poco mayor no admiten mejor guiso que el cocimiento, respetando su admirable gusto, superior al del salmón.

La trucha *bical* es un pez de río que puede llegar a medir metro y medio de largo. Tiene en el hocico una extraña prolongación. De Galicia han solido enviarme ejemplares sorprendentes. Pero la trucha *bical* sabe a cieno. Se puede cocer, freír o guisar: nunca es muy agradable. Guisada, y con fuerte sazón, disimula algo su insipidez.

Salmón

El salmón es un plato de lujo actualmente. En la antigua cocina española se comía o cocido y servido con aceite y vinagre, o en un cocimiento que encuentro en un antiguo Manual, y en que entra vino blanco, vinagre, manteca, sal, especias, romero, tomillo, laurel, lo cual me parece superfluo, tratándose de un pez tan sabroso de suyo.

También se comía asado en parrilla, y en este particular no se ha adelantado un paso, porque es el procedimiento más recomendado en la cocina moderna. Sin embargo, algo difiere de la *darne de saumon grillé* la receta castiza que sigue.

Se cortan las ruedas de salmón; se ponen en cazuela, con aceite, sal, cebolla y perejil picado; se dejan en adobo una hora, y luego se asan en la parrilla, bañándolas repetidamente con el adobo mismo.

Salmón al verde

Se cuecen espinacas, y ya cocidas o picadas, se rehogan en marmita con un picado de perejil, cebolleta, un diente de ajo, también picado, tres cucharadas de aceite, añadiendo, cuando esté a medio rehogar, sazón de sal y pimienta, una cucharada de harina tostada, una jícara de agua y otra de Jerez seco. A poco, se añaden las ruedas de salmón, y se deja cocer a fuego flojo menos de un cuarto de hora. Se asan y se sirven, en medio las ruedas y alrededor la salsa. Si ésta no tuviese color verde, se aumenta la espinaca, hecha pasta y pasada por tamiz.

Anguila frita

Se fríe igual que el congrio.

Anguila asada

Despojada de la piel, se corta en trozos para escabecharlos con sal, pimiento y una hoja de laurel. Se ensartan en un asador delgado, poniendo hoja de laurel entre cada trozo, y el fuego ha de ser muy vivo. Cuando se han dorado, rociándolos bien con manteca, se rebozan con miga de pan, se sazonan con canela y azúcar, y vuelven al fuego para que la envoltura tome color.

Anguila guisada

Despellejada y limpia una anguila regular, se corta en trozos, que se lavan y secan, y se ponen en una cazuela con dos dientes de ajo picados, perejil picado, pimienta, azafrán, clavillo, un polvo de canela y el agua suficiente para que cuezan. Sáquense los trozos a los veinte minutos de hervir, y colóquense en una fuente.

Hágase aparte una salsa con ciento veinticinco gramos de manteca o aceite, la cual se alarga con una taza de caldo desengrasado o agua. Májese un puñado de piñones, tres o cuatro dientes de ajo, cominos y una yema cocida, y el majado incorpórese a la salsa, moviendo bien para que ligue. Añádanse unos cuantos piñones enteros, espésese la salsa con miga de pan mojada, y viértase sobre los trozos de anguila en cuanto dé un hervor. Pueden sustituirse los piñones con avellanas o nueces.

Anguilas en su jugo

Para este plato se necesita que las anguilas sean regularmente gruesas y lo menos dos.

Se calienta una marmita honda, y en ella se ponen, bien limpias y arrolladas, las anguilas, sin ninguna especie de condimento. Se cubre con papel de estraza, se cierra herméticamente con pegote de agua y harina, y se deja que se asen en su propia grasa.

Al cuarto de hora están asadas; se sacan y se sirven, con sal y pimienta en cacharritos, a fin de que cada cual pueda sazonar a su gusto.

Anguila de estuche

Un trozo de anguila lo más grueso posible, como de dos cuartas de largo.

Una poca de masa hecha con harina de flor, huevo y manteca de vacas.

Se manipula del modo siguiente:

Se abre la anguila y se rellena de jamón y tocino, dos dientes de ajo, picados menudamente, un poco de perejil y unos granos de pimienta.

Se unta por el exterior con grasa de cerdo, y luego se pone dentro de la masa, de modo que sólo quede cubierta por una capita delgada.

Una especie de estuche de la anguila, conservando la forma alargada de ésta.

En seguida al horno con ella, y cuando esté, a comerse el estuche y a saber lo que es cosa buena.

¡Porque cuidado si sabe bien!

(Del libro «La Cocina Práctica»)

Anguila enroscada

Después de limpia la anguila, sin trocearla, se enrosca, se enharina y se fríe. Se pone en una caja redonda de papel fuerte mantecado, y se llenan los intersticios con un picadillo de perejil, un diente de ajo y pan rallado, sazonando con un poco de sal. Se riega con el aceite en que se frió la anguila, y se pone al horno a fuego lento, teniendo cuidado de que no se seque ni se tueste. Quince minutos deben bastar.

Se sirve en su misma caja, en fuente redonda, sobre una servilleta elegante.

Anguilas a la marinera

Tómense dos o tres anguilas de mediano grueso. Córtense en trozos regulares. Tírense las cabezas. Rehóguense en aceite bueno unas veinte cebollitas, y cuando estén doradas, quítense, y en el aceite que haya quedado échese una cucharada de harina y revuélvase hasta incorporar. Mojad con legítimo vino tinto del Rivero; salpimentad; añadid una hoja de laurel, dos dientes de ajo y las cebollitas; que dé un hervor a fuego vivo, veinte minutos. Agregad los pedazos de anguila y un polvo de azafrán, y cueza todo junto, a fuego no tan vivo, como media hora. Raspad una miaja de guindilla sobre el guiso; preparad la fuente en que se ha de servir, guarneciendo el fondo con tostadas de pan frito. Verted el guiso sobre ellas, y servid muy caliente.

Otra fórmula de anguilas a la marinera

Pélense cebollitas, dórense en una cacerola con manteca fresca; añádase una cucharada de harina; mójese con mitad de vino tinto y mitad de agua o caldo; añádanse dos cucharadas de salsa de estofado y una hoja de laurel; cúbrase y déjese cocer media hora; luego, añádanse los trozos de anguila, de suerte que los bañe bien la salsa, y doscientos gramos de ciruelas-pasas, con otras tantas pasas de Málaga y que hierva a fuego lento hasta que cueza del todo. Al servir, añádase un poco de manteca fresca y cortezones.

Anguilas toledanas

Hallándome en Toledo pasando la Semana Santa, el Jueves Santo no me dieron en la fonda sino anguilas guisadas y, por postre, otras anguilas... de mazapán.

La minuta, por lo variada, me llamó la atención y pedí la receta de la anguila guisada. Es la siguiente:

Se ponen en adobo las anguilas, dos o tres horas antes, en agua, sal y aceite, estando ya hechas trozos; luego se fríen y, con el mismo adobo, el aceite de freírlas, un puñado de harina y un vaso de vino blanco de Rueda, cebollas, un diente de ajo machacado, clavo y el correspondiente azafrán, amén de una miga de pan remojada en vinagre, van a la cazuela, donde cuecen «sosegadito» el tiempo necesario. Se sirven con su salsa.

Angulas en concha

Las angulas son la cría de la anguila. Pueden presentarse en timbalitos o conchas, pero antes hay que freírlas en poco aceite, donde ya se habrá frito una cabeza de ajo. Se rellenan las conchas, añadiendo un picadito muy fino de perejil, pan rallado, unas gotas del aceite en que frieron y otras de zumo de limón.

Preparación de la lamprea, para guisarla de todos modos

Se pone en agua templada, en la cual blanqueará; se raspa con cuchillo la piel y se aclara en otra agua, caliente; se vuelve a raspar, y así hasta que las manchas negras de la piel se esfumen. Se vuelve a lavar en agua fría, escurriéndola. Se le hace, junto a la cabeza, un corte perpendicular de ocho centímetros, por el cual se le extrae la hiel, que es una ternilla puntiaguda y larga; sin este requisito, la lamprea estaría amarga y dura. Se le raspan o cortan los dientes, y luego, sobre una fuente limpia, se le hacen unos cortes horizontales, a unos cinco centímetros de distancia, y por ellos se le extrae la tripa, guardando cuidadosamente la sangre que suelte y que sirve para el aderezo.

Hay quien no aprovecha la cabeza de la lamprea, que en realidad se parece demasiado a la de una serpiente.

Lamprea en su sangre

Después de limpia la lamprea, se pone en una cazuelita más bien chica, para que el guiso se haga a lo estofado. Se echa bastante cebolla picada, perejil lo mismo, y ciento cincuenta gramos de vino blanco, ciento de aceite, medio clavo, canela en rama y sal, todo en crudo. Se tapa bien, y se deja cocer a fuego lento. Ya cocida, se le añade el hígado machacado, después de haberlo dorado en la sartén, y una tostadita de pan frito muy pisada, añadiendo la sangre cruda, todo reunido en el mismo almirez.

Incorporado a la mezcla con la lamprea, se deja hervir como un cuarto de hora y se sirve, tapizando la fuente en que ha de servirse con tostadas de pan fresco al natural, y poniendo encima la lamprea y su salsa.

(Condesa viuda de Pardo Bazán)

Lamprea con especias

Se lava, se le saca la hiel y se recoge la sangre, que se pone en una cazuela con vino ajerezado. Se hace un refrito de cebolla picada y perejil, y con su aceite se echa sobre la lamprea, que estará en la cazuela con el vino y la sangre. Se añade pimiento dulce, canela, moscada y un polvillo de clavo, y se deja guisar a fuego lento.

Carpa

La carpa debe ser de agua viva; si es de estanque, aunque sea el estanque regio de Luis XIV, sabe a cieno. Para quitar a la carpa este mal gusto, hay que hacerle tragar, antes que muera, un vaso de vinagre de Jerez. El pez suda; ese sudor se le raspa al escamarlo. Póngase luego en agua fresca y acidulada con vinagre, dos horas, y entonces la carpa se atersará y será como de agua corriente. Hay que quitarle a la carpa la piedra amarilla que tiene en el paladar, porque si no amargaría.

Para guisar la carpa, se limpia y trocea, y se coloca en marmita con aceite, y una o dos cucharadas de harina, según el tamaño del pez. Póngase al fuego un rato, sin dejar que tome color. Añádase entonces vino tinto del Priorato, sal, pimienta, ajo, cebolla, perejil, *bolets*, todo picado, y déjese reducir la salsa, hasta que esté en punto.

Lucio

Debe cuidarse que el lucio sea de río y no de agua estancada. El de río tiene el lomo plateado y verde. Hay que evitar comer las huevas y la freza del lucio: son un vomitivo y un purgante.

El lucio puede presentarse cocido y asado. Para asarlo, se puede mechar con tocino, sazonarlo con sal, pimienta y moscada, envolverlo en un papel untado de aceite y asarlo en la parrilla, regándolo con aceite, vino blanco y zumo de limón. Cuando esté bien asado, desenvuélvase y sírvase con el jugo que cayó en la concha del asador, y con dos o tres sardinillas de lata deshechas en él.

CRUSTÁCEOS Y MOLUSCOS DE MAR, AGUA DULCE Y TIERRA

Langosta a la catalana

Esta receta, según el libro de donde la tomo, es mundial, es decir, que desde Cataluña se ha esparcido por todo el orbe. Yo sólo tengo una objeción que hacer a la fórmula: para éste y todos los guisos de langosta troceada, creo mejores las langostas medianas o chicas.

Dice la receta que se elija una langosta muy grande y viva, y que, después de cortarla a trozos, se recoja su sangre. Póngase luego una cacerola proporcionada sobre fuego vivo con aceite fino, con cantidad de cebolla picada, una hoja de laurel y tomillo; añádase la langosta, rehogándola bien y moviéndola, a fin de que la cebolla se coloree un poco sin quemarse; macháquense en almirez quinientos gramos de chocolate con la sangre de la langosta, uno o dos dientes de ajo, ocho o diez almendras tostadas, perejil fresco, un bizcocho seco, pimienta en polvo blanca de la mejor, y cuando picado todo forma una pasta muy unida, se disuelve con un cacillo de caldo o agua, más un poco de pimentón o azafrán algo tostado. Se vierte sobre la langosta, se sala, se tapa y se hace cocer en el horno durante unos quince minutos, pasados los cuales puede servirse, siempre recién hecha.

Para afinar este plato puede pasarse la salsa por tamiz y adornar con costrones fritos.

(I. Domenech)

Langosta a la cubana

Se salcocha la langosta, poniéndola viva en el horno; se descascara y se deshilacha bien menuda. Fríanse en una cazuela, con bastante aceite, ajos, cebollas, tomates y pimientos. Agréguese la langosta y désele dos vueltas. Incorpórese agua; añádase perejil, un chorrito de anís seco y unas gotas de limón. Déjese hervir una hora y sírvase.

Langosta infernal

Una langosta de regular tamaño, que se salcocha al horno y se vacía de su carne, guardando el caparazón.

Se corta la carne en trozos como nueces y con lo que tiene dentro la langosta y la carne que no se pueda extraer, así como las huevas, se hace un majado de pasa por tamiz. Los trozos y el majado, algo espeso, se colocan en una marmita, añadiendo medio cuartillo de buen Jerez, sal, una guindilla en trocitos o un trocito de guindilla si se teme al picante, clavo, pimienta, moscada y una miga de pan frito, que se deshace primero en almirez.

Se deja dar unos hervores y después se traslada el guiso al caparazón, invertido, naturalmente, con el dorso hacia abajo, y acaba de hacerse y reducir en el horno.

Cuando está reducida la salsa, se pone en una fuente la *crusta*, adornada con sus tenazas y patas ya vacías y se echan una cucharada de coñac y otra de buen aguardiente español, pegando fuego al servir. Debe arder muy poco tiempo.

Todos los guisos de la langosta son aplicables al lobaganre o bogavante, llamado en mi tierra «langosta francesa» y en Francia *homard*.

Langostinos y cigalas

El langostino es el mejor de los crustáceos. En París no se conoce o al menos no lo he visto. Pobrecitos los parisienses...

El mono del langostino es la cigala, que se le parece muchísimo en la forma, y algo, desde cien leguas, en el sabor. La naturaleza ha hecho de este crustáceo un plagiario inocente. No es culpa suya, pero su posición es muy poco airosa en la cocina.

Por eso el langostino no tiene mejor aderezo que ser presentado cocido al natural, y la cigala debe sazonarse con salpicón o con alguna salsa disimuladora de insulseces.

Camarones

Estos crustáceos pequeñitos se llaman en Madrid quisquillas y en Francia *crevettes*. Los que se venden en Madrid, generalmente, ya están cocidos, y a veces no se pueden comer de puro salados y secos, a no ser que se tome la precaución de ponerlos en remojo, en agua tibia, mudándoles el remojo frecuentemente en veinticuatro horas.

Ya desalados y refrescados, pueden servirse; pero son un entremés, no un plato.

Centolla

La centolla es la araña de mar y tiene la figura de un cangrejo enorme. Su sabor es exquisito, pero es sumamente difícil de comer una centolla en público. Para adecentarla se hace como sigue:

Se saca toda la carne de la centolla, cocida ya, se parten en trozos las patas y se coloca esta carne bien arreglada dentro de la concha vacía. Se cubre con una salsa picante y va al horno unos minutos, para calentarse, sin hervir. También puede servirse fría, siempre sobre una servilleta muy blanca y adornada alrededor con ramas de perejil.

Centolla en salpicón

Se saca toda la carne de la centolla, se deshace revolviéndola con su caldo y se rodea de salpicón o se sirve el salpicón aparte.

Cámbaros o cangrejos de mar rellenos

Tienen que ser de buen tamaño.

Se mondan las patitas, se saca el contenido de la crusta o caparazón, conservando de ésta la parte del lomo. Con lo interior del cangrejo se hace un majado que se aclara con caldo, y se le añade, una vez pasado por tamiz, una miga de pan mojada en Jerez, sal, pimienta, perejil picado y una yema de huevo. Ha de formar una pasta ni muy espesa ni muy líquida.

Con esta pasta se rellenan los caparazones de cámbaros y se ponen en el horno.

Cuando están en punto se ordenan las *crustas* en una fuente, donde ya estarán las patas formando guarnición, alternando con ramitas de perejil y cogollos de lechuga.

Cangrejos de río

No se usan sino como guarnición, con el arroz y en las sopas.

Percebes al natural

Los percebes no admiten más aliño que cocerlos en agua salada y servirlos muy calientes dentro de la olla en que cocieron, para que no se enfríen.

Es un manjar incivil, que no puede presentarse jamás cuando se tienen convidados.

Es además peligroso para la salud. Conviene advertirlo. En general, la mariscada y los peces fuertes, como el salmón, pueden causar trastornos en el organismo.

Ostras al natural

Casi parece que sobra esta fórmula. Sin embargo, aunque todo el mundo sepa que las ostras se abren y se sirven con limón, no conviene omitir dos advertencias: que no deben comerse hasta muy entrado octubre, aun cuando Septiembre tenga r, y que al abrirlas hay que cuidar de volver a echarles por encima su agua, tamizada, y de taparlas con la concha de arriba hasta el momento de servirlas. Si no, en poco tiempo se secan.

Ostiones en pepitoria

Para este guiso, las ostras pueden ser de las grandes, llamadas ostiones; hay que blanquearlas en agua hirviendo, pasarlas luego por agua fría y escurridas, partirlas en dos o tres trozos. Póngase en un cacerola un trozo de manteca fresca de vaca, amasada con harina y con picado de cebolla y perejil; désele unas vueltas al fuego y mójese con caldo del puchero, haciéndolo cocer después a fuego manso; cuando la salsa reduzca, añádanse las ostras, sazonando con sal y pimienta en grano; al estar todo bien cocido y antes de servir caliente, rocíese con zumo de limón o vinagre.

Ostras vieiras, aviñeiras o pechinas cocidas

Hay que cocerlas bastante y pueden servirse a la vinagreta o con salpicón. Aprovechando lo mucho que se parece la carne de aviñeira a la de la langosta, se le aplican algunos guisos de ésta. En varias fondas falsifican con la vieira la langosta en salpicón.

Vieiras en su concha

Abiertas, sin desprenderlas de la concha y sin perder el agua, se les dan unos cortes para que impregnen el aderezo, perejil picado a lo invisible, sal y pimienta, y que se riega con aceite fino.

Van al horno y al tomar color, se sacan y se sirven con zumo de limón.

Otra fórmula

Se pican menudamente las vieiras, cocidas ya; se reparte el picado en las conchas y se cubren con pan esmigado (no rallado) y perejil picado, sazonándolas, regándolas con aceite o manteca y enviándolas al horno.

Vieiras al estilo de Vigo

Según Angel Muro, en *El Practicón*, en Vigo se preparan así las vieiras en su concha.

Se eligen vieiras de las mayores; se pican con perejil, ajos, cebolletas, pimienta, clavo y nuez moscada. Con esto se rellena la concha y se le vierte por encima una cucharada de aceite refinado.

Luego se cubre la superficie con pan rallado y va al horno.

Y, según Luis Taboada, que era vigués, se pican con cebolla, un diente de ajo, perejil, pimienta y medio clavo de especia, haciendo un amasijo con pan rallado y aceite, con el cual se rellenan las conchas.

Son recetas muy semejantes. Y yo creo que a las dos les sobra el ajo; las vieiras, sin él, están igualmente sabrosas.

Vieiras guisadas

Para guisar las vieiras, conviene cortarlas en tres o cuatro pedazos, según el tamaño que tengan, a fin de que les penetre el guiso.

Se fríen los trozos, envueltos en harina; y, fritos ya, se apartan y se hace un refrito de cebolla cortada y perejil picado, que se ablandará bien en la sartén.

En la cazuela donde están los trozos de vieira se echa en refrito, con el aceite, dos vasitos pequeños de caldo, otro regular de vino blanco, una cucharada de harina, sal y pimienta. Se deja que cueza todo a fuego moderado y cuando las vieiras estén muy blandas, pueden servirse.

(Elena Español)

Zamburiñas

La zamburiña es muy semejante a la vieira, pero más chica. Todos los guisos de la vieira son aplicables a la zamburiña, salvo el de guisarla en su concha, porque es demasiado pequeña para eso; pero si se tienen conchas de vieira, se pican las zamburiñas y pueden suplir.

Mejillones fritos

Tienen que ser grandes. Se cuecen algo, se sacan de la concha, se les echa limón y sal, se rebozan en harina de trigo y se fríen, no mucho, para evitar que se endurezcan.

Mejillones guisados

Se extraen de la concha; se hace un picado de cebollas, cebolletas y perejil, que se fríe en la sartén; con el picado y parte del aceite se ponen los mejillones en marmita, añadiendo sal, pimienta, un vaso de vino blanco y una cucharada de harina. Cuando espese la salsa y estén bien cocidos los mejillones, sírvanse.

Mejillones de Manuela

Se limpian, lavan, despojan de la señorita, que es una ternilla dura, y escurridos se ponen en tartera con aceite desranciado; se añade sal y se deja que se doren un poco, revolviendo con el tenedor para que no se deshagan.

Se fríe en aceite una tostada de pan, se maja en el almirez, se añade caldo y el jugo de medio limón; se echa todo en la tartera con los mejillones; así que cuecen un poco se cubren con rebanadas de pan, se meten en el horno para que formen costra y se sirven en la tartera.

Pay de mejillones

Se cuecen con agua y sal algunas patatas; ya cocidas, se pasan por tamiz y se amasan con buena manteca fresca de vaca y pimienta. Se extiende una capa de esta pasta en el fondo de una fuente o tartera, que pueda ir al fuego.

Los mejillones extraídos de la concha ya estarán guisados; se pican en trozos ni muy menudos, ni muy gruesos, y con el guiso se extiende una capa del picado sobre la patata ya extendida. Se puede seguir alternando capas, o sencillamente encerrar todo el picado de mejillones entre dos capas de patata. De las dos maneras está excelente.

Al colocar la última capa de patata, se espolvorea de pimienta y se reparten, incrustados en la patata, trocitos de manteca del tamaño de una avellana. Se alisa bien y se espolvorea con pan rallado cernido por un cernidor fino, para que forme una costra dorada en el horno, donde debe colocarse unos veinticinco minutos antes de servir.

Por este mismo procedimiento puede hacerse el pay de vieiras, de almejas, de ostras, de langosta y de bacalao.

(Elena Español)

Berberechos

Los berberechos no creo que tengan mejor combinación que abrirlos, regarlos de limón y comerlos crudos.

Sin embargo, admiten todos los guisos de las almejas.

Almejas con arroz

Es lo más clásicamente nacional. Se lavan y se ponen en una cacerola a abrir a la lumbre; en otra cacerola se cuece en aceite cebolla picada y, si se quiere, tomate. Se tendrá el arroz medio cocido, con sal y agua, doble cantidad de agua algo salada que de arroz; se añade luego el arroz el aceite y la cebolla y se incorporan las almejas, con el agua que soltaron. Cuando se ve que está en punto, se sirve.

El arroz con almejas puede hacerse dejando a las almejas una de sus conchas o las dos, o extrayéndolas de la concha.

Creo que se debe dejar una concha, por lo menos, pues *airea* el arroz y lo mejora.

Las almejas con arroz admiten añadidura de cangrejos de río, alcachofitas, etc.

(Condesa viuda de Pardo Bazán)

Almejas Marineda

Este guiso ha de tener un bonito color rojizo y un sabor pronunciado y fuerte. Para que un delicado quede enteramente satisfecho de él, las almejas han de extraerse de la concha, evitando así el *lame lame*; la dificultad de sorber el guiso dentro de ella, manchándose los dedos. Hacen falta, pues, bastantes almejas: dos docenas por convidado, lo menos. Se pica cantidad de cebolla, un solo diente de ajo, y se fríe todo en aceite. Cuando está frito, se pone en la cazuela y se añade sal, pimienta, una hoja de laurel, el agua de las almejas, vino blanco, una cucharada de harina y pimentón.

Se agregan las almejas y se revuelve a fuego moderado, hasta que se vea que las almejas están blandas y el guiso hecho. Antes de servir, retírese la hoja de laurel.

Almejas a la cubana

Preparadas y abiertas, se hace una fritura de ajos, perejil y cebollas, todo bien picadito, en manteca de cerdo. Cuando esté el frito bien rehogado se incorporan las almejas y se dejan diez minutos. Se sazonan con sal y pimienta y se sirven.

Almejas Angel Muro

Se lavan primero las almejas con agua templada y luego se tienen un buen rato en agua fría. En una cacerola y con aceite del mejor, se fríen dos cebollas grandes muy recortadas, para un kilo de almejas. No se las deja tomar color y se sazonan con un punto de sal, pimienta, nuez moscada, clavo y un diente de ajo picado. Se espolvorea con dos cucharadas de harina y se deja cocer hasta medio tueste. Entonces se moja con agua para formar papilla espesa y a los tres hervores se añade vino blanco común, dos rajas de limón, dos hojas de laurel y un ramito de finas hierbas.

Cuando hierve a borbotones se echan las almejas, teniendo cuidado de que la cacerola sea muy grande, porque las almejas, al abrirse, necesitan tres veces más espacio y resulta, cuando la vasija es pequeña, que no bañan todas en la salsa y hace falta removerlas, lo cual se debe evitar.

Cocerán así las almejas tres cuartos de hora, pero a fuego lento, con la cacerola tapada y un par de ascuas sobre la cobertera.

El famoso escritor culinario dice haber inventado esta fórmula.

Chipirones rellenos

Se escogen chiquitos y finos. Se separa la cabeza de la bolsa y se les quita la tinta, pasándolos por muchas aguas. Las cabezas con sus tentáculos se pican finamente con lomo de cerdo, sobreasada de Mallorca, perejil y una buena sazón de sal, pimienta y canela en polvo.

Rellénense las fundas con este picadillo y ciérrese la boca con pan rallado, huevo batido y pan rallado segunda vez.

Fríanse y después rehóguense en cazuela con un refrito de tomate.

Calamares en su tinta

Al limpiar los calamares se recoge la tinta, contenida en una bolsita pequeña. Luego se trocean y se cuecen. A media cocción se les agrega cebolla frita en aceite, vino blanco, perejil picado, sal, pimienta, la tinta, amasada con migas de pan y un vaso de agua de la misma cocción.

Luego se pone todo reunido a cocer unos veinte minutos.

Calamares en arroz

Se eligen grandes, se cuecen hasta ablandarlos, se parten en ruedas, picando las patas y se fríen en la sartén, con bastante cebolla también picada, un diente de ajo, pimientos verdes que antes se habrán cocido, y unos pedacillos de tocino, cortados en dados pequeños. Así que todo está bien refrito, se incorpora el arroz, con caldo suficiente, dos partes de caldo por una de arroz y se deja cocer a fuego vivo primero y luego a fuego manso, hasta que el arroz esté en punto.

Jibia a la antigua

Se limpia y se trocea en ruedas la jibia, y se colocará en la marmita acompañada de agua, aceite en igual cantidad, sal, tres o cuatro cebollas también en ruedas, y un vaso de aguardiente de uvas.

Se deja hervir hasta que cueza bien la jibia; luego se añadirán pasas, azafrán, pimienta y una cantidad de arroz a proporción con la salsa. Hierva el arroz hasta que los granos se separen y entonces se puede servir.

Pulpo zurrado, según Rosa la pescadora

Se limpia bien, se bate mejor, dándole una zurra fenomenal y se trocea.

Se pone en una cazuela a la lumbre, sin agua ni sal; suelta un jugo color de vino; se tira este jugo y se lava nuevamente el pulpo en agua caliente; ya entonces, puede cocerse en agua hirviendo. Después de cocido, se guisa con cebolla picada perejil, una vaso de vino, agua otra tanta y bastante aceite.

El pulpo puede comerse sencillamente cocido con aceite, sal y vinagre.

Pulpo de las ferias

Suele ser curado, remojado antes, y lo cuecen, a vista del público, en el campo de la feria, en un gran caldero, con fuego de leña debajo. Lleva el guiso sal, aceite y pimentón en abundancia. No puede ser más ordinariote este plato, pero es tan sano almorzar al aire libre y después de fatigosa jornada, que parece excelente el pulpo.

Tortuga a la criolla

Se lava un buen trozo de carne de tortuga y se fríe en una cazuela con noventa gramos de manteca, añadiendo ocho o diez dientes de ajo dos hojas de laurel, un par de cebollas picadas, una buena sazón de sal y pimienta. Cuando esté todo sofrito, se agrega un puñado de perejil picado, dos clavillos, unas avellanas tostadas machacadas, un poco de cilantro, dos cucharadas de caldo y un vaso de vino blanco. Déjese espesar y sírvase.

Caracoles a la antigua española

Hay que lavarlos en cuatro o seis aguas; luego se ponen en vasija ancha con agua y a la lumbre. Según se vayan calentando irán saliendo de sus conchas y muriendo con todo el cuerpo fuera; en este estado se sacan y se lavan muy bien con sal y con más aguas. Luego se ponen a cocer para quitarles el verdín.

Fríase cebolla con aceite, mézclese con los caracoles rehogándoles muy bien y poniéndoles sal y agua han de cocer tres o cuatro horas. Por último, se pican verduras y se machacan con un poco de pan, sazonándolas con todas especias, hinojo y tomillo; se deslíen luego con el caldo de los caracoles, y si el caldo estuviese claro, se le añade harina frita. No estará de más el ajo en este guiso y el agrio al tiempo de servirlo.

Esta es la receta de Altimiras, para componer los caracoles de viña.

Caracoles a la española

Una vez limpios se pondrán a cocer en agua fría y, cuando hayan cocido, se pondrán a que escurran y se refrescarán.

Se freirán en una cacerola con aceite, cebolla, ajo y perejil picado. Se espolvorearán con pimentón colorado y un poco de harina. Rehóguense bien y se mojan en caldo. Cuando estén a la mitad de su cocimiento, se les añade un poco de tomate y pimientos colorados cortados en filetes. Déjense concluir de cocer a fuego lento, sazónense y sírvanse.

(Del libro «El arte culinario»)

Caracoles ayunados

Tómense muy buenos y gruesos caracoles de viña, y háganse ayunar ocho días; sin este requisito, pudieran causar cólicos. Enciérrense en una tinaja o recipiente, del cual no puedan escaparse y téngase cuidado de mirar si se muere alguno, para quitarlo.

Pasados ocho días de ayuno, pónganse en agua templada, con mucha sal y vinagre. En esta agua, los caracoles se abren y sueltan la baba. Cámbiese el agua dos o tres veces, hasta que se hayan babado bien. Cuídese de no poner agua caliente, porque entonces se mueren sin babarse.

Se hace luego el guiso con manteca de cerdo, en la cual se fríen cebollas picadas, perejil puerro y cebolleta. Ya frito, se machaca en el mortero, con una miga de pan empapada en vinagre. Esta pasta se moja con caldo y vino blanco, y se sazona fuerte, con algo de picante. Luego se cocerá en este adobo la mezcla y los caracoles, no sin haberles quitado la laminilla de detrás.

Caracoles asados

Preparados con ayuno, etc., se vuelven a meter en la concha y se acaba de rellenar con manteca fresca, amasada con perejil y ajo picado; pónganse al horno, en plato hondo o en una placa agujereada de modo que estén boca arriba y no puedan dar la vuelta y soltar la manteca y sírvanse hirviendo.

Caracoles encebollados

Después de lavados en dos o tres aguas bien saladas, se ponen a hervir con ceniza, hasta que sea fácil extraerlos.

Sáquense, límpiense nuevamente en agua fría y háganse cocer con agua, sal, tomillo, orégano, laurel, perejil y albahaca. Hágase una fritada de cebolla, y en cuanto esté dorada, se incorporan los caracoles y se dejan rehogar diez minutos.

Ancas de rana

Es un plato que tiene en España muy pocos aficionados. Me acordaré siempre del horror de un buen notario que, en el campo, en nuestra mesa, comió las ancas de rana tomándolas por pollo, y supo luego lo que había comido.

Se tienen en adobo las ancas, con mitad vino blanco y mitad leche, perejil en rama, un diente de ajo, una cebolla en ruedas, sal, pimienta y laurel.

Después de una hora, se envuelven en pasta de freír, se fríen muy calientes y se sirven con perejil frito alrededor.

AVES DE CORRAL Y PALOMAR, CAZA DE PLUMA

AVES DE CORRAL

Pollitos tomateros con guisantes.

Se parten y refríen los pollitos en aceite o manteca; se trasladan a una cacerola; en el aceite en que frieron se fríe la cebolla y un picadito menudo de perejil y puerro; se saca este refrito y se hace en la misma sartén un rojo de harina; se añaden a los pollitos, en la cacerola, la cebolla y el espeso; se ha dado un hervor a los guisantes para blanquearlos (deben ser guisantitos tiernos, y coincide el tiempo de la ternura de los guisantes con el de la inocencia y mantecosidad de los pollitos); se les pone un punto de sal y otro de azúcar y a la cacerola, a cocer mansamente, hasta que las aves medio se deshagan. Si fuese preciso, se añadiría un poco de caldo a la salsa, para que esté ni muy espesa ni muy caldosa.

Pollitos tomateros en arroz

Se parten los pollitos, cuatro o cinco, en cuatro pedazos y se ablanda en aceite una cebolla picada y tres pimientos verdes hechos tiras. Luego se les añade medio kilo de tomate fresco, pelado y partido, que se deja consumir y reducir. Entonces, con todo eso, se rehogan los pollos, y luego se añade el arroz, midiendo, para una taza de arroz, dos y media de agua. Se sala un poco; se echan unas hebras de azafrán machacadas y medio diente de ajo en el arroz, cuando rompe a hervir, y se sirve cuando el arroz está en punto, ni duro ni deshecho.

Fritada de pollitos tomateros

Se limpian los pollitos y se parten en cuatro pedazos. Se refríen en aceite, quitado el verde; se ponen en una cacerola, y en el aceite se fríen también pimientos y cebolla picada, procurando que todo ablande y no tome color. Luego se echa en la sartén el tomate pelado y partido, sal y pimienta. Se revuelve y frito ya, se vierte sobre los pollitos, dejando cocer todo poco a poco, a lumbre suave, hasta que esté en punto.

Pollo asado

El pollo se asa en asador o en marmita. El caso es que salga tierno y jugoso.

En la cocina antigua, para asarlo, le metían en el buche una o dos cebollas y lo frotaban con un ajo anteriormente. Hay quien cree que, cociendo ligeramente en el puchero el pollo o gallina que ha de asarse, sale luego más tierno el asado. Lo seguro es que el ave no sea muerta del día y menos en invierno, en que necesita dos días de cuelga; que se vigile y cuide, mientras se asa, de que no se seque ni se achicharre, regándola con su jugo y con un poco de manteca derretida, y que al estar bien a punto, se sirva caliente, rápidamente trinchada.

El pollo asado admite varias guarniciones y una de las más bonitas es la de ramitos de berro.

Pero lo castizo son las patatitas mal cortadas y algo desiguales, asadas en la misma cacerola al par que el pollo, completamente impregnadas de su grasa y que han tomado un color castaño rojizo, en extremo apetitoso.

Pollos con tomate

Pártanse y límpiense dos o tres pollos, y zarandéense en sartén con manteca de cerdo, hasta que se doren. Hágase entonces la salsa con tomate cortado menudo y sin piel, agua, un diente de ajo, sal, perejil y pimienta y rehóguense en esa salsa, en la misma sartén, hasta que estén bien cocidos. Se sirven con costrones de pan frito colocados alrededor.

Pollos guisados

Enteros y limpios, dórense en manteca de cerdo, y luego pónganse en la cacerola donde han de guisarse, friendo cebolla en la grasa del rehogado, y esta cebolla se agrega a los pollos, con sazón de especias. Se añade sal y vino blanco y se ponen a fuego lento, con un pucherito de agua encima de un lienzo o papel para que no se evapore.

Se dejan así una hora. Se sobreasan los hígados, machacándolos con un diente de ajo, se mezclan al guiso, se tapa de nuevo, y se le deja dar un par de hervores.

Pollos a la española

Se trocean y se doran los trozos en manteca de cerdo, con tocino y jamón, picado gordo, perejil invisible, sal y pimienta. Se pasan a una cacerola con el aderezo. En el mortero se pisan nueces, avellanas, piñones, clavo, un diente de ajo frito, perejil, puerro y se liga todo con yema de huevo. Se une a los pollos, desleído en caldo, y se deja que cueza, sin que espese del todo. Se deslíen en caldo otras dos yemas de huevo, y antes de ir a la mesa se unen a los pollos, batiendo bien el huevo para que no se corte.

Pollos a la valenciana

Átense dos pollos, debidamente soflamados y rehóguense, unos minutos, en una cazuela, con aceite. Sazónese y mézclense un par de cucharadas de cebolla picada, otras dos de jamón crudo, cortado en dados y un diente de ajo. Sígase rehogando durante dos minutos. Añádanse dos chorizos, una hoja de laurel, unas hebras de azafrán y una cucharada de pimentón. Mójese, hasta nivel, con caldo y cúbrase con un papel engrasado.

Hágase que cueza todo a fuego manso, para que el líquido no merme demasiado. Cuando estén los pollos casi cocidos, échese en la cazuela una buena porción de arroz, como la mitad del líquido, tápese la cazuela; hágase hervir a buena lumbre, durante quince minutos; retírese a un ángulo, por espacio de siete a ocho minutos. Trasládese el arroz a la fuente, colóquense encima los pollos y a los lados, los chorizos y sírvase en seguida.

Pollo a la avilesa

Se limpia y prepara un pollo gordito y en una cazuela se fríe tocino cortado a cuadritos, cebolla picada, dos dientes de ajo machacados, con sazón de sal y especias. Frito ya, se pone, con el pollo troceado, en una marmita, mojando con vino de Rueda y zarandeándolo, o como se dice ahora salteándolo. Ya salteado, se pone a fuego lento, y se le echa una pulgarada de azafrán, limón, vinagre, perejil picado, el zumo de un limón o un chorro de vinagre y una cucharada de harina tostada. Se deja cocer y se sirve con su mojo.

Pollo con aceitunas

Soflamado y preparado el pollo, póngase en una marmita, con aceite, sal, pimienta y tiras de tocino entreverado.

Rehóguese hasta que se dore y, ya dorado, quítese de la marmita, con el tocino y hágase un espeso de harina al aceite que ha quedado, revolviendo bien y añadiendo un gran vaso de caldo, laurel y tomillo.

Vuélvase entonces el Pollo a la marmita, y agréguense veinticuatro aceitunas aliñadas y rellenas, o si no las hubiese, otras tantas gordales deshuesadas.

Déjese cocer todo como media hora, hasta que esté en punto y sírvase rodeado de las aceitunas y tiras de tocino, quitando el tomillo y laurel.

Pollos en pebre

Léase bien: pebre, y no prebe, como suelen escribir los jurados enemigos del habla. Se limpian dos pollos regulares; se asan en parrilla, frotados con manteca derretida, zumo de limón y ajos machacados; a medio asar, se trasladan a la marmita.

En ésta se pone manteca de cerdo, perejil picado, pimienta, sal, laurel, el jugo y grasa del asado que se habrá recogido, una jícara de aceite por pollo y agua caliente hasta cubrir. Déjese hervir hasta que se ablanden los pollos; desliénse en la salsa ocho yemas de huevo, batiéndolas para espesar; se deja hervir un poco y se sirve, echando la salsa sobre las aves.

Pollos salvados

Creo que es uno de los sistemas mejores para dar sabor a un par de pollos, aunque no estén muy cebados.

Se limpian, se soflaman y sujetan dos pollos, reuniéndoles las patas con bramante para que no se despatarren; luego se ponen en marmita veinticuatro cebollas más bien pequeñas, pero muy iguales y redondas, seis zanahorias tiernas en ruedas, el grueso de un huevo de manteca de cerdo, aceite y dos vasos de vino de Rueda o Riscal, sal y pimienta. Se reúnen con todo esto los pollos aprisa tres minutos; luego se trasladan a fuego flojo, tapándolos y dejándolos así cocer una hora, pasada la cual, se prueban de sazón, se pasa el aderezo por tamiz, menos las cebollas y se sirven los pollos con las cebollas alrededor y la salsa, muy caliente, por encima.

Pollo en promiscuación

Hay que tener un pollo lucido y mediano de tamaño, y una anguila, ni muy gruesa ni muy delgada tampoco.

Córtese el pollo en bastantes pedazos, correctamente, sin destrozarlo, y trocéese la angula. Pónganse veinte cebollitas a dorar en aceite, y cuando tomen bonito color, retírense y hágase un rojo con el aceite sobrante, dando vueltas para que no se pegue la harina. Añadanse los pedazos de pollo y déseles vueltas haste que tomen un color bonito. Mójese con vino tinto del Rivero, salpiméntese, y añádase una hoja de laurel y una rama de tomillo y dos dientes de ajo. Dése un hervor a fuego muy vivo. Al hervir, échese fuego; déjese arder hasta que se apague. Entonces, añádase la anguila troceada, con un polvo de azafrán y cueza de veinte a veinticinco minutos todo, a fuego manso. Al servir, pónganse los pedazos de anguila alrededor del pollo y se puede adornar con cangrejitos de río.

Gallina ajerezada

Mechad con tocino bien salpimentado la pechuga de una gallina lucida. Ponedla en cazuela, con dos lonchas de tocino, dos de ternera magra, dos de jamón, dos cebollas, dos zanahorias, laurel, tomillo, sal y pimienta. Mojadlo con una buena taza de caldo y un vaso de vino de Jerez; cubrid con una loncha de tocino la gallina mechada y hacedlo cocer todo durante una hora a fuego lento. Terminada la cocción, retirad el ave de la cazuela; pasad el cocimiento. Haced una requemada rubia de manteca, mojadla con otro vaso de vino de Jerez, añadidle el cocimiento ya pasado, hacedlo reducir, y verted esta salsa hirviendo por encima de la gallina colocada en una fuente y conservada caliente junto al fogón.

Gallina en pepitoria

Se corta la gallina en trozos, que se escaldan en agua hirviendo durante tres minutos. Se sacan, se escurren y se ponen en la cacerola con manteca, un ramo de perejil y cinco o seis cebollitas enteras. Se deja rehogar todo, se añade una cucharada de harina y se moja con un par de tazas de caldo, sazonando el guiso con sal y pimienta. Déjese cocer y en cuanto esté la gallina blanda, se saca y se coloca sobre una fuente. Redúzcase la salsa, cuélese, líguese con dos yemas de huevo y, antes de que hierva, viértase sobre los trozos de gallina, con el zumo de un limón.

Gallina a la catalana

Cortada la gallina en cuartos, se refríe en manteca de cerdo, con cebolla picada fina, unos dientes de ajo y laurel; cuando todo está bien rehogado, se moja con un poco de vino blanco, se reduce, se liga ligeramente, se le echa caldo, se deslíe bien, siempre encima del fuego y se le da un hervor, sazonándola con sal y un buen majado de especias y azafrán; después se pone al horno, y cuando le falta poco para su cocimiento, se le agrega una guarnición de patatas a la cuchara (del tamaño de una nuez); cuando está cocida se aparta del fuego para que no se deshaga la patata; al servirla se le echa por encima un poco de perejil finamente picado.

Si se quiere, cuando se está rehogando se le puede echar un poco de jamón serrano o asturiano a cuadritos del tamaño de un garbanzo.

(Melquiades Brizuela, jefe de Cocina en los buques de la Compañía Trasatlántica de Barcelona)

Gallina en guiso de perdiz

Se guisa exactamente como la perdiz con ostras, que se verá más adelante; pero suprimiendo las ostras, o reemplazándolas, si se quiere, por almejas.

Adquiere la gallina entonces un gusto parecido al de la perdiz.

Gallo con arroz

Aunque he leído en un tratado de cocina que el gallo con arroz es un plato que no existe, como lo he probado alguna vez, no es fácil que admita la afirmación.

Siempre será mejor, para el arroz, un gallo joven. Se limpia como toda ave, se despluma cuidadosamente y se corta en trozos, haciendo de un miembro dos, porque el gallo es más grande y recio que la gallina.

Se conservan los menudillos del gallo, su cresta, sus criadillas y todo se blanquea en agua caliente, lo mismo que los trozos del ave. Luego se retiran los menudillos, y se da una vuelta a todo en la sartén, con mucha cebolla picada y perejil. Con este mismo aderezo y la manteca de cerdo en que rehogó, pasa el gallo a una cacerola, poniendo media hora antes los muslos y alones y después el resto de los trozos y se salpimenta y añade el punto de azafrán tan característico de los guisos españoles. Cuando esté tierno el gallo, y no antes, se le añade el arroz, con su agua, haciéndolo primero abrir a fuego vivo. Luego se retira a fuego manso, hasta que está en punto.

Gallo guisado

Se prepara como el gallo con arroz y se rehoga lo mismo, y se ponen igualmente media hora antes los muslos y alones y se agregan igual los menudillos, cresta, etc.

Pero, ya en la cacerola para guisarse, hay que poner más cebolla, bien picada, perejil lo mismo, dos o tres cabezas de ajo fritas, a partes iguales. Espésese la salsa con harina tostada y añádase un poco de pimentón, para colorear. El guiso debe reducir, impregnándose bien de él el gallo.

Cuando está tierno y la salsa reducida sin haber llegado a secarse del todo, se sirve.

Capón asado

El capón cebado de Galicia y, en especial, de Villalba, en la provincia de Lugo, es un ave exquisita, menos fina que la *poularde* francesa, pero acaso más sustanciosa. Tiene un *fumet* o tufillo especial, y no hay que comerla antes de que este tufillo se desarrolle, ni dar tiempo a que se exagere, revelando lo avanzado del ave.

Estos capones traen sobre el lomo, sujeta con una pluma gruesa, su dorada enjundia y con ella se asan.

Hay quien los prefiere al asador sobre brasas, volteando hasta que se ampolla un poco la piel; entonces se remojan con agua saladísima y se sigue dando vueltas, untando con la enjundia y alternando salpicadura de agua salada con fricción de grasa. El color y el olor dicen bien cuándo el ave está a punto.

Otros los asan en marmita, tomando iguales precauciones y dándole vuelta al capón para que se ase igual por todos lados.

Capón cocido

Cuando a los frailes de San Francisco, en Santiago de Compostela, les regalan un capón de Villalba magnífico, suelen echarlo a perder cociéndolo en el puchero, en trozos. El capón cocido puede, sin embargo, ser un plato excelente, como se verá.

Untese de ajo y limón el interior del ave; amárrese, metiéndole antes dentro su enjundia; cuézase en buen caldo, con los despojos del capón, cuello y patas, un pedazo de jamón gordo, dos cebollas, cuatro zanahorias, clavo y pimienta.

Cuando esté cocida el ave, córtese en tiras tocino, y con él, en la sartén, dórese el capón hasta que tenga color apetitoso. Trasládése entonces a una cacerola y mójese con un vaso de caldo; añádase una hoja de laurel, un ramo de tomillo, como treinta cebollitas, que ya estén rehogadas en la grasa y cocimiento del capón —la cual se habrá pasado por el tamiz—. Déjese que todo cueza junto tres cuartos de hora, y entonces sáquese el capón, guarnézcase con las cebollas y acompáñese con la salsa, encima o en salsera.

Este plato pudiera llamarse cochifrito.

Capón relleno

Un capón fresco, muerto de tres días, no muy grande, pero gordito, se cuece ligeramente, con sus menudos y despojos. Se pican éstos mezclándolos con miga de pan mojada en nata, 100 gramos de mantequilla, perejil, cebolleta, pasas de Málaga sin granos, piñones, sal, pimienta y tres yemas de huevo; este relleno ha de formar una masa compacta, aunque no dura. Se rellena con ello el capón y se unta por fuera con manteca y miga de pan rallado. Se rehoga en manteca y cuando esté dorado se vuelve a empanar, y se colorea en el horno. Se puede acompañar con una compota de manzanas agrias, de Asturias.

Capón mechado

Se mechan las pechugas y los muslos del capón con tiritas de tocino y una chispa de ajo, y después de rehogado en manteca de cerdo, se echa el caldo en cantidad suficiente, dejándolo cocer hasta que esté a punto. Se saca, se cuela la salsa, se hace reducir y se vuelve a poner el capón. Sáquese por segunda vez el ave y déjese enfríar en una fuente. Se unta con manteca derretida, se cubre con pan rallado y va al horno o a la parrilla hasta que el pan se dore. Se sirve con una salsa picante.

Pavo de Aspe, asado

Estos pavos de Aspe son un asombro. Los clásicos glotones de la consabida decadencia romana, si los conociesen, los pagarían muy caros.

Si cabe que una comida sea mala de puro magnífica, puede decirse esto del pavo de Aspe y de sus espléndidas pechugas, de una cuarta de grueso.

El pavo de Aspe, como todos los pavos, se emborracha antes del sacrificio; luego se asa sencillamente al asador, dándole muchas vueltas, empapelado al principio con papel engrasado, descubierto después, espolvoreándolo con sal y remojándolo con su propia grasa. Se sirve al natural, con la ensalada que se quiera.

Pavo relleno a la antigua española

Lo he visto rellenar así:

Deshágase en leche y caldo frío, miga de pan y bizcochos, hasta formar una pasta espesa; añádanse almendras picadas, pasas de Málaga sin granos, nuez majada, pedazos de dulce de naranja o toronja, muy pequeñitos, castañas cocidas en almíbar y deshechas, azúcar en polvo hasta endulzar, canela en polvo y clavillo. Se le da a todo una vuelta en la sartén, en manteca de vaca o de cerdo

Con esta masa se rellena el pavo, y luego se cose y se asa, lo mismo que otro cualquiera. Al trincharlo, se rodea con su relleno.

Despojos de pavo a la cubana

Se sofríen los despojos en manteca de cerdo; échense unos dientes de ajo, un poco de perejil, picado todo. Sazónese con sal y pimienta. Aparte se hace una salsa con dos tazas de caldo, avellanas tostadas y majadas, un ramo de hierbas finas, especias y dos yemas de huevo. Líguese añádanse los despojos. Cuando la cocción esté terminada, se retiran.

Pavipollo al vino de Málaga

Debe ser un pavipollo grueso, bien limpio, soflamado, recortado y amarrado.

En el fondo de la cacerola pónganse lonjas de tocino entreverado, y en aceite o manteca de cerdo rehoguese el pavipollo, salpicándolo de sal y pimienta.

Ya rehogado, mojese en un cuartillo de caldo del puchero y dos vasos de Málaga o Pajarete; añádase laurel, tomillo, cebollas en ruedas, zanahorias tiernas, un puerro. Déjese cocer dos horas a fuego manso; a la mitad de este tiempo désele vuelta al ave para que cueza igual.

Sírvase con la salsa reducida, pasada por tamiz, en salsera y colóquese el ave sobre un lecho de escarola.

Pavipollo con salchichas

Los pavipollos siempre deben ser de mediano tamaño, tiernos y con pechuga saliente y redonda.

Soflamado y limpio el pavipollo, se frotará por dentro con aguardiente o coñac, antes de proceder a recogerle las patas.

Póngase luego en la marmita, revistiendo fondo de lonchas de tocino; mójese con caldo lo más concentrado posible y con un vaso de vino de Rueda. Dejese cocer hora y cuarto, tapada la cacerola y con fuego por encima.

En otra marmita se cuece medio kilo de castañas pilongas, que ya estarán bien remojadas, y media docena de salchichas. Al agua de cocer las castañas se le echará sal y una cucharada de azúcar. Las salchichas se ponen como media hora después, estando ya bien cocidas las castañas y luego pasan, en unión con éstas, a la marmita con el pavipollo.

Se deja acabar de cocer todo reunido un cuarto de hora, y luego se sirve, rodeado el pavipollo con su guarnición.

Pato asado

El pato se asa, generalmente, relleno y se puede elegir entre los varios rellenos el que más agrade. Con castañas está bien. Tarda más en asarse un pato relleno que al natural. El pato al natural se asa como el pavo, regándolo con la grasa que suelta.

Pato con naranjas agrias

Perdíguese un pato tierno, silvestre o de corral, con un gran pedazo de grasa de cerdo, cebollas y una pulgarada de azúcar: que se ponga amarillo y darle vueltas; mójese entonces con agua fría y que siga cociendo suavemente en la cacerola tres horas. Al cabo de hora y media de estar a la lumbre, sálcse y añádase la corteza de una naranja; acábese de cocer: la salsa debe estar dorada y untuosa.

Terminada la cocción, trínchese el pato y preséntese rodeado de pedazos de corteza de naranja; añádase su salsa y alrededor, póngase gajos de naranja agria. Sírvase hirviendo.

Pato con nabos

Poner a cocer a la lumbre porción de manteca con caldo a proporción y agréguese el pato, debidamente preparado, con tomillo, clavo, sal, pimienta y ruedas de nabos. Si éstos son duros, se echarán a cocer al mismo tiempo que el pato, y si son tiernos, a mitad de cocción. Terminada ésta y desengrasado el jugo, se le agrega un poco de vinagre y, reducida la salsa, se sirve el ave.

Pato con aceitunas a la antigua

Se pone el pato, ya limpio, en una marmita, con mitad aceite y mitad grasa de cerdo y se le dan vueltas para que se ase por ambos lados. Cuando se ha dorado ligeramente, se le añade un cacillo de caldo, tres docenas de gruesas aceitunas deshuesadas, jamón y tocino en dados, el hígado suyo ligeramente cocido y majado, una miga de pan majada también, sal, pimienta, moscada y un vaso de Rueda o Jerez. Se deja cocer a fuego lento, lo basante para que el pato y la guarnición estén tiernecitos.

Ganso relleno

El ganso, que es comida fuerte y grasienta, porque no debe comerse un ganso sin cebarlo, se rellena con castañas, manzanas y salchichas. Puede rellenarse sólo con manzanas. Después se asa, lo mismo que el pato.

Ganso a la española

Limpio y chamuscado el ganso, se pone en una olla donde quepa bien, y se le añade tocino en cuadritos, sal, pimienta, perejil, cebollas pequeñas, tomillo, laurel, clavo, dos dientes de ajo, tres o cuatro zanahorias, una chirivía y medio pimiento morrón.

Antes de unir al ganso este acompañamiento, se habrá dorado en el asador algún tiempo.

El mojo se hace con caldo, vino blanco y aguardiente de uva, del Rivero u Ojén.

Se deja hervir a fuego lento y se sirve con su guiso, suprimiendo el tomillo y el laurel.

Guisado de la batalla de Almansa

También nosotros tenemos algo equivalente a los famosos pollos a la Marengo, de la cocina francesa.

Se limpian y escaldan despojos y menudillos de volatería, hígados, mollejas, criadillas, alones, cabeza, cuello, patas, todo bien recortado, quitando picos, ojos y uñas; se ponen a cocer con agua y sal, una tajada de tocino y una cebolla gruesa entera; cocidos ya el tocino y la cebolla, se picarán con perejil y hierbabuena, volviendo a echarlos en el puchero de los menudillos y sazonándolo con especias, nuez moscada y pimienta; se deja hervir todo junto, se hace un espeso de harina; se le añade y cuando presente buen aspecto se sirve.

Guisado particular

Se rellena una buena aceituna con alcaparras y anchoas picadas, y después de haberla echado en adobo de aceite, se introduce en un picafigo o cualquiera otro pajarito, cuya delicadeza sea conocida, para meterlo después en otro pájaro mayor, tal como un hortelano. Se toma luego una cogujada, a la que se quitarán las patas y la cabeza, para que sirva de cubierta a los otros, y se la cubre con una lonja de tocino muy delgada y se pone la cogujada dentro de un zorzal, ahuecado de la misma manera; el zorzal en una codorniz, la codorniz en un ave fría, ésta en un pardal o chorlito, el cual se pondrá en un perdigón y éste en una chocha; ésta en una cerceta, la cual va dentro de una pintada; la pintada en un ánade y ésta en una polla; la polla en un faisán, que se cubrirá con un ganso, todo lo cual se meterá en un pavo, que se cubrirá con una avutarda y si por casualidad se hallare alguna cosa vacía que rellenar, se recurrirá a las criadillas, castañas y setas, de que se hará un relleno, que todo se pone en una cazuela de bastante capacidad con cebolletas picadas, clavo de especia, zanahorias, jamón picado, apio, un ramillete, pimienta quebrada, algunas lonjas de tocino, especias y una o dos cabezas de ajo.

Todo esto se pone a cocer a fuego continuo por espacio de veinticuatro horas, o mejor en horno un poco caliente; se desengrasa y se sirve en un plato.

Tal asado recuerda el festín de Trimalción y aquellos platos romanos que el Senado tuvo que prohibir, porque arruinaban a las familias. Es ingenuo y bárbaro, en medio de su complicación decadentista.

Y, además, parece difícil o imposible meter tanta bola china una dentro de otra. Si alguien tiene el capricho de hacer este plato, habrá de suprimir aves y poner sólo: la aceituna dentro de un tordo pequeño; éste dentro de una codorniz grande; luego una perdiz, no de las menores; luego una gallina, un pato, un pavo corpulento y el rellenito. Y creo que sobra.

AVES DE PALOMAR

Palominos fritos

Es el modo más sencillo de aderezarlos y están muy bien. Se trata, naturalmente, de palominos criados en palomar.

Se despluman, vacían y limpian con un paño; se soflaman ligeramente, a llama de alcohol, para destruir los parásitos que suelen tener las aves; ya bien limpios, se cuecen en caldo y, enteros, se rebozan en pan rallado y yema de huevo y se fríen.

Pueden acompañarse con patatas fritas o con pimientos asados, en tiras.

Pichones fritos

Cortados en cuatro trozos, ponedlos en una cacerola con cebollas, zanahorias, tomillo y un poco de caldo, sal y pimienta; así que estén cocidos y fríos, envolvedlos en miga de pan, después de remojarlos en huevo batido; que la fritura se dore bien, y servid con guarnición de perejil frito.

Pichones asados

Se despluman, se limpian, se les cruzan las patitas y se envuelven en lonchas de tocino, cubiertas luego de hojas de parra. Así, y bien atado con bramantillo, se asan en asador o en tartera.

Pichones a la criolla

Desplumados, soflamados y limpios los pichones, pónganse a la lumbre en una cacerola con manteca, sal, dos o tres dientes de ajo y pimienta. A media cocción, agréguese un picadillo de cebolla, perejil, hierbabuena y orégano. Cocidos ya, sírvanse, guarnecidos de plátanos fritos cortados en rajas y ruedas de limón.

CAZA DE PLUMA

Perdigones a la catalana

Embridar tres perdigones y rehogarlos en una cacerola con tocino picado y un ramito compuesto; sazonarlos.

Cuando hayan tomado buen color, mojarlos con un poco de vino generoso y moderar la lumbre. Próxima a terminar su cocción, añadir 200 gramos de jamón crudo cortado en dados y cuatro o cinco docenas de dientes de ajo cocidos con mucha agua.

Polvorear con pimentón y acabar de cocerlos. Escurrirlos; desembridarlos y ponerlos en una fuente, circuidos de su guarnición, suprimiendo el ramito. Servirlos, cubiertos con su cocimiento trabado con un poco de salsa española.

Perdigones a la Sierra Morena

Límpiense y paraméntense dos o tres perdigones y rehóguense a fuego fuerte, con aceite, cebollitas, una zanahoria en ruedas, jamón magro en cuadritos y un salchichón pequeño entero despellejado. Cuando tome color bonito quítense los perdigones, el salchichón y las cebollas; hágase un rojo de harina en la cacerola donde se rehogaron y dése vueltas con la cuchara para que no se pegue. A medio hacer, mójese con mitad caldo y mitad Málaga; sálese y añádase laurel, tomillo, pimienta en grano y clavos de especia. Vuelvan a ponerse en la cacerola los perdigones y las cebollas y déjese cocer a fuego manso, con brasas en la tapadera.

Preséntense los perdigones rodeados del guiso, tamizado si se quiere y si no sin tamizar; adórnese con el salchichón cortado en ruedas.

Perdigones a la española

Debidamente preparados, se ponen en cacerola con manteca, jamón, zumo de limón y pimienta gorda. Ligeramente rehogados, se agrega mitad vino blanco y mitad salsa española, dejándose que cueza a fuego moderado.

Se sacan, se pasa por tamiz el cocimiento y se vuelve al fuego, con los perdigones, quince minutos.

Perdiz en repollo

Cuando sobra perdiz ya guisada, se toma un repollo blanco y grande, se blanquea, se abre y se mete dentro el resto de perdiz, (habiendo cocido antes algo el repollo para que esté tierno). Ya con la perdiz dentro, se añade un picadillo de jamón, tocino y migas de pan, que se acomoda entre el cogollo y hojas, y se ata el repollo para que no se escape el relleno.

Se cuece todo en caldo con sal, pimienta y una cucharada de manteca de cerdo o de aceite y cuando el repollo ha tomado color, se le hace un espeso de yema de huevo y unas gotas de vinagre y se sirve, quitando la atadura, con la salsa alrededor.

Perdices con ostras

Es una de las mejores recetas de la cocina española, —no como apariencia: ya sabemos que la cocina española aparenta poco—, sino como gusto. No la he encontrado en ningún libro de cocina.

Después de bien vaciada y limpia la perdiz y atada con bramante a fin de que no se le separen las patas, se coloca en una cacerola con igual cantidad de caldo de puchero y vino de Jerez, sal, algunas cebollitas pequeñas, una nuez gorda de manteca de cerdo y un trozo de canela en rama. A la media hora de cocción pueden agregarse las ostras, ligeramente fritas, que no se hayan endurecido (proporción: dos docenas por perdiz), y se dejará hervir a remanso el guiso hasta que esté en punto. Se aparta la canela, se quita el bramante, se trincha la perdiz y se guarnece con las ostras, pudiéndose añadir como adorno y aumento cortezones de pan frito cortados y colocados simétricamente.

Cabe sustituir las ostras por almejas o vieiras y no es menos sabroso el plato, aunque no tan fino.

Perdices con sardina

Una vez limpias las perdices se mete en el interior de cada una, desprovista de la cabeza y tripa, una sardina salada. Se unta el fondo de una tartera con manteca y se ponen las perdices a asar con fuego arriba y debajo. Se sirven con salsa de caldo, zumo de limón, un polvo de pimienta, sal y perejil picado, o salsa de tomate. Antes de servir se retira la sardina.

Perdiz a la catalana

Desplumada, vaciada, soflamada y recogidas las patas, se rehoga en manteca y se retira a un plato. A la manteca de la cacerola se le agrega harina para hacer una salsa rubia, añadiéndole caldo, sal, pimienta y ramito de perejil. Se vuelve la perdiz a la cacerola y se deja hasta que esté casi cocida.

Aparte, se escalda una porción de ajo y en otra cacerola, una naranja cortada en ruedas. Veinte minutos antes de hervir se mezcla todo para terminar su cocción.

Se desengrasa y se presenta en plato muy caliente, guarnecido de ruedas de limón.

Perdices a lo San Lorenzo

Es receta de una señora aragonesa que oculta su nombre, pero que me explicó cómo el intríngulis de estar dedicada la fórmula al Santo de las parrillas, es que, lo mismo que el mártir, las perdices tienen que volverse, cuando estén asadas por un lado, para asarse por otro.

Se sofríen en aceite con sal y pimienta, volviéndolas repetidamente; y ya sofritas, se dejan enfriar y se pasan luego a las parrillas, teniendo el mismo cuidado de que el fuego las tueste igual por todas partes.

Con el aceite de freírlas, pimienta, limón, un diente de ajo muy picado, una pulgarada de pimiento rojo, un vaso de vino ajerezado y un pocillo de caldo, se hace la salsa, que ha de acompañar a estas perdices.

Perdiz con coles

Esta receta es de don Pablo Bofill y procede de la comarca del Ampurdán.

Se limpia, vacía, chamusca y embrida la perdiz y se lardea toda su pechuga con muchas tiras muy delgadas de tocino, que se habrán puesto dos horas antes en salmuera, reforzada con pimienta y un polvillo de nuez moscada.

Se coloca la perdiz en cacerola no muy alta, con fondo móvil muy agujereado, entre dos hojas anchas de tocino, una debajo y otra encima. Se añade media libra de lomo de ternera hecho lonchas, dos zanahorias, dos cebollas con clavos de especia incrustados en su carne, sal pimienta, ramillete de finas hierbas, una copa del mejor vino blanco de San Sadurní de Noya y un tazón de caldo limpio. Aparte, se blanquean coles arrepolladas, escaldándolas dos o tres minutos en agua salada hirviendo. Se escurren bien y se voltean para airearlas y que no conserven ni una gota de agua.

Se ponen encima de la perdiz en la cacerola, con media libra de tocino entreverado, recortado en tiras y un buen trozo de butifarra catalana o una magra de jamón que pese un cuarterón. Se moja todo con bastante caldo limpio y se cuece a fuego muy lento durante dos horas, bien tapada la cacerola con su cobertera.

Pasado este tiempo, se coge la pieza móvil de la vasija y se saca muy despacio y a pulso todo el contenido. Se coloca la perdiz en una fuente y se dejan en otra las zanahorias, ternera, butifarra, etcétera, menos las coles, que se quedarán en la pieza móvil sobre un plato, para exprimir bien su jugo, comprimiéndolo con una espátula.

Entretanto, redúzcase a la mitad la salsa de la cacerola y colóquense en ella, un cuarto de hora, las coles sobre la perdiz y encima la butifarra y jamón, en trozos pequeños e iguales. Del resto de la guarnición se hará un picadillo y al sacar la perdiz se rodea con él y se acompaña con las coles, butifarra y jamón.

Perdices estofadas a la antigua

Se ponen en una cazuela grande con media docena de cebollas regulares por perdiz y tres o cuatro zanahorias pequeñas por perdiz también.

Se les echa caldo del puchero, que las bañe; se agrega manteca de cerdo en cantidad como de una nuez por perdiz y el aceite en que previamente se habrán dorado las cebollas y las perdices en una sartén.

Se sala, se machacan dos o tres cabezas de clavo con dos o tres gramos de pimienta y se le echan al guiso, así como un poco de canela en rama.

Se pone a hervir, tapando la boca de la cazuela con un papel de estraza húmedo, precaución necesaria en todo estofado. Si al estofado se le deja evaporarse, pierde la mitad de su sabor.

Se ha hecho antes un rojo de harina tostada en la sartén en cantidad proporcional y se le añade al guiso antes de taparlo.

Se deja que hierva a remanso largo tiempo. No le sobran cuatro horas. Deshecha la perdiz, está cien veces mejor. Media hora antes de ir a la mesa se le agrega un vaso de vino ajerezado.

Codornices guisadas

Se fríen en tocino fresco, enteras, pero limpias; luego que se doren, se cuecen en caldo y en la grasa en que se frieron, se fríe cebolla, perejil, *bolets*, morillas; se sazona con clavo, moscada, canela, sal y pimienta, se pone en el puchero donde cuece la codorniz, se tapa con papel de estraza y tiesto y se deja hervir a fuego manso.

Codornices asadas

Se asan en cazuela, envueltas en unas lonjas finas de tocino, ataditas con bramante, a fuego moderado. Pueden cubrirse las lonjas de tocino con hojas de parra.

Para servirlas, se hace una salsa con los propios hígados de la codorniz, un vaso de caldo, otro de Málaga, pimienta, sal y el zumo de un limón.

Chocha a la vizcaína

Después de destripada la chocha y guardadas as tripas para la salsa, se forma de modo que el pico salga por entre la pechuga derecha; se coloca en un pucherito con manteca de puerco, una lonjita de tocino, dos o tres cebollas pequeñas, dos jícaras de caldo, una escasa de Jerez y cuatro nabitos, teniendo cuidado de mover el puchero de cuando en cuando y añadiendo caldo si se consumiese.

Cuando la chocha se ha cocido bastante, se fríe por separado una cebolla muy picada, y cuando está a medio hacer se echan las tripas del ave picadas en la misma sartén, a fin de que suelten todo su jugo, teniendo cuidado de separar antes el buche o bolsita, que da mal sabor; se añade un poco de harina y toda la sustancia en que ha cocido la chocha, excepto los nabos, que se colocan juntamente con ella en la salsa, después de tamizada ésta.

La chocha también se guisa en Bilbao con berzas francesas, para lo cual, después de picar las berzas, cocerlas con tocino y exprimir toda su agua, se pasan por el colador, dándoles una vuelta al fuego con la mitad de la salsa de la chocha, que se coloca en la fuente cubierta con las berzas.

(Del libro «La Mesa Vizcaína» por doña D. V. de U.)

Zorzales en salsa

Desplumados doce zorzales y soflamados, se les mete dentro a cada uno un grano de pimienta y un trozo de tocino y se fríen en buena manteca. La salsa se hace con los propios higadillos y riñones del pájaro, que, salhumados y salados, se muelen en un mortero de barro. Se diluye la pasta que resulte en una cacillada de caldo, se añade un poco de harina y todo se echa sobre los zorzales. Media hora de fuego vivo basta para hacer el plato más delicado que puede imaginarse.

(Extractado de unas páginas muy coloristas de don José Ortega Munilla)

Zorzales asados

El zorzal, en opinión del tío Juan, *quiere* ser asado. Vacío y limpio, se le pone dentro una aceituna deshuesada y un polvito de sal. Se le ensarta con otros compañeros en una vareta de hierro y se les asa, cuidando de que no les dé la llama. «Así comió los zorzales mi abuelo», añade el tío Juan.

(De la misma procedencia)

Pájaros fritos de Madrid

Se despluman los pájaros y se les cortan las patitas y la mitad de la cabeza, dejando la parte que guarda los sesos.

Se cuecen en agua salada y sazonada con pimienta; y ya tiernos, se escurren y se dejan secar. Luego se fríen en aceite o manteca de cerdo muy caliente, hasta dorarlos y se colocan en la fuente, espolvoreándolos con sal muy fina, poniéndoles unos sombreritos apuntados de papel.

La caza de estos pajaritos debiera estar prohibida. Son tan bonitos y tan útiles, que da pena verlos llegar estofados y muertos.

La agricultura pierde mucho con la persecución de los pajaritos, que viven de insectos, larvas y gusanos.

Pajaritos en arroz

Se compran doce pajaritos, fritos ya, y se parten por la mitad.

Se pica cebolla y se corta en dados un trozo de jamón. Se ablanda en el aceite a fuego manso con la cebolla y luego se añade el tomate pelado y partido, los pajaritos y unos trocitos de tocino.

Consumida el agua del tomate, se echa todo en la marmita, con el arroz y unas hebritas de azafrán. Se asan tres pimientos encarnados, se parten y se adorna con ellos el arroz al tiempo de servir.

LAS CARNES

Son la parte flaca de la alimentación española. El mismo carnero es mejor del Pirineo para allá. El español, además, no es vorazmente carnívoro, habiéndose adelantado en esto a las prescripciones de la medicina higiénica moderna, que condena las carnes, por las toxinas que desarrollan.

Es curioso que hace unos treinta años se achacase la decadencia de nuestra raza a que se comía muy poca carne, y ahora se culpe a la carne de mil averías, haciéndose general el régimen lácteo-vegetariano.

Yo creo que cada pueblo suele comer aquello que más le conviene, porque hay estrecha conexión entre la naturaleza, el clima y los alimentos.

CARNES DE MATADERO

BUEY

Buey cocido

El buey cocido y frío es un manjar sano y agradable. Se acompaña con salpicón o con ensalada de lechuga y huevos duros.

Picadillo de buey cocido

Píquese, no muy menudo, el trozo de buey cocido. Píquense también, más finas, cebollas; dórense en manteca y cuando tengan bonito color, salpíquense de harina; mójense con un vaso de vino blanco y otro tanto de caldo del puchero. Reduzca a la mitad y añádase el picado de buey, con otro picado de perejil, sal y pimienta. Déjese cocer hasta que la salsa y el buey estén completamente amalgamados.

Buey asado

En la antigua cocina española, el buey se asa en asador o en marmita; si es una pierna entera, del primer modo, y si es un trozo, del segundo. Se llega hasta el extremo de la operación culinaria; es decir, que se asa verdaderamente, no dejando medio cruda la carne. Se suele frotar de ajo y espolvorear de sal. Si el asado es en marmita, generalmente se acompaña con patatas asadas también, en el mismo recipiente y a la vez que la carne.

Filete de buey estofado

Méchese bien un filete de buey y póngase en la cacerola con cortezas de tocino, ruedas de zanahoria, cebollas, tomillo, laurel y clavo; añádase la cuarta parte de un vaso de aguardiente. Cueza a fuego lento, tres o cuatro horas, en marmita cubierta. Al servir, añádase al jugo un poco de salsa de tomate y algunas ruedas de pepinillos en vinagre. Puede servirse con las hortalizas.

Pierna guisada

Desosadla, mechadla con gruesas tiras de tocino y atadla con bramante. Colocadla en la marmita, con varias lonchas de tocino, zanahorias, cebollas, laurel, sal y pimienta, y echad por encima bastante caldo para que quede completamente cubierta. Vaya también a la marmita el hueso, partido en dos o tres pedazos. Cocedlo todo desde luego a fuego vivo y, después, cuando la ebulición esté bien animada, cubrid la lumbre con ceniza, colocad encima de la marmita una tapadera con ascuas y continuad la cocción a fuego lento. Retiradla del fuego, ya cocida; reduzca el jugo si es demasiado claro y vertedlo por encima en el momento de servir.

Guisado de buey castizo

Córtese la carne de buey en pedazos como huevos pequeños, y rehóguese en cacerola, con mitad aceite y mitad manteca de cerdo, cebolla picada, sal, pimienta y unas raspas de pimiento choricero, previamente lavado; agréguense pimientos morrones asados y hechos picadillo, una cabeza de ajo y laurel.

Déjese luego cocer a fuego lento, y, cuando va estando hecho, añádanse patatas en ruedas, que primero se habrán pasado un poco en la sartén.

Ni caldoso, ni muy seco.

Guisado al pebre

Carne de pierna de buey o vaca. Se corta en trozos del tamaño de nueces, que se ponen en la olla, con agua, sal y laurel; se toma tocino entre magro y gordo, se corta en dados, se fríe y se echa en la olla. Se machacan ajos con pimienta, y se deslíen con un poco de caldo, y a la olla; se añade aceite suficiente, y se pone a fuego manso para que se vaya rehogando. Luego, un cacillo de caldo; se sazona con sal, polvillo de clavo y moscada, se agrega un poco de perejil picado y dos o tres tomates partidos, y se deja hasta que esté hecho.

Buey a lo arriero

De la carne de buey que tenga grasa y no sea aprovechable para asados, córtense trozos irregulares, que se cocerán en agua hirviendo diez minutos.

Sáquense luego, y pónganse en cazuela, con manteca de cerdo, agua de la cocción, un vaso grande de vino de Rueda, cebolla partida en cachos, una cabeza de ajo, perejil picado gordo, pimentón, patatas en cachos también, sal y clavo de especia, así como una hoja de laurel. Déjese cocer a fuego lento, hasta que la carne esté tierna y huela bien el guiso.

Buey con cebollitas

Perdigad una libra de buey deshuesado, quítese la carne de la cacerola y pónganse doce o catorce cebollitas; cuando se doren bien, poned la carne en medio, y alrededor las cebollas; mojad con un vaso de caldo caliente, y sazonad con sal, pimienta y moscada; que cueza como una hora, a fuego vivo.

Batallón

Rehóguese carne de falda cortada en trozos como nueces, y puede ser de buey la carne, pero también cabe que sea de ternera, vaca o carnero.

Se le añade media libra de cebolla picada, una cabeza de ajo, un vaso de aceite, sal y pimentón. Cuando se dore bien, hasta retostarse, se añade agua caliente, un kilo o kilo y medio de patatas en ruedas o cachos, y se deja cocer hasta que todo esté tierno.

Es el más burdo de los guisos.

Chuletas a la vallisoletana

Se cortan dos juntas, comprendiendo cada una dos costillas; se quita el hueso a una, se aplasta y se reforma. Se llena el hueco con picadillo de carne de albóndigas, se pone una chuleta sobre otra cogiendo el picadillo en medio y se asan a la parrilla.

Se cubre con el mismo picadillo el fondo de una fuente, se ponen encima las chuletas, se salsean con su jugo, se ponen al horno caliente cuatro minutos, y se sirven.

(De «El Practicón»)

Antiguas «costilletas»

Así se llamaban las chuletas con hueso antaño, y era por cierto más expresivo y claro el nombre que el de ahora, correspondiendo al francés *côtelette* o *côte*.

Las costilletas antiguas se mazaban, se untaban con aceite o grasa y se asaban en parrilla o marmita, o se freían en sartén.

Rabo de buey asado

Primero cuézase en la olla el rabo de buey, habiéndolo antes remojado; escúrrase y déjese enfriar; escójanse los mejores trozos, sazónense, envuélvanse en manteca de cerdo y pan rallado, ásense en marmita, a fuego lento, y sírvanse con una salsa fuerte o de agraz.

Morro rabioso de buey

Plato sápido y de los que llaman por la bebida.

Tómese un morro de buey cocido y pártase en trozos cuadrados. Píquese una cebolla gruesa y rehóguese con manteca de cerdo o tocino, sin dejar que tome color. Añádase entonces el morro, y rehóguese y zarandéese, sazonando con sal, pimienta y las raspas de una guindilla. Añádase una cucharada de harina, para espesar. Dos minutos después, mójese con caldo caliente y otro tanto vino blanco: esta operación ha de hacerse fuera de la lumbre y poco a poco.

Añádase laurel y tomillo. Póngase luego al fuego y revuélvase hasta que dé un hervor; entonces apártese, y, media hora después, líguese con dos yemas de huevo, y póngase a calentar al horno, para servirlo.

VACA

Todos los guisos de buey son aplicables a la vaca y viceversa. La mayor parte de los libros de cocina extranjeros no nombran a la vaca, por considerar que su carne se diferencia poco de la del buey, aun cuando suele ser de calidad algo inferior.

Estofado de vaca

La mejor porción para estofado es la parte interior de la pierna. Se envuelve primero en harina y se dora, dorando también una cantidad como de ocho o diez cebollas de regular tamaño para una libra de carne. Se le añaden tres jícaras de vino y dos de caldo. Se coloca todo en una marmita con una raja de canela y un diente de clavo. Para que no sobresalga el sabor del clavo, éste irá metido en una cebolla. Se pone a hervir tres o cuatro horas, tapado con un papel de estraza y con un puchero lleno de agua, no omitiendo mirar alguna vez si merma mucho el caldo para alargarlo.

Vaca a la casera

La carne para este guisado ha de ser de lo magro de la pierna de vaca; cuézase por la mañana en la olla del caldo del cocido, y ya cocida la carne, sáquese, déjese enfriar, pártase en trozos, y fríase tocino picado en la sartén, y con él, los trozos de carne; quítense de la sartén, déjese el tocino, y fríase otra vez con cebolla picada; échese luego en cacerola todo, con muchas especias y dientes de ajo machacados, vino blanco y perejil; cueza a fuego lento, herméticamente tapado con tiesto y papel de estraza y un puchero de agua encima.

Media hora antes de servir se sazona con sal.

Guisado de vaca

Háganse trozos pequeños de pierna de vaca y pónganse en la cacerola con sazón de sal, hojas de laurel y unos pedacitos de tocino entreverado, que se fríen y agregan a la carne; májense luego tres dientes de ajo, mezclándolos con pimienta y desliéndolos con agua, y se añade a lo demás, mojando con aceite. Se rehoga a lumbre no muy activa y se añade luego, pasada media hora, caldo, dos vasos de vino de Rueda, tres tomates cortados en trozos, sal, pimienta y perejil picado. Cuando haya cocido bastante y se reduzca un poco la salsa, puede servirse.

Vaca a la marinera

Fríanse en manteca cebollitas pequeñas, añádase una cucharada de harina y rehóguense. Póngase un vaso de vino tinto, medio de caldo, sal, pimienta, laurel, tomillo, *bolets* o setas, y déjese cocer; se tendrá la carne en lonjas, en una marmita, y se le echará la salsa; quede todo al fuego cuarenta minutos, y sírvase.

Vaca frita, a la cubana

Córtese en lonjitas un trozo de vaca y pónganse al fuego con agua, sal, zumo de limón y orégano. Antes de su completa cocción retírense, májense un poco en el mortero y fríanse con manteca y unos dientes de ajo machacados.

Salpicón de vaca a la zaragozana

Cuézase un trozo de jamón y dos partes más de carne magra de vaca; córtese menudo después de cocido, píquese cebolla cruda y póngasele por encima, rocíese con aceite crudo, pimienta, sal, un poco de vinagre, y sírvase frío.

Picadillo cubano

Tómese un trozo de vaca, cocida el día anterior; píquese muy menudamente. Aparte, se freirán en la sartén ajos, cebolletas, dos pimientos dulces, un poco de perejil y una hoja de laurel. Añádase luego un batido de tres huevos, revuélvase constantemente, y cuando esté frito, agréguese el picado de carne, quitado el laurel, y a los pocos minutos sírvase.

Tasajo cubano

Hay que desalar el tasajo, cortarlo en trozos y freírlo en manteca de cerdo. Al servirlo, se acompaña con huevos estrellados, plátanos pintones fritos en ruedas, ajíes y ese arroz blanco criollo cuya receta verdadera damos en su lugar y que es exquisito como guarnición.

Ropa vieja

En este plato, que tiene aficionados apasionadísimos, pueden entrar vaca o buey; pero la condición es que los elementos del manjar sean restos del cocido, y, por lo tanto, la carne haya estado en la olla.

Si se hace ropa vieja con elementos nuevos, no sale bien.

Se toma la carne del cocido, y se deshilacha gordo para freírla; se toman asimismo los garbanzos cocidos, cebolla picada, unos pedazos de tocino, y, si se quiere, un tomate troceado. Si ha sobrado tocino y jamón del cocido, mejor. Caben también restos de patata cocida, hechos pedacillos y chorizos de sobras.

Primero se fríe el tocino, para atorreznarlo; se saca, y se fríen el tomate y la cebolla; se une lo demás, y se fríen muy bien la carne y los garbanzos, que tengan color y la carne esté seca; se agrega luego el tocino, y se sirve todo junto, sin el menor orden, revuelto.

Insisto en que la ropa vieja ha de ir muy frita.

Lengua de vaca en salsa de tomate

Se cuece la lengua de vaca en la olla del cocido; se despelleja, se corta por el centro para extenderla, y se baña con aceite, poniéndola al horno unos minutos.

Luego se le echa por encima una salsa caliente de tomate, espesada con miga de pan remojado en vinagre.

Sesos de vaca

Antes de proceder a la preparación de los sesos, debe remojarse la sesera dos horas en agua fresca, al cabo de las cuales se limpia perfectamente de la telilla que la rodea y de la sangre ingurgitada Bien limpia, se le da un hervor de quince o veinte minutos en agua y sal, un polvo de pimiento y perejil, puerro y un diente de ajo. Se presenta con una salsa picante, de tomate o de alcaparras.

Sesos a la matancera

Después de bien limpios con sal y vinagre, se echan en una cazuela, en la que se habrán frito de antemano seis o siete dientes de ajo con manteca y cuatro cebollas enteras, hasta que unos y otras se doren. Se cuecen los sesos y se les agrega medio vaso de vino blanco, igual cantidad de caldo del puchero, un manojito de perejil y un poco de hierbabuena; déjese que tomen el gusto de estas hierbas, sazónense de sal y sírvanse con una guarnición de plátanos fritos en ruedas y en su defecto, boniatos fritos.

Menudo a lo gitano

Lávense en agua caliente los callos y tripas; vuelvanse a lavar y a restregar con vinagre y limón. Córtense en pedazos chicos y échense en la olla, con agua y sal, una mano de ternera deshuesada, jamón cortado en pedazos, un chorizo picante, algunos garbanzos ya remojados, el zumo de medio limón, dos cabezas de ajos enteras y pimentón colorado; deslíase en el mortero un migajón remojado en agua saturada de azafrán, cominos y cilantro, con un poco de caldo del mondongo; añádase al guiso, déjese esperar y sirvase muy caliente.

Callos a la chilena

Cuando estén escaldados y limpios los callos, córtense en pedazos de tres centímetros de largo por uno de ancho; dórense en la cacerola con manteca de cerdo y luego añádase un tomate limpio y sin simiente; cuando el tomate se deshace, pónganse seis cucharadas de arroz, no lavado, seco con un paño solamente; cuando se dora un poco, media cebolla picada; mójese con tres cuartos de litro de agua hirviendo, punto esencial para que no se adhiera el arroz; añádase sal, pimienta, tomillo y que cueza a remanso.

TERNERA

La ternera admite muchos más guisos y primores que el buey y la vaca, por ser carne blanca y no roja, como la de aquéllos; pero en la antigua cocina española no se ha conocido tanta variación de fórmulas para la ternera como la invasión de la cocina francesa va introduciendo.

Suele la ternera ser excelente en Madrid y en muchos puntos de España.

Pierna de ternera asada a la antigua

Yo la he visto asar de este modo, bien sencillo: sobre un fuego activo de leña, en ancho hogar de piedra, se colocaba el viejo asador, sostenido por dos soportes de horquilla, y en él se ensartaba bonitamente la pierna, encargándose una fámula de dar vueltas, mientras en un plato de peltre caía el jugo del asado, que, unido a grasa de cerdo derretida y zumo de limón, todo salado ya, volvía a regar la pierna, impidiendo que se secase. Cuando la cocción era completa, se desensartaba la pierna y se presentaba rodeada de lechuga y escarola.

Ternera asada a la española

Para este asado sirven la riñonada, la cadera y el solomillo.

Hágase tomar color a la carne en manteca de cerdo, a fuego vivo, diez minutos. Sazónese luego con sal y pimienta, añádanse dos hojas de laurel, tápese la cacerola y déjese a fuego lento tres horas, dando, de media en media hora, vuelta a la carne. Ya a medio cocer, mójese con dos vasitos de caldo y agréguese un ramo de perejil.

Ternera rellena de jamón

Se toma un buen trozo de solomillo, se le quitan la grasa y los nervios, si los tiene y se aplana y adelgaza bien con la paleta, recortándolo después de modo que tenga una forma cuadrada o cuadrilonga.

Se cortan las lonjas de tocino y jamón, que midan de ancho como la mitad del trozo de ternera.

Se colocan en el centro del trozo, cubriendo todo su largo, primero las de tocino, luego las de jamón, enseguida una hilera de huevos cocidos algo ochavados con el cuchillo, para que no se escapen y luego otra capa de jamón y tocino.

No se sala, porque basta la sal del jamón y del tocino. Se sazona con un poco de pimienta y moscada.

Luego, con maña y cuidado, se hace un cilindro, en que la carne envuelva a las lonjas y a los huevos, y se ata delicadamente con un bramantillo, que se tendrá cuidado de quitar cuando el plato vaya a la mesa.

Se asa como en la fórmula anterior, pero en marmita. Pueden sustituirse los huevos con aceitunas deshuesadas y aliñadas.

Es un plato que está mejor en fiambre y se usa mucho para cacerías y meriendas de campo.

Pierna estofada a la manchega

Se deshuesa bien la pierna y se mecha con tocino añejo.

Se sazona fuerte, sal, pimienta, clavo, un punto de canela y se pone en olla grande, con un cuartillo de vino tinto, dos cucharadas de vinagre, seis cebollas medianas, nabos, zanahorias, tomillo, dos dientes de ajo y una pulgarada de pimentón.

Cueza cuatro horas bien cubierto y a remanso. Se sirve con su jugo.

Guisote ordinario de ternera

Tómese carne de falda y, partida en dos trozos, rehóguese en la sartén, con manteca de cerdo y tres o cuatro dientes de ajo rustridos.

Póngase luego en una cacerola, con caldo o agua. En la manteca fríanse seis cebollas cortadas en ruedas y perejil picado, con bastante pimentón. Macháquese este refrito en el almirez, cor una miga de pan también frita y grande, y luego añádase a la ternera, con unos trocitos de guindilla rabiosa, cominos y orégano. A medio hacer el guiso añádanse patatas en trozos pequeños y déjese cocer todo bien, hasta que exhale un aroma apetitoso.

Guiso de ternera con arroz y menudos

Dórense trozos de carne de ternera —la pierna mejor— y déseles vueltas en la sartén hasta que se frían del todo, en manteca de cerda o en aceite. En el mismo dése una vuelta a los menudos de ave —hígado, mollejas, huevitos sin cáscara— procurando que no lleguen a ponerse duros. Dórese también cebolla picada y perejil.

Póngase luego la carne en cacerola, con la cebolla picada, un diente de ajo, caldo, el aceite de freír, sal, pimienta y laurel. Después de que cueza bien, espésese la salsa un poco con harina, pero ha de quedar larga, porque conviene que empape el arroz.

Antes, pues, de que reduzca, se hace abrir el arroz en agua y cuando la ha chupado, se añade a la carne y también los menudillos, y se pone al fuego todo junto, hasta completar el guiso, revolviendo a fin de que el arroz se penetre de la sustancia.

Guiso de costillar de ternera a las Torres de Meirás.

La carne para el guiso ha de ser de costilla y partida en trozos como huevos de gallina regulares.

En la sartén y en aceite o grasa de cerdo, se doran los pedazos de carne y se quitan, para dorar en el mismo aceite las patatas, partidas en cachos.

Dorada ya la carne, se pone a cocer a fuego no muy vivo; con caldo, y el aceite o manteca en que se hizo la fritura y que se aumentará lo necesario. Hay que dejar que cueza bastante el guiso, porque el secreto de los guisados y de los estofados es siempre estar muy muelles y muy penetrados de la salsa.

Debe cocer así dos horas.

Cuando ya está blando y la salsa ha reducido, se añaden zanahorias en ruedas gordas, una miaja de ajo, sal, pimienta, cebollas partidas en dos, una hoja de laurel y una rama de tomillo. Si se quiere, se le pueden añadir guisantes frescos, trocitos de pimiento y uno o dos tomates en pedazos.

Si se ve que está algo seco, se aumenta caldo para que no se pegue y se le deja arrancar un hervor, después de lo cual se pone a fuego manso, hasta que se vea que la salsa merma otra vez y que patatas y zanahorias están muy tiernas.

Entonces se puede apartar del fuego o para servirlo o para volver a calentarlo a la hora de servir. Lo mismo que el estofado, estos guisados ganan recalentándolos, y el guisado para la cena puede hacerse a la hora de la comida.

Filetes de ternera empanados

Se cortan los filetes de ternera del grosor que agrade (nunca muy gruesos), y debe advertirse que, según el grueso, hay notable diferencia en el sabor. Si quedan muy delgaditos y además se les maza, con cuidado de no romperlos, son más gustosos.

Se salan ligeramente, les pone ajo el que tenga afición, pero no hace falta; se envuelven en pan, cuanto más cernidito mejor, y se fríen en aceite o manteca de cerdo. La guarnición, de patatas crocantes, fritas en aceite.

Hay quien mezcla, con la ralladura de envolverlos, un picadillo de perejil invisible.

Chuletas a la Practicón

Rehóguense unos minutos en la sartén y en manteca de cerdo y váyanse metiendo una por una en un pimiento morrón colorado, cocido entero de antemano en caldo del puchero y desprovisto de rabo y semilla.

Bien escurrido cada pimiento y con su chuleta dentro, se ponen a asar al horno en fuego fuerte y se sirven los pimientos así rellenos, con salsa de tomate.

Alparagate valenciano

Redúcese a picadillo de carne de ternera y un trozo de magro de jamón y a este picadillo hay que agregar ajos, perejil y pan rallado y, además, por cada libra de carne, tres yemas de huevo.

Todo esto se bate y amasa muy bien y se coloca en una vasija, en donde debe freírse en buen aceite sin rancio ninguno.

Cuando está frito se coloca en forma de alpargata, se reboza con claras de huevo y se fríe de nuevo, cuidando de que no se deshaga.

Tan pronto se vea que está dorado el alparagate se separa del aceite, friendo en él cebollas, después de picadas.

Se echa de nuevo el alpagarate en el aceite, acompañado de una jícara de caldo, otra de vino blanco, canela y hojas de laurel, dejando cocer todo hasta que forme una salsa fina.

(De «La Cocina Práctica»)

Chulas de ternera

No deben nunca comerse platos de esta especie en las fondas; pero en casa son admisibles. Se puede utilizar lo que sobre de ternera y ave. Píquese finamente, con un poco de perejil y una cebolla. Añádase carne de salchicha, una o dos patatas cocidas en agua y bien deshechas, así como un migajón de pan mojado en leche; sálese, espolvoréese de pimienta y mézclese todo.

Fórmense con esta pasta las chulas y fríanse en aceite muy caliente.

Se sirven con patatas fritas. Si se prefiere, también pueden guisarse las chulas.

Para guisarlas, se pone en una cacerola manteca de cerdo y cuando esté caliente se añaden las chulas. Cuídese de no romperlas al darles vueltas. Cuando toman color se sacan de la cacerola; hágase un rojo, mójese con un poco de agua, o mejor con caldo. Vuélvanse a poner las chulas en la salsa, añádanse cebollas no muy grandes y cueza todo una hora. Pueden añadirse al guisado patatas en trozos.

Manos de ternera con garbanzos

Cuatro manos de ternera se lavan y raspan bien en agua templada. En otra agua se frotan las patas con limón, para blanquearlas y luego se ponen de remojo en otra. Las tres aguas, al mismo temple.

Se toma una cebolla de buen tamaño o dos medianas, un diente de ajo y dos chorizos, y se añade un ramo de perejil, una hoja de laurel, un trozo de monda de limón, un palito de canela, dos granos de pimienta para cada pata, la sal correspondiente, ciento veinte gramos de garbanzos remojados desde la noche anterior y otro tanto de tocino gordo.

Partidas las patas en dos o tres pedazos, se echan en la olla así que hierve el agua, añadiendo lo que se ha dicho. Habrán de hervir lo menos tres horas y entonces se sacan a una fuente y el aderezo se pisa, empezando por el tocino, siguiendo por el chorizo y luego el resto, que es más blando, a menos que se quiera dejar algún garbanzo entero. El limón, el ajo y el laurel se tiran sin pisarlos.

Se deslíe este puré en el caldo del cocimiento, se cuela por colador, más bien grueso, se deshuesan las patas, se ponen en una tartera partidas en trozos medianos y echándoles el puré por encima, y a vuelo un polvo de comino; cuecen en esta salsa un cuarto de hora y si está espesita, se apartan y se sirven.

Este procedimiento es el fino; pero las patas de ternera están excelentes también a la tosca, que se reduce a limpiarlas bien, escaldarlas en agua caliente, cocerlas con la sazón y el chorizo y tocino hasta que estén tiernas, guisarlas luego en tartera con sus chorizos, tocino y garbanzos enteros, y buen añadido de cominos, en grasa o aceite y servirlas con su guiso y sin deshuesar, aunque troceadas. Unos tropezones de jamón en el guiso no le hacen daño y hay quien gusta de un poco de pimiento picante. Es un guiso español muy sabroso, pero que no podrá elegantizarse nunca.

Manos de ternera, según Pepa de Soandres

Limpias y escaldadas las manos y soflamadas para chamuscar los pelos, se hacen trozos y se ponen en tartera con un buen pedazo de tocino entero, garbanzos, un chorizo y dos cebollas.

Se da tiempo a que todo cueza bien; se sala, se añade un polvo de cominos, se pasa en la sartén cebolla, se machaca y con ella una tostada frita. Se agrega todo machacado a las manos y se considera terminado el guiso cuando están muy tiernas y los garbanzos se deshacen.

A esta receta de una cocinera antigua de mi casa, que ponía las manos como un ángel, debe de faltarle el mojo. Yo la traslado así; pero sospecho que necesita un par de vasos grandes de caldo desde el primer momento, en la tartera. Estas cocineras *vieux jeu* solían no acertar nunca a dar receta que se les pidiese.

Uñas de ternera en almodrote

El Diccionario de la Academia, con la vaga fluidez que caracteriza sus definiciones, dice que almodrote es salsa compuesta de ajos, aceite, queso y otras cosas, con la cual se sazonan las berenjenas.

En un antiguo cuaderno amarillento, encuentro esta fórmula de almodrote, que podrá ser aplicable a las berenjenas, pero que se refiere a las uñas de ternera o vaca, que son las manos.

Se cuecen muy bien, para ablandarlas, en agua y sal, y luego se parten con cuchillo en varios trozos y se ponen en tartera de barro con un vaso de aceite, un ajo crudo, sal, mucha raspadura de queso manchego, harina, agua caliente, piñones mondados y cominos. Déjese que todo hierva con gran sosiego, sobre la brasa, sus cuatro horas. No quede en seco nunca. Una antes de sacarlo a la mesa, se echa tocino gordo picado. Se tiene cuidado de revolver, que no se pegue la salsa y si hace falta se aumenta con mitad de aceite y mitad agua caliente.

Lengua de ternera lampreada

Se limpia la lengua del sebo y se pone en la parrilla a fuego vivo para que se ahueque el pellejo y sea fácil de arrancar. Se arranca, se lava la lengua en agua templada, se seca a un paño, se unta ligeramente con harina y se dora en grasa.

Luego se pone en la cacerola, con medio cuartillo de vino blanco y otro medio bastante escaso de agua, añadiendo canela en rama a gusto.

Se tapa y cuece poco a poco, bastante tiempo, dándole vueltas de media en media hora, con un tenedor.

A medio cocer, se le añaden peras o cuarterones de manzana, ya cocida con azúcar, en compota.

También se le pueden poner orejones, pero deben quedar en remojo de víspera y cocer desde un principio con la lengua, porque son duros.

Unas tiras de pasta de timbal, fritas y agregadas a la lengua al servirla, dan realce a este plato.

(Condesa viuda de Pardo Bazán)

Criadillas de ternera a lo santigueño

Se despellejan las criadillas y se parten en lonjitas no muy gruesas. Se pone al fuego una sartén y en ella sesenta gramos de manteca de cerdo, sal, dos pimientos colorados, tres tomates, cuatro dientes de ajo y un poco de perejil, todo bien picado. Se fríen estos ingredientes con las criadillas y cuando esté bien frito se incorporan dos tazas de caldo, un par de yemas batidas con un poco de azafrán, unas gotas de vinagre y otras de limón, dejándolo cocer unos veinte o treinta minutos.

Callos a la madrileña

Limpios escrupulosamente y cortados en trozos del tamaño de una ficha de dominó, se ponen a cocer en una olla con ajos, zanahorias, cebollas con sus clavitos metidos en ellas, sal, pimienta, moscada, romero, laurel y tomillo. Se juntan a los callos una o varias manos de ternera según la cantidad, un chorizo y una morcilla. El conjunto debe cocer durante seis horas a fuego moderado, pero no interrumpido para que no se encalle.

Bastante antes que los callos, estarán cocidos manos, chorizo y morcilla, los que se van sacando oportunamente. Las manos se deshuesan y se cortan en pedazos y el embutido, a ruedas. Luego se guarda.

Al estar cocidos los callos, se sacan de la olla, se escurren cuidadosamente y se dejan enfríar durante siete u ocho horas. Al cabo de este tiempo, se lavan los callos con agua tibia. En una cacerola se rehogan, con manteca de vaca, un par de cebollas y cuatro dientes de ajo, con unos cien gramos de jamón hecho trocitos. Se sazona y se agregan unos pedacitos de guindilla o pimienta picante, y el chorizo y la morcilla. Cuando dora la cebolla, se van añadiendo los callos y las manos de ternera, meneando bien para que no se peguen, y una vez rehogados, se cubre el conjunto con buen caldo del puchero. Al primer hervor, se va retirando y cuecen los callos un par de horas a fuego lento. Se retiran y se sirven muy calientes.

Callos presentables

Es la receta que yo he practicado, y que difiere algo de las que he visto impresas y manuscritas. Creo que hasta en estos platos populares cabe refinamiento, y se pueden atildar sin quitarles nada de su castizo sabor.

Tómese kilo y medio de callos, que pueden ser de ternera, y que sean blancos y gruesos, y una mano, de ternera también, que se dividirá en trozos. Límpiese todo lavándolo en varias aguas tibias y frotando los callos por dentro con limón. Cuando estén purificados, pártanse en trozos del tamaño de una ficha de dominó y pónganse a cocer en una olla donde se encuentren anchos, con cuatro cebollas claveteadas, seis zanahorias tiernas, cuatro dientes de ajo, sal, pimienta en grano o en polvo, ralladuras de moscada, dos chorizos que sean grasientos, una morcilla o de sangre o cebollera, mejor si pica, y un trozo de jamón entre magro y gordo, de unos ciento veinticinco gramos de peso. El cocimiento puede hacerse en agua o en caldo de puchero; pero, en el primer caso, hay que añadir dos cucharadas de manteca de cerdo.

Después de dar un hervor, modérese el fuego y déjese cocer lentamente. A la hora y media o dos horas de cocer, retírese la morcilla, los chorizos y el trozo de jamón, reservándolos, y añádase un cuarto de kilo de garbanzos finos, cien gramos de habas blancas muy pequeñas, y una pulgarada de pimentón.

Déjese cocer así, siempre a fuego moderado, unas tres o tres horas y media más. En este linaje de guisos, el tiempo es cocinero.

Cuando los garbanzos estén medio deshechos, rehóguense en una cacerola dos cebollas, dos dientes de ajo (todo picado), en manteca de cerdo, y si los chorizos y la morcilla no fuesen picantes, un poco de guindilla machacada. Cuando la cebolla empieza a dorarse, se añaden la morcilla, el chorizo y el jamón, cortados en ruedas y en dados, y después de que todo se ha rehogado bien, sin quemarse la cebolla, añádanse los callos, cuidando de probar si tienen sal bastante, y de que no se peguen, al haberse reducido la salsa. Una hora más deben cocer a fuego lento, y servirse muy calientes, en fuente de metal calentada al horno. Deben extraerse el ramillete, los clavos, la pimienta, si es en grano, y cuidar de que no lleve el guiso bramantes de los chorizos ni corteza del jamón.

Si pudiese ponérsele a cada convidado, bajo el plato, un calentador con brasa, mejor infinitamente.

Mondongo habanero

Se limpia el mondongo, se corta a pedacitos, y se pone a cocer con un pie de cerdo o de ternera; ya medio cocido se le añade boniato, yuca, plátanos en ruedas, trozos de calabaza, y cuando esté casi cocido se añaden pasas, almendra majada, azafrán y alcaparrones. Dado un hervor, sírvase.

Mondongo criollo

Primeramente se limpia el mondongo en agua caliente y zumo de limón. Córtese después en pedazos pequeños, se echan en una olla con agua y sal, se les hace hervir y se le añade un pie de cerdo o mano de ternera con unos cuantos granos de maíz seco. En cuanto el mondongo esté blanducho, se le agrega un poco de agua, un par de boniatos, el zumo de medio limón, dos cabezas de ajo enteras y una guindilla o pimiento picante entero. Al primer hervor se saca la guindilla y se deja cocer el resto hasta que se vea toda blanca. Se deslíe en el mortero un poco de pan remojado, azafrán, tres dientes de ajo, unos cominos, y culantro, con una cucharada de caldo del mondongo; se vierte sobre el guisado y se deja espesar un poco. Se sirve muy caliente.

Sesos de ternera, a la cubana

Límpiense en agua caliente, despojándolos de las telillas que los cubren, y pónganse luego a hervir con vino generoso, agregándoles unas cebollas picadas, hojas de laurel y un poco de perejil, sal y pimienta. Después de cocidos se colocan en un tamiz a que se escurran, y se sirven con unas cebollitas fritas a última hora.

Sesos de ternera a la marinera

Cuézanse en vino blanco dos o tres seseras de ternera, escúrranse y pónganse cerca del fuego para que no se enfríen. Rehóguense dos o tres docenas de cebollitas pequeñas en manteca de cerdo, hasta que tomen bonito color; sazónense con sal y azúcar moreno, por mitad; mójense con un poco de caldo y déjese reducir la salsa; añádase un poco de jugo de carne y una jícara de vino tinto; dése un hervor, retírese del ojo de la lumbre, añádase algo menos de media libra de tocino magro en cuadraditos y dos docenas de aceitunas deshuesadas. Cuando esté hecho el guiso, pónganse las seseras, cortadas en trozos grandes, en una fuente que resista al fuego, échesele encima la salsa y vaya un cuarto de hora al horno.

Hígado de ternera guisado

Córtese en trozos, lo más iguales posible, del tamaño de un tableta pequeña de chocolate; se polvorean de harina y se moja con vino blanco, poniéndolo a que dé un par de hervores. Se pica cebolla, se sofríe en manteca de cerdo, y todo ello se añade al guiso, con un polvo de clavillo y hoja de laurel; la sal no debe ponerse hasta momentos antes de servir, lo mismo que el pimentón, con el cual se colorea la salsa. Cuando se vea que está en punto, retírese del fuego, y si no puede servirse en seguida, retírese al ángulo del fogón.

Unas rebanadas de pan, bien cortadas, tostadas al horno y puestas en el fondo de la fuente, convienen a este plato: empapan la salsa y lo desengrasan indirectamente.

Riñones de ternera en arroz

Pártanse al medio los riñones, quítese el nervio, córtense en tajadas sutiles y pónganse tres minutos en agua hirviendo, con una pulgarada de sal y fuera del fuego: esta operación tiene por objeto que pierdan el sabor de la urea.

Sáquense del agua, escúrranse y séquense. Derrítase manteca de cerdo en la sartén y pónganse en ella los riñones cinco minutos; retírense del fuego, espolvoréense de una cucharada de harina, revuélvase, viértase un vaso de vino blanco, con perejil picado, sal y pimienta, y líguese con una nuez de manteca de cerdo.

Téngase preparado el arroz, cocido en caldo; téngase frita en la grasa que quedó en la sartén, cebolla picada; incorpórense los riñones, sálese poco, pues el caldo ya tiene sal, y hágase cocer hasta que el arroz se quede suelto y en punto.

CARNERO, CABRITO Y CORDERO

Pierna de carnero entocinada

Tómese una pierna de carnero gorda y tierna; deshuésese hasta la articulación; siérrese el hueso; sazónese con sal y pimienta, un poco de perejil picado gordo, y una cabeza entera de ajo. Júntense las carnes, y cósanse, quedando dentro la sazón.

Póngase en una tartera de tamaño proporcionado lonjas de tocino, y colóquese la pierna encima; sazónese con sal, pimienta, y clavo entero; añádanse pedazos de corteza de tocino, una hoja de laurel, un ramo de perejil y dos cebollas. cúbrase con otros bardas de tocino sobre la pierna, hasta nivel; póngase la tartera a fuego moderado; diez minutos después, retírese la tartera y rodéese con ceniza caliente hasta la mitad de su altura; ciérrese primero con papel de estraza, y luego con un plato de metal que encaje exactamente en el orificio de la tartera; en el hueco del plato póngase agua tibia, y déjese cocer así cinco o seis horas, manteniendo la temperatura siempre igual. Cuando esté bien cocida la pierna, sáquese con cuidado, pásese por colador la salsa, y viértase encima al servir.

Pierna de carnero ahogada

Quítese el hueso saliente a la pierna, y sazónese con sal, pimienta y mechaduras de ajo. Cósase, redondéese y póngase en tartera honda, con tocino picado, y, puesto al fuego y estando ya a medio rehogar, rellénense los huecos de la tartera con rebanadas de cebolla, y extiéndase una capa de cebolla sobre la pierna; luego una capa de alubias blancas o rojas, no cocidas del todo. Sobre estas habas, otra capa de patatas cortadas en ruedas. Entre capa y capa, sazónese con sal y una miaja de pimiento dulce y picante. Mójese lo necesario para cubrir todo este aderezo, con caldo y una nuez de grasa de cerdo derretida; dése un hervor a fuego activo, retírese luego al horno templado, y allí esté hasta que todo haya cocido bien. Sírvase en la misma tartera.

Carnero con lentejas

Tómese un kilo de riñonada de ternera magra, y medio kilo de carnero con grasa; añádanse dos kilos de lentejas, cuatro cebollas, tomillo, laurel, dos dientes de ajo, y un ramo de perejil.

Pónganse las lentejas, bien lavadas, en una gran tartera; ordénense encima las carnes y los condimentos, picando una de las cebollas con clavos de especia. Póngase agua fría o caldo a cubrir y salpiméntese. Hierva primero a borbotón, y luego despacio tres horas, cuidando que no se seque demasiado y se queme. La grasa del carnero es lo que da sabor al guiso.

Guisote de carnero

Para diez personas, tómese kilo y medio de pecho de carnero, póngase grasa de cerdo en una cacerola, y cuando esté caliente, añádase el carnero troceado; sálese un poco, y que tome color. Cuando empieza a dorarse, añádanse cebollas cortadas en cuatro pedazos, y que todo se ponga rojo. Salpíquese de harina, revuélvase con cuchara de palo, añádase una cabeza de ajo, mójese con agua caliente. Sígase revolviendo hasta que rompa a hervir. Sazónese entonces, y añádase laurel. Cueza a fervorines. Una hora antes de servir, añádanse patatas, nabos, chirivías y escorzoneras, en ruedas o trozos.

Guisado de carnero a la Muro

Se cortan pedazos de pecho de carnero del tamaño de onzas de chocolate, y en el fondo de la cacerola se ponen cebollas cortadas en rueda, tanto peso de cebolla como de carnero. Añádase a la carne y cebollas dos o tres zanahorias, otros tantos nabos, una ramita de tomillo y una hoja de laurel. Se agregan dos o tres cacillos de caldo del puchero, y se deja cocer todo muy despacio, de modo que se consuma la salsa del todo. Entonces se vuelve a echar igual cantidad de caldo, y se deja cocer otras dos horas a fuego más moderado aún.

Una hora antes de servir se incorporan al guisado patatas, cortadas de tamaño igual, pero irregularmente, y que, antes de pasar a la cacerola, se habrán rehogado y dorado en manteca de cerdo muy rusiente. El autor de esta fórmula nos dice que su secreto está en hacerla con bastante tiempo; con calma. Y añade que se pueden sustituir ventajosamente las patatas con nabos de Fuencarral.

Carnero a la moruna

Fríanse en sartén tajadas gordas de pecho de carnero, en aceite, muy refritas. Rehóguense con ellas unos dientes de ajo. Añádase luego perejil, hierbabuena, mucha sal, piñones y dos cebollas picadas. Se cuece luego todo en un puchero, a lumbre mansa, con bastante agua; y, media hora antes de comerlo, se echa un puñado de arroz, y remolacha troceada, hasta colmar el puchero.

Chuletas de carnero tetuaníes

Dórense mucho en la sartén; añádanse tomates partidos al medio y pimientos verdes, con dos dientes de ajo; sálese, póngase pimienta y azafrán y mójese con tres cucharadas de agua; póngase todo en cacerola al fuego hasta que ablanden las hortalizas y, al servir, espolvoréese de perejil picado.

Riñones de carnero a la española

Se lavan muy bien los riñones, se cortan en tajadas y se saltean en manteca de cerdo, con sazonamiento de sal, un picado de cebolla, sazón de pimienta y un vaso de vino de Jerez.

Así que estén bien cocidos, se les añade un vaso de caldo y media lata de guisantes que se habrán sazonado aparte, así como un poco de jamón magro, dejando que todo hierva junto un cuarto de hora.

Cabrito aborregado o en guiso de los pastores de Extremadura

Córtese un cabrito en trozos pequeños, fríanse éstos en abundante aceite y, una vez dorados, échense en una cacerola de hierro y añádaseles un poco de pimiento, que si es picante estará mejor. Se cubre de agua el contenido de la cazuela y se hace hervir. Se sala.

Cuando estén cocidos los hígados se sacan y machacan en el almirez con una cabeza de ajos crudos y un pimiento de los morrones, lo cual vuelve todo junto a la olla, procurando que continúe hirviendo hasta que se reduzca la salsa. Se sirve muy caliente.

(De «La Cocina Práctica»)

Cochifrito

Se toman tajadas de cabrito o cordero. Se cuecen; a medio cocer se fríen, sazonándolas con sal, clavo, vinagre y pimentón.

Doradas las tajadas, se ponen en cazuela y se agrega agua, dejándolo cocer media hora con poco fuego. Luego, se machacan los dientes de ajo, asados ya, se deslíen en agua y se añaden al guiso, con dos cucharadas de harina bien tostada.

Es guiso extremeño y andaluz y a mí me sirvieron en Loja un cochifrito que tenía salsa de almendras y piñones majados.

Lo esencial del cochifrito es que ha de cocerse y freírse.

Cabrito relleno cubano

Se limpia bien un cabrito o cordero, y muy lavadas sus tripas y menudos, se pican con perejil, ajos, jamón, hierbabuena, cebolla, mejorana, tocino y sazón de las cuatro especias; se añaden huevos duros y alcaparrones, se sala y con esta masa se rellena el cabrito; se ata con bramante y se pone a cocer a fuego lento en una grasera, con manteca de vaca, vinagre y orégano.

Cordero Pascual

En muchas casas españolas era tradicional costumbre, el domingo de Pascua, comer cordero asado. Y aún se hace en el día, por estar los corderos de Pascua muy en sazón.

No siempre se asa entero; en proporción al número de convidados, se pone o medio o un cuarto, y se asa con la cabeza y sesos, los riñones y cola, siendo más frecuente asarlo en marmita que en asador. Antes de colocarlo en la marmita, se frota con ajo y se unta con manteca de cerdo. Se asa a fuego vivo, hasta que se dore, y se acaba en el horno. Cuando está tierno, sin dar tiempo a que se achicharre y seque, se retira y se sirve acompañado de la clásica ensalada de lechuga y escarola, y en otro plato ruedas de limón. El pellejo del cordero ha de estar crujiente y las carnes jugosas.

Cordero lechal de cuatro madres

Como el pavo de Aspe, el cordero de cuatro madres es una nota espléndida en el vasto cuadro de la alimentación española.

Vienen estos corderos de las montañas de Navarra y son una pella de grasa blanca y finísima. No tienen más condimento que asarlos en cacerola con exquisito cuidado, para que no se quemen. Su ternura hace que el fuego los tueste pronto.

Cordero relleno

Se toma medio corderito tierno; se deshuesa. con cuidado de no despedazarlo. Se hace un picadillo de ternera y jamón, el jamón en trozos regulares, tocino, perejil y cebolla, previamente pasados por la sartén. Se coloca el relleno en la cavidad del medio corderito deshuesado y se arrolla fuertemente como el salchichón; se pone a cocer en caldo, y si no en agua; se le hace una salsa con almendra majada y una copa de Jerez; si aun así no espesa, se le echa un poco de harina tostada, y se trincha en ruedas, echándole la salsa por encima.

Cordero con guisantes nuevos

Córtense en trozos las carnes del cordero y pónganse a dorar en la sartén, con su grasa; luego vayan a la cacerola, con la manteca en que se frieron, dos vasos de caldo, unas tiritas de tocino atorreznadas en la sartén, unos trocitos de jamón en dados y un kilo de guisantes escaldados. Sazónese con sal y pimienta.

Cuando está casi hecho el guiso, se añade perejil picado, un terrón de azúcar, un poco de harina y una yema de huevo cocido estrujada, para espesar la salsa.

Manos de carnero en pepitoria

Hay que limpiar las manos, escaldarlas, soflamarlas y ponerlas a cocer a fuego muy manso, con una taza de caldo y otro tanto de vino blanco, no ajerezado.

Se sazona con sal y pimienta, y cuando estén las manos blanditas se pasan a una fuente y, habiendo apartado la salsa, se le incorpora, lejos de la lumbre, dos yemas de huevo, previamente desleídas en caldo, un picado fino de perejil y un chorro de vinagre, añadiendo esta salsa a las manos.

Manos de carnero a la antigua

Se escaldan muy bien en agua hirviendo y se pelan, quitándoles la pezuña; se deshuesan y se pasan a una tartera, con sazón de sal, pimienta, clavo y hoja de laurel. Se moja con caldo y vinagre, se añade manteca de cerdo y un espeso de harina, se pican dos dientes de ajo y se le agregan, debiendo todo hervir despacio hasta que estén blanditas las manos.

Entonces se apartan del fuego, se deja que enfríen y se bañan con huevo batido y pan rallado, se fríen en grasa y se espolvorean de azúcar al servirlas.

Hígado de cordero achicharrado

Córtense en lonjitas delgadas dos hígados de cordero, pónganse en una tartera, riéguense con aceite, salpíquense de perejil cortado, rebócense en pan rallado y ásense sobre una placa de hojalata, dándoles vueltas y continuando regándolos con aceite por medio de un ramilletito de perejil. Así que se crispen las rajas de hígado, pásense a un plato caliente, riéguense de nuevo con aceite, perejil picado y zumo de limón, y pueden servirse.

Chanfaina

Se cortan pedazos del hígado, bofes y sangre cocida del carnero y se rehogan en aceite con cebolla y ajo picados, perejil lo mismo, especias y pimentón.

Bien rehogado todo, se añade agua y se pone cocer; se fríe harina, que ya frita se disuelve en agua y se añade a la chanfaina para que espese puede ligarse con huevo.

Sangre de cordero o cabrito

Se tiene cebolla en tiras y sazonada con sal pimienta; y cuando se deguella el cordero, se une la sangre a la cebolla y se pone en el horno la cazuela, hasta que se tuesta bien. Algunos la sazonan, además de la sal, con azúcar y le agrega unas pasas de Málaga.

CERDO

El cerdo ha sido calumniado, atribuyéndole influencias muy nocivas para la salud y la piel. Hoy han venido a tener peor reputación las carnes rojas: el buey y la vaca. Sólo una recomendación higiénica debe hacerse respecto del cerdo: la de cocerlo bien y la de conocer, si es posible, su procedencia. El cerdo cebado con bellota o castaña es el mejor. Existen en España varias clases de jamones a cual más exquisito.

Lomo de cerdo fresco a la Torres de Meirás

Para doce personas de buen apetito.

La guarnición de este célebre lomo se hace como sigue:

Una libra de uvas, que no importa que sean muy dulces, pero es mejor que sean de piel fina, porque se desgranan cuidadosamente del racimo y se cuecen sin agua ninguna, echándoles bastante azúcar y un granito de sal.

Una libra de peras, cortadas en trocitos de figura de naveta y cocidas igualmente con azúcar y una rajita de canela, por el procedimiento de la compota.

Una libra de castañas, mondadas de la piel gorda, que primero se cuecen en agua y se mondan de la piel interior y después se hierven en almíbar, quedando convertidas en *marrons glacés* de mejor gusto que los de las confiterías, que suelen ser pasta de patata con vainilla.

(Todo preparado en cazolitas aparte).

Esta guarnición, colocada con la gracia posible, se coloca alrededor del trozo de lomo asado, procurando que así el lomo como la guarnición vayan bien calientes y calentando también la fuente antes de colocar en ella el lomo. Si se quiere adornar más el plato, se fríen unas tiras de pasta de timbal, finamente cortadas y se guarnece con ellas.

La salsa, muy necesaria para el complemento de este plato, se hace así:

Se cuece un hígado de pato o gallina gorda; se maja en el mortero hasta reducirlo a puré. Se le añade un vaso de caldo de puchero bien colado, un vaso de los de vino, de Jerez seco o Málaga dulce (según los gustos), y una cucharadita de pimienta fina. Todo esto se pone al fuego a hervir y, en el momento de servir se le agrega el zumo de una naranja o de un limón (también según los gustos). Se sirve en salsera.

Todo este plato debe presentarse muy caliente, y la salsa lo mismo, porque si no resultaría grasiento.

Este plato puede hacerse también con los asados de: jamón fresco, capón, pato o ganso gordo, faisán, codorniz, corzo, jabalí, venado. Es plato de otoño, y excelente para toda caza, menos liebre, perdiz y conejo.

La guarnición puede también variar y hacerse con estas frutas: acerola, membrillo, manzana batata de Málaga, sandía.

Lomo en zorza

Póngase el lomo en un adobo de agua, pimentón, sal, orégano, unos dientes de ajo y una hoja de laurel. En este escabeche ha de pasar cuarenta y ocho horas.

Cuando se ase, hay que enjugarlo antes con un paño y regarlo con manteca de cerdo, rodeándolo de patatitas que se doren en su mismo jugo.

Lomo con frijoles

Se asa el lomo fresco, que debe ser grasiento, y en la grasa que suelta se cuecen los frijoles, hasta que abran y estén tiernos, mojándolos, si se ve que no han ablandado, con un cacillo de caldo y salándolos.

Se rodea con ellos el lomo al servir.

Cazolada de cerdo

Tómese un kilo de cerdo magro, una docena de buenas cebollas y manteca de cerdo.

Póngase ésta a calentar en cazuela y, cuando esté bien caliente, añádase el cerdo. Cuando tome color por todos lados, retírese y pónganse a rehogar las cebollas; salpíquense con una cucharada de harina, revuélvase, déjese dorar y luego póngase otra vez la carne en la cacerola, con sal pimienta, laurel y, cubriendo la cazuela, hierva a fuego manso dos horas. Preparado así, el cerdo está excelente con guarnición, sea de patatas, sea de lentejas y, sobre todo, de habas rojas.

Riñonada de cerdo asada

Tómese una buena riñonada que conserve un poco de grasa independiente del tocino.

Quítense las vértebras; háganse unas incisiones por ese lado para que no se tuerza la carne. Salpíquese con sal y déjese así dos horas.

Límpiese luego de la sal en grano y, haciendo cortes hábiles en la carne en sentido horizontal, meted en las incisiones filetitos muy finos de ajo y otros de pimiento morrón. Envolved luego la riñonada en papel engrasado y asadla al asador o en marmita. Servidla con su jugo.

Tocino fresco en salsa diabólica

Tómese un trozo de tocino fresco entreverado; agréguense huesos de ternera, cebollas, zanahorias, repollo picado, tomillo, un polvo de pimiento picante, vinagre y especias; mójese con caldo, y que cueza bien; no hay que perdigar o rehogar este tocino. Al servirlo, se quitan los huesos y se le añade a la salsa una cucharadita de mostaza.

Chuletas de cerdo fresco

Las chuletas de cerdo fresco pueden freírse o asarse tal como vienen de la cortaduría y pueden ponerse en adobo si se prefiere. El adobo es aceite, una pulgarada de pimienta, sal, perejil, clavo, laurel, tomillo, cebolla y, si agrada, ajo. Después de estar en adobo veinticuatro o cuarenta y ocho horas —a gusto del consumidor—, se asan a la parrilla o se fríen en la sartén.

Chuletas de cerdo en salsa salchichera

Tomad chuletas y ponedlas en una tartera salpimentándolas; añadid una cucharada de vinagre, un vaso de vino blanco, zanahorias, perejil, tomillo, laurel y ajo. Dejadlas en este adobo veinticuatro horas.

Una antes del almuerzo, escurridlas, y que sequen sobre un paño. Haced un rojo no muy oscuro con una cucharada de harina, mojad con un poco de caldo y todo el jugo del adobo, y dejad que hierva despacio, a fuego lento. Saltead las chuletas en la sartén y servidlas en un plato muy caliente; encima echad la salsa.

Chuletas de cerdo empanadas

Batidlas un poco con la cebolla y empanadlas en miga de pan, con picadito de perejil, sal y pimienta. Mantecad luego hojas de papel, envolved las chuletas y que vayan al horno o sobre el fogón. Volvedlas. Necesitan como media hora de fuego. Sírvanse con salsa fuertecita o solas.

Lonjas de cerdo

Se cortan lonjas del lomo, se estiran en la tabla con el mazo, se fríen muy doraditas, un tanto achicharradas y con la mitad de la grasa en que frieron se traba un picadillo de cebolla y perejil; en la otra mitad de la grasa se fríen pimientos y salsa de tomate, y al servir se vierte sobre las lonjas esta salsa y se rodean con patatas fritas.

Jamón cocido

Es preciso, antes de cocer el jamón, quitarle toda la piel dura y amarillenta que lo recubre y las dos extremidades del hueso. Luego se pone a desalar, según su grado de salazón, de doce a treinta y seis horas. Se retira del agua y se envuelve en una servilleta o trapo blanco; se coloca en la marmita con agua suficiente hasta cubrirlo; se añaden dos o tres cebollas, otras tantas zanahorias, clavillos, granos de pimienta, un ramo de tomillo y un ramito de laurel, y se deja cocer durante cinco o seis horas. Para probar que está bien cocido, que es cuando el jamón posee todas sus propiedades gastronómicas, no hay más que ver si una aguja de hacer media entra en su carne sin esfuerzo. Entonces está a punto. Se saca el jamón, se deslía el envoltorio, se extrae el hueso de en medio y se vuelve a liar otra vez en el mismo trapo, dejándolo enfriar. Una vez frío se desenvuelve definitivamente, se acaban de quitar las partes del pellejo que recubre la grasa, se espolvorea con pan finamente rallado y se sirve.

Jamón a la portuguesa

Este jamón debe deshuesarse y tomar de él sólo la parte aprovechable y bien formada. Desálese veinticuatro horas y cueza en vino de oporto, no añejo, con especias y hierbas aromáticas. Debe cocer a fuego manso y cuando esté blando, se sacará el cocimiento, se prensará y se presentará envuelto en pan cernido y con cocimiento en salsera. Recogí esta receta en el Hotel Central de Lisboa.

Jamón en dulce

Se cuece el jamón en mitad de agua y mitad vino blanco unas doce horas. Cuando está blando y la cocción muy reducida, se deshuesa, se le da la mejor forma posible, se cose en lienzo muy ceñidito y vuelve a cocer a remanso veinticuatro horas, sólo en vino de Jerez, que lo cubra. Al vino se añaden hierbas aromáticas y la corteza de dos naranjas agrias si se quiere: dan buen gusto.

La cacerola en que cueza el jamón ha de estar tapada herméticamente.

Terminada la cocción, se saca, se pone en tartera cuyos bordes lleguen a la altura del jamón y, sin haberlo desenvuelto, se prensa. Doce horas después se deslía y se adorna y decora, generalmente con azúcar tostado.

Lo clásico es rodearlo de huevos hilados y un cordón de guindas en dulce.

Magras con tomate

Se doran en la sartén, no mucho, las magras de jamón; antes se habrán aplanado y estirado. Se tiene hecha la salsa con tomate, cebolla refrita, muy machacada en el almirez y un poquito de ajo, todo muy cocido. Se vierte esta salsa, caliente, sobre las magras calientes también, y no dejarán de hacerle gracia al plato huevos fritos escalfados en el tomate hirviendo.

(Condesa viuda de Pardo Bazán)

Magras a la gitana

Córtense buenas magras de jamón, derrítase grasa de cerdo en la sartén y pónganse las magras cuando esté la grasa caliente. Que se sorprendan a fuego vivo por ambos lados; entonces, sacadlas del fuego y ponedlas en un plato, cubriéndolas con un puñado de pan desmigajado y frito en la misma grasa, un poco de pimentón y un chorro de vinagre.

Magras con cebolla

Dórense en la sartén magras de un grueso regular, en manteca de cerdo, sáquense y refrésquense en agua fría, con unas gotas de limón y vinagre.

En la misma grasa, fríanse cebollas pequeñas enteras y una grande, picado no muy menudo; ya ablandadas las cebollas, añádase harina y el agua en que se refrescaron las magras. Reúnase todo y cueza en cacerola tapada media hora.

Magras Olózaga

Córtense lonjas con alguna parte de gordo y ténganse en agua dos o tres minutos, hágase una cajuela con medio pliego de papel de tinta y úntese bien su fondo con manteca de cerdo; colóquese allí el jamón, agregándole azúcar en polvo y media cucharada de agua. Póngase al fuego sobre una parrilla, dénsele vueltas a las lonjas y a los tres minutos se halla listo el guisado, que resulta bueno si el jamón es bueno y malo si el pernil es malo.

Dicen que esta es la receta textual facilitada por don Salustiano Olózaga.

Magras en almíbar

Se cuece un cuarto de kilo de azúcar blanco en dos decilitros de vino de Jerez o Málaga, con canela en rama.

Se tienen preparadas las magras de jamón, como de un centímetro de grueso; se doran ligeramente en manteca de cerdo y se cuecen luego en el almíbar. Se adornan con cerezas en dulce o con fresas en almíbar también.

Magras con guindas

Después de limpio y desalado el trozo de jamón, se parte en lonchas delgadas y se fríe. Cuando está a medio freír, se le añade un vasito de Jerez o de otro vino generoso y un par de cucharadas de azúcar, dejando que se termine la cocción a fuego lento. Se sirven las magras con su misma salsa y rodeadas de guindas frescas en compota.

Magras en dulce

Córtense magras pequeñas, rehóguense en manteca de vaca, y quítense de la sartén apartándolas en un plato. En la misma manteca hágase un rojo de harina; mójese con caldo y aguardiente. Añádase azúcar en polvo y reúnase con las magras, para que todo cueza en cacerola diez minutos, lejos de la lumbre y entre dos fuegos.

Lacón con grelos

El *lacón* es el codillo del cerdo, o sea el brazuelo. Tiene menos carne, pero es más sabroso quizás que el jamón.

Déjese en remojo el lacón, antes de cocerlo, unas veinticuatro horas y ráspese la piel y la grasa rancia; luego cueza en bastante agua, hasta empezar a ablandarse un poco. Entonces se le añaden chorizos grasientos y los *grelos*, en cantidad

El grelo es la flor del nabo, y puede sustituirlo la *nabiza*, que es su hoja.

Con los grelos ha de cocer el lacón hasta que, de puro tierno, se deshaga. Sino no está bien. Hay que darle el tiempo necesario para llegar a este punto. A veces se le añade, al lacón, el rabo del cerdo o un pedazo de tocino.

Lacón Lafuente

Escoged un buen lacón, dividido en tres trozos y (aquí está todo el intríngulis) hacedlo dorar en la parrilla sobre ascuas, o sobre la plancha de vuestra cocina, después de haberlo tenido en diversas aguas por espacio de veinticuatro horas.

Cuando presente ese color dorado, característico de las cosas que están asadas en punta separadlo, colocadlo en un recipiente adecuado, cubridlo de agua y hacedlo cocer.

Así que esté tierno, añadidle grelos, chorizo de Lugo y demás encargados del acompañamiento y comedlo con la misma naturalidad que si se tratase de un lacón vulgar.

(Del libro «La Cocina Práctica»)

Codillo con borracha

Póngase en remojo doce horas, en agua fría un codillo de cerdo raspado y recortado. Rehóguese en cacerola, con unos trozos de tocino, un diente de ajo, ruedas de cebolla, tomillo y laurel en aceite que tenga quitado el verde, o en manteca de cerdo; sazónese, con poca sal, pues la del codillo basta, y ya rehogado todo, añádase la borracha cortada gruesa y el codillo. Déjese cocer todo sin prisa hasta que el codillo esté muy blando y la col se deshaga de puro tierna: no hay otra medida de tiempo; si están duros el codillo y la col, es que todavía no deben servirse.

Si se notase que se seca el guiso, debe mojarse con caldo, y un poco antes de servir, se le añadirá un vaso de vino tinto del Rivero o Riscal.

Este plato puede hacerse con toda clase de coles finas; el codillo puede sustituirse con un trozo de jamón que tenga su tocino; es decir, que no sea magro, solamente. También sirve, para este plato, el costillar del cerdo.

Hígado de cerdo a la antigua

Este plato es muy apetitoso y algo fuerte.

Se toma, para una libra de hígado fresco de cerdo, media de grasa de la toca y se derrite la grasa en la sartén. Cuando ya está derretida y forma unos chicharroncitos, se añade cebolla picada, y se deja cocer y ablandar en la grasa, teniendo cuidado de que no se queme. Si no hay bastante grasa para cocer la cebolla, se puede añadir cantidad, y la de toca es preferible. Esto no se ve sino ante el fogón.

Se traslada luego la cebolla y la grasa a una marmita y se añaden dos vasos de vino blanco, una cucharada de pimiento rojo dulce o picante, a gusto, y la sal.

Se deja que la mezcla dé un hervor y teniendo ya partidos, como del tamaño de un huevo de paloma, los trozos de hígado se añaden al guiso, donde, a fuego moderado, deben permanecer el tiempo necesario para que no se pongan duros; esto es, corto tiempo, y vigilando a fin de evitar la dureza. El hígado duro no vale nada. Cuando, sin endurecerse, se ha cocido el hígado, puede servirse.

Unas rebanadas de pan sin freír, en el fondo de la marmita un minuto antes de que se sirva y luego en el fondo de la fuente, hacen mejor el plato, empapando la grasa un poco.

Sírvase muy caliente. Sería mejor en la marmita.

Gandinga criolla

Se toman los despojos de un cerdo, corazón, riñones, hígado y bofes, y después de bien lavados y troceados se dejan en adobo rociándolos con vinagre y sazonándolos con sal, pimienta, orégano, perejil en rama y una hoja de laurel. En una cazuela se rehogan con bastante manteca de cerdo tres o cuatro cebollas picadas y otros tantos granos de ajo picado también. Cuando empiece a dorar, se echan los despojos con su adobo, se dejan sofreír a fuego lento y cuando esté casi cocido se sazona, si lo ha de menester, de sal y pimienta, se le añade una cucharada de vinagre, se deja hervir un ratito y se sirve.

Zorza

Así se llama en Galicia el relleno del chorizo y se come frito, antes de que se embuche en la tripa, con unas rebanadas de pan debajo para empapar la grasa. Son plato recio, que acompañan bien unos huevos estrellados.

Chicharrones

Al derretir los despojos del cerdo para sacar la grasa, quedan residuos, que se salan, y son los chicharrones.

Suelen comerse fríos y también pueden recalentarse, friéndolos en manteca de cerdo con un picadillo de cebolla, un polvo de azúcar y otro de pimienta.

Sangre quemada

Al degollar el cerdo se recoge la sangre, batiéndola; se sazona con especias y sal, y sencillamente se pone al fuego. Se sirve espolvoreada de azúcar y con plátanos maduros fritos. Es receta cubana.

Tostón o marranillo

La época de comerlo es antes de que se cumpla las tres semanas.

Se mata a cuchillo; se vacía, se soflama ligeramente; se blanquea por dentro frotándolo con limón. Se le meten en el vientre dos o tres cebollas, se sala por dentro y se asa en tartera, al horno, hasta que la piel esté tostada y algo achicharrada. Se sirve muy caliente, y muy caliente debe comerse también. Si puede presentarse en la mesa sobre una rescoldera, mejor; el cochinillo lechal tibio o frío es hasta repugnante.

Gorrino de leche con arroz, a la guajira

Se deguella el gorrino, se pela, se abre y se pone en la grasera, con picados de ajos y perejil, sal y pimienta; se asa en el horno o entre dos fuegos, y cuando esté asado, se le añade el arroz cocido y se deja a la lumbre el tiempo necesario para que el arroz penetre, procurando que no se pegue.

EMBUCHADOS O EMBUTIDOS

Embuchado de lomo

Tómese un lomo de cerdo bueno, desengrásese y frótese con sal y con polvo de salitre, dejándolo dos días en sitio fresco. Úntese después con ajo y pimienta y métase en tripa o vejiga, que antes también habrá sido frotada con pimienta y sal. Cuélguese al fresco, en sitio seco y muy ventilado y a los dos meses puede comerse como fiambre.

Lomo conservado

Se corta en pedazos más o menos gordos, se le echa sal y una poca de pimienta negra, se fríe, se coloca en una vasija y se le añade grasa hasta cubrirlo todo. Se guarda más de un año.

Salchichas

Se pone el lomo de cerdo, limpio de correas y picadísimo, con la mayor cantidad de grasa posible, en un barreño. Se sazona con ajo muy machacado, y no mucho; pimienta, pimiento dulce, canela bastante, un poco de clavo molido y una copa de Jerez o de zumo de naranja.

Se sala, se amasa y, dos días después, se rellena la tripa, dejando el relleno flojito; se ata a cortas distancias y se cuelga. La salchicha se guarda poco.

(Condesa de Pardo Bazán)

Otra fórmula de salchichas

Una tercera parte de vaca y dos de cerdo; como sazón de especias, orégano, pimiento picante, ídem dulce y ajos; el lardeo, con lomo gordo. Se pica en un barreño; se añade vino blanco o Jerez, y se rellena, buscando tripa delgada.

Salchichas antiguas

Tomarás carne de puerco, tanta cantidad de magro como de gordo, pícala muy picada, sazónala con pimienta, jengibre, hinojo y sal, échale un poco de vinagre bien aguado para que entre más cantidad y se humedezca la carne y tomarás tripas de puerco de las angostas, hínchalas, pásalas por agua cociendo y ponlas a enjugar. Se han de servir asadas y no se pueden detener muchos días. Advierte que si en lugar de hinojo les echases anís, tiene muy buen gusto.

(De «El arte de cocinar», de Montiño)

Chorizos gallegos

Tres kilos de carne de cerdo picada con bastante grasa; pimienta picante, sal y un diente de ajo muy deshechito; se agrega un vaso de agua y se amasa todos los días, dos veces al día. Se rellenan tripas de buey, cuidando de que no lleven viento para que no se pongan rancios los chorizos. Con el mismo objeto se puede repartir. por tres partes de carne de cerdo, una de ternera.

Se cuelgan al humo y se conservan en grasa derretida, que se les echará lo más fría posible, después de que se han acomodado simétricamente en un cacharro vidriado.

Chorizos extremeños

Se pasa por la maquinilla un kilo de magro de cerdo y otro de tocino fresco; se sazona muy bien de sal, especias y pimentón dulce (de éste bastante cantidad) añadiéndole un poco del mismo, pero picante y unos dientes de ajos machacados con un poco de orégano: se deja en una vasija dos días, revolviéndolo de tiempo en tiempo. Se rellenan los intestinos de vaca o de cerdo, atándolos al largo de diez o doce centímetros y se pican con una aguja. Su forma ya es sabida; se cuelgan donde les dé el humo, teniéndoles separados, y luego se conservan en sitio.

(Melquiades Brizuela)

Chorizos de Candelario

Los chorizos de Candelario se confeccionan con dos partes de carne de cerdo y una de vaca; se pican ambas carnes aparte y se mezclan luego, sazonándolas al tiempo en que se unen, con sal, pimiento dulce, orégano y ajos machacados. Se embuchan a las veinticuatro horas, sin más pérdida de tiempo. Hechos los chorizos del tamaño que se quieran, se cuelgan en el desván de la casa, con todas las ventanas abiertas para que haya corriente de aire. Se les ahuma diariamente con hierbas aromáticas; así siguen hasta que se sequen.

Chorizos cebolleros

Se pican fobes, livianos, papada y mucha grasa de cerdo en rama. Se cuece una docena de cebollas grandes, se escurren y se recuecen en mucha grasa.

Se cuece también una calabaza, de buen tamaño, y, una vez cocida, se pone a escurrir en una servilleta. Se incorpora a la cebolla y picadillo, y se sazona con pimiento dulce, pimiento picante, clavo de especia, nuez moscada, pimienta, orégano, canela, un poco de azúcar y una poca de sangre de cerdo.

Se embuten en la misma tripa que se emplea para las morcillas, se atan de siete en siete centímetros, se cuelgan en la chimenea, se les da humazo de laurel dos o tres veces y se dejan colgados hasta que se curen. Luego se cuelgan al aire.

Son muy agradables en el cocido, pero se conservan poco tiempo.

(De «La Cocina Práctica»)

Longaniza

Se pican los bofes, corazón y livianos del cerdo, así como las carnes ensangrentadas; el picado ha de ser regular, más bien grueso; se añade orégano, ajo picado, sal, pimiento dulce y picante, un vaso de vino blanco y alguna grasa, picada también; se amasa, y luego se rellena, sin atar más que los extremos de la tripa.

La longaniza ha de ser algo más gruesa que el chorizo, pero no tanto como la morcilla.

Se le da humazo de laurel tres días seguidos.

(Condesa viuda de Pardo Bazán»

Longaniza aragonesa

Un kilo de magro de cerdo con medio de tocino fresco; se sazona muy bien de especias y se le agregan unos granos de anís y un poco de canela molida; se llenan intestinos de carnero, se pican por todos los lados con una aguja y se cuelgan en sitio fresco; se comen crudas, fritas o cocidas.

Longaniza antigua

Tomarás carne de solomos de puerco, que no tenga mucho gordo, cortarlas en rebanadillas menudas, echarlas en adobo de sal, agua y un poco de vinagre, y sazonarlas con todas especias salvo nuez, que no ha de llevar, sino pimienta, clavo y jengibre; echarlas unos pocos de cominos, de manera que sepa bien a ellos y esté en adobo veinticuatro horas; luego hincharás las longanizas y ponlas a enjugar. Estas no llevan ajos ni orégano y si les quisieres echar algún poco de ajo, han de ser asados, y pocos.

Estas longanizas —nos dice Montiño, el cocinero del Rey—, las solía comer bien Su Majestad.

Morcilla de sangre

Se pica en pedazos pequeñitos un trozo de manteca y se echa en un barreño con cebolla picada, sal, pimienta, clavillo y canela; se amasa el conjunto para que se mezclen bien las especias y se echa la sangre poco a poco, removiendo sin cesar con un cucharón de madera. Ya mezclado se fríe una cucharada en la sartén para probar si la masa está bien ligada y sazonada, añadiendo la sal o la especia que se necesite. Acto seguido se llenan los intestinos, dejándolos un poco claros para que las morcillas no revienten al tiempo de cocerse. Se van echando en una caldera con agua tibia, cuidando de que no estén apretadas, y en cuanto haya suficiente cantidad, se pone la caldera a fuego vivo.

Morcilla catalana

Mientras se pican las carnes del cerdo para la confección de longanizas, salchichas y demás embutidos finos, se van poniendo aparte las puntas musculosas de las carnes, venadas y nerviosas, trozos de riñón, el corazón y demás desperdicios que no pueden utilizarse en aquellos embutidos. Estos despojos se pican con manteca, con los livianos, el vientre y los restos de piel y tripa, cociéndolo todo previamente y añadiendo algo de sangre, procurando que quede la masa algo espesa. Se sazona la masa con sal y pimienta, pero pueden añadirse los condimentos que guste cada cual, excepción hecha de la cebolla, que no debe ponerse nunca. Finalmente, se hace el embuchado en tripas de ternera o cerdo. Se cuecen como todas y pueden conservarse hasta un año.

Morciella asturiana

A la sangre que absorban se añaden veintiséis cebollas grandes. Se pican muy menudo; se agrega un puñado de perejil picado, un tronco de hierbabuena, un poco de orégano bien escogido, sin troncos, mucha grasa picada, de la toca, unas cinco libras; poca sal. Se amasa todo en crudo y se le pone, como se ha dicho, la sangre que admita, quedando regularmente espeso para llenar, y más bien suelto. Se añade pimiento dulce, un cuarterón y picante a gusto; se deja todo en adobo un cuarto de hora y luego se embute el intestino, que no ha de ser de los delgados del puerco, aunque tampoco de los más gordos.

Se cuecen ensartadas en un palo, en un perol, con agua salada.

Morcilla picante extremeña

De la papera, que es el sitio por donde introducen el cuchillo para degollar al cerdo y de todas las carnes ensangrentadas y crasas, se hace picado y se añade la sangre que el cerdo conserva en el arca y que son cuajarones.

Se pisa muy pisado un diente de ajo; se añade pimiento dulce y picante, en cantidad; se une a la carne picada; se amasa dos veces con intervalo de veinticuatro horas, sazonando con la sal correspondiente; se rellena apretando como en los chorizos y se cuelgan al humo las morcillas.

Se conservan bastante, y metidas en grasa, largo tiempo.

Manzana para las morcillas dulces, sean negras o blancas

Es manzana de la llamada *peraza*. Se monda, se parte en cuatro partes, se despepita y desescama y se pica con la media luna, menudita.

Se pone a cocer con bastante azúcar, y así que está toda negra, está cocida.

Morcillas de Baltasar del Alcázar

Yo creo que si no es esta misma la «oronda y rica» del poeta de la Cena Jocosa, se le ha de parecer mucho.

Se sazona la sangre del cerdo, después de batida y colada, con sal y azúcar quebrado, hasta que sepa a dulce.

Se toma la manzana en dulce, se añade clavo, pimienta, alcaravea, jengibre, cominos, sin que sobresalga ninguna de estas especias; se añade canela molida, pasas despepitadas, cantidad de piñones, mucha grasa de la toca, y luego se rellenan los intestinos gordos del puerco, dejando flojo, porque si no hinchan y revientan. Se cuecen en agua donde se ha echado la monda de la manzana, sal y orégano.

Hay quien les pone almendra en rajas y cebolla picada cocida en agua y luego pasada en grasa. Todo en frío.

Cuando se sacan, se tienden en un paño limpio, tapadas. Hay que comerlas pronto. Son exquisitas asadas.

Morcillas de dulce

Se prepara la manzana según la fórmula. Se limpia almendra dulce; puede calcularse para las tripas de tres cerdos, una libra de almendra, media onza de canela fina molida, abundancia de grasa de redaño picadita (de ésta nunca se pone bastante) y algunas pasas despepitadas.

Se sazona con sal, se traba con huevos bastante batidos, no debiendo resultar la masa espesa, se incorpora la manzana ya preparada y se embucha, dejando el relleno flojo.

Se cuecen las morcillas en agua salada, con las mondas de todas las manzanas y un ramillete grande de hierbas aromáticas, como orégano, tomillo, etc. Se sacan y se dejan enfriar. No hay que tardar mucho en comerlas.

(Fórmula de una fidalga montañesa, la señora de Somoza Saco)

Morcillas blancas

Se pican diez cebollas, se blanquean, se escurren bien, se refríen con manteca de cerdo fresca (doscientos cincuenta gramos), se mezcla un poco de enjundia de gallina picada y una gallina asada, cuyas carnes también se pican. Se tienen migas de pan (en la misma cantidad) empapadas con nata o leche; se exprimen, se mezclan con cuatro yemas de huevos, se sazona bien y se pone en una cacerola. Una vez mezclado todo junto y con buena sazón, se rellenan los intestinos en la misma forma que las salchichas; se atan y se ponen a cocer en agua y un poco de sal; para comerlas se fríen o asan: para esto conviene envolverlas en un papel untado de manteca, ya se pongan en sartén, al horno o a la parrilla.

Salchichón

Se pica muy menuda la carne del solomillo, que es la más a propósito, y se adoba con sal, pimienta molida y granos enteros de ella, un poco de clavillo, canela y vino de Málaga u otro equivalente. Se amasa, se prueba y se embute en intestinos anchos de cerdo. Se pone a orear unos días y después se prensa entre dos tablas, poniendo peso encima. Cuando esté bien seco, se cuelga en sitio ventilado.

Farinatos de Salamanca

Se pone en una cacerola grasa de cerdo recién derretida, se le añade cebolla partida, que se cuece en ella; se tiene pan mojado y exprimido del agua; se incorpora a la cebolla y a la grasa; se sazona con sal y pimienta dulce; se le añaden chicharrones, y todo ello, caliente, se mete en tripa de buey.

Se tiene preparada agua caliente, no hirviendo y, según está hecho cada farinato, se mete para limpiarlo, en esta agua. Se cuelgan al humo. Se comen fritos.

Sobreasada de Mallorca

La preparación de las sobreasadas se diferencia de la de los chorizos en que su masa es entreverada, y se pica muy menudamente. Se sazona sólo con pimentón dulce y sal. Se dejan largas y se cuecen en caldera. Se ponen a ventilar y pueden comerse recién hechas, cocidas, asadas, secas o crudas.

Butifarra

Para tres libras de carne magra de cerdo, sin nervios, libra y media de azúcar y la sal correspondiente, pero sin exceso. Se pica mucho la carne; se rellena con ella tripa delgada y, después de que estén colgadas veinticuatro horas, se pueden comer fritas.

Otra fórmula de butifarra

Se pica carne de lomo de cerdo, entre gorda y magra, como para relleno; se pone en un barreño y se le echa sal molida, pimienta negra, clavo y canela; se revuelve y deja así un día, y al otro se mete en tripa de cerdo bien apretada, se pone al aire y luego se cuece un par de horas. Se come fría o asada en manteca.

Butifarra de sangre

Se toma sangre de cerdo líquida. Se tiene tocino fresco de papada, partido en cuadraditos muy pequeños.

Se pone el tocino en vasija honda y se revuelve bien con sal y pimienta negra. Se va echando la sangre, sin cesar de mover. Ha de quedar el tocino muy bien empapado en la sangre, pero no ha de quedar sangre líquida. Para saber si está en sazón, se fríe un poco de la mezcla y se prueba.

Las tripas, bien lavadas, han de ser de las más gordas que tiene el cerdo. Se rellena la tripa y se ata por las dos puntas, como las morcillas.

Se cuecen las butifarras en agua hirviendo veinte minutos, colgadas de un varal, para que no tropiecen en la caldera y se pincharán para que salga el aire y no revienten.

Cocidas, se cuelgan a orear, para que se endurezcan.

CAZA DE PELO

Adobo para la caza mayor

En una cacerola se pone una libra de aceite y se refríe. Luego se le echan zanahorias y cebollas cortadas en filetes, cuatro dientes de ajo, laurel, pimienta en grano y clavos de especia. Bien rehogado, se moja con cuatro cuartillos de vinagre, dos botellas de vino blanco y su correspondiente sal. Se deja cocer dos horas y luego se pasa por cedazo en barreño y en él se adoba varios días la carne de la caza mayor.

Filetes de venado

Se cortan en filetes los solomillos de un venado y se mechan con tocino. Se ponen en la consabida marinada tres días. Se saltean en grasa de cerdo con manteca, en cacerola, y bien doraditos se sacan y se presentan formando corona, llenando el centro con una guarnición de cebollas doradas en la misma grasa del venado y cubiertas con una salsa de alcaparras y mostaza.

Sangre de corzo

El plato para los cazadores en el cazadero, porque tiene que hacerse de la sangre del corzo fresca.

Al abrir un corzo caliente todavía, se encuentra en su interior bastante sangre no cuajada; se recoge con cuidado y se pasa por un paño para que no lleve pelos. Se pica menudamente un trozo de tocino, una o dos cebollas, un poco de tomillo y perejil; se mezcla con la sangre, se añade todo con cantidad proporcional de huevos frescos. Se pone en la sartén un buen pedazo de manteca de cerdo, y cuando hierve se echa encima la amalgama; se deja cocer de un lado y luego se vuelve de otro.

Resulta una tortilla excelente.

Cuarto de jabalí asado

No se asa el jabalí sino cuando es nuevo, es decir, jabato.

Marínese el cuarto de jabalí tres días; ponedlo luego en tortera muy baja, cubierto con una capa de cebollas y legumbres picaditas; regadlo con manteca de cerdo y cueza al horno, cubierto con papel grueso mantecado. Sírvase con alguna salsa fuerte y picante.

Jamón de jabalí mechado

Sálese con nitro un jamón de jabalí que sea algo redondito y carnoso. Nunca lo son como los de cerdo, pero el jamón es lo mejor del jabalí.

Después de salado con nitro, se recubrirá de sal común. Así ha de estar veintiún días.

Transcurridos, se les quita la sal y se lava, poniéndolo en remojo un día entero con agua que lo cubra y mudándola cada hora. Ya desalada la pierna, se deshuesa y se mecha con tocino y lomo, grueso el mechado. Luego se prepara el cocimiento, que será de vino blanco o Jerez, con cebollas partidas, perejil, romero, ramillete, puerros, pimienta en grano, clavos de especia, moscada, canela, zanahorias, chirivías, ajos, laurel y orégano.

Se probará si tiene sal bastante, porque no debe ser insulso el pernil y cueza hasta que suelte el pellejo sin dificultad; se despelleja, se envuelve en un lienzo, se le da forma, amarrándola y se pone a prensar, veinticuatro horas, entre dos tablas, con peso encima.

Al cabo de este tiempo, se desata y desenvuelve, se pinta de manteca (precaución que no debe omitirse con los fiambres, porque los conserva), y se envuelve en ralladura de pan tostado y cernido.

Liebre estofada

Después de desollada, se abre la liebre, y sin lavarla, se recoge la sangre y los hígados, teniendo mucho cuidado, al vaciarla, de no romperla las tripas, para lo cual se cuelga la liebre por las patas de atrás, se corta el vientre a la larga con una tijera, y se hace un triángulo que coja el rabo, tirando hacia abajo de los intestinos. Para saber si la liebre es fresca, se le mira la lengua, y si está encarnadita, es que se halla en buen estado.

Se pone en la sartén a freír aceite con la sal correspondiente, se tiene picada bastante cebolla, y se echa en el aceite, teniendo cuidado de que no se queme, y agregándole la puntita de un diente de ajo; se pasa todo por un colador, se pone la cebolla en la marmita, bien tapada y, volviendo a la sartén el aceite, se dora la liebre troceada y luego se ponen los pedazos en la marmita donde espera la cebolla. Con el mismo aceite se pasan los hígados de la liebre, en cuanto se endurecen un poco.

Se añade al guiso una raja de canela en rama, dos o tres granos de pimienta enteros, el aceite que ha sobrado de freír la liebre y un vaso de vino tinto, y, tapando con un papel de estraza y la cobertera, se deja cocer dos horas o más.

Ya cocida la liebre, se añade el hígado machacado en el almirez, se echa la sangre y toda la salsa que haya en el puchero, se revuelve bien y al fuego un cuarto de hora.

Unas tostadas de pan, empapadas en el mojo, metidas en el fondo de la cazuela cuando se añade la sangre, son quizá lo más sabroso de este guiso.

(Condesa viuda de Pardo Bazán)

Liebre a la gallega

En la novela *Juan Alcarreño*, original de don Teodoro Baró, figura como personaje un posadero gallego, que se precia de poner un estofado de liebre mejor que nadie, sin exceptuar a las cocineras catalanas, maestras en el arte de estofar. Y el posadero gallego, en vez de ocultar su secreto, da la receta en los términos siguientes:

«Mucha cebolla picada, con tres dientes de ajo, pedacitos de jamón y tocino, echarás en un puchero con manteca, y cuando la cebolla esté dorada se le añade vino común en bastante cantidad, un par de hojas de laurel, y orégano. A la media hora se pone en el puchero la liebre, que antes se habrá rebozado en harina y frito; y cuando vuelve a arrancar el hervor, se cubre la lumbre con ceniza para disminuir el calor y se deja que el puchero hierva a fuego lento tres o cuatro horas, tapándolo con un papel de estraza mojado, y encima un plato con agua. Las patatas se echan un hora antes de servirse».

A esto añade una señora experta en cocina, que el orégano y el laurel sobran; que mejor que las patatas están tostadas de pan fritas ensopadas en el mojo; que la liebre no se ha de lavar, y que el espeso se ha de hacer con la propia sangre de la liebre.

Liebre asada

Después de muy bien limpia, méchese, y riéguese con agua acidulada con vinagre, en la cual se ha aplastado un ajo, y se ha desleído sal y pimienta. Poned luego la liebre en el asador dándole vueltas, y, al jugo que suelte, mezclad la sangre del animal, en la cual estrujaréis el hígado algo tostado. Ligad esta salsa al fuego, con harina tostada, y añadid pimienta y zumo de limón.

La liebre se sirve cuando está bien doradita, con esta salsa.

Conejo a la española

Háganse trozos dos conejos, y rehóguense con aceite, cebolla y perejil picados, un diente de ajo, tomillo y laurel. Bien rehogados, añádanse dos tomates crudos, un poco de pimentón colorado y una cucharada de harina. Mójense con mitad vino blanco y mitad caldo, hasta cubrirlos. Déjese cocer, hasta que reduzca bien la salsa.

Conejo a la marinera

Córtese en pedazos el conejo, y fríase en la sartén, en aceite, hasta dorarlo. Añadidle torreznitos chicos, osea tocino también frito en la sartén. Fríanse igualmente trozos de anguila, y vaya todo a la cazuela con vino de Rueda, sal, caldo, pimentón y el aceite de la fritura, así como tres dientes de ajo rustridos.

Déjese reducir, tapado, y al servir, quítense los ajos y añadanse cortezones.

Conejo empapelado

Es preferible el gazapo tierno; se hace trozos, y se ponen en adobo de aceite, perejil, cebolleta, ajo, sal morena y pimienta gorda. Después, con este mismo adobo y un lonja de tocino, se envuelve cada trozo en un papel blanco, untado de manteca o aceite, y se asa en parrilla, sirviéndolo con su envoltura.

Gazapos salteados

Perdíguense los gazapos, limpios y troceados, en grasa de cerdo, con sal y especias. Cuando tomen consistencia, añadanse cebollitas pequeñas, ajo picado, perejil, dos cucharadas de harina, sal, una sospecha de guindilla picante, y vino de Rueda por mitad con caldo.

Hierva primero a borbotón; luego despacio, hasta que la salsa reduzca.

LOS VEGETALES

Al comenzar esta sección, hay que otorgar la presidencia al arroz, que es uno de los triunfos de la cocina española sobre la extranjera, y cabe asegurar que en ninguna parte se condimenta el arroz como en España, y en especial en su costa levantina, Valencia y Alicante.

Existen ciertas reglas generales para que el arroz salga bien: reventar en hervor a fuego vivo, y después acabar la cocción a fuego lento; el recipiente en que se cueza no debe nunca ser muy hondo, porque el peso del arroz de arriba amazacota el de abajo. La famosa paella valenciana se hace en tarteras muy poco profundas, de barro, y a fuego de ramillas secas.

Son innumerables los modos de preparar el arroz, ya sustantivamente, ya acompañando a otros manjares; si se incluyesen todas las recetas españolas de arroz, exigirían un libro.

Sucede otro tanto sólo con las recetas de la paella. Un coleccionista recogería pronto centenares, y todas distintas en algún pormenor. Como sucede en el gazpacho, para la paella tiene su receta cada casa. Lo que debo añadir es que si en Valencia y Alicante no se reconoce que pueda guisarse bien el arroz en otros puntos de España, la experiencia nos enseña que se condimenta al rechupe en varias provincias más y en Madrid.

Paella (para doce personas), núm. 1

Seis onzas de aceite; seis ídem de manteca de cerdo; dos pollos o gallinas, mejor pollos; un pichón o perdiz; dieciocho onzas de filete de ternera; dieciocho ídem de lomo de cerdo; un chorizo o longaniza; media libra de jamón cortado en pedacitos.

Fritos ya los componentes (de la gallina y perdiz se aprovecha todo menos lo que se llama el navío), se añaden: tres libras de guisantes y algunas alcachofas o habichuelas, sal, pimiento dulce colorado, azafrán y suficiente cantidad de agua; se echan cuatro libras de arroz, dándole un hervor largo.

Se parten en trozos dos libras de anguilas y se guisan con el resto de la paella, menos el arroz, que se añade luego, dejándolo diez minutos, primero con fuego debajo, y luego con fuego alrededor.

La cantidad de agua para la paella es doble que la de arroz.

Paella, núm. 2

En marmita baja se pone buen aceite desranciado, a fuego activo, de leña seca o sarmiento. Cuando está rusiente, se fríen pimientos pequeños, de los verdes, y ya fritos, se apartan. Se fríen luego, en el mismo aceite, trozos de ave, que puede ser perdiz, pollo, pato tierno, codorniz, y se añaden trozos, también chicos, de lomo de cerdo o ternera y de salchicha. Así que todo se dora, se sazona con tres dientes de ajo, tomate en pedazos, perejil, pimentón, azafrán, sal y pimienta. Se dan vueltas para que no se pegue el guiso, y se añaden alcachofitas cocidas ya, guisantes tiernos, caracoles, almejas sin concha y pedacitos de anguila delgada. Al estar todo rehogado, se alarga un poco el guiso con caldo del puchero, y se deja hervir, hasta que cueza bien todo junto, sin pegarse.

Cocido ya, se activa la lumbre, se aumentan dos partes de agua y una de arroz, se da un hervor, se añaden los pimientos, se disminuye el fuego, y no se toca el arroz hasta que esté en punto de servirse.

Paella, núm. 3

Esta paella se hace con manteca de cerdo, en vez de aceite. En la manteca, ya hirviendo, se dora cebolla picada, tomate en trozos y pimiento rojo, con sazón de sal. Dórense luego unidos pedazos de pollo tierno, de congrio, de anguila, de calamar recortado. Luego, las alcachofitas, y guisantes algo después. Siempre, el pimiento morrón, asado ya, y puntas de espárragos trigueros, también cocidas previamente.

Echese entonces el arroz en el guiso, dándole una sola vuelta, y en seguida añádase el agua, doble que el arroz. Tápese la tartera, actívese el fuego. Chupada ya el agua, póngase cerca de la lumbre, pero no sobre ella, y déjese abrir el grano antes de servir.

Arroz a vanda

Lo he comido en casa del gran pintor Sorolla, y los norteamericanos hispanófilos, en cuyo honor se daba la fiesta, lo encontraron exquisito; pero no estoy segura de que sea la misma esta receta.

Para el arroz de este modo, se hace primero caldo de pescado, pasando por tamiz el cocimiento, obtenido el caldo, espeso y grasiento con la gelatina del pescado, se refríen unos dientes de ajo; se añade el caldo y un poco de perejil; se agregan trozos pequeños de pescado, cocido de nuevo, que no sirvió para hacer el caldo; se sazona con clavo, canela, pimienta y un poco de sal, pues el caldo ya tiene la suya, y se termina con el arroz lo mismo que para la paella.

Arroz en fesols y naps

La musa de Teodoro Llorente, el gran poeta valenciano, cantó este arroz, considerándolo el tipo clásico de los platos regionales de su tierra, el ideal de su paladar.

En puchero de barro y en agua fría se ponen al fuego frijoles blancos. Cuando están blandos ya se añade un morro de cerdo, bien desalado y hecho trozos. Más tarde, se agregan nabos en ruedas y, cocido todo, se le escurre el agua, y se fríe en sartén, en aceite, añadiendo después e arroz en las mismas proporciones que en la paella, y aprovechando, para el mojo, el agua de la cocción. Se sirve cuando el arroz está en punto

Arroz a la alicantina

En caldero de hierro se fríen en aceite bien caliente un par de pimientos redondos, secos, llamados ñoras en Murcia y Alicante. Se les da un par de vueltas, se sacan y se dejan aparte. En el mismo aceite se echan dos o tres dientes de ajo, tomate, alcachofas, guisantes, judías o habas tiernas, con o sin vaina, pero una sola legumbre de éstas, según la estación.

Cuando está rehogado se incorpora el arroz y se le da un par de vueltas, añadiendo un polvo de pimentón. Se hace una majada con los pimientos fritos, se deslíe con una cucharada o dos de agua caliente, y se vierte sobre el arroz, dando otras dos vueltas. Acto seguido se pone el agua necesaria, bien caliente, y al romper el hervor se añade el pescado, entero si es pequeño, y troceado si es de tajo. Se le da una vuelta y se deja cocer a fuego intenso, que se aminora a medio cocer el arroz. Una vez cocido, se saca y se deja reposar un par de minutos.

Este arroz se puede hacer con toda clase de peces, aves, carnes y mariscos, sólo que las aves y carnes han de estar previamente sofritas. También suelen añadirse unos caracoles, al romper el hervor.

Arroz a la zamorana

Derrítanse en tartera de barro cuatro onzas de manteca de cerdo, en la cual se rehoga una libra de cebollas y media de nabos. Se añade perejil, orégano, tomillo, seis dientes de ajo y un poco de pimiento dulce.

Bien frito, y antes de que coloree la cebolla, se deja cocer cuatro horas, habiéndole añadido agua, oreja de cerdo y cachucha, todo deshuesado y partido en trozos pequeños. Se pone también, cortado en pedazos, una libra de jamón magro.

Cuando hierve a borbotones, se echa el arroz, dejándolo cocer a medias sobre fuego vivo. Entonces se retira, cubriendo la cazuela de lonchas de tocino fresco muy delgadas. Se tapa la vasija con cobertera de hierro y se pone rescoldo encima.

Cuando el tocino se atorrezne, se quita la tapadera, se deja reposar un minuto y se sirve sin sacarlo de la marmita.

Arroz con costra, de Oribuela

Para un kilo de arroz, dos manos y dos orejas de cerdo, dos butifarras negras, dos blancas, dos chorizos, doscientos cincuenta gramos de tocino, doscientos cincuenta de garbanzos y cuatrocientos de aceite.

Las patas, orejas, chorizos, morcillas, tocino y garbanzos, se ponen a cocer con el agua necesaria. En una cazuela de barro se sofríe el arroz, y se echa el caldo en que hirvieron los trozos y los garbanzos.

Cuando está casi cocido el arroz, se le incorpora lo que se ha cocido, hecho pedazos, y las butifarras, troceadas también. Se baten ocho huevos, se echan por encima, se pone al horno la tartera, y al formar costra, se sirve.

(Concha P. del Povil)

Arroz en morisqueta

Un funcionario que estuvo muchos años en Filipinas, me dio esta fórmula del plato que allí es predilecto de la gente del país. Parece que este arroz lo comen los chinos con palillos.

Para kilo de arroz, cuatro cuartillos de agua. Cuando el arroz hierve y abre, se le añade manteca de puerco y sal en cantidad. Se deja hacer, pero se cuida de que el arroz se separe en granos, porque apelmazado no vale nada; y se sirve alrededor de una gallina cocida.

Arroz Botín

Se limpian y trocean dos pollos gordos y se fríen (en sartén o cazuela) en manteca de cerdo. Se añade un par de dientes de ajo, un tomate regular, alcachofas o guisantes cocidos ya, y, por cada pollo, ocho cangrejos de río. Se rehoga todo bien, se aumenta un poco de azafrán, pimentón y clavo. Se le incorpora el arroz, se le da un par de vueltas y se cubre con agua. Se sazona, se hace arrancar a hervir a fuego vivo, se disminuye unos momentos antes de su completa cocción, y se sirve.

Arroz blanco a la criolla

El quid de este arroz es que cada grano se separe del otro y sin embargo esté bien cocido y muy blanco. Hay que echar el arroz, después de lavado, en un puchero, medio lleno de agua salada; dos partes de agua por una de arroz. Cuando ha absorbido toda el agua y los granos se apartan, está en punto. En Cuba no miden el agua muy exactamente, pero apenas notan que se separan los granos, inclinan la marmita y escurren el agua sobrante. Luego se fríen dos dientes de ajo en manteca de cerdo, y se echa la manteca, sin los ajos, sobre el arroz. Se sirve con huevos fritos, magras de jamón y plátanos en ruedas, fritos también.

Frijoles negros a la criolla

Estos frijoles tienen partidarios, aun cuando yo encuentro tan sabrosa o más la judía fina y blanca de Castilla, y la encarnada o de manteca de Galicia.

Los frijoles negros suelen acompañar al arroz blanco y a los huevos fritos que se sirven con él. Los frijoles se cuecen en agua y sal, y ya cocidos se fríen con manteca, un diente de ajo, y tomate y cebolla picados. También se sirven con cazabe (harina de yuca) en tortas.

Habas a la catalana

En un perol de barro se pone un buen pedazo de tocino o dos tazas de aceite, las habas tiernas, sin vaina, un ramo de hierbas finas, dos o tres dientes de ajo, bien picados, un polvo de canela, otro de orégano, perejil picado, hierbabuena, etcétera, y un par de morcillas a ruedas, o carne de lomo bien magro. Se pone a fuego templado, en crudo, y se mueve el perolillo con frecuencia para que las habas se impregnen bien del condimento y cuezan por igual. Se sirven cuando todo está cocido.

«Munchetas» en «salpiquet»

Plato típico catalán. Las *munchetas* en Cataluña son, sencillamente, las habas, como las llamamos los gallegos, o alubias, o judías blancas, nombres con que suelen conocerlas en las demás regiones.

Para guisarlas tal y como el título indica es necesario bañarlas con agua fría, ponerlas al fuego y al romper el hervor retirarlas, escurrirles el agua, lavarlas de nuevo en agua fría y ponerlas otra vez en agua fría, no muy abundante, a hervir a fuego lento.

Cuando las *munchetas* están cocidas se pisan ajos y perejil y se les incorpora este picadillo con unas cuantas cucharadas de aceite crudo.

Se sazonan con sal y pimienta y se hacen hervir unos minutos antes de servirlas.

Si el agua se les consumiese demasiado, al tiempo de cocer se les añade agua completamente fría, pero siempre en muy pequeña cantidad.

(De «La Cocina Práctica»)

Judías verdes a la mexicana

Despuntarlas, y suprimir los filamentos. Cocerlas en agua con sal, y unos trocitos de jamón y salchichón. Freír, aparte, en manteca, ajos picados y al dorarse añadir ruedas de cebolla, tiras de pimiento verde y tomate crudo molido. Cuando esté frito el conjunto, agregar las judías con el jamón, el salchichón y su caldo, especias, ralladura de pan frito, perejil picado, aceite y vinagre. Espesado el caldo, y en su punto el guiso, servirlo.

Judías estofadas

Se cuecen en agua salada con algunas cebollas y un diente de ajo. Ya cocidas, se escurren, y al agua del cocimiento se añade aceite, una miga de pan remojada en vinagre, un par de tomates en trozos, sin semilla, perejil picado y sal. Se aumentan las judías ya escurridas, y se tapa bien la cacerola con papel de estraza, dejando que se estofen a fuego manso una hora lo menos. Un poco antes de servir puede colorearse con una pulgarada de pimentón.

Por este mismo procedimiento se estofan las lentejas.

Garbanzos guisados

Después de cocidos en agua y sal, se rehogan en manteca de cerdo o aceite, con cebolla y tomate, dos dientes de ajo, perejil y un polvo de pimienta. Se añaden dos cucharadas del agua en que hirvieron y se termina la cocción a fuego lento. Están más sabrosos si se les incorporan trozos de jamón y tocino magro.

Castañas con chorizos

Se toma kilo y medio de castañas muy azucarosas, y sin son pilongas, se ponen a remojo doce horas en agua fría.

Se cuecen luego con un polvo de sal y una cucharada sopera de azúcar, una cebolla cortada en filetes y un puñado de habichuelas blancas y finas.

Cuando las castañas estén bien blandas, se toma una cantidad pequeña y se pasa por tamiz, añadiendo esa especie de puré al potaje.

Se agregan luego los chorizos, que conviene sean grasientos, y estén fritos y cortados a la mitad. Deben hervir con las castañas media hora lo menos. Sírvase muy caliente.

Setas a la española

Se quitan los rabitos, se lavan y enjugan y rehogan con manteca o aceite, sazonando con sal y pimienta y añadiéndoles un poco de caldo. Cuando estén cocidas se les incorpora una salsa de almendras espesadas con harina. Se deja que den un hervor y se sirven.

Setas a la manchega

Después de bien remojadas y lavadas las setas, se espolvorean de pimienta y sal y se fríen en manteca de cerdo. Ya doradas, se les añade una pulgarada de pimentón diluída en un vaso de aguardiente, con lo cual se rocían.

Hongos a la andaluza

Lávense y escáldense, luego rehóguense en aceite cantidad de jamón cortado en trocitos y tocino igual. Agréguense los hongos para que tomen color. Mójese con un vaso de vino de Jerez y unas cucharadas de Málaga, y sazónese con sal, pimienta, moscada, pimentón y perejil picado. A los tres cuartos de hora, próximamente, termínese la cocción con el zumo de un limón y un riego de caldo, lo bastante para que estén jugosos los hongos.

Morillas a la sevillana

Limpias, lavadas y escurridas las morillas, cortad jamón en pedacitos cuadrados y hacedle tomar color en una cazuela con medio vaso de aceite. Añadid luego las morillas para que tomen color también; mojadlas con un vaso de vino de Jerez, sazonadlas con sal, pimienta, moscada rallada, un pimiento colorado y dulce, y un poco de perejil picado. Hacedlo cocer todo a fuego suave durante media hora. Cuando esté cocido, acabadlo de aderezar con un poco de caldo y el zumo de un limón. Servidlo caliente.

Patatas guisadas

Se rehoga cebolla en manteca de cerdo. Se sazona con sal, se moja con agua o caldo y se espolvorea con harina.

Las patatas se cortan esquinadas, en pedazos regulares, y se ponen a fuego manso, hasta que esté hecho el guiso.

Guiso pobre de patatas

En vez de manteca, empléese aceite, en el cual se sofreirán dos o tres dientes de ajo.

Y, antes de acabar el guiso, se coloreará con pimiento dulce.

Cachelos de la montaña

En Deza, cerca de Lalín, en la montaña gallega, los he comido así.

Se cortan las patatas, que han de ser grandes, en dos pedazos, sin mondar; se cuecen en agua salada, en ollón de barro, tapadito con su tiesto; y apenas cocidas, hirviendo, se sacan y se colocan sobre un cesto plano de mimbres, poniéndolas entre dos ventanas, en una corriente de aire.

Antes que enfríen del todo, se sirven.

Dicen los de Deza que con otra agua y otro aire no salen bien los cachelos.

Patatas a lo habanero

Luego que se han lavado, pelado y cocido las patatas en agua y sal, se sacan y se parten en ruedas, poniéndolas en una cacerola con noventa gramos de manteca de cerdo, sal, dos cebollas picadas, perejil picado, una cucharada de harina y cuatro gramos de pimienta molida. Se alarga con una taza de caldo o medio vaso de vino blanco, se pone al fuego y se deja hervir hasta que la salsa disminuya y se ligue bien a las patatas, pero evitando que se peguen o quemen.

Patatas a la cubana

Después de pelarlas, póngase a la lumbre en una cazuela con caldo, aceite, pimienta, sal, cebolla y perejil. Cuézanse hasta que se vayan secando, y luego fríanse en aceite con un poco de vinagre.

Cebollas guisadas

Tómense cebollas muy iguales de tamaño, y fríanse envueltas en harina, sin dejar que lleguen a tostarse.

Ya fritas, pónganse en cacerola, con mitad manteca de cerdo y mitad caldo, a que hiervan lentamente media hora. Añádaseles luego sal, pimienta y una cucharada de azúcar en polvo, y déjense hervir un cuarto de hora más. Llegado el momento de servir, despachúrrense dos o tres yemas de huevo cocido, y con ellas y un chorrito de vinagre, líguese y espésese la salsa.

Cebollas estofadas con patatas

Tómense cebollas finas e iguales, y fríanse, envueltas en harina, en aceite hirviendo. Así que empiecen a colorearse, sáquense de la sartén, y en el mismo aceite fríanse patatas en cachos.

Pónganse patatas y cebollas en cacerola, con dos vasos o tres de caldo, uno de agua, y el aceite de haberlas frito, en el cual se habrán rustrido dos o tres dientes de ajo, que se añadirán también a las cebollas, después de majarlos en el mortero. Sálese y sazónese con pimienta. Déjese hervir como veinte minutos a fuego vivo, y luego retírese a fuego moderado, añadiendo dos vasos de vino blanco y una cucharada de harina, con un fino picado de perejil y cebolleta. La harina se habrá tostado antes, para dar el color acaramelado de los buenos estofados.

Déjese reducir la salsa, sin dar lugar a que se seque, y sírvase cuando esté en punto.

Cebollas rellenas

Es un plato de recurso y muy agradable.

Se buscan cebollas grandes, se limpian y escaldan: se escurren, y por arriba se les hace la excavación para rellenarlas.

El relleno se compone de miga de pan empapada en leche, exprimida, dos yemas de huevo duro, algún queso rallado, perejil picadito muy fino, cebolla, sal y pimienta. Todo esto ha de incorporarse muy bien, y la cebolla y perejil han de haber pasado por la sartén previamente. Se llena el hueco con esta masa, se enharinan las cebollas, se bañan en yema de huevo y se fríen. Se hace un espeso con harina tostada, huevo batido, unas gotas de vinagre, y se le pone alrededor.

En este plato el relleno o picadillo puede variar, y la salsa puede ser de tomate.

Chirivías o pastinacas con chulas de picadillo

Se mondan y lavan las chirivías. Se cuecen, sin dejar que se deshagan, y luego se saltean con aceite, una sazón de sal y pimienta y un cacillo de caldo. Cuando han tomado un color agradable, dorado, pero sin que se quemen, se añade a la salsa un rojo de harina, algunas cebollitas pequeñas, y las chulas de picadillo, que ya estarán preparadas y fritas en la sartén. Se tiene cuidado de que haya salsa suficiente para que no estén secas ni las chirivías ni las chulas, que deben traer a la mesa su guisito, y se deja a fuego lento como una hora, después de lo cual se sirve.

Las chulas se hacen con picadillo de ternera y tocino, una miga de pan y un punto de sal y pimienta.

Pimientos rellenos de arroz

Se toman seis buenos pimientos morrones, y se asan en aceite, quitadas las semillas, procurando que no se deshagan ni pierdan la forma. Se les añade grasa de cerdo. Se hace reventar arroz en agua y sal, y cuando está a medio cocer, se ponen los pimientos en la marmita y se van rellenando con el arroz, colocándolo también alrededor. Se sazona el arroz, se añaden trocitos menudos de jamón, fritos ya, y ruedas de chorizos también fritas, y se pone al horno todo, para el arroz se tueste.

Alcachofas gaditanas

Se quitan las hojas recias, y se deja lo tierno de la hortaliza; se blanquean, tirando la primer agua, y escurriéndolas; luego se les da otro hervor, y vuelven a escurrirse. Se hace una masa de perejil picado, jamón muy picadito también, y pan migado, menudo. Se entreabren por el cogollo, con cuidado de no romperlas, y se rellenan con esta pasta. Se ponen en la marmita, capullo arriba, y entre alcachofa y alcachofa se colman los huecos con la misma masa de perejil, pan y jamón. La marmita debe poder presentarse en la mesa, pues el plato gana con ser servido en ella misma. Mientras está al fuego, se va echando despacio aceite, de modo que empape la mezcla; se añade un par de cucharadas de caldo, que no cubra las alcachofas; y cuando empiezan a tomar color, se sirven.

Berenjenas con queso

Pélense y córtense en ruedas unas cuantas berenjenas tiernas, y espolvoreadlas con sal. Así que hayan soltado su humedad, enjugadlas perfectamente con un paño.

Hacedlas saltar en la sartén a buena lumbre, hasta que estén casi cocidas. Sazonadlas, y espesadlas ligeramente con salsa de harina y manteca. Colocadlas, por capas, en un plato que resista al fuego, espolvoreando cada capa con queso rallado y rociando el conjunto con manteca derretida. Ponedlas durante quince o veinte minutos a la boca del horno, o entre dos lumbres moderadas, y servidlas.

Baltasar de Alcázar, gastrónomo, ha hecho célebre este plato.

Acelgas a la malagueña

Para este plato, por lo general, no se emplea nada más que la parte del tronco, cortado por el medio a lo largo, y luego los dos trozos, cortados de cinco en cinco centímetros, se ponen a cocer en agua abundante y sal; si es mucha cantidad, una vez cocidos, se refrescan escurridos y puestos en una placa; luego se prepara un refrito mitad mantequilla y mitad aceite; cuando está bien caliente, se le echa una cebolla picada muy fina, unos dientes de ajo, también picados, y cuando esto está bien refrito, se le agrega bastante cantidad de pasas de Málaga limpias; se saltea todo, se echa encima de las acelgas, se sazona, y mezclado, se pone al horno diez minutos antes de servirlo en legumbrera.

(Melquiades Brizuela)

Espinacas a la mexicana

Freír en manteca unos cuantos tomates asados, con cebolla y ajo picados menudamente. Añadir las espinacas, previamente cocidas y picadas, y unos cuantos garbanzos y ruedas de patata, cocidos igualmente. Humedecer la mezcla con vinagre. Sazonar con sal y una pulgarada de azúcar. Servir, con rebanadas de pan frito.

Espárragos a la española

Se limpian, se les recorta un poco el tallo, se cuecen en agua salada, y se sirven en fuente, trayendo para cada comensal, en el plato, un huevo escalfado en agua, que se sazona luego, a la vez que los espárragos, con aceite, vinagre, sal y pimienta.

Hay quien los come sin sazonar, mojados en el huevo.

Calabacines en pisto

Se pica el calabacín menudamente, y se fríe en la sartén con cebolla también picada, hasta que se consuma el jugo. Sazónese con sal y pimienta y espésese con yemas de huevo, meneando bien. Si se quiere, antes de espesar puede agregarse atún o besugo en escabeche, hecho trozos.

Pisto con escabeche

Se asan y pelan media docena de tomates, que se rehogan en la sartén con bastante aceite, en unión de unas cuantas berenjenas y otros tantos pimientos cortados en pedacitos. En cuanto el tomate está reducido a salsa, se añade atún en escabeche, troceado, y un par de huevos duros, también partidos. Se sazona con sal, se deja cocer un poco y se sirve.

Ropa vieja cubana

De entre las muchas recetas criollas que me parecen muy complicadas de ajíes, malangas y boniatos, entresaco una adaptable.

Se derrite manteca y se amasa con harina, haciendo luego un picadillo de ajo, perejil, cebolla, tomates y pimientos, y dándole a todo vueltas en la sartén hasta que esté ligeramente dorado.

Se traslada a una cazuela, y se añade, a proporción, una taza de caldo, otra de vino blanco, unas gotas de limón, un poco de sal; se revuelve y se añade la carne de vaca, previamente cocida y deshilachada; se deja hervir un poco, y se sirve con plátanos maduros fritos.

Alcuzcuz moro

Para seis personas, tómese un kilo de sémola gorda, humedézcase con agua salada con una mano, mientras con la otra se revuelve aprisa para evitar grumos; tamícese, y póngase la sémola en una pasadera revestida de muselina fina, sobre una marmita medio llena de agua hirviendo; cúbrase todo con un paño mojado, para que el vapor no salga fuera.

Déjese hervir así un cuarto de hora; luego póngase otra vez la sémola en un plato grande, y humedézcase nuevamente con agua salada; expóngase de nuevo al vapor como antes, y repítase esta operación tres veces, hasta que, cocido ya el alcuzcuz, se le pone un cuarterón de manteca fresca.

Aparte, perdíguese un trozo de carnero, o una gallina gorda, o las dos cosas juntas; mójese con agua bastante, y añádase toda clase de hortalizas, como nabos, guisantes secos, remojados de víspera, y una hoja de berza; también le convienen topinambures. Cuando todo está bien cocido, sazónese el alcuzcuz con la salsa y las legumbres.

Como se ve, el plato no es de alta cocina, pero no deja de tener su complicación.

Serafinada

Es una receta más de col rellena, que exige como base un picadillo.

Este puede ser de ave o de carne. Entre los varios que en su lugar se encuentran cabe elegir.

Se cuecen las coles o repollos en agua salada; se entreabren y se rellenan cuando ni están muy deshechas ni duras. Luego se empapelan y se asan en parrilla, después de lo cual se remojan con caldo —quitado el papel—, y en marmita y en el horno se dejan una hora.

Para evitar el olor fétido que dan las coles al cocerse

El procedimiento es muy sencillo. En la cacerola o marmita en que cuece la col, de cualquier clase que sea, se pone un pedazo de pan envuelto en una batista, naturalmente muy limpia. El olor desaparece inmediatamente.

LOS ACCESORIOS, MASAS, RELLENOS, SALSAS, ENSALADAS, ADEREZOS, ESCABECHES

MASAS

Masa panadera

En opinión de los inteligentes, la mejor masa de empanar es sencillamente la del pan; y en realidad, la empanada debió de ser en su origen, sin duda muy remoto, una forma de llevar reunidos el pan y el plato en cacerías o expediciones. La empanada excluía el pan. Pertenece la empanada a lo más genuino de la cocina española.

Se trae, pues, masa de la tahona, de pan completo, es decir, del moreno. Si se quiere refinar, no hay más que granarla con lo que se desee: manteca, huevos, caldo, y sobre todo, con aceite impregnado del sabor del guiso.

Para cocer las empanadas, también suelen enviarse al horno del pan.

Y si se desea hacer muy prontamente una empanada, se toma un mollete redondo de pan completo, o del gramado, se descorona, se ahueca bien, quitando toda la miga, y se empapa por dentro en aceite del guiso, dejándolo así como media hora, después de lo cual se rellena como otra empanada cualquiera, y va al horno, poco tiempo también, lo suficiente para calentarse mucho.

Masa de empanada clásica

Se echa en una taza un poco de agua templada, como un cuarterón, un polvo de sal, un poco de azúcar y dos yemas de huevo.

Se bate y se deja. Se pone en la tabla de amasar una libra de harina. De ésta se aparta una poca a un lado de la tabla. Sobre la harina se pone media libra de manteca fresca, y con los dedos, pellizcando, se va reuniendo a la harina sin amasar.

Se amasa luego un poco; se hace un hoyo en medio, se echa lo que hay en la taza, y se amasa cogiendo de la harina que se apartó, hasta unirlo todo.

Entonces se estira con el rollo, y la mitad de la masa, de un dedo de grueso, se extiende sobre la fuente del horno, previamente untada de manteca; se echa el guisado, sea de anguila, pichones, robaliza o pollos, y se cubre con la otra mitad de la masa, cuidando que la de abajo sea un poco más gruesa que la de encima, pues luego se doblan los bordes de la masa de abajo, formando un reborde, más o menos adornado, que remata la unión, o se ha reservado un trozo de masa, con el cual se hace un rollito que sirve de remate. Sobre la cubierta de la empanada suelen hacerse dibujos con tiritas de masa, a capricho.

(Doña Elisa Ortega)

Otra masa de empanada

Un kilo de harina, siete huevos, tres cuarterones de manteca fresca. Medio cuartillo de leche, la sal correspondiente y una cucharada de azúcar.

Se ponen en una cacerola la leche, los huevos, la manteca, la sal y el azúcar. Se bate o revuelve todo esto cerca del fuego, hasta que esté bien incorporado y templado. Entonces se trabaja la masa, añadiéndole un poco de levadura; y, una vez amasada, se deja seis u ocho horas a fermentar.

No se pone a la masa ni agua ni ningún otro ingrediente. Con esta masa se hace la empanada, y, al meterla en el horno, se barniza por fuera con yema de huevo.

(Doña Emilia Lembeye)

Relleno de empanada de lomo y jamón

Se corta en trozos como nueces lomo de ternera, y en trozos como avellanas, jamón y tocino.

Para medio kilo de lomo, medio de jamón y medio de tocino.

Se rehoga todo el picado en cazuela, con manteca de cerdo y caldo y la yema de dos huevos. Se mueve bien para que no se pegue, y se le agrega cebolla picada muy menuda y frita, sal pimienta, y si se quiere un picadito de pimiento morrón.

Se empana, teniendo cuidado de que no se seque, porque es el escollo de las empanadas, y se evita echándoles un poco de manteca de cerdo y caldo mezclados, por el agujero central.

Relleno de empanada de pollo o gallina tierna

Troceada el ave o las aves, se fríen en manteca de cerdo o aceite, y se sacan cuando estén dorados los pedazos. En la misma fritura se rehoga cebolla, picada fina, tomates despellejados y despepitados, pimientos morrones también picados, algunas ruedas de zanahoria, puerro, cebolleta, sal, pimienta y ramillete. Se añaden los trozos, y cueza todo bien; se quita el ramillete, añadiendo una miga de pan remojada en caldo, o un rojo de harina.

Al rellenar, se deshuesa lo posible el pollo o pollos, que ya estarán muy blanditos, y se colocan sobre la masa bien ordenados, rellenando los intersticios con el guiso.

PICHONES

Relleno de empanada de pichones

Para este guiso, los pichones han de estofarse primero dorándolos en grasa con cebollas pequeñas y perejil picado; cuando se han dorado y pasado, se abren al medio, se pasa el aderezo de cebolla y perejil, se añade pan rallado muy fino, un poquito de azúcar, la grasa de los pichones, y así espeso y jugoso se envuelven los pichones troceados y se colocan dentro de la empanada.

Este guiso, agregándole azafrán, sirve también para empanar la anguila

Guiso de empanada de palominos

Píquese lomo de ternera y jamón, tocino y carne de cerdo magra. Sazónese con sal, pimienta, moscada y clavillo. Dórese el picado en la sartén, con alguna cebolla picada muy menudo.

Rellénense con este picadillo los palominos, y, al ponerlos enteros dentro de la masa, cúbranse con picadillo por todas partes, arriba y abajo.

Relleno de empanadas de codornices a la vitoriana

Se limpian bien; se les quitan las patas, cabeza y alones; después, con unos palillos y cañitas, se atraviesan por los muslos de parte a parte; luego se ponen en una cazuela con manteca y se les añade caldo y agua; se sacan y se parten por el medio, a lo largo; se les quitan los higadillos, y se ponen otra vez a freir en manteca, con un poco de caldo o agua caliente; en seguida se hace la masa para la empanada, con libra y media de harina, una libra de manteca de vaca fresca y una copa de vino blanco, al empezar; lo demás, agua.

Se hace bien la masa, que no se quede dura. Después de bien trabajada, se pone la manteca en medio de la masa, se extiende un poco, y después se vuelve la masa encima, cada vez de un lado; de esta manera se le dan tres vueltas; luego se corta un pedazo redondo, que es el suelo; después, una larga tira; se moja un poco con una pluma, en agua, y se coloca alrededor; después se corta otro pedazo redondo, que es la tapa, y se pone en el horno, que ya se tiene bien caliente, con lumbre encima y debajo, mojándolo de cuando en cuando con manteca por encima.

Así que va cociendo un poco, se le corta la tapa, se le retiran las hojas de en medio y se deja cocer más, y en estando a punto, se saca.

Relleno de empanada de lamprea

La lamprea se empana entera, dándole unos cortes para acomodarla bien en rosca. Se suprime la cabeza y la extremidad de la cola. Se puede, si se quiere, trocear, para que se penetre mejor del guiso, pero hay que reconstruirla al empanarla.

Después de bien rascada la lamprea, lavada, quitada la hiel, como se ha dicho en su lugar, se conserva la sangre y se pone en cacerola, con cebolla picada y pasada por la sartén, el aceite en que se frió la cebolla, azafrán, una miga de pan mojada en vinagre, la sangre, sal y un vaso de vino blanco. A la lamprea se le habrá dado una vuelta en la sartén, envuelta en harina.

Cuando esté bien hecho el guiso, y todo jugoso y tierno, se empanará.

Relleno de empanada de murena

La murena, en Galicia, se llama *morea*. Este pez tiene una leyenda; se cuenta que los emperadores romanos arrojaban esclavos a los estanques para engordar a las murenas, manjar que, por lo visto, les encantaba. Y, no obstante, la *morea* es de peor comida que sus congéneres la anguila y el congrio.

El guiso para empanar la murena es el siguiente.

Se hace un refrito de cebolla en excelente aceite, añadiéndole bastante sazón de sal, pimienta y azafrán (a todo pez análogo a la anguila, el azafrán le conviene, hasta para neutralizar las toxinas propias de estas especies).

Límpiese la murena, al estar ya bien pasada la cebolla, y póngase en la sartén, con el guiso. Agréguense dos tomates cortados en trozos, y pimientos morrones también cortados menudamente. Dejad que todo se ablande y se reduzca un cuarto de hora, después de lo cual, y hecha la masa, como se verá en la sección correspondiente, no hay más que empanar la murena acompañada de su guiso y mandar la empanada al horno.

Con este guiso pueden empanarse igualmente la anguila y el congrio delgado, aunque éste no hace buena empanada, por las espinas.

Relleno de empanada de anguila de Lugo

Se fríe la anguila, se disuelve azafrán en agua y sal, se unta con él la anguila por dentro y por fuera, y se manda al horno sin otro guiso. En el horno graman la masa y empanan la anguila. Esto parece sencillísimo, pero ello es que las empanadas de anguila sólo en Lugo se hacen bien, con un sabor especial y una finura de masa extraordinaria.

Relleno de empanada de salmonetes

Se guisan los salmonetes quitándoles la cabeza y la espina y agallas, después de haberlos frito en aceite muy caliente, envueltos en harina.

Hay quien los empana como salen de las manos de Dios; pero es muy desagradable ponerse en el plato espinas en vez de carne, y la operación de desespinar, hecha delicadamente, no los estropea ni los despedaza. Lo mismo puede decirse de la empanada de merluza, dorada, múgil y robaliza.

Fritos y preparados los salmonetes, se colocarán en la masa, echándoles por encima un picado de cebolla y perejil, que se habrá pasado por la sartén, y dejado luego hervir a remanso, con mitad manteca de cerdo, mitad caldo, sal, pimienta y una cucharada de harina.

Este adobo debe estar muy suelto, para que remoje los salmonetes y no se sequen al cocerse la empanada. Y la cebolla será abundante.

Relleno de empanada de sardina

Se limpian sardinas extrayéndoles la espina con gran cuidado.

A fuego lento y en aceite se fríe cebolla picada, dejándola pasar bien y añadiéndole perejil, también picado, cuando está blanda, tomates y pimientos, que si son verdes son preferibles, si bien se sustituyen perfectamente con los morrones de lata. Se sazona con sal, azafrán o pimentón, o las dos cosas si se quiere, y se deja cocer muy despacito.

Con dos tenedores de palo (y este es un detalle muy importante; el metal altera el gusto de las sardinas), se deshacen bien deshechas seis sardinas más, y bien escogidas y desmenuzadas, se les añade el guiso preparado antes, sin que haya dejado de hervir.

Después que esta mezcla está completamente fría, con una cuchara de palo se coloca una pequeña cantidad en la parte ancha de la sardina, envolviendo después ésta a modo que la cola sea el remate de la envoltura y adquiriendo cada sardina la forma de un carrete de hilo.

Cuando ya todas las sardinas están rellenas, se toman dos o tres libras de masa corriente, o sea la que se prepara para hacer el pan, una vez que esté ya a punto de cocerse.

Se trabaja bien sobre la mesa o tabla de operaciones, incorporándole poco a poco aceite del guiso de las sardinas, manteca fresca y un punto de azúcar, hasta que la masa queda bastante suelta y muy gramada.

Se extiende una capa consistente de esta masa en un molde o lata redonda, en la cual hay preparado un papel blanco, ligeramente untado en manteca.

Se colocan las sardinas formando círculos concéntricos; se extiende por encima de ellas lo que haya sobrado del guiso; se tapa la empanada; se hace un agujero en el centro de la tapa; se adorna con tiras y dibujos de la misma masa, y se mete en el horno, dándole un barniz de yema de huevo y agua, a partes iguales, cuando esté a medio cocer.

(Elena Español)

Pastel murciano

En aceite crudo se pone un pollo descuartizado y un buen trozo de jamón, añadiéndole una cabeza de ajos, perejil, laurel, pimienta en grano, clavo de especia y zumo de limón.

Se hace cocer todo hasta que el pollo se desprenda fácilmente de los huesos. Se extraen éstos y se pica en pedazos no muy pequeños la carne del ave con el jamón.

Se prepara una masa con harina, el aceite que sobró, añadiéndole alguno nuevo y sal, y se grama hasta que forme buena liga.

Se extiende y se pone la masa dentro de un molde liso, previamente bañado con manteca de cerdo, y dentro de él se coloca una capa de picadillo, otra de huevo muy bien batido, y así sucesivamente hasta llenarlo. Se mete en el horno, y cuando se ha dorado se quita del molde y se sirve el pastel.

(De «La Cocina Práctica»)

Relleno general núm. 1, de sobras

Con las sobras de aves, carnes, cerdo y caza pueden hacerse rellenos aplicables a muchos platos.

Se lavan las sobras en caldo si tienen grasas alrededor; se pican, se les añade tocino, perejil y cebolla picados finamente, miga de pan remojada en caldo, sal, pimienta; se traba el picado con yema de huevo, se le da una vuelta en la sartén y se emplea en rellenar carne, coles, repollos, en hacer chulas, en pasteles, pastelillos o bocadillos, fritos, etc.

Relleno general núm. 2

Entran en él hígados de ave cocidos previamente, jamón, en dados o picado, tocino lo mismo, perejil, sazón de pimienta y nuez moscada (salándolo ya bastante el jamón), aceitunas deshuesadas y miga de pan mojada en Jerez.

Es muy buen relleno para pasteles.

Relleno para aves gordas asadas, como pavo, capón y gallina

Miga de pan remojada en leche, manteca de vaca, sal, pimienta, moscada, clavillo, canela en polvo; tanto azúcar como sal; yemas de huevo para trabar, pasas de Málaga, sin rabos ni pepitas, piñones, nueces y almendras majadas, unos pedacillos menudos de dulce de toronja y de dulce de sandía, media docena de castañas cocidas en almíbar, componen este típico relleno español. Hay que ser discreto en las especias, que, por otra parte, pueden suprimirse.

SALSAS

SALSAS PARA EL COCIDO

Salsa de tomate

En un pucherito se ponen los tomates despellejados y crudos, con un cacillo de caldo, una miga de pan remojada en vinagre, sal, pimienta, una nuez de manteca de cerdo y el ajo a gusto del consumidor, siempre poco, y si se quiere ninguno.

Se deja reducir a fuego manso, y ha de estar la salsa más bien espesa que caldosa.

Se pasa por tamiz y se calienta de nuevo antes de servirla.

Salsa de perejil

Se pica perejil fresco, no de ese amarillo y lacioque a veces se ve languidecer en las cocinas; ya picado en la tabla o majado en el mortero, se añade una miguita de pan mojado en vinagre y se machaca también, se agrega un poco del caldo del puchero y ha de formar un puré algo espeso, pero no enteramente compacto. Hay quien le pone un diente de ajo; no es de rigor, a menos que guste.

Salsa de vinagre

Se cuece una patata y, cocida, se reduce a puré. Se liquida con caldo; se añade una corteza de pan tostado, remojada en vinagre, que se maja en el mortero con parte del puré; se agrega sal y pimienta, se pasa y puede servirse.

Salsa amarilla

Se muelen en el mortero un corrusco de pan frito, un diente de ajo, un polvillo de clavo, una hebra de azafrán; se deslíe en caldo, se espesa con miga de pan, se sala y se le da un par de hervores a la lumbre. Se pasa y se sirve.

Salsa Gran Vía

Llámase así por ser propia de «menegildas».

En una cazuela de barro se rehoga con aceite una miga de pan. Se echan cuatro o seis dientes de ajo, sal, bastante pimentón y, antes de que ennegrezca, se remoja todo con caldo del puchero o con agua, majándolo en el mortero hasta que forme un puré.

(Del *Practicón*)

Salsa de pimiento

Se remoja en aceite fino una miga de pan, y con caldo del puchero se forma una especie de puré claro; se añade sal, un poco de cebolla muy picada, una pulgarada de pimiento dulce o picante, según los gustos y se sirve.

Salsa de pebre

Se guarda pebre de un guisado, cualquiera que sea y se le incorpora medio cacillo de caldo del puchero, sal, pimienta, unas gotas de vinagre y un corrusco de pan frito, bien deshecho en el almirez. Pasado todo por tamiz no muy fino, está hecha la salsa, que debe servirse caliente.

Salsa riojana

Se asan al horno dos pimientos morrones dulces bien gruesos y colorados y sin simientes, y cuando están asados del todo, blanditos, se despellejan y se pican.

Se les añade caldo, aceite, un punto de vinagre, un casco de cebolla picado menudísimo, una pulgarada de pimienta, sal y la yema de un huevo cocido despachurrada. Es una salsa muy sabrosa.

SALSAS PARA PESCADO

Salsa de huevo

Es la «mayonesa» española.

Se echan en una cazuela cuatro yemas de huevo, una rueda de limón, moscada rallada, sal, un chorro de vinagre y un buen trozo de manteca; póngase sobre fuego manso, meneando sin cesar, para que trabe sin que hierva o cueza.

Se sirve en salsera con el pescado fuerte, como salmón y rodaballo, y también con las aves blancas cocidas o fiambres, o con la cabeza de ternera.

Salsa árabe para salmonetes asados

Un kilo de piñones, y después de majarlo hasta reducirlo a pasta, añádase una cucharada de agua, diez de aceite fino, el jugo de un limón y un poco de ajo y perejil picado, mezclándolo todo bien.

(Fórmula hebrea, de Tánger)

Salsa cubana

Escaldar en agua acidulada con limón un plátano verde pelado. Majarlo después en el mortero y echarlo en una cazuela, con caldo de la olla, revolviendo bien la mezcla. Agregarle, en seguida, tomates partidos, ajos y un ají dulce machacados, una cebolla, alcaparras, perejil y hierbabuena, todo ello frito, ligar con huevo batido y dejar que cueza hasta espesarse, sazonando con un poco de sal.

Salsa de piñones

Se muelen en el mortero cincuenta gramos de piñones frescos, medio diente de ajo, comino, una yema de huevo cruda; se deslíe en caldo de gallina o en agua, y se pone a hervir. La misma receta sirve para la salsa de avellanas, nueces, almendras y garbanzos tostados; sólo que a esta última hay que añadirle un poco de manteca derretida.

PARA LAS CARNES

Salsa picante española

Se toma un trocito de jamón, un poco de cebolla y harina bien tostada: el jamón se maja, la cebolla se pica, todo se deslíe en caldo y se pone a cocer. Cuando ha cocido un poco, se añaden pepinillos picados.

Salsa criolla

Un vaso de caldo, otro igual de vinagre, dos ajos picados, pimienta y perejil en abundancia. Májese y póngase a la lumbre una hora.

Salsa de mosto para la caza, las aves gordas y la carne de cerdo

En un perol pequeño se echan dos libras de uva tinta desgranada, medio membrillo en rajas y dos tabardillas cortaditas; se pone al fuego hasta que todo cueza y se deshaga, se pasa por cedazo para que queden los granos de la uva, se le añade mostaza picante, clavo, moscada y canela (en proporción según el gusto) y, si se quiere un poco de almíbar o azúcar.

Salsa americana

Un vasito de caldo, otro de Jerez, una avellana de manteca, una cucharada de harina de maíz. Tuéstese la harina y póngase al horno con la manteca; cueza luego con la mitad de caldo dos horas; entonces se añade el resto del caldo y el vino. Hay que tener cuidado de que no se pegue esta salsa, y al servirla se le añade el jugo de una naranja agria.

Salsa de naranjas agrias

Medio vaso de caldo, otro tanto de jugo, unas cuantas tiras de corteza de naranja agria, una cucharada de fina manteca amasada con una pulgarada de harina, sal y pimienta gorda. Se incorpora bien la mezcla a la lumbre, y al retirarla se rocía con el zumo de una naranja agria.

Salsa Roberto

Esta salsa, conocida por francesa, nos pertenece, pues la inventó un español, cocinero del rey de Nápoles.

Después de probar recetas de esta salsa, he visto que en todas hay algo que variar, aun cuando la salsa es sencilla y de las más usuales.

Lo primero debe hacerse un espeso rubio, con una cucharada pequeña de harina y sesenta gramos de manteca (cocida); y sirve igual para el caso manteca de cerdo, y hasta buen aceite andaluz.

Habiendo tomado color el espeso rubio, se le añaden (a fuego vivo) dos cebollas no muy grandes picadas finamente, y se revuelve hasta que las cebollas se doren un poco, cuidando de que no se quemen. Se sala y se le pone pimienta a gusto del paladar.

Dorada ya la cebolla, se pone todo en una cacerola con un vaso regular de caldo del puchero, y se deja hervir unos veinte minutos a fuego no tan vivo.

Las cantidades indicadas son para una salsera de regular tamaño. Si se necesita llenar dos salseras, se duplican.

Para terminar la salsa, se tiene ya en la salsera una cucharada sopera, no muy colmada, de mostaza francesa al estragón, y una cucharada pequeña de vinagre. Sobre ella se vierte caliente la salsa al punto de servir, y revolviendo lejos del fuego para que se incorpore bien.

Sirve para el cerdo fresco y para las carnes en general.

PARA ASADOS DE CARNE

Salsa de batata de Málaga

Se cuecen las batatas, se majan, se pasan y se ponen en cazuela con sal, manteca fresca y leche; se revuelve bien y se hace hervir cuidando de que no se corte; no ha de estar muy clara ni muy espesa la salsa; a voluntad puede agregársele azúcar, sirve para los asados de carne, en especial la de cerdo.

PARA MEJORAR LOS MANJARES

Salsa española

Esta es salsa de alta cocina, pero no muy difícil de hacer, y de indudable procedencia hispánica.

Se nombra tan a menudo, que no debe omitirse.

Añadida a cualquier guiso, lo mejora notablemente. Como salsa, es magnífica.

Ocúpese el fondo de una cacerola con un lecho de lonjitas de jamón, zanahorias y cebollas en ruedas y un trozo de ternera o de vaca; cúbrase todo con jugo o caldo, y hágase cocer a lumbre viva hasta la ebullición. Mójese entonces con agua, adicionando sal, pimienta, cebollas, más zanahorias y ramillete compuesto, y déjese cocer lentamente. En otra cacerola hágase un espeso claro, y al estar en buen punto añádase a la española, para que siga cociendo durante tres o cuatro horas. Al ir a usarla pásese el cocimiento, majándolo antes.

Manteca de ajo

El ajo tiene sus partidarios, y en España son innumerables. Los graves inconvenientes de este condimento no se reducen al mal olor que comunica al aliento, ni al carácter villanesco, que, después de todo, no hay en los huertos ejecutorias. Su acción irritante es indiscutible. Sin embargo, no falta quien dice que es sano y desinfectante, y, frito, de seguro no daña.

Machacad muy bien una cabeza de ajo (mondada) y mezclad la pasta, ligeramente salada, con un cuarto de kilo de manteca fina y fresca. Con esta manteca podéis, si os gusta el ajo, condimentar las chuletas.

Salpicón

Es el más usual y el menos recomendable de los aderezos españoles.

Cuando se pone en salpicón una langosta, ésta sabe únicamente a salpicón. Sólo debe usarse para manjares insípidos, como la carne cocida y fría, por ejemplo.

Se hace con cebolla muy picada, perejil lo mismo, huevos duros ídem, aceite, vinagre, agua, sal y pimienta.

LOS ESCABECHES

Escabeche de rodaballo

Se corta el pescado en trozos no mayores que un huevo pequeño de gallina —porque después hincha mucho—, se desespina y se fríe en buen aceite desranciado.

Se deja enfriar, y en una tartera honda de barro se coloca, echándole el aceite de freirlo, sal, pimienta en grano, pimentón rojo dulce, laurel —poco—, vino blanco, otra tanta agua, y la mitad de vinagre.

Hay que tomar dos precauciones: retirar el laurel pasadas unas horas y probar el escabeche a las veinticuatro, por si está soso, demasiado aguado o demasiado fuerte.

Se deja al fresco, y dura quince o veinte días, sin alterarse.

Escabeche de lamprea, anguila y congrio

Debidamente preparado cada pez, se sala bien y se deja con la sal algunas horas. Se limpia luego, y se fríe enroscado. Ya bien frito, se saca y se deja enfriar. Con el aceite de la fritura, la mitad de vinagre, un cuarto de vino de Rueda, pimentón, laurel, un vaso de aceite fino crudo y un polvo de azafrán, se hace el escabeche; se le da un hervor, y ya frío se une a la lamprea o a lo que fuere.

Escabeche de besugo, robaliza y merluza

Límpiense los pescados y frótense con sal gorda. Déjense en una fuente, al fresco.

Al día siguiente, córtense en ruedas y fríanse en aceite, hasta dorarlas. Pónganse en una marmita con hojas de laurel entre capa y capa de ruedas, y pimienta en grano. Échenseles por encima el aceite en que frieron, mezclado con agua y vinagre bueno, sal y pimiento encarnado. Désele un hervor al fuego y está hecho el escabeche. Se conserva bastantes días.

Escabeche de ostras, mejillones o sardinas

Se toma agua y buen vinagre a partes iguales, y se hierve la mezcla, añadiéndole ruedas de limón, hojas de laurel, pimienta en grano, y un poco de clavo. Debe taparse con un papel de estraza doble, y encima una tapadera bien ajustada, para que no merme y se evapore. Se fríen algunos dientes de ajo en una cantidad de aceite igual a la mitad del líquido que resulte después de haber hervido juntos el agua y vinagre, y al retirarlo del fuego se le añade pimiento rojo. El pescado o marisco ha de freirse con la sal necesaria para sazonarlo, pues la salsa no lleva sal.

Al día siguiente de hechas estas operaciones, se coloca el pescado o marisco en tarros que tengan tapón que ajuste bien; se echa por encima el cocimiento de agua y vinagre, después de haberlo colado, y encima el aceite, colándolo también. Se tapa, y sin más preparativos se conserva muchos meses. Es un error creer que el escabeche necesita conservarse en barriles. El cristal es siempre lo más limpio y agradable; la lata es más económica, pero difícil de soldar caseramente.

Escabeche de perdices, inmejorable

Para cuatro perdices, una botella de vino blanco, una de vinagre, una libra de aceite, cuatro pimientos en vinagre, un cuarterón de alcaparras finas, unas hojas de laurel, dos cabezas de ajo, seis granos de pimienta negra, clavo, sal y dos huesos buenos de caña de ternera.

Se colocan las perdices en una cacerola, y se cuecen a fuego muy suave con todos los ingredientes.

Ya cocidas, se retiran del fuego, y pueden reservarse o en lata cerrada, o en una olla muy bien tapada, si no se ha de tardar mucho en comerlas. Por supuesto, se les echa por encima todo el guiso, que forma luego una fina gelatina.

(*Fórmula de D. Álvaro de Torres Taboada*)

Escabeche de perdices del capellán

He aquí una receta de cura cazador.

Se cuecen las perdices con agua y sal; se despedazan; se colocan en el barril; se les echa por encima vino blanco, aceite rustrido con ajos, vinagre crudo, pimiento, laurel, hasta cubrir las perdices y se tapa.

Escabeche con vino, aguardiente o ron

Esta preparación es buena para escabechar la carne de cerdo.

Se hace con tercio de vinagre, tercio de vino o aguardiente, y tercio de caldo; el vino ha de ser blanco, el caldo desengrasado. Se añade una cebolla en ruedas, sal, pimienta en grano, tomillo, zanahorias en ruedas y una hoja de laurel.

ENSALADAS FRÍAS

Ensalada nacional

La base de esta ensalada, es la clásica lechuga, que, sin más aderezo que la sal, el aceite y el vinagre, y acompañada de escarola o no, rara vez falta en la cena de tantas familias españolas.

Pero esta fórmula exige, además de lechuga cortada como de costumbre, lo siguiente: zanahorias, espárragos y huevo, cocidos y picados; cebolla, tomate, pimiento verde y rojo, todo picado también no muy menudamente y, por supuesto, cocido o asado, y pepinos, que habrán estado en agua seis horas, cortados en láminas finísimas.

La sazón consiste en: agua, sal, pimienta, perejil picado, unas raspas de ajo, vinagre y aceite, y un gran vaso de agua.

Ensalada de escarola

Se toman solamente los cogollos más tiernos y blancos de la escarola, sazonándolos con cebolla blanca picada, sal y pimienta, pimiento morrón en tiras, cuatro yemas de huevo cocidas, aceitunas sin hueso y dos cucharadas de agua o, en su defecto, el zumo de tres limones, añadiendo a todo ello cuatro cucharadas de aceite de oliva.

Batida la salsa que resulte, para que se incorporen sus elementos, añádase la escarola, dejándola impregnarse bien. Agréganse luego colitas de cangrejos, cuatro boquerones mojados, rajitas de huevo cocido y adórnense los bordes de la ensalada, ya extendida en la ensaladera, con flores de capuchinas y ramitos de perejil.

Ensalada chula

Pártanse y lávense lechugas; pónganse en la ensaladera, con un cuarto de kilo de aceitunas negras o zapateras, y un cuarto de kilo de escabeche de rueda, limpio de pellejo y espinas y partido en pedazos. Cuézanse, hasta endurecer, dos huevos; píquense menudo; échense en la ensaladera y alíñense con una cebollita picada, aceite, vinagre y sal.

Póngase al fresco, dos horas antes de comerla.

Ensalada de patatas

Se cuecen patatas cortadas en ruedas, del grueso de un duro, en agua y sal; cuando estén cocidas y frías, se ponen en una ensaladera, sazonándolas con aceite, vinagre, sal, y pimienta, y echándoles por encima un picadillo de huevo duro y perejil.

Ensalada de pimientos morrones

Los pimientos morrones se asan metiéndolos sencillamente en el horno y cuidando de que se pasen igual por todas partes. Luego se despellejan y se quita la simiente, sazonando con aceite, vinagre y sal. Asados de este modo sirven para adornar y sazonar muchos platos, y para comerlos en ensalada, solos o acompañados de huevos duros.

Ensaladas calientes

Mejor que ensartar recetas muy semejantes, daré dos o tres fórmulas, aplicables a todas las hortalizas y legumbres que constituyen las ensaladas cocidas y calientes más en uso.

Para las verduras, como grelo, nabiza, judías verdes, acelgas, espinacas, tirabeques, calabacines y para algunas coles, se puede proceder así: primero y principal, cocerlas muy bien, mucho tiempo, según la clase de verdura, pues unas se reblandecen antes que otras; pero todo vegetal que no se ablande bien al fuego, además de no agradar, es dañino. La sal y la pimienta, cuando estén cocidos ya. Si son coles, —como repollo, lombarda, brecolera y nabicol—, hay que tirarles la primer agua.

Se sofríen en la sartén unos dientes de ajo, en aceite, y tierna la verdura, se le añade el aceite, quitando o no los ajos, con un chorrito de vinagre, dejando que cueza junto todo, como cinco minutos.

También se puede completar este aderezo con un espeso de harina que no haya llegado a dorarse.

A los guisantes les conviene, al freírse el aceite, dorar un tanto en él cebolla picada, y les sientan bien unos trozos de tocino. Lo mismo a las lentejas. El otro sistema, aplicable a las ensaladas de cebollas, garbanzos, patatas, lentejas, y también a las de cardo, cardillo, coliflor y lechuga, se diferencia del primero en que no ha de faltarle nunca el espeso de harina y se ha de trabar, al servir, con yemas de huevo.

LOS POSTRES

Esta sección tendría ella sola que construir un libro.

La confitería y repostería española y frutas de sartén españolas, son más variadas y ricas que en ningún país del mundo. Por lo mismo, y como siempre habría que omitir tanto, se reducen los postres a un botón de muestra, y acaso un día se publiquen con la extensión que el caso merece.

Bizcocho de Carballino

Por cada docena de huevos, media libra de azúcar y ciento cincuenta gramos de harina.

Sepárense las claras de las yemas, bátanse las yemas un poco, las claras muchísimo, a punto de nieve; tamícese el azúcar y la harina reunidos e incorpórese a las yemas y las claras. Se tendrá preparado un molde, redondo, cuyas paredes se untarán de manteca, y dentro del cual se colocará otro molde, de papel fuerte, destinado a contener el bizcocho, que nunca se presenta sino en papel. Dentro se echa la pasta, mezclada, cuidando de dejar margen para lo que crece. El horno ha de ser templado.

Con una aguja de calceta se averigua si está cocido.

Bizcochos borrachos

Con pasta de bizcochada, háganse bizcochos cuadrados, y báñense en azúcar, glaseándolos.

Hiérvase luego medio litro de buen vino generoso y tres cuarterones de azúcar. Déjese enfriar un poco. Empápense los bizcochos lo suficiente para que se impregnen, sin deshacerse, y espolvoréense con canela.

Célebres mantecados de las Torres de Meirás

Todas las recetas de mantecados que traen los libros piden, para confeccionarlos, mucho tiempo; pero esta es la receta rápida, y una receta que se ha hecho notoria y tiene fanáticos admiradores.

Se pesa un huevo, otro tanto de azúcar, la misma cantidad de manteca, y otro tanto de harina. Se echan en una tartera la manteca y el azúcar, y se baten con la mano. Cuando la manteca va blanqueando, se le añade el huevo y, si son varios, en mayores cantidades, se agregan uno a uno. Incorporado ya el huevo, se pone la harina poco a poco, no sin cernirla antes; y, *sin trabajar mucho la masa*, se echa ya en los cajetines de papel, que se deben tener preparados de antemano y que no han de llenarse del todo, porque en el horno la pasta crece.

Si se prefiere, se puede llenar un molde grande, pero es más agradable en moldes chicos y es el tipo clásico.

El horno debe estar caliente sin exageración.

Al sacar del horno la golosina, se espolvorea con azúcar molido.

Nunca está mejor que servida al salir del horno.

Huevos ladrillados

Se toman yemas de huevo a proporción de los comensales, yema y media por persona, y en un perol se baten mucho tiempo, hasta que blanqueen y hagan liga.

Cuando ya han blanqueado, se echa el batido en latas de unos cuatro centímetros de alto, donde las yemas se extienden por igual y se cuecen en el horno, que estará templado. Cuando una aguja de calceta salga seca, es que las yemas se han cocido lo bastante.

Entonces, con mucho cuidado y dentro de la misma lata, se cortan en trozos cuadrados, de buena forma, todos iguales, y se tiene preparado almíbar, ni muy espeso ni muy claro, y en él se cuecen los ladrillos. Se sacan, se colocan en una fuente con simetría, se adornan con una rajita de canela muy fina en el centro y se les echa por encima el almíbar. Entre ladrillo y ladrillo se pueden colocar guindas en dulce, fresas acarameladas, tajaditas de dulce de higo, sandía o naranja; en fin, lo necesario para que este postre resulte bonito y bien adornado.

(Condesa viuda de Pardo Bazán)

Tocino del cielo

Medio kilo de azúcar, cuartillo y medio de agua; se hace el almíbar, con un poco se baña el molde, se baten bien las yemas y se reúnen con el almíbar, que no debe estar caliente; se echa en el molde, y al horno, al baño de maría. Para saber si está en punto, se pincha con una aguja de calceta, y si sale seca, es que está.

Animas del purgatorio

Se hacen unas natillas que se colorean con carmín animal o jugo de remolacha. Será preferible la remolacha si es que da en efecto color, porque así nos conformaremos al parecer del gran filósofo Heriberto Spencer, que reniega de la cochinilla y dice que a pretexto de adornar un plato nos comemos una chinche.

Colorear las natillas, se hacen merenguitos de forma cónica y, al servir la crema, se colocan flotando en ella.

Estos merenguitos se hacen batiendo la clara a punto de nieve, cerca del fogón, añadiendo el azúcar proporcionalmente, y luego, con una cuchara, sobre un papel, se echan cucharaditas, a las cuales se da la forma que se quiere. Se coloca el papel en una lata y van al horno.

Peras rellenas

Se mondan algunas peras buenas que no sean muy grandes, que estén sanas y no excesivamente maduras; si se les deja el rabito, cortadlo a distancia igual, y se excava un poco por la parte superior, abriendo el hueco para el relleno.

Este relleno se compone de bizcocho o miga de pan, mojado en leche, amasado con azúcar y un huevo o dos, según sea la cantidad de peras, y ligeramente sazonado con canela. Se baña con huevo la parte exterior del hueco que se ha rellenado, y se colocan las peras de pie en la sartén, friéndolas en manteca de vacas.

Se sacan luego y se cuecen en almíbar, hasta que toman bonito color.

Se sacan del almíbar, se colocan de pie en la fuente o plato donde han de servirse, y al almíbar (ligero) en que cocieron, se le añade el espeso de una o dos yemas de huevo, y se coloca alrededor de las peras en la misma fuente.

Este postre puede servirse caliente o frío.

LIBRO SEGUNDO

COCINA ESPAÑOLA MODERNA

PRÓLOGO AL LIBRO SEGUNDO

El libro *La Cocina Española Antigua*, que ha precedido a éste, y del cual no se repite aquí receta alguna, trataba de recoger las tradiciones y concedía mucho espacio al elemento popular; el que ahora sale a luz, representa la adaptación de los guisos extranjeros a la mesa española.

Decía yo, en el prólogo de aquel libro, que la base de nuestra mesa tiene siempre que ser nacional. La mayoría de los platos extranjeros pueden hacerse a nuestro modo; no diré que metidos en la faena de adaptarlos no hayamos estropeado alguno; en cambio, a otros (y citaré para ejemplo las croquetas), los hemos mejorado en tercio y quinto.

Entre los síntomas de adelanto que pueden observarse en España, debemos incluir el que se coma mejor, y sobre todo, con más elegancia y refinamiento. Antaño, si se presentaban en la mesa muy sólidos y suculentos platos, se ignoraba, en general, el arte de «comer con los ojos», cuyas enseñanzas van extendiéndose hasta a los modestos hogares. En ellos he pensado especialmente, al elegir las recetas de este libro. No abundan, que escasean, las casas donde funciona un docto cocinero; aun las cocineras con pretensiones son un lujo; y añadiré que el tener cocinero o cocinera de fuste, no excusa a la dueña de la casa de enterarse cariñosamente de cómo anda el fogón. He visto, en la práctica, que, entregados a sí mismos, los cocineros (esto es muy humano) se descuidan y caen en la monótona insipidez de las salsas preparadas de antemano y en las cuales el manjar se sumerge breves momentos, de las carnes estropajosas y de las hortalizas semicrudas.

Esta obra, sin embargo, no será muy útil a las personas que pueden pagar cocinero, porque no es, ni por semejas, tratado de alta cocina, y conviene más a los que, limitándose a una mesa hasta casera, aspiran sin embargo a que cada plato presente aspecto agradable y coquetón, y a poder tener convidados sin avergonzarse del prosaísmo de una minuta de «sota, caballo y rey». Ya cada anfitrión ambiciona platos combinados y adornados, una planta o un hacecillo de flores en el centro de la mesa, para regocijar la mirada; ya no hay quien no estime las pulcritudes de mantelería y cristales, y los brillos del bruñido metal, ni deje de sospechar que, en el fondo, estas que parecen superfluidades y fililíes, revelan un grado de cultura.

Un bien fundado punto de honra impulsa hoy a muchas mujeres «de su casa», y aun a bastantes no tan caseras, a cuidar de la mesa, para poder, sin excesivo gasto ni gran complicación, honrarla con manjares que antes parecían algo misterioso, reservado sólo a los privilegiados de este mundo. Enseñar a cocineras de la clase media ciertas que prestan un sello distinguido a las comidas; conjurar la monotonía del eterno guisote; remedar graciosamente, y acaso con más sazón para el paladar, lo que se ensalza tanto en las listas de los hoteles de tono, lo que se gallardea en los escaparates de las pastelerías y restoranes de moda; salir «de un apuro» cuando forzosamente hay que invitar a personas que entienden de culinaria; hacer grata la diaria pitanza al marido, al padre, habituándole a no andar por fondas y cafés... es un ideal que ya ha influido más de lo que parece en la vida doméstica, perfeccionando la mesa, y generalizando conocimientos que, además, forman parte de la higiene.

Pocos serán los que hoy no sigan un régimen, o por lo menos, no tengan que atender a indicaciones facultativas en el sistema de alimentación. Van aumentando el número de vegetarianos. Tiene, pues, que intervenir la dueña de la casa en mil detalles, relacionados con las órdenes del médico, con la preparación de la pitanza. Más que la abundancia maciza de los antiguos yantares, se busca hoy la comida grata, modernizada, delicada, un tanto pulida en la presentación (aunque no se sueñe con los primores de esos platos montados que representan ya un molino de viento, ya una alegoría de la primavera, ya un blasón nobiliario, ya una catedral, ya una lira).

La cocina cuyas recetas se encontrarán aquí, es española aún en sus elementos, modificada con aquello que de la extranjera parece imponerse irresistiblemente a nuestras costumbres, y siempre con tendencia a conservar lo bueno de otros días, aceptando lo que, difundido en nuestro suelo, no pudiera ya rechazarse sin caer en extravagancia.— Por la misma razón, repugnándome mucho las palabras extranjeras cuando tenemos otras castizas con que reemplazarlas, al no encontrar modo de expresar en castellano lo que todo el mundo dice en francés o en inglés, he debido resignarme a emplear algunos vocablos de cocina ya corrientes, como gratín y bechamela, poco genuinos, pero que no he hallado manera de sustituir. Si doy la receta de un lenguado «al pegue» ¿quién me entenderá?

Y todavía cabrán aquí bastantes fórmulas que son populares, y varias que, retoños de la cocina antigua, han brotado en estos últimos tiempos, en los restoranes (¡otra palabreja difícil de reemplazar!) de Madrid y de provincias, donde esta lucha de adaptación que se nota hace surgir ideas culinarias nuevas, aunque inspiradas en nuestras tradiciones. En efecto, si es verdad que nos ha invadido la cocina francesa, y algo la inglesa y alemana, también hay una reacción favorable a la nacional y regional. Hace treinta o cuarenta años se proscribían platos que hoy se admiten y salen a plaza en mesas muy escogidas. Nadie se hubiese atrevido acaso, en otros tiempos, a servir un plato de callos a la madrileña teniendo convidados, aun cuando fuesen de confianza, como hoy se sirve en casa del duque de Tamames, ni a sustituir los *chester-cake* por ruedas de chorizo, como el duque de Alba en ostentoso banquete a los Reyes; y yo alabo a estos grandes señores la ocurrencia. En los almuerzos, especialmente, son admisibles platos con los cuales yo noto que se relame todo el mundo, y cuyo sabor no mejorarían ni los propios ángeles que reemplazaban ante el fogón a San Diego de Alcalá, sumido en éxtasis. Porque la fórmula de cocina española que sale buena, es de primera; verbigracia, las perdices con ostras, cuya receta he dado en *La Cocina Antigua*.

Combinar lo excelente de los guisos nacionales con el gentil aseo y exquisitez que hoy se exige en la cocina universal, es lo que este libro tiende a fomentar un poco, facilitando la tarea, tantas veces ímproba, de las señoras deseosas de que, no derrochando, la mesa esté bonitilla y los manjares no aparezcan conforme salen de la cacerola. La comida más corriente y barata admite escenografía. Basta para ello un poco de cuidado y habilidad.

En el extranjero, sin duda, la tarea de las amas de casa es mucho más fácil. Mil platos vienen ya arreglados del mercado, de la salchichería y de la carnicería. —Las carnes, en España, se cortan mal, y rara vez se obtiene el trozo conveniente a cada guiso. Por lo mismo, sostengo que conviene adaptarse al ambiente, y en vez de empeñarse en comer a la francesa de un modo estricto, comer a la española, aunque con ciertos perfiles y ribetes de Francia, en lo que reclama el buen gusto.

Uno de los inconvenientes que aquí se encuentran para afrancesar la comida, es la cuestión capital de la manteca de vacas, que suele estar rancia siempre. De la estación de Hendaya a la de Irún, no sé qué ocurre, ni qué tormenta descarga, que se altera ya radicalmente ese producto. En este libro, siempre que es posible, se aconseja el aceite andaluz o la manteca de cerdo, en vez de la «mantequilla» que si es fresca es cara, y si no es fresca, el demonio que la aguante. La mitad de los pasteles, en Madrid, con manteca rancia se confeccionan. Yo prefiero un tosco bollo de aceite, español castizo, si no sabe a rancio, que una remilgada hojaldre con más faldelines que bailarina del Real, pero en que la manteca no es ortodoxa.

Lo que hay que copiar, eso sí, de lo francés, es el chiste y garabato con que transforman un rábano en una flor, y con que a fuerza de cacharros cucos, chismecillos de cristal y plata, servilletas diminutas orladas de encajes, y otras monerías y juguetes, realzan el valor de lo que ofrecen al apetito.

La función natural más necesaria y constante, es la nutrición. En su origen, se reduce a coger con los cinco mandamientos y devorar a dentelladas, como las fieras, la piltrafa o el fruto. Lo que ha ennoblecido esta exigencia orgánica, es la estética, la poesía, la sociabilidad. Por eso ya no nos basta la olla volcada, ni sufrimos el mantel moreno y gordo de nuestras abuelas, ni nos resignamos a ver enfrente de los ojos un entero queso de bola, que hay que tajar arrimándolo al pecho, ni unas aceitunas flotando en agua turbia y amarillosa. La grosería nos molesta; la suciedad nos horripila; y los manjares queremos que se combinen con tal disposición, que si uno es pesado y fuerte, otro sea ligero y fácil de digerir, y que alterne lo vegetal con los peces y la carne. Y no queremos demasiados manjares, y en la mesa más suntuosa, a menos que se trate de un banquete de etiqueta, no parecen bien arriba de cuatro platos al almuerzo y cinco a la comida. Cierta sobriedad se une ahora a la complicación culinaria, a la rebusca de condimentos varios y gustosos y de un ornato discreto y simpático al estómago, al través de la vista. El comer se humaniza cada día más. Ya no es el engullir de la bestia hambrienta. También en la mesa puede el espíritu sobreponerse a lo material.

La Condesa de Pardo Bazán

CALDOS, SOPAS, PURES

Lo referente al cocido ha sido tratado en el tomo de La Cocina Española Antigua. Los caldos de que aquí hablaré, están inspirados en la modernización de la cocina española. En ésta, el cocido es accesorio, y suele hacerse sólo para la segunda mesa y para obtener el caldo de la sopa. En cambio, se sirve caldo en almuerzos y cenas, y todo almuerzo fino empieza por una tacita de caldo consumado, frío en verano, y reforzado por unas cucharadas de Jerez. Hace gracia a este caldo que flote en él una ruedecita muy sutil de trufa.

LOS CALDOS

Consumado

El consumado, en principio, es un caldo del puchero como todos; la diferencia está en que es preciso dejarlo reducir hasta que las carnes suelten sus elementos nutritivos, y se enriquezca con ellos el caldo. Se oye llamar «consumado» por ahí, a brebajes que son agua de fregar, teñida con caramelo. El verdadero consumado se hace con carnes crudas, y también con carnes asadas. Admite buey, vaca, perdiz, jarrete de ternera, tuétano, y sazón de ramillete y la sal necesaria, con una pulgarada de azúcar; amén de las hortalizas, cebolla, puerro, etc. Tiene que hervir despacio de seis a ocho horas. Después se desengrasa y se cuela, luego se clarifica con clara de huevo batida, se pasa al través de una servilleta mojada (que no se haya lavado con jabón) y queda transparente.

Consumado a la madrileña

Se hace con aves y jamón. Clarifíquese y cuélese por una servilleta. Pásense por tamiz seis tomates crudos, de mucha pulpa, y póngase ésta a la lumbre en una cazuela, dejando que cueza hasta reducirse completamente a gelatina. Cuélese por cañamazo y mézclese con el consumado, el cual, sobre todo en las cenas, mejora mucho estando completamente frío. Basta ponerlo sobre hielo dos horas antes de presentarlo. Se sirve en tazas.

Caldo para salsa

Cuando no hay cocido, puede improvisarse un caldo al efecto de hacer las salsas que se necesiten. Con media libra de falda de ternera, un hueso de jamón, otro de tuétano, zanahorias, chirivías, una cebolla y una rama de perejil, el agua necesaria, sal y pimienta, se confecciona este caldo útil.

Caldo para bailes y reuniones

A veces es difícil hacer tanto consumado como se necesita para una fiesta. He aquí un sistema económico:

Tómese un trozo de pierna de buey, que pese un kilo, y cinco kilos más de lomo, también de buey, con lo cual obtendréis veinte litros de caldo.

Córtese en pedazos el lomo, y en tajadas de un centímetro de grueso la parte de pierna; la mitad de los trozos irá a la olla, la otra mitad que se dore en manteca de cerdo. Cuando tomen un color oscuro, mójense con agua caliente para desleír lo pegado, y vayan a la olla. Añadid apio, zanahoria, clavo, una hoja de laurel, alguna ramita de tomillo. Espumad o no: si no tapáis la olla, el caldo será tan claro como si se espumase.

Cueza a remanso seis horas, tamícese el caldo, y renuévese el agua de la olla. Renovad igualmente las hortalizas y sazón, y que hiervan dos horas con el agua nueva; se obtiene un caldo menos fuerte que el primero, pero mezclados los dos, forman excelente conjunto.

Si se quiere que tenga color acaramelado, añádase azúcar tostado; y si se desea mejorar mucho el caldo, se le agrega una o dos botellas de Jerez, de las calidades baratas y buenas que pueden encargarse directamente a los cosecheros, y de las cuales debe toda ama de casa cuidadosa conservar un repuesto embotellado, porque comprado el Jerez en la tienda de ultramarinos costará doble o triple y será menos auténtico.

Si no se tiene una olla de suficiente cabida, se puede hacer el caldo repartiendo las cantidades en varias ollas.

Caldo para gelatina

Se hace este caldo con huesos que tengan tuétano, despojos de carne que conserven algo de grasa, manos de ternera, blanqueadas y en trozos, la sal correspondiente, y un gran ramillete de finas hierbas. Necesita hervir mucho tiempo, lo menos diez horas, lentamente. Desengrásese, y déjese enfriar casi; para clarificar este caldo, se le echa un huevo entero, una lonja de carne de buey, medio vaso de vino blanco, y un polvillo de clavo y otro de moscada; póngase al fuego otra vez la cacerola, revuélvase hasta que vaya a hervir, añádase entonces un chorrito de vinagre; apártese del fuego y déjese enfriar. Si aún no queda bastante límpido, vuélvase a clarificar con una clara de huevo. Fíltrese entonces cuidadosamente por manga de franela, sobre una terrina donde se dejará cuajar. Para sacarlo (al día siguiente), se pondrá la terrina al baño de María, un breve instante.

Caldo de pescado

En *La Cocina Española Antigua* he dado una fórmula de caldo de pescado. Esta difiere de aquélla, aunque los elementos del caldo de pescado no puedan variar mucho.

Se ponen en una olla, a la lumbre, tres litros de agua, un vaso de aceite, un poco de manteca fresca de vacas, media docena de cebollas blancas, dos ramas de perejil, cuatro zanahorias tiernas, un tallo de apio, un puerro, un ramillete compuesto, sal, pimienta en grano, un par de trozos pequeños de bacalao grueso, bien desalado, con su pellejo, una docena de almejas en su concha, y cuatro o seis peces blancos y chicos como pescadillas y besugos pequeños. Si no hay esta clase de peces, pueden reemplazarse por una cabeza grande de merluza o congrio.

Se deja dar un hervor, y luego se modera el fuego, y cuece hasta que el pescado suelta toda la sustancia y queda como estropajoso.

Entonces, se pasa por colador, dejando lo sólido y apretando con la cuchara para que salga lo líquido; y si el caldo se ha reducido demasiado (según la cantidad de sopa que se quiera hacer) se alarga con agua aceitada, volviéndolo al fuego un poco. Se debe probar, para juzgar la sazón, que ha de ser fuerte.

Sirve para sopas y costradas de vigilia.

Caldo de hortalizas para régimen y convalecencia

Al caldo del puchero, sustancioso y con ajos, tan recomendado por nuestras abuelas, lo han desacreditado los médicos, que lo proscriben. Recomiendo el siguiente, en que no hay elementos de autointoxicación. En un puchero se pone, para cada taza muy grande de agua, una cebolla de regular tamaño, medio puerro, dos trozos de zanahoria tierna, tres ramas de perejil, una chirivía, como una aceituna de mantequilla, una cucharada sopera de aceite y un tallito de tomillo o hierbabuena. Se añade un despojo de pollo, alón o pescuezo, y se sala a gusto; de primero un hervor a fuego vivo, y luego debe cocer el caldo a remanso cuatro horas.

Se cuela por tamiz fino, y con este excelente caldo, desengrasado o no, según los gustos, se hacen las sopas de pan, féculas o pastas que puedan convenir al régimen del enfermo.

LAS SOPAS

Si el caldo encaja en los almuerzos, las sopas líquidas no caen bien sino a la hora de la comida. En cambio, para almuerzos de confianza, son admisibles, como primer plato, después del caldo, las costradas y los potajes, hasta los de Cuaresma. De potajes y costradas se encontrarán numerosas fórmulas en *La Cocina Española Antigua*. Aquí sólo figuran dos o tres, siempre castizas.

Las sopas de pescado fuertes y vivarachas, como la de rape y la llamada «al cuarto de hora», son también propias de almuerzo, y desentonarían en una comida. En días de vigilia pueden presentarse en la comida potajes como segundo plato, después de una sopa refinada.

SOPAS DE CALDO, SENCILLAS

Sopa seria

Se tuesta harina en grasa hasta que tome bonito color. Se cuela con caldo caliente, para que no lleve bollos. En el mismo caldo se deja hervir un cuarto de hora. Se baten dos huevos muy batidos, como para ponche, y con un par de cucharadas de Jerez se incorporan al caldo y harina en el momento de servir. Se añaden corruscos de pan fritos.

Sopa amarilla

Se amasan doscientos gramos de harina con igual peso de yemas de huevo. El amasado ha de durar por lo menos veinte minutos.

Se deslíe la masa en mitad agua y mitad caldo, hasta que queda suelta; se sala y se pone a cocer, revolviéndola con molinillo incesantemente.

Hirviendo, se echa sobre cortezones en la sopera.

Sopa de albondiguillas

Esta sopa imita la tan celebrada de quenefas.

Se toman dos huevos, cien gramos de leche, un poco de manteca fresca de vacas; se sazona con sal y pimienta; se bate todo, amasándolo con la harina que absorba; se hacen las albondiguillas, de tamaño como de una cereza; se espolvorean con harina, y se fríen en manteca de cerdo; se ponen en la sopera, y encima se echa el caldo hirviente.

Sopa de migajas

Se hace hervir un litro de buen caldo. Se pone en un bol una cucharada, de las de sopa, de harina de avena, que se deslíe en medio vaso de caldo frío, y desleída se le añade un huevo bien fresco (clara y yema) y un poco de pimienta y moscada; se bate con un tenedor hasta que la mezcla esté espumosa, y se vierte desde alto sobre el caldo, que debe estar hirviendo a borbotón; se revuelve algunos minutos hasta que las migajas estén bien formadas, y luego se deja cocer a remanso otros cinco o seis minutos, y se sirve.

Sopas de pasta

Todas se hacen lo mismo, sean de tallarinas, nullas, macarrones o fideos. Basta hervirlas en caldo hasta que estén cocidas, pero no deshechas y reducidas a engrudo. Con los macarrones cae bien el queso rallado de Parma o de Gruyére, y aún de Villalón, que se sirve aparte, en platito de cristal, para que cada comensal sazone a su gusto.

Nunca son estas sopas muy a propósito para el día en que se quiere afinar la comida. Los fideos son más suculentos, en la forma siguiente:

Píquense menudo quinientos gramos de carne magra de buey; añádase un huevo entero; deslíase todo con caldo frío y póngase con cacerola a fuego manso; al primer síntoma de ebullición, apártese y déjese cerca del fuego unos veinte minutos; pásese entonces el caldo por servilleta sobre una cacerola, vuelva al fuego, y añádansele fideos de los más delgados; que cuezan en este jugo unos ocho minutos, y se pueden servir.

Sopas de tapioca, sémola, sagú, perlas del Japón, etc.

Para cada medio litro de caldo, una cucharada de sopa, y si espesase demasiado, aclarar. Deben estar en un punto intermedio, ni demasiado claras ni espesas, y no deben agregarse coscorrones. Los coscorrones son una especie de ungüento amarillo que las malas cocineras aplican a todas las sopas; pero acompañar con ellos las perlas del Japón, por ejemplo, es una herejía.

El sagú, perlas y tapioca son sopas distinguidas, sobre todo si se ligan con yemas de huevo y se cuecen primero muy poco en agua salada, escurriendo y trasladando a un caldo sustancial, en que la cocción se termina, ligando antes de servir. No deben nunca estar ni espesas ni mal hervidas.

SOPAS DE CALDO, MÁS ESCOGIDAS

Sopa de virutas

Para preparar esta pasta excelente se necesitan huevos muy frescos. No se aprovechan sino las yemas. Seis por cada doscientos cincuenta gramos de harina de la mejor, a la cual se añade un poco de sal y pimienta. El agua necesaria para trabar la pasta, y amasar algo, extendiéndola con cilindro en delgada capa. Se recortan tiras como se quiera, con la rodaja, que les da forma. Se dejan secar una o dos horas. Luego se pueden echar en el caldo a hervir como media hora, y se sirven.

Sopa de emparedados

Córtense unos emparedaditos cuyo tamaño no debe exceder del de media ficha de dominó, y el grueso a proporción; mójense ligeramente con leche, póngaseles en medio un pedacito de jamón, de pechuga de ave cocida, o de salmón; fríanse rebozados en yema de huevo, límpiense de rebarbas, y échense en la sopera, para añadir luego el caldo hirviendo.

Sopa de picadillo

Se pica una pechuga de gallina cocida, cincuenta gramos de jamón cocido, y cincuenta de lengua a la escarlata. Todo muy finamente.

Se agrega una yema de huevo cocido estrujada, y su clara picada, y un ligerísimo picadillo de trufa.

Al caldo que se le echa por encima a esta sopa, se le añade un vaso de jerez.

Sopa de flan de caldo

Se hace un flan de caldo, según la receta del flan que figura en la sección de postres; pero sin azúcar, y empleando caldo en vez de leche. Cuando está frío, se desmoldea, se corta en dados y se pone en la sopera.

Este flan de caldo se presta a añadirle un puré muy fino de espinacas.

Para hacer más bonita esta sopa, pueden cuajarse tres flanecitos, uno al natural, otro teñido con verde de espinacas, y otro con jugo de remolacha.

Sopa de empanadillas

Hágase una masa con doscientos cincuenta gramos de harina, una yema de huevo, un poco de manteca fresca y sal y agua. Estírese dejándola muy fina.

Se tiene hecho un picadillo de lo que se quiera (mejor de ternera, pechuga de ave, jamón y tocino cocidos), y con él se rellenan las empanadillas, que se fríen hasta que tomen bonito color. Luego se echan en el caldo hirviendo, en el momento de servir.

La sopa de empanadillas luce, siempre que la masa sea muy sutil, y el tamaño de las empanadillas no mayor que el de una aceituna gruesa.

Deben cortarse con rodaja, para que adornen su borde unos piquitos.

Sopa de ostras

En mortero de mármol, macháquense dos o tres docenas de ostras. Echense luego en caldo de pescado hirviendo. Déjense cocer por espacio de tres cuartos de hora. Fríanse aparte, con manteca, cortezones de pan en cantidad suficiente. Al retirarlos de la sartén, colóquense en la sopera. Viértase en ella el caldo de ostras, y sírvase bien caliente. Admite cuscurros fritos.

Pueden sustituirse las otras con almejas o mejillones.

Sopa espesa de ostras

Elíjanse ostras de buen tamaño, media docena por convidado; fríanse en aceite; antes de que se endurezcan, échense en la cazuela donde ya estarán colocadas las tostadas de pan, con el aceite de freirlas; añádase mitad caldo y mitad agua, lo necesario, y pudiendo ser, la mitad del agua será de las mismas ostras; y luego déjese hervir a remanso, bastante tiempo.

Sopa de langostinos

Es sopa de sabor fuerte. Tómense ocho o diez y seis langostinos, según el tamaño. Cuezan durante diez minutos en vino del Rivero o Riscal, añadiendo cebollas cortadas, zanahorias, perejil, una hoja de laurel, una ramita de tomillo, sal, pimienta y una pizca de guindilla. Ya cocidos, quitar las colas a la mitad y cortarlas en trocitos. Al cocimiento, clarificado, agregarle unos minúsculos dados de pan, dorados en manteca, y dejar que hiervan. Machacar al mortero los otros langostinos, y reducidos a pasta, agregarles una cucharada de manteca; después, poco a poco, el pan que habrá hervido en el cocimiento; en seguida éste, pasado por estameña. Añadir los trocitos de las colas. Calentar este potaje al baño de María. Si conviniere, alargarlo con buen consumado y manteca. Catarlo y servirlo.

Sopa a la española

Yo no creo que esta sopa sea muy española, y rarísima vez he tenido ocasión de verla servir en España; en Francia se llama de *quenefas*; pero como los Manuales la califican de española, y a las quenefas de albondinguillas, lo cual ya es castizo, no la suprimiremos.

Las quenefas o albondiguillas para la sopa se hacen machacando menudísimamente pechugas de ave cocidas, con manteca fresca, sal y pimienta. Cuando son pasta uniforme, en la cazuela donde cocieron se pone un pedazo de miga de pan blanco y tierno, con bastante caldo de carne para empaparlo bien; se deja cocer poco a poco, y se revuelve con cuchara de madera. Ya fría la miga, al mortero con las pechugas de ave, y se incorpora y maja unido. Se añaden yemas de huevo, según la cantidad de masa que se prepare. Hecha la pasta, se extiende sobre una tabla de mármol cubierta de harina, y se forma un rollo delgado, del cual, con el cuchillo enharinado también, se cortan pedacillos, que es cada uno una quenefa. Se amasan, dándoles forma, con los dedos bañados en harina, y se cuecen en caldo por espacio de diez minutos.

Mi experiencia personal me permite añadir a esta delicada receta varias observaciones. Las quenefas que acabo de describir, y que son diferentes de la albóndiga ordinaria, pertenecen al número de los platos que las cocineras llaman fastidiosos de hacer. Atropellándolas, son fáciles; pero entonces las quenefas se pudieran tomar por balines. En primer lugar, las quenefas tienen que amasarse en un sitio fresco; y, mejor si hubiese, como en los grandes hoteles modernos, una cámara frigorífica. Además, no hay que descuidarse con la harina de envolver, porque las engorda; y, si se omite la harina, se deshacen al cocerlas en el caldo. Por otra parte, al sacar del caldo las quenefas, hay que tocarlas con un poco de manteca fresca. Y, por último, la pasta obtenida majando las pechugas debe ser tan fina e igual, que parezca hecha mecánicamente.

Eso sí: cuando salen bien, las quenefas hacen una sopa delicadísima.

Al pensar en lo difícil de su ejecución, se comprende porqué tan pocas veces se come en España esta sopa rotulada española.

SOPAS DE CALDO, VEGETALES

Sopa de tomate

Se rehogan en aceite o grasa tomates frescos, cortados en cuartos y quitada cuidadosamente la semilla, con cebollas cortadas en ruedas. Rehogado todo sin que se tueste, se moja con caldo y se echa en la sopera, acompañado de costrones de pan, añadiendo luego el caldo.

Sopa de patatas

Cuézanse patatas mondadas y enteras, en caldo, con un puerro, dos zanahorias, un tallito de tomillo, y uno o dos granos de pimienta.

Sáquense del caldo, conservando éste, y deshágense en el cedazo, pasándolas con una cucharada de aceite y otra de manteca de vacas.

Vuélvanse luego al caldo, que se habrá filtrado, y déjense cocer en él unos cinco minutos. Ha de estar la pasta muy suelta, caldosa.

Con ella se calarán tostadas, o en vez de éstas, granos de arroz cocidos ya.

Sopa juliana españolizada

La sopa juliana que suele comerse por ahí, se vende en las tiendas de ultramarinos, y consiste en una especie de raspaduras de cartón vegetal, muy antipáticas.

La única juliana tolerable es la que se hace con legumbres frescas, y no hay estación en que no pueda hacerse. La juliana, como la menestra, toma el nombre de las estaciones, y hay juliana de verano, de invierno, etc.

El procedimiento siguiente mejora la juliana. Elíjanse verduras del tiempo; se cortan en filetes muy delgados las que son duras, y se pican menudamente las blandas y acuosas. Se cuecen en caldo, separadas; más tiempo las duras, naturalmente. Al caldo se añade una arena de sal, un pizco de pimienta y un poco de manteca fresca de vacas o muy buen aceite andaluz.

Cuando están tiernas todas las hortalizas, se echan en la sopera picatostes fritos, se añade la juliana, y se sirve.

Un poco de jamón picado, cocido con las hortalizas, da a la sopa mejor gusto.

Al cocer las verduras, hay que cuidar de que no se hagan pasta. Deben conservar su forma.

Sopa de maíz

Se amasan harina de maíz con manteca fresca, sal y yema de huevo.

Se forman bolitas del grueso de una cereza, y se rebozan en huevo para freírlas.

Se echan en el caldo hirviendo.

Sopas de ajo castellanas

En *La Cocina Española Antigua* he dado otras fórmulas de este plato tan castizo; pero me envían la siguiente, que parece ser más usual en toda Castilla:

Se cortan rebanadas de pan sentado o añejo y se colocan en una tartera de barro. Se hace en la sartén un refrito de aceite, dientes de ajo enteros y pimentón. Se agrega a este refrito agua hirviendo y la sal necesaria, y se calan las rebanadas de pan. Sobre éstas pueden escalfarse huevos, al tiempo de echar el líquido.

SOPAS DE PESCADO

Sopa al cuarto de hora

Proporción para cuatro personas:

Almejas, seis por cada comensal.
Langostinos, uno o dos regulares por comensal.
Huevos duros picados, dos.
Jamón magro picado, ciento veinticinco gramos.
Guisantes cocidos, ciento veinticinco gramos.
Arroz (cincuenta gramos por persona), doscientos gramos.
Azafrán machacado un gramo.
Caldo de almejas y caldo de carne, un litro y cuarto.
Mero u otro pescado blanco, ciento cincuenta gramos.

Preparación. Las almejas pequeñas y tiernas se cuecen con agua, hasta que queden abiertas; se separan luego de la cáscara, y póngase el caldo resultante en una cacerola, aumentando caldo del puchero.

Ya formado el caldo y cociendo, se le incorpora el mero a pedacitos, los langostinos mondados, el arroz, los guisantes, el jamón picado a cuadraditos, los dos huevos duros, picados como el jamón; la sal correspondiente y, por último, el azafrán machacado, con un poquito de pimienta blanca en polvo; cocción, un cuarto de hora. La sopa debe de resultar siempre algo clara.

Sírvase en sopera, con un picado ligero de perejil por encima. La gracia del plato es servirlo inmediatamente.

Esta es la «sopa al cuarto de hora» que hacen en «La Concha», «Los Gabrieles», y mejor aún en la «Venta Eritaña», de Sevilla.

(Fórmula de D. L. Domenech)

Sopa rape

Para diez personas, un rape como de kilo y medio.

Se limpia y despelleja, se corta en trozos chicos y se pone en cacerola, con agua que lo cubra, un ramo de hierbabuena otro de perejil y sal a gusto.

Se corta en filetes una cebolla regular y cuatro pimientos verdes; se cortan en ruedas cuatro dientes de ajo.

En buen aceite andaluz se fríen unas doce almendras dulces; se sacan, ya fritas, y en el mismo aceite se fríe el hígado del rape, que también se saca, y se añade al aceite la cebolla, pimientos y ajos; frito ya todo, se van agregando tomates picados, y luego se fríe una cucharada de pimiento molido. Acabado de freír, se vierte en la cacerola donde está el rape. Se hace un majado de pimienta, sal, clavo y azafrán, de todo poco; se le incorpora el hígado del pez, ya frito, majándolo con lo demás; se coloca en la cacerola, y se deja hervir todo a fuego animado diez o doce minutos; se tamiza el caldo, se echa en la sopera sobre rebanadas de pan, se añaden huevos duros picados, un ramito de hierbabuena y los trozos del rape, y se sirve muy caliente.

Potaje de garbanzos, nuevo

Creo inédita la receta; tuve que inventarla, porque convidé un día de vigilia a un señor que detestaba las espinacas, habituales compañeras del potaje de garbanzos.

Para comer el potaje a la una y media, pónganse a hervir los garbanzos en agua sin sal a las ocho de la mañana. Cuando estén muy blandos ya, a cosa de las doce, se salarán, y tomando un puñado de ellos, se pisará en el mortero, en unión de una corteza de pan frita y remojada en vinagre. Cuando esté bien majado todo, se pasará por colador, desliendo con el agua de los garbanzos.

Espesado ya así el potaje, se deshilacharán en él un par de trozos de bacalao frito, y se picarán no muy menudamente dos huevos duros, clara y yema, que también se unirán al potaje.

Por último, se picará ni muy gruesa ni excesivamente fina cebolla y media de buen tamaño, y se dorará el picado en la sartén, hasta que empiece a enrubiar. Cuando esté doradito, se le añadirá media lata de tomate en pasta, y se freirá con la cebolla hasta que se pase bien y seque un poco. Entonces se incorporará al potaje, dejando por espacio de una hora u hora y media que todo cueza junto.

LOS PURÉS

Aunque el Diccionario no se resuelve a llamarles *sopa*, sino *especie de sopa*, ello es que los purés se hallan ya aclimatados en España, y que son sopas recomendadas en las buenas mesas.

Dice Angel Muro, en su Diccionario de cocina, que los purés son «sopa preparada con el zumo de algunas plantas, mezclado con grasas y especias». Parece impropio lo del *zumo*, y tampoco el puré tiene por base —como añade el mismo escritor— el pan, ni las pastas, sino toda sustancia, y hay purés de crustáceos y también de aves y carne.

De todas las harinas se hace puré, y de la mayor parte de las hortalizas y legumbres, lo mismo.

De suerte que para el puré hay una receta general: rehogar y cocer, o cocer sólo; sazonar y pasar, incorporando después el caldo. Tratándose de cocina de familia, los purés se hacen a veces de garbanzos de la víspera, o de restos de alguna verdura o legumbre estofada, y entonces ya no necesitan sazón.

Por lo común, acompaña al puré pan frito cortado en figura de dados.

Hay hortalizas que no se emplean para la sopa de puré; por ejemplo, el pimiento, la berenjena, el rábano. Se suelen usar para puré, patata, arroz, cebada, castaña, avena, maíz, centeno, nabizas, coliflor, brecolera, calabaza, zanahorias, cebollas, guisantes, habas, judías, garbanzos, espinaca, acedera, acelga, alcachofa, cardo, achicoria, chirivía, setas, trufas, puerros, espárragos, tomates, lentejas.

Si se desea refinar, rara vez se hará un puré solo; se mezclarán dos y hasta tres. Pero un puré solo, con coscorrones de pan, es buena sopa casera. Los purés feculentos y algo densos, como el de patata y garbanzos, ganan mucho con la mezcla de otro puré de espinaca o acedera. El puré fino ni ha de ser muy espeso, ni caldoso. Más bien lo segundo.

Hay maquinillas de prensar purés, y se venden purés aceptables, en cajas, en las tiendas.

PURÉS SENCILLOS

Puré de pan

Se pone en una cacerola una cucharada de manteca de cerdo, dos cebollas y un puerro; se rehoga todo muy bien, añadiendo el pan troceado. Se cuece después todo en caldo, y antes de servir se pasa por colador y se le incorpora un cucharada de tomate o una yema de huevo.

Puré de castañas

Pélense las castañas; séquense al fuego un instante en una cacerola. Póngase en la misma caldo del puchero, con medio litro de agua, un polvo de sal y una cucharada de azúcar. Cuando la castaña esté muy bien cocida, pásese. Póngase el puré en cacerola otra vez, y mójese con caldo. Déjese cocer a remanso un cuarto de hora después de que levante hervor. Espúmese, échese en la sopera, añádanse cien gramos de manteca, y mézclese. Añádese el caldo hirviendo. Los cortezones, sírvanse aparte.

Puré de judías rojas

Se cuecen las judías en caldo, añadiendo ruedecitas de zanahorias y cebollas con un poco de manteca; después de cocidas se machacan en un mortero, y se pasan por tamiz, añadiendo más caldo si se cree que está espesa la pasta; se fríen cortezones, y encima se echa, caliente, el puré.

Puré de cebollas

Primero hay que rehogar las cebollas, en cantidad proporcional a la sopa que se va a hacer —una cebolla de buen tamaño por persona con manteca de vacas. Se sazonan con sal, pimienta, laurel, tomillo y hierbabuena, y antes de que se doren se agrega agua fría, y se deja cocer tapado y a remanso hora y media. Se deja enfriar y se pasa por la pasadera. Se liga con una yema de huevo, y después se incorpora al caldo, dándole un hervor. Cortezones fritos.

Puré de patatas asadas

Cuando se ha servido carne con patatas asadas en el mismo jugo, y sobran tres o cuatro, se pasan por tamiz, con otras tres o cuatro cocidas solamente en caldo del puchero. Se le añade cebolleta cortada, menuda, y no necesita sazonarse con nada más, porque ya el caldo lleva sal.

Se incorpora el puré con el caldo necesario y se deja hervir todo cinco minutos (estando ya la cebolleta cocida y blanda) y, en el momento de servir, se añaden tostaditas de pan, de mediano tamaño.

Este puré, poco elegante, es muy sabroso.

Puré de huerta

Se cuecen en buen caldo cebolleta, puerro, acelgas, espinacas, lechuga, nabiza, y en general hortalizas verdes y frescas, y con ellas un buen trozo de miga de pan. Cuando está bien cocido se escurre, se machaca en el mortero y se tamiza, desliéndolo con el mismo caldo en que coció, y en el cual debe volver a cocer un rato. Al servirlo se le añaden picatostes, y si se quiere, se liga con una yema de huevo.

PURÉS MÁS ESCOGIDOS

Puré de setas con arroz

De setas, media libra. A la cazuela, con el zumo de un limón, otro tanto de agua y una pulgarada de sal. Pónganse al fuego, tapando la cacerola. Saltéense. Cuando estén cocidas, enjugar, refrescar y secar con paño. Majar las setas con treinta gramos de manteca y tres decilitros de bechamela. Pásense, añádase una cucharada de sagú y échese todo en caldo. Póngase al fuego y dénsele vueltas con la cuchara, hasta que levante hervor. Echese en la sopera, con cincuenta gramos de arroz cocido, un decilitro de nata y cincuenta gramos de manteca; mézclese y sírvase.

Puré de tomates con huevos escalfados

Un kilo de tomates. Pártanse en pedazos, añádanse dos cebollas gordas, un diente de ajo, un ramito de perejil, tomillo y laurel, y un decilitro de agua. Póngase a fuego moderado, y dénse vueltas de tiempo en tiempo, hasta que los tomates se fundan. Entonces, pasen por tamiz, quitando el ramillete, el ajo y la cebolla. Ya bien enjugados, pónganse en la cacerola otra vez, con un litro de consumado y doscientos gramos de miga de pan cocida. Al fuego, y que cuezan suavemente, teniendo cuidado de que no se peguen. Cuando la miga sea pasta, pásese el puré. Vuélvase a la cacerola, mójese de nuevo, y cuando hierva, retírese, para que siga cociendo a remanso. Hay que espumar.

Al servir, se presenta en cada plato un huevo escalfado en agua.

Puré de espárragos con flan de pollo

Sopa muy delicada.

Se toman dos pechugas de pollo, se saltean, se pican y se majan. Se añade un poco de caldo de gallina. Se pasa. Se ponen en una tartera seis yemas de huevo, un polvo de moscada, y cuatro cucharadas de nata. Se mezcla y se vuelve a pasar. Se unta de manteca un molde, se echa en él la mezcla y se hace cuajar al baño de María. Se deja enfriar, se desmoldea y se corta en dados del grueso de una avellana. Se colocan en los platos, y se les añade un puré de espárragos hecho por el sistema corriente, con cuidado de no estropear, al verter el puré, los pedacitos de flan.

Puré Trevélez

Tómense setecientos cincuenta gramos de jamón magro. Córtese en dados gruesos. Póngase en remojo, a desalar, doce horas. Enjúguense, y cuézanse en caldo muy claro. Cuando estén bien cocidos, escúrranse, písense y mójense con un litro de jugo de estofado, cuya receta figura en la sección de accesorios. Pásese el puré por cañamazo, póngase en cacerola y mójese con el caldo necesario; dése un hervor, y luego déjese cocer a remanso veinte minutos, desviado del ojo de la lumbre. Espúmese. Ténganse cocidos seis decilitros de guisantes en agua salada; escúrranse, y pónganse en la sopera, y encima el puré de jamón.

Puré de cámbaros

Hacen falta una docena de cámbaros o cangrejos de mar bien rellenos y de buen tamaño, que se cuecen vivitos, y en agua de mar, si es posible.

Se extrae la carne y se machaca, uniéndole las partes blandas interiores y el líquido oscuro que llena el caparazón.

Bien majado todo, pásese por tamiz fino, desliendo con caldo de carne o de vigilia.

Póngase al fuego este puré, añadiendo una sospecha de guindilla, y medio vaso de Jerez. Diez minutos antes de servir se agregan almejas cocidas y descascaradas, y se deja que den un hervor en el puré.

En la sopera habrá cortezones fritos.

Este puré puede hacerse también con la carne de una centolla o araña de mar.

Puré de cigalas, de vigilia

Pónganse en cacerola zanahorias, cebollas, puerro, escaluñas laurel, tomillo, hierbabuena, y rehóguese todo en manteca un cuarto de hora. Luego mójese con mitad de vino blanco muy seco y agua salada, y déjese cocer hora y media desviado del ojo de la lumbre.

Hacen falta quince o veinte cigalas: vuelvan a ponerse las hierbas al fuego, y cuézanse con ellas por espacio de veinte minutos. Sáquense, escúrranse, déjense enfriar, quítense las colas, písese el resto, pasado por tamiz, y vuélvase al cocimiento, con caldo de pescado y trescientos gramos de miga o pan rallado.

Déjese que hierva poco a poco.

Córtense las colas en trocitos y pónganse en la sopera; añádase un poco de manteca fresca, una raspa de guindilla, y costrones fritos, y échese encima el puré bien caliente y muy colado. Puede hacerse este puré con langostinos o quisquillas.

Todas estas *bisques* son elegantes.

Puré de cangrejos de río, de vigilia

Hacen falta cincuenta. Lávense y pónganse en cacerola, con ramo de perejil, una cebolla en ruedas, sal, tomillo, laurel, hierbabuena (de ésta un tallo) y cinco decilitros de vino blanco muy seco. Arrímense al fuego y saltéense, moviendo la cacerola, para que los cangrejos cuezan por igual. Cuando estén colorados, retírense del fuego y déjense enfriar en el cocimiento. Sáquense las colitas y resérvense. El resto es para hacer la manteca, quitando los ojos, pisando lo demás, y mezclándolo con el cocimiento en una cacerola, añadiendo dos litros y medio de caldo de pescado y doscientos gramos de miga de pan. Hágase cocer a fervorines, para que reduzca.

Cuélese al cabo de una hora por cañamazo.

Vuélvase al fuego, añádase cuando hierve cien gramos de manteca fresca, y échese en la sopera, donde antes se habrán puesto las colitas.

COSTRADAS

Lo primero para hacer presentable una costrada, que tiene que servirse donde se guisa, es poseer una marmita de plata, metal blanco o porcelana resistente al fuego, y, si se carece de ella, envolver en una servilleta fina, al servir, la marmita más decente que se tenga.

Costrada a la chipolata

Se disponen en la marmita capas de rebanadas de pan tostado, alternando con un picadillo ya frito y no muy menudo de pollo y jamón, salchichas cortadas en trozos, fritas también, cebollitas muy pequeñas, y cogollos de alcachofa y guisantitos tiernos, todo ya cocido.

Se moja con caldo, se añade como un huevo de grasa de cerdo, y se deja hervir a fuego vivo, y luego despacio, unos veinticinco minutos.

Se pone en el horno, con brasa encima, a que forme costra.

Costrada de langostinos

Móndense las colas de dos docenas de langostinos, y rehóguense en aceite hirviendo con cebollitas chicas, un diente de ajo y una hoja de laurel. Cuando tome color, sáquense los langostinos, y añádase un litro de agua, sal, pimienta, las cabezas de los langostinos y algunas patatas, hasta que forme un caldo espesito. Déjese hervir, habiendo añadido un vaso de vino blanco y una pulgarada de azafrán. Las tostadas de pan, que estén ya en la marmita; y al través del tamiz y aplastando para que salga el jugo de todo, échese sobre ellas el caldo, que las penetre. Colóquense las colas de los langostinos y otra capa de tostadas, y hágase formar costra en el horno.

Costrada a la marinera

Pélense cuatro tomates, quíteseles la semilla, córtense en trozos pequeños, y cuézanse en caldo de pescado; cuando hierva, agréguese un puñado de arroz, sin lavarlo antes; échese sal y pimienta; cuando el arroz esté abierto, agréguense dos docenas de ostras crudas, dos cucharadas de guisantes ya cocidos, y una cucharada de aceite; póngase al horno, a formar costra.

Costrada de huevos escondidos

Plato muy castizo.

Fríase en aceite o manteca un diente de ajo y un picado de perejil; añádase agua a proporción con el arroz que se quiera guisar; cuando hierva el agua, se pasará a una cazuela, y se echará el arroz, con sazón de sal, pimienta y una pulgarada de azafrán. Cuando haya dado algunos hervores y esté casi cocido el arroz, se aparta un instante cazuela, se abren huecos en el arroz con la cuchara, y se van escondiendo huevos cascados, sin batirlos, en los agujeros. Se cubren otra vez con el arroz, se vuelve al fuego la cazuela y, acabado de cocer el arroz, se le pone una cobertera de hierro con brasa, para que forme costra.

Costrada de coliflor al queso

Límpiense cuatro coliflores medianas, y blanquéense. Sáquense del agua sin acabar de cocer, y pónganse en caldo, donde terminarán la cocción.

Escúrranse, apriétense un poco, con cuidado, y altérnese, en legumbrera que vaya al fuego, capa de coliflor, capa de pan, capa de queso de Parma rallado. Riéguese con un decilitro de buena grasa, y hágase *gratinar*. Para quien prefiera aclarar esta sopa, sírvase con ella, aparte, consumado caliente.

Migas sin migar

La particularidad de esta receta de migas, que no figura en *La Cocina Española Antigua*, consiste en que, mientras las demás enseñan que el pan se migue antes de ir a la sartén, ésta recomienda que se corte en rebanadas y luego se deshagan en la sartén con la espumadera o la volvedera.

Las rebanadas, de un dedo de grueso, han de empaparse en agua sazonada con sal; escurrida el agua y secas las rebanadas con una servilleta, se echan en aceite hirviente, donde se han frito media docena de cabezas de ajo, con los dientes sueltos, y se han extraído ya, antes de echar las rebanadas.

Así que éstas se doran un poco, ha llegado el momento de deshacerlas, siempre al fuego. Y cuando los trocillos de pan tienen bonito color y se separan, se puede servir el plato, espolvoreado con sal o azúcar, según los gustos. Hay quien cree que son las mejores migas; pero ya se sabe que esto de la superioridad respectiva de migas es punto muy discutido.

LOS PLATOS DE HUEVOS

Tratándose refinar un poco la cocina española, conviene decir que los platos de huevos no son admisibles sino en almuerzo o cena; jamás a la comida.

Para el almuerzo, en cambio, el plato de huevos casi es de rigor.

Deben estar muy frescos, y, si se presentan enteros, escalfados o fritos, que sean de igual tamaño, bien redondos, y si son pasados, de igual color. O todos o ninguno de Cochinchina. Es una menudencia, pero con menudencias se hace la mesa delicada.

Huevos blandos

Son unos huevos cocidos, más sanos y finos que los que suelen presentar.

Se eligen muy frescos; se echan en agua hirviendo cuatro minutos por el reloj; se sacan, se dejan enfriar y se descascaran. Ha de quedar compacta la clara y sin cuajar la yema.

Se sirven acompañados y rodeados de pasta de espinacas, de salsa blanca, de lonjitas de jamón fritas o de salsa de tomate; pero, para que no vayan fríos a la mesa, pueden meterse antes en una cacerola, y ésta ponerla al baño de María. Así no se endurecen y se calientan algo.

Huevos abuñolados

Son unos huevos fritos más vistosos.

Se calienta manteca o aceite, y ya rusiente, se echa el huevo, que se tendrá cascado en una taza. Con la espumadera se le va dando forma al huevo, subiendo la clara y redondeándolo, para figurar el buñuelo. Es operación que pide rapidez y maña.

Se adornan con patatas fritas cortadas en barras o en hojuela.

Huevos al plato

Deben hacerse estos huevos en los platitos especiales de porcelana o de hierro esmaltado, que tienen forma adecuada y cavidad para un huevo o dos.

Se unta de manteca muy fresca el plato, se espolvorea de sal y se cascan encima los huevos. Se salpican de muy poca sal y pimienta, y se les echa encima como una avellanita de manteca y un picadito de perejil. Hay que tener cuidado de que la yema no se rompa.

Y, para cocerlos —en vez de meterlos en el horno, como dicen la mayor parte de los libros—, téngase preparada ceniza caliente, y dentro de ella, cubiertas, algunas ascuas, y sobre esta ceniza colocad el plato. Si por arriba se ve que quedan crudos, pasadles la pala enrojecida rápidamente y a cierta distancia. Ni hay otro medio seguro de impedir que salgan duros y hechos un cartón los huevos al plato.

Los huevos al plato admiten muchas combinaciones, y se acompañan con magras fritas, salchichas lo mismo, salsa de tomate, torreznitos de tocino, etc.

Huevos en cacerolita

Estas cacerolitas, con tapa o sin tapa, con rabo o sin rabo, de porcelana, de barro o de plata, van siendo ya muy usuales para presentar los huevos en los almuerzos. Sirven también para las cremas y algún otro postre.

Los huevos, en estas cacerolitas, que pueden ir al horno, admiten varias maneras de guisarse. Ya el huevo solo, que empieza a freírse en grasa o manteca, y echado luego en la cacerola, acaba de «hacerse» allí; ya, bajo el huevo, una salsa blanca, trocitos de jamón frito, picadillo de ave, de setas, *fuagrás*, lo que se quiera, incluso hortalizas finas, como guisantitos. Es un plato de recurso, porque, dejando gran libertad, permite elegantizar un poco.

Huevos en pasta blanca

Con ocho o diez patatas cocidas, buenas, hágase una pasta lisa, añadiéndole un huevo de manteca fresca y un vaso de nata, pimienta y sal.

Échese la pasta en fuente que vaya al horno; alísese bien; ábranse con simetría huecos hondos en ella; en cada hueco se casca un huevo. Pónganse en el puré, repartidas, avellanitas de manteca, y vaya al horno, hasta que los huevos cuajen sin endurecerse. Sírvase muy caliente.

Huevos a la portuguesa

Se calienta aceite en una sartén con un diente de ajo cortado, y al dorarse éste, se retira con la espumadera. Agréguense al aceite cinco o seis tomates medianos despepitados y cortados en ruedas, y saltéense a lumbre viva hasta que haya reducido su humedad.

Viértanse los tomates en ancho plato de *gratinar*, alísense; háganse siete u ocho huecos en su superficie con la cuchara, y en cada hueco cásquese un huevo fresco.

Y al horno, hasta que tomen color, sin que se endurezcan las yemas.

Huevos encapotados

Elíjanse huevos pequeñitos, frescos, y fríanse, cuidando de escurrirlos bien, y recortándolos luego con cuchillo, hasta que queden redondos y sin barbas. Déjense enfriar del todo.

Métanse en pasta de encapotar (véase *Pastas de freír*), bañándolos en ella, y sacándolos de la pasta aprisa para que no se cuezan las yemas de los huevos, pónganse sobre una fuente o bandeja plana, y al ir enfriando la pasta, déseles forma; que queden iguales los huevos, con su capote.

Ya fría la pasta, se desprenden cuidadosamente, se envuelven en huevo batido y pan rallado cernido, y se fríen vivamente en manteca de vacas o de cerdo.

Se presentan solos o sobre salsa de tomate.

Huevos a la flamenca

Este plato sevillano es de los que mejor revelan el procedimiento típico de la cocina española, por acumulación, reuniendo muchas cosas buenas para hacer, si quiere Dios, una exquisita.

Primero se rehoga, en aceite, cebolla y jamón en dados; luego se le añade tomate: cuando ha reducido, se ponen guisantes y judías verdes en trozos, cocidos ya, chorizo en ruedas, pimiento morrón, cabezas de espárrago, sal y una pulgarada de pimienta.

Todo esto debe cocer un poco, y trasladarse a una fuente o plato que resista al fuego. Se cascan encima los huevos y se ponen a que cuaje la clara en el horno, quedando la yema sin cuajar, que en eso está el toque.

Se guarnece todavía con magras de jamón frito, con pimiento morrón y chorizo frito también.

Como se notará, este plato es una amplificación espléndida de las tradicionales magras con tomate y huevos.

Huevos cardenal

Se necesitan tomates de buen tamaño y todos iguales; se vacían, dejando un tantico de carne pegada a la piel; se asan un poco, se ponen en fuente de metal, y se sazonan con sal, pimienta, perejil y diente de ajo, picados; se rompe un huevo dentro de cada tomate, se les riega con manteca derretida y se meten en horno vivo. Al servir se cubren con manteca caliente, amasada con miga de pan muy tostada.

Huevos novedad

Rehóguense a fuego manso, en manteca, tocino cortado en dados, ruedas de cebolla, un picado de perejil invisible; salpíquese de harina, sazónese con sal y pimienta, mójese con un poco de caldo y vino tinto, revuélvase hasta que ligue la salsa y déjese a fuego manso hervir veinte minutos.

Cuando la salsa hierva, rómpanse encima los huevos; téngase cuidado de que no se pegue el guiso, y sírvase, al cuajar la clara, con cortezones de pan frito.

Huevos «high life»

Se cortan rebanadas de pan de emparedados, a lo ancho, de dos centímetros de grueso. Con una copa se les marca en medio un redondel, que se profundiza quitando la miga y procurando que la rebanada tenga buena hechura. En sartén grande se calienta manteca o grasa, y cuando está casi hirviendo, se echan las rebanadas de pan, y en cada hueco, apenas empieza a dorarse el migajón, se casca un huevo cuidadosamente. Se sacan y se sirven.

Esta fórmula la encuentro en *El Practicón*, y dice Angel Muro que la ha inventado. Recuerda algo los huevos «en canapé» de la cocina francesa.

Huevos cuajados

Hágase un picado de tomate, cebolla y pimiento ya curtido en aceite; fríase en aceite o manteca, sazonando con pimienta, sal, moscada y un polvito de clavo; májense piñones, desgránense pasas y añádanse al picado.

Cuando está rehogado todo, bátanse huevos a proporción, y échese la mitad en la cazuela, revolviendo al echarlo; luego añádase la mitad del batido sin revolver, y al estar cuajado todo el huevo, sáquese y sírvase.

Huevos con ajo

Cuézanse dos cabezas de ajo en agua, y añádanseles dos sardinillas en conserva, de Vigo o Noya, y una cucharada de alcaparras finas.

Sepárense los ajos; añádase sal, pimienta, un pocillo de aceite y una cucharada de vinagre; y en fuente que resista al fuego, póngase esta salsa en el fondo y encima las rodajas de huevos duros; déjese en el horno cinco minutos, y sírvase.

Huevos rellenos

Preparad doce huevos duros; una vez que están fríos y mondados, partidlos por la mitad, a lo largo. Quitadles las yemas; machacadlas en un mortero de mármol con manteca fresca y miga de pan a partes iguales. La miga de pan ha de estar embebida de leche. Si el relleno es demasiado consistente, aclaradlo un poco con una, dos o tres yemas de huevo crudas. Sazonadlo con sal, pimienta y moscada rallada, e incorporad al relleno un puñado de hierbas finas muy bien picadas.

Cubrid con parte de este relleno el fondo de una fuente que pueda soportar la acción del fuego. Con el resto del relleno, llenad los veinticuatro medios huevos duros y colocadlos lomo arriba encima del relleno que hay en la fuente. Con las barbas de una pluma, dorad de yema de huevo cruda la superficie de los huevos rellenos; colocad la fuente sobre ceniza caliente, y ponedle encima un hornillo portátil con un poco de lumbre.

Cuando los huevos hayan tomado color, vertedles encima una salsa blanca salpicada de alcaparras o, si lo preferís, haced una requemada rubia de manteca que mojaréis con medio vaso de vino blanco y algunas cucharadas de jugo de asado; verted esta salsa muy caliente por encima de los huevos rellenos, en el momento de servir.

Huevos alternados

Plato escogido. Cuézanse huevos duros, descascárense, y córtense a la mitad; quítense las yemas, y macháquense, añadiendo una cantidad igual de setas salteadas en manteca, y otro tanto de salsa *bechamela* bien reducida.

Se toman hongos grandes *(cépes)*, y se asan; se ahuecan por la parte del tallo, y se rellenan con parte de la pasta de las yemas; con el resto se rellenan las claras cocidas; luego se colocan en la fuente, alternando, mitad de huevo y cabeza de hongo. Se cubren los huevos con la bechamela; se salpican de queso de Parma rallado; se dejan un minuto o dos en horno muy caliente y se sirven.

Huevos Marineda

Cuézanse huevos hasta endurecer; córtense a la mitad, a lo alto, quítense las yemas, y llénense las claras con colitas de camarón recubiertas de salsa mayonesa, cuya receta se hallará en su sección correspondiente.

Píquense las yemas con lechuga fresca y aceitunas deshuesadas, sazónese como ensalada, y rodéese con este picado las claras, colocadas en una fuente con simetría.

Huevos revueltos a la española

Cásquense ocho huevos y sazónense con sal, pimienta y moscada. Bátanse, añadiéndoles un poco de tocino derretido. Póngase en cacerola con grasa de cerdo, y revuélvanse con cuchara de palo hasta que espesen.

Entonces se les añade jugo de estofado; se sigue revolviendo a fuego flojo; se tienen fritos pedazos pequeños de tocino y jamón en una fuente y encima se vierte el revoltijo.

Huevos revueltos con trufas

Este plato es distinguido para almuerzo.

Derretir en cacerola plana una cucharada de manteca y agregarle tres o cuatro trufas cortadas en ruedas delgadas o en tiras, dejándolas calentar, sin que la manteca llegue a ennegrecerse. Cásquense encima cinco o seis huevos, sazónense con sal y pimienta y revuélvanse a lumbre suave con cuchara de palo. Termínese con dos cucharadas de nata doble, y sírvase rodeado de rebanadas de pan fritas en manteca, cortadas con simetría.

Huevos revueltos con pescado

Con cualquier pescado blanco y grueso puede hacerse este plato español. Sirve el besugo, la robaliza, la merluza, el mújol, que no tenga bravío.

Se calienta aceite, ya desverdecido, en una cacerola; se le añade un picado fino de cebolla, perejil, una cabeza de ajo y media libra de pescado cortado en trozos pequeños. Sazónese con sal y pimienta. Cueza a fuego flojo, despacio, hasta que el pescado esté en punto; entonces, agréguense los huevos, batidos ya, cuidando de lo que hay que cuidar en todo huevo revuelto: que no se ponga duro. Sírvase pronto.

Huevos a la refinada

Se pica jamón en dados pequeños; se le da una vuelta a la lumbre en grasa de cerdo. Se guarnece con el picado el fondo de una cacerola ancha. Se cortan y fríen muchas patatas en tiritas finas y largas; se ponen también en la cacerola, que se mantendrá al lado del fogón para que esté caliente; se aumenta una lata pequeña de guisantes, cocidos ya, todo por capas; se corta en tiritas largas y finas media cebolla y se fríe; se añade a la cebolla el contenido de una lata de tomate y, a medio freír el tomate y la cebolla, se le echa medio cuartillo de caldo, se deja espesar revolviendo, y se pone sobre los guisantes y patatas, que ya están en la cacerola. Encima se escalfan los huevos que se quiere, generalmente uno por comensal, y va todo al horno cinco minutos.

Se sirve en fuente, cuidando de disponer alrededor los huevos y en el centro lo demás.

LAS TORTILLAS

En el libro *La Cocina Española Antigua* he dado fórmulas de tortillas a la española, pero debe advertirse que la tortilla a la española, redonda y dura, sólo es presentable en almuerzos de mucha confianza. Está mejor vista la tortilla a la francesa, aún cuando no sea plato muy escogido, por lo que se ha prodigado en fondas y fondines, estropeado casi siempre.

Tortilla a la francesa

Es la más usual de este tipo la llamada a las finas hierbas. Pocas cocineras la hacen lo que se dice bien. Para que una tortilla a la francesa esté de recibo, debe tener forma prolongada, bonito color amarillo dorado, superficie lisa, y por dentro quedar muy jugosa.

Tómense los huevos necesarios, ocho o diez por ejemplo, bien frescos; cascadlos en tartera; sazonadlos con sal y pimienta, un picado de perejil, uno de cebolleta, otro de perifollo, muy menudos, y bátanse los huevos juntos, aprisa y con tenedor.

Derrítase en la sartén manteca muy fresca igualmente. La sartén en que se hacen las tortillas, el ama de casa cuidadosa la debe reservar exclusivamente para este uso.

Caliente ya la manteca, que guardará proporción con los huevos, cien gramos por cada ocho, échense los huevos, revuélvase con el tenedor para ligar, y cuando tomen consistencia, sacúdase la sartén para despegar la tortilla del fondo. Entonces, pliéguese la tortilla sobre sí misma, riéguese por dentro con una cucharada de manteca derretida, recórtensele las puntitas y colóquese en fuente oblonga, teniendo cuidado de que no se desfigure. Sírvase en el acto.

Creo que se debe añadir al batido de la tortilla una cucharada de agua o de leche; y si se quiere una tortilla muy soplada, el batido debe hacerse separando claras y yemas, y que las claras alcen poco menos que a punto de nieve.

Tortilla de cebollas a la moderna

Para cada media libra de miga de pan, tomar medio litro de leche caliente, y viértase sobre la miga; cubrir, y menear a menudo.

Caliéntese manteca en la sartén y agréguense dos gruesas cebollas picadas; una vez cocidas, mézclese el pan con seis huevos batidos y sal, y añádase a las cebollas en la sartén. Se cuaja como las demás tortillas, y se voltea para que tome color por ambos lados.

Tortilla de cebollas inédita

Cuézanse ocho o diez cebollas blancas y gruesas, en caldo, con sazón de pimienta y sal.

Ya cocidas, escúrranse y pásense por el tamiz, haciendo un puré espesito, al cual se le añade una pulgarada de azúcar en polvo.

Bátanse los huevos como para tortilla; se les incorpora el puré, y se hace la tortilla lo mismo que las restantes; pero sale mucho más delicada.

Tortilla con arroz

Guísese sustancioso el arroz, con trocitos chicos de jamón; déjese escurrir; hágase una tortilla como otra cualquiera, métase el arroz en medio, dóblese la tortilla, y sírvase.

Tortilla de picadillo de hortalizas

Cuézanse en manteca hortalizas picadas, todas cocidas antes en agua, que se habrá escurrido bien, y muy blanditas.

Estas hortalizas deben ser de las blandas ya de suyo, como: guisantes tiernos, judías verdes finas, coliflor, cogollos de alcachofa, cogollos de lechuga, zanahoria nueva y patata lo mismo.

No se debe dar tiempo a que pierdan su forma y se reduzcan a papilla. Cuando estén, como digo, blandas, se hará la tortilla a la francesa o a la española, según los gustos.

Tortilla de ostras

Hágase esta tortilla muy a la francesa, aunque el marisco sea obtenido de Cádiz o de lo mejor de Puente Sampayo.

En vino blanco se escalfarán las ostras, y luego, si son grandes, se partirán, y si son chicas pueden dejarse enteras.

Se baten los huevos, incorporándoles, al batirlos, un poco de agua de las ostras, pimienta y un picado invisible de perejil.

Se pone en la sartén manteca fresca de vacas; cuando está caliente se echan las ostras, y un instante después los huevos, cuajando la tortilla, como he dicho, a la francesa.

Tortilla Jacinto Octavio

Esta fórmula, obra de renombrado literato español, más que literaria, parece financiera, porque es de lujo. La transcribo.

Tomarás una buena rueda de salmón, la untarás con aceite, sal y pimienta, y por cada lado le pondrás dos o tres hojas de laurel, hecho lo cual, la asarás en parrilla.

En una mezcla de caldo y vino blanco, cocerás un mediano bote de setas y otro más pequeño de trufas, si no las tuvieres frescas. Reunirás luego higadillos de gallinas, crestas de gallo, trocitos de jamón, y lo rehogarás todo junto.

En una salsa muy ligera de harina, desmenuzarás el salmón antes citado, añadiéndole un buen trozo de manteca de vacas.

Por último, mezclarás todo lo que va dicho, lo espolvorearás con nuez moscada, y batirás los huevos, envolviendo la tortilla a la francesa, de modo que no quede apelmazada y dura, sino jugosa y suelta.

Me tomo la libertad de observar que todas esas cosas ricas que se han rehogado, no es posible que figuren en una tortilla sin que previamente se hayan picado más o menos grueso. De otro modo, la tortilla no tendría forma, y menos hecha a la francesa.

LOS FRITOS

He observado, en *La Cocina Española Antigua*, la importancia del frito en nuestras mesas. No diré que un frito sea plato propio de un banquete de etiqueta; pero, si está bien hecho, no descompone el cuadro, en una comida de relativa confianza. El frito se sirve después de la sopa, a menos que haya un plato de esos de quitar hambre, un estofado de carne, por ejemplo. Entonces puede el frito ser lo segundo que se sirva y preceder al asado, que precede, a su vez, al plato vegetal, verdura o legumbre.

Insisto en que no es un manjar completamente distinguido el frito, pero depende mucho de su clase y composición el que lo sea más o menos.

Los platos volantes de horno, conchas, cazuelitas, etc., constituyen un apéndice de esta sección. También se sirven después de la sopa.

Los fritos de pescado se hacen con aceite; los de carne o masa, con aceite o manteca de cerdo; los fritos vegetales y los huevos, están mejor, sin duda, en manteca de vacas; pero como en España no abunda la muy fresca, siempre se puede sustituir por la de cerdo o por el aceite. Todo menos

LAS PASTAS DE FREIR

Pasta de freír corriente

Doscientos cincuenta gramos de harina de flor, dos yemas de huevo batidas, una cucharada de aceite, dos de aguardiente, sal y pimienta. Se trabaja para unirla bien, y si está espesa —pues las pastas de freír siempre deben hacer chorro al dejarlas caer de las cucharas— se añade un poco de agua. Antes de emplearla, se le aumentan dos claras de huevo, batidas a punto de nieve.

Pasta de freír en buñuelo

Para media libra de harina, un huevo, sal molida, pimienta, una cucharada de aguardiente, coñac o ron; se mezcla todo muy bien, y poco a poco se añade leche aguada o agua sola, hasta que la masa sea ligera. Se mezcla y bate bien con tenedor de metal; se deja descansar una hora, y al ir a usarla, se le agrega la mitad de una clara de huevo, batida a punto de nieve.

Pasta amarilla de abuñolar

Deslíanse dos cucharadas de harina en dos yemas de huevo y una tacita de leche; sazónese con sal; bátanse las claras a punto de nieve, y añádanse a la mezcla, batiendo hasta incorporación.

Pasta blanca de encapotar

Deslíanse en un cuartillo de leche, salada ligeramente, tres cucharadas de harina. Que no queden grumos. Añádase una nuez de manteca, y un polvo de pimienta, muy poca, y póngase al fuego, revolviendo siempre hasta que espese. Al encapotar, la pasta ha de estar caliente.

LAS CROQUETAS

Casi siempre que se le pregunta a una cocinera qué filigranas sabe hacer, responde que croquetas, aunque suele pronunciar «cocletas», «crocretas» o «clocletas». Crocretas acabo de leer en un Manual de cocina.

Viene el nombre de croqueta de la palabra francesa *croquette;* el plato es sin duda transpirenaico; pero está tan extendido en España, que Valera lo comió muchos años ha en una venta de Despeñaperros, y el mismo hecho de que todas las menegildas lo estropeen, indica su popularidad. Hay que añadir que la croqueta, al aclimatarse en España, ha ganado mucho. La croqueta francesa es enorme, de forma de tapón de corcho, dura y sin gracia. Aquí, al contrario, cuando las hacen bien, las croquetitas se deshacen en la boca, de tan blandas y suaves.

Croquetas de ave

La fórmula sencilla, y que permite aprovechar los restos de aves asadas, consiste en desleír unas cuatro cucharadas de harina en un cuartillo de leche. Se tamiza la harina, para que no queden «borregos». Se pican las carnes del ave, finísimamente, y se añade un poco de manteca de cerdo, un polvo de pimienta, sal y una sospecha de moscada. Algo de jamón picado no está mal. Se pasa a la sartén, se pone al fuego; se revuelve hasta que espese la masa, y, revolviendo más cuando hierve, se retira así que tiene la densidad requerida. Se echa en fuente plana, y se deja reposar unas horas. Luego, se forman las croquetas, pequeñas y oblongas, y se fríen en manteca de cerdo, envueltas en huevo y pan rallado.

La otra fórmula, de cocinero, consiste en hacer un picadillo de las carnes de tres pollos asados, nada menos, que, en unión con lengua a la escarlata, setas y trufas, se cortan en cuadritos muy pequeños y se mezclan con un cuartillo de bechamela muy reducida, todo al fuego y revolviendo hasta que espese. Se pone luego a enfriar en un plato de porcelana, cubriendo con un papel mantecado para que no forme costra. Cuando esté frío, se revolverá con una cuchara, y poniendo sobre la tabla pan rallado cernido, se irán formando las croquetas. Luego se pasarán por el huevo batido, después otra vez por ralladura, y, cuidando de que no se aplasten, se freirán en manteca bien caliente.

Y siempre serán mejores las primeras, y hasta más delicadas en su confección. Ni por tanto pollo muerto y tanta trufa salen mejor los platos.

Las croquetas pueden hacerse de buey, ternera, jamón, perdiz, libre, todo cocido o guisado antes.

Croquetas de merluza, besugo, robaliza o atún

Redúzcase a fino picadillo el pescado cocido o asado ya, y únanse dos cucharadas de harina desleídas en medio cuartillo de leche, con cuarenta gramos de manteca fresca, pimienta y sal. Póngase al fuego la mezcla, revolviendo siempre. Cuando hierve, retírese a los cinco minutos, sin dejar de mover. En lo demás, procédase como para las croquetas de ave.

Croquetas de bacalao

Se cuece bacalao desalado, del más blanco y fino, y se limpia de espinas y pellejos. Májese lugo en el mortero, y sazónese con pimienta. Deslíase harina en leche, y que no queden «borreguitos»; póngase luego al fuego en marmita, con un poco de manteca de vacas; añádase el bacalao, revuélvase para que no se pegue, y cuando todo se incorpore, échese en una fuente. Déjese descansar veinticuatro horas, y entonces háganse las croquetas, que se fríen en manteca de cerdo.

Croquetas de remolacha

Se cuece una remolacha de un tamaño regular, en agua, con un poquito de sal. Luego se pisa en el mortero.

Se deslíe en un cuartillo de leche la harina, por lo regular dos cucharadas, muy colmadas; se le añaden dos cucharadas de grasa derretida, pero fría, y se pone todo a cocer, revolviendo sin parar; cuando empieza a hervir se añade la remolacha, y se sigue cociendo y revolviendo. Se puede añadir aceite, y hay que sazonar con pimienta. Se envuelven como todas las croquetas, cuando la masa está bien fría, o se les da forma de cuadraditos; para eso se deja la masa extendida en una fuente y mejor desde la víspera.

Se envuelven en pan rallado cernido, y se fríen.

Croquetas de lechuga

Se cuecen cuatro o cinco buenas lechugas, en agua con sal.

Se escurren bien, y se pican en la tabla, con una mediana cebolla, cocida en grasa, y un poco de magra de jamón; se pasa todo en la sartén donde se coció la cebolla; se aparta, se deslíe la harina en la leche, se incorpora y cuece hasta tomar el punto de toda masa de croquetas.

Se pone en una fuente a enfriar, y se le da la forma que se quiere, o de croqueta o de cuadritos; si es para croquetas, resérvese en taza. Siendo de la víspera, tiene más consistencia.

Croquetas de patata

Se cuecen las patatas con pellejo y sal; se pelan, se majan en un mortero, y se echa un poco de manteca de vaca, una yema de huevo crudo y una cucharada de nata de leche; se mezcla bien y se forman las croquetas, friéndolas como todas.

Buñuelos de carne

Píquense menudos restos de carnes, aves, hígado, caza —lo que se tenga—, y añádase sal, pimienta, un poco de moscada. Con ciento veinticinco gramos de harina, cuatro huevos y una pulgarada de sal, hágase una pasta semilíquida, e incorpórese el picadillo, trabajando bien el todo; téngase preparada la manteca o el aceite hirviendo; tómese de la masa, a cucharadas, porciones del grueso de una nuez, y échense en la sartén, donde deben nadar a su gusto; fríanse y sírvanse muy calientes.

Estos mismos buñuelos pueden hacerse con restos de pescado o de menestra de hortaliza.

Albóndigas de carne

Hay que picar la carne muy menuda, y añadir al picadillo tocino en cantidad, cebolla, perejil y una chispa de ajo, picadísimo todo; se sazona con sal y pimienta, a no ser que lleve sal el tocino; se añade huevo batido para ligar, y se fríen las albóndigas en manteca de cerdo, pudiendo servirse solas o con una salsa de huevo y perejil.

La forma de la albóndiga, es una bolita aplastada, poco menor que un huevo de gallina.

Aglomerados de ternera

Se hace una masa de harina y huevo, a absorber, mojada con vino blanco y sazonada con sal. Después de haberla trabajado, se le añade un picadillo de tres partes de ternera magra, una de jamón, un poco de ajo y otro poco de cebolla, también finamente picados. Se amasa bien todo, y se corta en trozos de forma simétrica, que se fríen en manteca o en aceite.

Espirales de ternera

Se cortan tiras de carne de ternera, lo más largas posible, y se enroscan en espiral, poniéndoles en medio un trocito delgado de caña, rociándolas con zumo de limón y espolvoreándolas de sal fina.

Se envuelven en pasta de freir, y se fríen en manteca de cerdo, sin quitar el trocito de caña, hasta que se sacan de la sartén. Entonces se retira, y queda un hueco en medio de cada frito, y en él puede colocarse un ramito de perejil rizado, por adorno.

Magritas encapotadas

Se cortan magras pequeñas, exactamente iguales (sirviéndose del hierro de cortar, que conviene tener), de buen jamón fresco, sin mucha sal; se desalan un poco, y se fríen en la sartén, en manteca de cerdo, cuidando de que no se endurezcan. Se dejan enfriar, se encapotan luego en pasta blanca, y se reboza la pasta con pan rallado. Se fríen, ya encapotadas, en manteca de cerdo muy caliente.

Lonjitas rebozadas

Se cortan lonjas muy delgadas y pequeñas de ternera o de cerdo fresco; se aplanan con el cuchillo; se igualan con hierro, redondas o cuadradas; se dejan a macerar en zumo de limón dos horas; se bate huevo y se tamiza finamente pan rallado; se envuelven con el huevo, y luego una ligera capa de pan; se fríen en grasa bien caliente. Se sirven con patatas rizadas en tirabuzones (hay un hierro a propósito).

Chuletas de cordero

Estas chuletitas, que son una monería, constituyen un frito bonito, ya sea solo, ya acompañado de criadillas, sesos y croquetas de ave.

Se recortan y afinan muy bien, se aplanan ligeramente y se fríen envueltas en una bechamela espesa o pasta de encapotar, y pan rallado, muy tamizado, por encima. Al salir de la sartén se coloca en cada hueso una papillota, que es un moñito de papel rizado; se venden ya hechos, de todos tamaños, y no hay nada que tanto adorne como ese remate, en toda clase de chuletas.

Criadillas de ternera fritas

Se les da un hervor en agua y sal. Se destelan cuidadosamente y se parten en trozos semejantes en su forma a gajos de naranja, pero más chicos. Se pasan por manteca tibia, se panan, se vuelven a pasar por huevo batido, se vuelven a panar, y se fríen en la manteca bien rusiente. Se sazonan a vuelo con sal fina, y se sirven con perejil frito y trozos de limón alrededor.

Fritos de sesos de ternera

Limpia, remojada y destelada la sesera, cueza en cacerola con sal, ramillete, cebollas y zanahorias troceadas, en agua acidulada con vinagre.

Cuando haya enfriado, córtese en redondeles del grueso de un dedo y tamaño de un duro; sazónese con sal, especias, perejil picado y zumo de limón; déjese en la sazón un cuarto de hora; pásese luego por ralladura, huevo batido, y ralladura otra vez, fríase en aceite hirviendo, y sírvase, mejor acompañado de criadillas y crocretas. Adórnese con perejil.

Frito de cabeza o manos de ternera

Una vez cocidas al natural la cabeza o las manos, y muy blandas, córtense en trozos y hágase un adobo de sal, pimienta, cebollas, perejil, aceite y un poco de vinagre, dejándolas en él cosa de dos horas; escúrranse bien y empápense en pasta de freir, o rebócense sencillamente con ralladura y huevo batido, y fríanse en aceite muy caliente, pero no hirviendo.

Manos de carnero o cordero fritas

Soflamadas, raspadas y limpias las manos, cuidando de quitar la lana de entrepezuña, cuézanse en un *blanco*, que se hará como sigue: póngase en una tartera un cuarterón de harina con sal, desliendo con medio vaso de vinagre. Ya desleído, viértase en una ollita de agua. En este *blanco* cuecen bien las cabezas de ternera y algunas hortalizas.

Cocidas ya las manos, se deshuesan, se parten a la mitad, se sazonan con perejil picado, aceite, vinagre, sal, pimienta; se pasan por pasta de freir, y se fríen en manteca de cerdo. Escúrranse y sírvanse.

Agujas de lomo de cerdo fresco

Se cortan tiritas de lomo de cerdo fresco, se ponen en fila cuando hay bastantes, y con cuchillo afilado o con hachuela se igualan por los dos extremos.

Se cortan también tiras de patata, de igual grueso y largo, y se fríen ambas cosas; las agujas de lomo, envueltas en huevo batido, y las patatas solas. Se sirve formando en la fuente dibujos, en que alternan las agujas de lomo y las patatas. Todo aprisa, para que no enfríe.

Emparedados de jamón

Se cortan y mojan en leche, con un polvo de sal, tostadas de pan del que se usa para emparedados. Se preparan lonchas de jamón delgadas y se forma el emparedado. Se perfilan, recortándolas, y se envuelven en huevo batido y ralladuras de pan, friéndolas a fuego no muy vivo.

Cuando están doradas se retiran, escurriéndolas, y se ponen en la fuente sobre una servilleta planchada.

Obleas de hígado de cerdo

Blanquéese en agua hirviendo el hígado algunos minutos; sáquese del agua y déjese enfriar.

Téngase un cuchillo bien afilado y córtense rebanadas lo más finas posible; la gracia del plato está en que sean sumamente finas. Con un hierro o con un molde de hojalata, sáquense de las rebanadas redondeles, del diámetro de la boca de un vaso de licor. Remojen en leche una hora.

Los desperdicios pueden aprovecharse, guisándolos al otro día en encebollado.

Fríanse los redondeles, ligeramente, sin dejar que se endurezcan; ponedlos en fuente de metal; salpicadlos de sal fina y pimienta; colocad de trecho en trecho avellanitas de manteca fresca; echad un hilito de vinagre y que se recalienten las obleas un momento, entre dos lumbres.

Frito de pollo

No se tomará, para este frito, sino las pechugas, los muslos, las alas, con un trocito de pechuga y sin el aloncillo. Se trocea, cuidando de que todos los pedazos del pollo, llevando el menos hueso posible, sean de tamaño y forma semejantes.

Se rehogan los trozos en manteca, con cebolla, zanahoria y ramillete, sal y pimienta.

Se sacan, de desengrasan, se rebozan en batido de huevo y harina, o en huevo y ralladura de pan, y se fríen, sirviéndolos adornados con perejil.

Empanadillas de ave

Córtense en pedacitos chicos restos de ave asada; mézclense con pedazos de setas cocidas y trocitos de lengua a la escarlata y de jamón, todo cocido ya. Poned en la cacerola un buen pedazo de manteca y media taza de harina de avena; que tome color a fuego suave; añadid algunas cucharadas de caldo, jugo de carne, y sino leche, y sazonad con sal, pimienta y moscada.

Tamizad la salsa y volvedla al fuego vivo, hasta que reduzca considerablemente su volumen; apartadla del fuego, ligadla con una yema, y añadid las carnes.

Tened hecha pasta quebrada, o, si lo preferís, hojaldrada (véanse *Pastas de empastelar*), y bajadla con la rebolla; cortad redondeles; ya frío el guiso, poned una cucharada sobre cada redondel; volvedlo, encerrando el relleno, dándole forma de empanadilla; cortad con la rodaja, y freidlo en aceite muy caliente, para que hinche bien la pasta; la fritura necesita sobre diez minutos; escurrid y servid, guarneciendo con perejil fresco.

Fritos triangulares

Se hace un picadillo muy menudo con restos de pollo asado, de carne de ternera, de jamón, tocino y miga de pan mojada en caldo. Se amasa el picadillo con un huevo batido y se sazona con sal y pimienta.

Con la masa que resulta, se forman unos triángulos, que se envuelven en huevo y harina, y se fríen en manteca fresca.

En la misma manteca se harina tostada; se sazona y se hace un rojo de harina tostada; se sazona y se vierte sobre el frito al servirlo bien caliente.

«Cromesquis» fantasía

He aquí los *cromesquis*, traducidos muy libremente por una cocinera.

Se guardan los hígados y mollejas de las aves; se cuecen muy poco y sin sal, para que no se endurezcan, en caldo y Jerez, y se majan en el mortero, con un trocito de jamón cocido, un poco de tocino, una miga de pan remojada en caldo, sal, pimienta y moscada. Se incorpora todo bien.

Se cortan rebanaditas de pan compacto, lo más iguales posible; se remojan ligeramente en caldo; se untan con la pasta, de modo que forme en el centro como un montecito, y se fríen cara arriba, cuidando de que la pasta no se escape. Se sacan con la volvedera y se sirven guarnecidos de perejil.

Nudos de merluza

Tómese un trozo de merluza de bastante grueso —una loncha o rueda basta— y extendiéndolo bien, aplánese con la paleta, y córtense agujas o tiritas del grueso del dedo meñique, y de una longitud como de ocho a diez centímetros.

Sálense ligeramente y écheseles una sombra de pimienta; anúdese cada tirita de modo que lleve el nudo (de una sola vuelta) en el centro, y los extremos queden iguales a los lados.

Hecho esto, rebócese en huevo y miga de pan, y a la sartén.

Se sirve con perejil frito, patatas paja, y sobre servilleta.

Estos nudos pueden hacerse de otros pescados, como lenguado, pero siempre en crudo, pues después de cocido no se pueden sacar las tiras.

Y pueden también hacerse con lomo de cerdo fresco o de ternera, en crudo siempre.

Agujas de bacalao

Córtese en tiras del grueso de un dedo, sin suprimir la piel, una buena porción de bacalao remojado y limpio, y pónganse en una cazuela con pimienta, moscada, cebollas en ruedas, un manojo de perejil, aceite, vinagre y una hoja de laurel. Déjese en maceración dos horas, y luego póngase todo a la lumbre, a que hierva. Retírense después de la cazuela las tiras de bacalao, enjúguense con un paño, pásense por harina, en seguida por huevo batido y pan rallado, y fríanse en aceite fino.

Trasládense a un plato, y sírvanse con perejil frito.

Frito de huevas de pescado

Es un frito muy sabroso, pero rara vez se encuentra el artículo en abundancia.

Se cortan en pedazos lo más simétricos posible, y se fríen sin envolverlas en nada, con su piel, porque lo agradable es que estén como tostaditas. Para aumentar este plato se pueden freir agujas del mismo pescado de donde proceden las huevas, o patatas cortadas del grueso y forma de barritas de lacre.

Cromesquis de ostiones

Abrid unas cuantas ostras de las mayores, llamadas ostiones, y escaldadlas en vino blanco. Dejadlas escurrir y enfriar. Cortadlas luego en pedacitos cuadrados, colocándolos en un vasija, e incorporándoles un poco de salsa bechamela reducida, con parte del líquido de cocción y gelatina derretida. Sazónese con un polvillo de moscada; divídase esta mezcla en porciones del tamaño de un huevo; aplánese, y colóquese cada una entre dos hojas de pasta de barquillo. Diez minutos antes de servir, báñese cada uno de estos cromesquis en una pasta de freir, echándolos sucesivamente en la sartén hasta que tomen color. Servidlos bien colocados, porque se prestan a ello. Como se ve, es muy distinta esta fórmula de la inventada por la cocinera.

Buñuelos de coliflor

Cuézase la coliflor en agua salada, sin dejar que se ablande demasiado; escúrrase y déjese enfriar. Sáquense penquitas iguales y sazónense con aceite, vinagre, sal, pimienta y perejil picado. Déjese macerar media hora, y luego váyanse envolviendo en la pasta de abuñolar, y fríanse con mucho aceite y muy caliente. Escúrranse, y preséntense en pirámide.

Frito de escorzoneras

Prepárese pasta de freir, desliendo de ocho a diez cucharadas de harina con cincuenta gramos de manteca derretida en un poco de agua tibia; añádase sal, aceite (una cucharada), y mézclese bien todo, para formar una pasta líquida que tenga la consistencia de una crema; entonces, añádanse dos claras de huevo a punto de nieve. Ráscanse las escorzoneras, y váyanse colocando en una tartera llena de agua vinagrada, para que no se ennegrezcan; cuézanse luego en agua hirviendo, adicionada con una cucharada de harina; pónganse luego en la pasta, y déjense caer en pedazos, uno a uno, en la fritura, muy caliente; revolved y evitad que se peguen unos a otros. Cuando tienen bonito color dorado, retiradlos del aceite o grasa, y colocadlos en pirámide, en una fuente, coronados de perejil frito. Las escorzoneras, presentadas así, están muy de moda y son frito escogido.

Fritos de tirabeques

Se reduce a picadillo una pequeña cantidad de carne cocida y la mitad próximamente de jamón también cocido. Se fríe este picadillo en manteca de cerdo y se sazona con pimienta y sal, si el jamón no soltase la suficiente. Se cuecen tirabeques del mayor tamaño posible, extrayéndoles los hilos. Se abren por uno de sus lados y se rellenan con el picadillo, envolviéndolos en seguida en huevo batido y harina de flor y friéndolos inmediatamente en manteca del puerco, muy caliente.

(Del libro *La Cocina Práctica*)

Menestra frita

Con la menestra, o procedente de sobras, o hecha a propósito, se obtienen fritos agradables.

Se pica la menestra toda junta, se amasa con harina y huevo y un poco de manteca, se corta la masa en trozos, y se fríe, rebozada en huevo y harma.

Frito de colorines

Se cuecen hortalizas en caldo, sazonadas con sal y bastante pimienta. Pueden utilizarse la remolacha, la cebolla, la chirivía, la zanahoria, el puerro, la cebolleta, la espinaca y la acedera; se procura que en cada marmita chica cueza una sola hortaliza de color, con otra de sabor; por ejemplo: remolacha con puerro, espinaca y acelga con cebolleta; zanahoria con un punto de ajo.

Se hace la papilla escurriendo bien las hortalizas, mojándolas y pasándolas aparte: ha de quedar todo deshecho y homogéneo. Se añade a la papilla harina y huevo batido, y se vuelve al fuego hasta que espese; si el colorido perdiese viveza al añadir la harina, se recolorea con verde de espinacas, jugo de remolacha y amarillo de azafrán.

Se deja reposar la papilla y enfriarse; se corta en figuras, que pueden ser redondas para un color y cuadradas para otro; no se envuelven en nada, y se fríen, aprisa, en manteca hirviendo.

Fritos de sémola

Se cuece sémola en caldo, añadiendo como una nuez de mantequilla. Se calcula la cantidad de modo que, al dejar enfriar la sémola, forme una masa compacta.

Se pone a enfriar la papilla sobre una lata con bordes, dejando la pasta de un alto como de dos centímetros.

Ya fría, se corta en cuadraditos o en losanges, y se fríe, envuelta en miga de pan rallado.

Frito de queso blanco y blando

Se toma medio kilo de buen queso de Burgos, o gallego de tetilla, pero fresco, y se cortan porciones como fichas de dominó, que se envuelven en pasta blanca de encapotar y se fríen en manteca de vacas, rebozadas en pan rallado.

Delicias de queso

A seis claras batidas a punto de nieve y muy firmes, se incorporan doscientos gramos de queso de Gruyére, raspado; bien mezclado todo, se forman como nueces, que, al freirlas en aceite muy caliente, se hinchan. Sírvase pronto.

Frito variado

Llámase así al que reúne varias clases de fritos, como criadillas, sesos, chuletitas de cordero, croquetas, pastelitos o bocadillos de hojaldre (que no son fritos, pero alternan con ellos). El frito variado hace más plato que el frito de una sola clase, y se presta a más bonita colocación en la fuente, cuyo fondo deberá cubrirse con un paño orlado de encaje, poniendo en el centro, en pirámide, por ejemplo, las croquetas; alrededor los pastelitos, y en torno, en corona, las chuletitas o las magras encapotadas. Todo adornado con ramas de perejil fresco o frito, si puede ser, enano y rizado, que tanto decora.

PLATOS VOLANTES DE HORNO, CONCHAS, CAZUELITAS, CUBILETES, BOCADILLOS

Conchas

Se presta este plato a muchas combinaciones.

Las conchas pueden ser de las que se llaman en Galicia *vieiras*, y en Castillas veneras o pechinas; deben elegirse todas iguales de tamaño, y lo más vivas posible de color.

Hay también conchas artificiales de porcelana, que resisten al fuego, y de metal; lo más bonito, si no asusta el gasto, es hacer las conchas de plata.

Son muchos, como queda dicho, los rellenos que admiten las conchas; los siguientes son los más usuales.

Conchas de picadillo de carne

Se hace un picadillo de carne, tocino y jamón; se sazona con sal y pimienta, se le añade una miga de pan mojada en leche, perejil y cebolla picados a lo invisible, uno o dos huevos; se pasa por la sartén y se rellenan las conchas, no del todo, porque siempre hincha algo el picadillo. Se ponen en el horno y se sirven.

Conchas de picadillo de ave

Es casi la pasta de las croquetas, solo que no se pica el ave tan menudamente. También puede ser la pasta de la segunda fórmula de croquetas. En el centro de cada concha, y metido en la masa, se pone un trozo de pechuga de ave, del tamaño de un garbanzo.

Conchas de merluza

Cocida, asada o frita la merluza, se pica, se deshace bien, se maja en el mortero trabajándola con una miga de pan mojada en leche y en huevo; se sazona con sal, pimienta y moscada, y se rellena la concha.

Conchas de langosta, lubrigante, langostinos, camarones, ostras, aviñeiras, etc.

Se parten los mariscos, cocidos o fritos, en trozos pequeños; se hace una *bechamela*, que no esté demasiado espesa; se fríe cebolla picada a lo invisible, con perejil lo mismo; se incorpora a la *bechamela*; se pone todo en la concha, y al horno, con pan rallado por encima.

Conchas de besugo y lenguado

Se fríe el pescado, o se cuece; si es lenguado, mejor está cocido; se pica grueso; se colocan los trozos en la concha, con sazonamiento de sal, pimienta, una puntita de ajo, pan desmigado, no rallado, perejil invisible y aceite. Al sacar las conchas del horno, se riegan con zumo de limón.

Conchas de atún

Se toma atún en conserva en aceite, y se corta en trozos de dos centímetros, que se pasan en la sartén. Se rehogan en manteca, a fuego vivo, un picadillo de perejil, dos escaluñas, dos cebollas, y un cuarto de kilo de setas. Cuando tome color, únase el atún, y si queréis, aumentad un raspado de trufas; déjese hervir un momento, líguese todo con un poco de *bechamela*, y sazones. Guarnézcanse las conchas con la mezcla; salpíquese ligeramente de pan rallado y dórese al horno algunos minutos; si se desea, se puede salpicar de ralladura de pan y queso. Sírvase muy caliente.

Conchas de ostras

En conchas de vieiras, pónganse las ostras, una o dos, según su tamaño, con el agua que suelten; acábese de rellenar con miga de pan, un poco frita en aceite, y con un picadillo de perejil, y vayan al horno. Cuando se dore un tanto la miga, sáquense del horno, rociándolas con limón, y sírvanse.

Conchas de macarrones

Se cuecen los macarrones, cortados primero en trocitos menudos; y, antes de que se deshagan, se escurren, y se ponen algunos trocitos en el fondo de las conchas, cubiertos con queso de Parma rallado y regados con un chorrito de leche. Se añade a cada concha una nuez de manteca, pimienta, y, si se quiere, un poco de tomate frito, repartido; se cubre con pan rallado tamizado fino, y al horno.

Cazuelitas de jardinera

Caben en ellas toda especie de hortalizas, que se cuecen separadamente. Se rehogan juntas en manteca, y se llenan las cazuelitas. Lo más corriente es una mezcla de guisantes, judías verdes cortadas, setas, coliflor y puntas de espárragos.

Se pone en la cazuelita, sobre la mezcla, queso de Parma, un poco de azúcar y pan rallado, y al horno. Se sirve, naturalmente, dentro de las cazuelitas.

Cazuelitas a la financiera

Se pican menudos de gallina, setas, crestas y riñones de gallo, todo blanqueado ya; se rehogan con manteca; se añaden quenefas de ave cocida; se pone todo en la cazuelita y se cubre con salsa española. Horno.

Cazuelitas de bacalao guisado

Se guisa bacalao, se pica menudo, y se rellenan las cazuelitas. Horno.

Cazuelitas de sardina

Se limpian, descabezan y desespinan sardinas, y se enrollan sobre sí mismas, friéndolas en la sartén con un picadillo fino de cebolla, tomates y pimientos, sazonando con sal.

Se pone una sardina en cada cazuela, y se acaba de rellenar con el guiso, sin que exceda el aceite. Se cubre con pan rallado, y al horno.

Cazuelitas de guisantes

Se cortan setas, trufas, pechugas de gallina, lengua a la escarlata y jamón, en trocitos pequeños; se cuece todo en manteca, con sal, pimienta y moscada, y se cubre con un puré espeso de guisantes, al cual se le añade una copa de *fine champagne*. Horno.

Cazuelitas de cangrejos

Se hace un puré espeso de cangrejos, machacando todo el cangrejo (cocido primero con vino blanco) menos la cola, que se guarda, y, bien tamizado, se reúne a una salsa *bechamela*.

Se reduce al fuego, y se ponen en cada cazuelita dos colas de cangrejos y dos setas cortadas, rellenando con el puré. Horno.

Bocadillos

Son los pastelitos pequeños de hojaldre, que generalmente se compran en la pastelería y se rellenan en casa.

Suelen rellenarse con picadillos de ave o de ternera, o *bechamela*, en la cual se baña una ostra o una colita de camarón.

Debo advertir que hay que ahuecar un poco el pastelito, no escatimando relleno. En las pastelerías, cuando se venden rellenos, suele hacerse lo contrario.

PECES, CRUSTACEOS, MOLUSCOS

Habiendo dado en *La Cocina Española Antigua* tal abundancia de recetas para componer los peces y la mariscada, aquí dominarán las que permitan presentar el pescado como elemento de una comida algo esmerada en su composición, dentro de lo casero.

No hay minuta bien dispuesta sin el plato de pescado o marisco. Los mariscos son preferibles para almuerzo, y para comida los peces blancos o rosados y de buen tamaño.

A veces puede un pescado grande matar plaza como asado; generalmente, se presenta cocido, y el asado es de carne o de ave.

El pescado ha de estar fresquísimo. Puede servirse frío o caliente, cuando es cocido; si es asado, siempre muy caliente.

El pescado menudo nunca figura sino en almuerzos, y de confianza.

El pescado se sirve después de la sopa, haciendo de relevé, si no hay frito o plato «de matar hambre». En una casa donde se comía muy a la inglesa, la de doña Emilia Gayangos de Riaño, he visto empezar, sin sopa, por un pescado, siempre magnífico.

Caldo corto para cocer el pescado

Córtense en ruedas zanahorias, cebollas, puerros, chirivías; hervidlos en agua vinagrada, con tomillo, perejil, salvia, laurel, ajo, perifollo, apio y un poco de tocino o manteca. Reduzca a fuego vivo, y conservadlo embotellado para usarlo cuando haga falta.

Si en lugar de vinagre ponéis una botella de vino blanco, el caldo corto ganará.

Si ponéis vino tinto, haréis lo que se llama «caldo corto azul». Cada vez que hagáis uso de este caldo corto, añadid una botella de vino, si podéis, de Jerez, o un poco de aguardiente. Ya cocido el pescado, tamizad el caldo corto y embotelladlo. Cuanto más sirve, mejor es. Si podéis procuraros un vino muy alcohólico, prendedle fuego cuando el pescado hierve sobre la llama; entonces tomará mejor el gusto del caldo corto.

El inconveniente del caldo corto, es que da igual sabor a todo pescado. Es bueno para disimular insulseces, y hasta... principios de ojo turbio.

Caldo blanco para cocer el pescado

Tres partes de agua y una de leche; sal, pimienta en grano, ramillete, cebollas, chirivías, zanahorias, puerro y perejil.

Este caldo blanco es excelente para cocer los pescados grandes, sean blancos o rosa.

«Agua buena», para cocer el pescado

Si se puede cocer el pescado en agua de mar, es el mejor sistema para algunos; pero, no estando cerca el mar, se hace lo que se llama «agua buena», que es un agua donde se hace cocer antes perejil en rama, cebolletas enteras, dos granos de pimienta, una hoja de laurel y bastante sal.

PECES DE MAR

Merluza cocida

Puede ser entera o en trozo: en este último caso se elige lo *cerrado*, la cola, que se cuece en alguno de los caldos ya explicados, o sencillamente en agua fría, con un poquito de sal. Cuando el agua levanta el hervor, se retira, y o se sirve caliente, o se deja enfriar, si se prefiere, en el cocimiento.

En la sección de *Guarniciones* se encontrarán muchas aplicables al pescado cocido: la más usual es la de patatas moldeadas y cebollitas pequeñas, con ramas de perejil.

También en la sección de salsas se encontrarán bastantes para el pescado cocido; pero diré que es un error aplicar a la merluza salsas fuertes, con mostaza; la mayonesa (que tanto se ha vulgarizado), le está bien, y mejor aún la holandesa y la mayordoma.

El procedimiento para cocer todos los pescados blancos es el mismo de la merluza.

Merluza asada en ruedas

Tiene que ser la merluza de muy buen tamaño.

Cortadas las rodajas, quitada la piel y espina, se colocan en un plato hondo, asándolas al horno con aceite, sal y zumo de limón.

No hay que dar tiempo a que se reseque la merluza. Cuando se saque, se desengrasa y sirve, rodeada de un picadito de remolacha cocida y sazonada y de huevos duros, y otro picadito de patata salteada en manteca, con salsa blanca en la salsera. Se procura que estos picadillos adornen.

Las ruedas han de tener un grueso de cuatro centímetros.

Budín de merluza

Se cuece la merluza con cebolla, zanahoria, una hoja de laurel, perejil, un diente de ajo, unos granos de pimienta, sal un poquito de aceite y otro poco de vinagre. Ya cocida, se desespina y desmenuza. Se pone en una cazuela a cocer tomate en su propio jugo: para medio kilo de merluza, medio de tomate. Se fríe en aceite, quitado el verde, un picado de cebolla, y cuando está dorada se añade el tomate, antes pasado por la pasadera.

Bien frito todo, se agrega la merluza y se le dan unas vueltas, y apartada ya del fuego se mezcla bien, añadiendo, para medio kilo de merluza, cuatro huevos batidos. Se unta un molde con manteca, y se forra con pan rallado; se coloca la masa y se cuece al baño de maría, dentro o fuera del horno. Se sirve con una mayonesa, o con una salsa de tomate. Puede comerse frío o caliente.

Este budín también puede moldearse en corona: dentro irá la mayonesa.

Arlequín de merluza

Se sacan veinticuatro filetes de merluza; se desespinan, se les da a todos forma igual. No deben ser muy delgados.

En una fuente que pueda ir al fuego se ponen los filetes, con manteca, sal y zumo de limón. Deben ir todos encima; es decir, ninguno sobre otro. La superficie de ocho de ellos se cubrirá con un picado de pimiento rojo morrón, muy bien repartido; la de otros ocho, con pan rallado, que se dorará con yema de huevo, a pincel, y los otros ocho, con puré de espinacas.

Se tendrá en una fuente un arroz guisado y moldeado, alrededor del cual se irán colocando con simetría los filetes de merluza, después de que hayan estado cinco minutos en el horno.

Lo blanco del arroz y lo amarillo, verde y rojo de los filetes, hacen un plato vistoso.

Pescadillas en caldo empanado

En una jamonera se echa (según la cantidad de pescadilla) aceite fino; se refríe una cebolla picada menuda, unos dientes de ajo, también picados, y unas hojas de laurel; cuando todo está refrito, se liga con un poco de harina, mojándola con agua bien caliente; se deslíe, agregando el zumo de uno o dos limones; se pone a fuego fuerte, y cuando ha levantado el hervor, se le echa un poco sal y un poco de pimienta molida; luego se van formando las pescadillas enroscadas para poderlas sacar bien; cuando han dado dos hervores, se apartan del fuego, añadiendo un poco de pan rallado dentro; al servirlas se salsean por encima con este mismo fondo; hay que tener cuidado de que no esté muy espeso el caldo, como también de no echar mucho pan, para que no resulte espeso.

Bacalao de Elena

Tómese bacalao de Langa o de Escocia y remójese cuarenta y ocho horas, las primeras veinticuatro entero, las otras, partido en trocitos; luego de remojado, ráspese, y desespínese.

Se envuelve en harina y se coloca en una fuente. Se corta muy delgadita bastante cebolla en ruedas, y una vez cortada se machaca en el mortero, se le agregan hojas de perejil y se machacan encima; una vez picado el perejil se añade un buen puñado de piñones y se machaca todo junto perfectamente. Cuando todo está convertido en pasta, se le incorpora poco a poco el aceite crudo o desranciado, a gusto, se le añade igual cantidad de agua y la sal correspondiente, y cuando todo esto forma una salsa espesita, se pone en la cazuela capa de bacalao y capa de papilla, terminando por una de salsa. Se hace arrancar un hervor a fuego vivo, y luego se deja cinco horas a remanso, cuidando que no se pegue. Ha de estar herméticamente tapado.

(Elena Español)

Bacalao en salsa de huevo

Se remoja el bacalao dos días, y se corta en pedazos cuadrados, desespinándolo; se seca con un paño y se envuelve en harina y después en huevo batido, dorándolo en la sartén en manteca cocida. Se tiene en una tartera leche hirviendo y se echa el bacalao y un punto de azúcar, a gusto. A la hora de comer se baten una yemas de huevo y se les va añadiendo de la leche en que está el bacalao, revolviendo siempre para que no se corte. Esta salsa, caliente, es la que se sirve con el bacalao.

Muselina de bacalao

Remojado el bacalao y limpio de pellejo y raspas, se desfilacha y se empapa dos horas antes de servirlo, en una papilla que se hace del siguiente modo:

Para tres cucharadas de harina, una de agua, dos de aceite, una yema de huevo, la sazón y unas gotas de coñac.

Con un tenedor se van cogiendo las hilachas de bacalao así preparadas, y sofriendo en mucho y buen aceite sobre fuego muy vivo. En general, todo el que come de esta plato por primera vez, pregunta qué cosa es. Encuentro la receta en Angel Muro.

Añadiré por mi cuenta que el bacalao suele tener más partidarios en sus guisos populares, que figuran en *La Cocina Española Antigua*.

Abadejo con nata

Coced un abadejo, ya entero, ya en pedazos, en agua salada, cuidando de atar bien la cabeza con un hilo, a fin de que no se estropee. Derretid a fuego lento doscientos cincuenta gramos de manteca fresca, a la cual añadiréis un puñado de perejil e igual cantidad de cebolleta, finamente picado todo; verted por encima poco a poco una taza de nata fresca, o, a falta de nata, igual cantidad de buena leche; moderad el fuego, y menead sin interrupción la salsa con cuchara de palo, durante un cuarto de hora. Servid esta salsa, en una salsera, con el abadejo, rodeado de patatas cocidas y lechuga fresca picada.

Mero esparrillado, con salsa de aceite

Escamarlo, vaciarlo y limpiarlo. Abrirlo por el dorso y aplanarlo. Ponerlo a maceración en aceite, con sal y pimienta gorda. Colocarlo a buena lumbre, en las parrillas, cuidando que no se pegue, ni se tueste, rociándolo con aceite y volteándolo. Terminada su cocción, trasladarlo a una fuente y presentarlo circuído de ruedas de limón y acompañado de una salsa de aceite.

Besugo mechado

Tiene que ser un besugo corpulento, y se mechará, no como la carne, sino dándole unos cortes al través y colocando en ellos lonjitas de tocino, sazonado con perejil y un poco de ajo majado. Se envuelve luego el cuerpo del besugo, bien untado de aceite y polvoreado de sal, en pan desmigajado (no rallado), y el pan ha de impregnarse de aceite también, antes de aplicárselo, y ha de exprimirse con la mano, para que no lleve excesivo aceite. Con el pan se mezcla perejil picado a lo invisible. En seguida se pone el besugo en el horno, y si se viere que se secaba, al dorarse el pan, se regaría con un poco de caldo

Ha de ir el besugo a la mesa asadito, pero jugoso. Al servirlo, zumo de limón.

Lenguado cocido

El lenguado, para cocerse, ha de ser de buen tamaño.

Si hay agua de mar, cuézase en ella. Si no hay agua de mar, empléese agua bien salada.

Ya cocido, se escurre y se sirve con patatas enteras y de tamaño igual, cocidas en la misma agua, echando por encima, al pez, un poco de manteca fresca de vacas, derretida.

Al lenguado cocido le está bien la salsa blanca (véase *Salsas*), servida en salsera.

Lenguado en engañifa

A veces necesitáis, para un convite, un lenguado de buenas dimensiones, y sólo aparecen pequeños. He aquí cómo se imita un lenguado grande:

Levantad, de cada lenguado pequeño, los cuatro filetes. Así que tengáis una cantidad regular de filetes, en la fuente donde hubiéseis de colocar el lenguado grande, vais colocando los filetes con primor, formando el cuerpo del pez. Armado el cuerpo, colocáis a las extremidades una cabeza y una cola, y luego ponéis el aderezo que os plazca, sea *bechamela* (para lo cual deben estar cocidos los filetes), o sea *gratín*. Debe procurarse que el aderezo o salsa se extienda sobre el cuerpo. Por lo demás, este sistema es hasta mejor que el del pescado entero; evita las espina, y el sabor es igual.

Lenguado al gratín

Esta es una de las recetas que más varían en los diferentes libros de cocina; yo doy las tres que he experimentado y visto que son buenas. En lo esencial son iguales; la diferencia es de refinamiento.

1º *Lenguado al gratín casero y modesto.* El pez no ha de ser muy pequeño: los lenguados demasiado pequeños están mejor fritos. Se vacía y escama el lenguado; se le arranca la piel negra del dorso, y se le practican dos incisiones de arriba abajo por ambas caras, y algunas incisiones transversales, a fin de que el adobo lo penetre bien. Se frota luego por todas partes con limón. En el fondo de la fuente se tiende una capa de pan rallado, perejil finísimamente picado, cebolla también menudísimamente picada y ya rustrida, y se añade aceite en cantidad suficiente. Se acuesta encima el lenguado; se le pone alrededor y encima la misma guarnición; se salpimenta; se moja con un vaso de vino blanco, y al horno quince o veinte minutos, sin dejarlo que se seque o se tueste. Se sirve en la propia fuente, y mejor si es de plata y oval.

2ª *Lenguado al gratín escogido.* Se hace como el anterior, sólo que —en vez de aceite, se emplea manteca fresca de vacas— en vez de vino blanco común, buen Riscal blanco o Sauterne y a la guarnición se añaden setas, quenefas, colas de langostinos, huevas de pescado, quisquillas, trufas, guisantes, penquitas de coliflor, y se adorna caprichosamente, con ruedecitas finas de remolacha y zanahorias (ya cocidas como todo lo demás de la guarnición, que ha de estar cocido y rehogado).

En suma, cuesta mucho más caro el plato, y es más distinguido.

3ª *Lenguado al gratín abundante.* Algunas veces un hermoso lenguado desespera a las amas de casa, por temor de que no alcance para el número de convidados. He aquí el modo de aumentarlo cuanto se quiera:

Se prepara como en la primer fórmula, pero en una fuente donde el pez esté muy holgado y quede un espacio para la guarnición. Esta guarnición debe estar ya sazonada y guisada, y no hay más que colocarla alrededor cuando el lenguado va al horno. La guarnición puede ser:

1.º Una menestra de legumbres, con su Jamón, etc.

2.º Guisantes, coliflor, colecitas de Bruselas.

3.º Un picado de carne, jamón, tocino, todo con *bechamela*.

4.º Un picado de marisco o pescado fuerte, como almejas, mejillones, langostinos, ostras, aviñeiras, langosta, atún, salmón, caviar. Todo sirve para esta guarnición y realza el gusto del lenguado, siempre que la guarnición esté ya bien guisada, sabrosa y jugosa. Evitar, en el lenguado al *gratín*, la secura, que lo desazona por completo. Debiendo estar jugoso el lenguado al *gratín*, no se sirve salsa con él. Si se tiene la desgracia de que se seque, sírvase una salsa para ocultar el percante.

Filetes de lenguado en pirámide

Para hacer este plato se necesitan tres buenos lenguados, carnositos.

Echense, ya limpios, en agua hirviente y salada; después de un solo hervor, apártese la besuguera al margen del fuego; pasados diez minutos, escúrranse los lenguados y déjense casi enfriar; sáquense entonces los filetes: cada lenguado da cuatro.

Regularícense, que tengan igual longitud; pónganse en un plato, sazónense y riéguense con aceite y vinagre.

En fuente redonda, hágase una pirámide bien formada de ensalada, compuesta de remolacha, zanahoria, patata, todo cocido; añadid un picado de pepinillos, algunas alcaparras, setas en vinagre; sazónese como toda ensalada, y añadid dos cucharadas de picado de mayonesa presa en gelatina.

En el remate de la ensalada, colocad un copetito de lechuga y berros.

Alrededor de la pirámide de ensalada y apoyados en ella, colocad de pie, con primor, los filetes de lenguado, y en torno de la pirámide y al borde de la fuente, pongan triángulos de gelatina.

En salsera, una salsa, tártara o remolona; de las fuertecitas del pescado.

Este plato frío es muy vistoso.

Rodaballo cocido

Limpio el pez, se coloca en el doble fondo de la pescadera, y se cuece suavemente, de hora y media a dos horas, en caldo blanco un poco salado.

Cuando empieza a hervir, se aparta para que cueza a remanso.

Se escurre, y se sirve con alguna de las salsas indicadas en su sección.

Hay también quien lo cuece en agua salada, o «agua buena» y lo presenta sencillamente con las vinagreras y rodeado de patatas cocidas y de las cebollas con que coció.

Rodaballo salvado

Siempre que el rodaballo, sin estar pasado, no sea muy fresco, en vez de cocerlo, según la precedente fórmula, vale más del modo siguiente: En cuatro o cinco litros de agua, disolved medio kilo de sal; añadidle una docena de hojas de laurel, otras tantas cebollas cortadas en pedazos, un puñado de perejil, igual cantidad de cebolletas, y un ramo de tomillo; hierva a fuego vivo durante un cuarto de hora; pasad y dejad enfriar.

Vertedlo por encima del rodaballo, cuidando de no mezclar con el líquido el depósito que haya podido formar al enfriarse. Concluid luego la cocción del rodaballo en el caldo blanco. Servidlo con perejil fresco; venga con él una salsera con manteca derretida, si ha de comerse caliente, y las vinagreras, si ha de comerse frío (que es mejor siempre que la frescura del pez ofrece duda).

Trozo de rodaballo al Champagne

Guiso caro y elegante.

Coced en una gran marmita tres o cuatro lonjas de buey magro con otras tantas de tocino, hierbas finas, dos cebollas mechadas con clavos de especies, sal y pimienta. Después que la carne suelte el jugo, sacadla; añadid al jugo dos cucharadas de harina, para hacer un rojo; mojad poco a poco con una taza de consumado, despegando el fondo con cuchara de palo. Meted en la marmita el trozo de rodaballo envuelto en lonchas de tocino; poned encima las lonjas de buey, y verted sobre todo una botella de vino de Champagne; sirve perfectamente el nacional, de Codorniú o San Sadurní de Noya. Dejad cocer durante media hora a fuego muy lento; retirad el rodaballo con precaución, a fin de no estropearlo; al servir, quitad las lonjas de buey y colocadlas en una fuente con una salsa de cangrejos (véase *Salsas*). La fuente ha de rodearse de un cordón de cangrejos de río, colocados alrededor del rodaballo.

Congrio o anguila de mar con cardo

Si el congrio es fresco, se procurará que sea de la parte del vientre, porque es la que menos espinas tiene, pues oí a una antigua cocinera que el «congrio abierto y la merluza cerrada», dando a entender cual es lo mejor de cada pescado.

Limpio y cortado en trozos, se refríe en aceite, con un poco de cebolla; se pone en una cazuela, con salsa de perejil, piñones majados y caldo de sustancia. Se sazona y se deja a hervir con el cardo, que ya estará pelado, troceado y medio cocido. Cuando el cardo se empiece a ablandar, se puede servir el plato.

Si el congrio es del que se vende seco, se deberá tener en remojo veinticuatro horas, y se guisa del mismo modo.

El congrio se guisa igualmente con alcachofas o guisantes.

Congrio a anguila de mar en arroz

Se corta el congrio en ruedas, y mejor en pedazos pequeños, quitándole toda la espina que se pueda.

Se fríe en la sartén bastante cebolla picada y un tomate hecho trozos, como para el potaje de garbanzos, y se sazona con sal, pimienta y una miajita de pimiento picante. Se le pone también un diente de ajo machacado, y perejil muy picadito.

En este refrito se ponen, luego que esté empezada a dorar la cebolla, los trozos de congrio. Así que toman color, se pasan a una marmita con su guiso, y con dos veces tanta agua salada como ha de ser la cantidad de arroz. Se pone el arroz, se deja que de un hervor, se retira a fuego manso, se zarandea un poco el guiso moviendo la tartera por las asas, y se sirve cuando el arroz esté en punto.

Doncella en tartera

Guiso español. Se limpia y hace trozos la doncella, y se ponen los trozos en una tartera con agua, un vaso de vino, sal, cebollas partidas, ajo machacado, aceite, pimiento y una gran corteza de pan tostada y mojada en vinagre, deshecha.

Se tiene hora y media a fuego manso, y se revuelve alguna vez, para que no se pegue; cuando se vea que está a punto, se sirve con su guiso.

Gallo o san Martín, con guisantes

Guiso de primavera. Se cuecen guisantes nuevos en agua y sal; se sazonan, cuando están a medio cocer, con sal y pimienta, y un polvo de azúcar, y se terminan escurriendo el agua y poniéndolos con manteca a saltear al fuego.

Se tiene cocido el san Martín, con cebollas, y se escurre el agua, haciendo un puré de las cebollas y añadiéndolo a los guisantes, y echándolo por encima del pescado, con el cual debe dar un hervor.

Corvina asada al agrio

Se limpia la corvina, se sala, y se asa en marmita, en aceite, sobre un lecho de ralladura de pan con perejil picado, y regándola, si se ve que se seca, con una mezcla de vino blanco, vinagre, limón y agraz. Ese mismo agrio se presenta en salsera, al servirla, añadiendo, para espesar la salsa, un ligero puré de patata, y para la sazón, pimienta. A falta de agraz, se puede usar zumo de naranja agria.

Mendo en blanco

Se cuece el mendo con agua y sal, se seca y escurre.

Se derrite en una sartén manteca de vaca muy fresca, y en ella se rehoga un picadillo de perejil, puerro, zanahoria y cebolla. Cuando todo está pasado, se añade un cuartillo de leche, en el cual se deslíen dos cucharadas de fécula de patata. Se echa todo ello sobre el pescado, y se deja cocer a fuego manso como media hora. Luego se sirve.

Mújol cocido

Se cuece en «agua buena» y se presenta con guarnición holandesa (patatas cocidas y salsa holandesa) o con cebollitas cocidas y cualquiera de las salsas para pescado cocido.

Mújol frito

Se fríe en trozos, con su piel, en mucho aceite, y se presenta guarnecido de patatas fritas, cortadas muy delgadas, que, al freirse, se enroscan.

Robaliza cocida

A la robaliza llaman en Asturias lubina, y en Andalucía se la considera como una especie de mújol.

La robaliza, como todo pescado, se cuece en agua fría, salada, en la cual se echa una cucharada de aceite, unas gotas de vinagre, un puerro, dos cebollas, perejil y cebolletas.

Se sirve con aceite y vinagre, o con salsa holandesa y patatas cortadas en figura de aceituna enorme.

Róbalo o lubina a la casera

Se ata la cabeza de la lubina, se coloca en la pescadera con unas cebollas cortadas a ruedas finas, un ramillete, y a los lados patatas rebanadas del tamaño de un duro y del grueso de medio centímetro; se echa agua que cubra apenas la lubina, agregándole un poco de aceite fino y un filete de vinagre; se pone a fuego fuerte, y cuando ha levantado el hervor, se espuma, se retira un poco y se deja que vaya cociendo por espacio de unos diez minutos; se aparta luego del todo, teniendo cuidado que no se deshaga la patata; cuando se va a servir, se coloca en una fuente, quitándole el hilo; se pone la patata a los lados, bien colocada con una espumadera; se recoge la cebolla, que se extiende por encima, y se le echa un poco de caldo del mismo de la lubina, al momento de servirla.

Cola de róbalo en salsa

Según Cornide, el róbalo es la lubina, quizá también llamada en Francia *loup*.

Se pica puerro, cebolla, cebolleta y perejil, y se une a un buen trozo de manteca y cincuenta gramos de harina; se sazona con sal, pimienta y moscada, y se pone sobre el trozo de róbalo, que se cocerá a fuego moderado; y cuando vayan estando cocidos el pez y la salsa, se le añadirá un vaso de vino blanco de Salvatierra.

Rueda de atún mechada

Aquí hacemos poco aprecio del atún, y se considera pez ordinario. Sin embargo, con un guiso fino, puede presentarse en una mesa distinguida.

Hay que tomar una hermosa y gruesa rueda de atún y mecharla con filetitos de tocino y de anchoa. Blanquéese luego sin dejar que hierva, con agua salada y acidulada, hasta que se atersen sus carnes; luego refrésquese, enjúguese y póngase en una cacerola plana.

Píquese una cebolla, rehóguese con manteca, sin que tome color; salpíquese con una cucharada de harina; désele vueltas a ésta un minuto y deslíase poco a poco con caldo caliente, de modo que forme una salsa ligera; revuélvase hasta que hierva esta salsa y déjese bullir algunos minutos; luego tamícese sobre la rueda de atún, que la cubra; añádase un ramillete y perejil; vuelva a hervir la salsa, retírese a fuego manso y déjese así tapada una hora.

Al ir a servir, quítese la piel al atún, sacándolo con la espumadera, y colóquese la rueda en un plato. Déjese reducir un poquito más la salsa, líguese con dos yemas de huevo y échese sobre el atún, salpicándolo con una cucharadita de alcaparras enteras y perejil picado.

El atún mechado puede figurar como *relevé*, después de la sopa.

Salmonetes achicharrados

Límpiense y háganse con la punta de un cuchillo incisiones de arriba abajo y de derecha a izquierda, para que la piel no reviente. Polvoreadlos con sal fina y un poco de pimienta. Rocíense con aceite, déjense así una hora, y luego séquense con un paño, y a la parrilla, a fuego vivo, volviéndolos para que se doren por ambos lados.

Derretid en una cazuela ciento veinticinco gramos de manteca; añadidle los hígados de los salmonetes, bien machacados en algunas cucharadas de agua; incorporadle una buena cucharada de alcaparras. Los salmonetes tostados en las parrillas no han de rociarse con esta salsa; se echa en una fuente, y encima se ponen los salmonetes.

Raya frita

Para freír la raya hay que partirla en trozos y marinarla en sal, vinagre, harina, perejil y cebollas cortadas.

Se deja así cuatro horas, y luego se fríe en aceite, envuelta en batido de huevo y harina.

Raya guisada

Se cuece primero con «agua buena» y un vaso de vinagre.

Cocida ya, se fríe cebolla en ruedas, perejil picado, ajos y un poco de jamón y tocino cortado en dados.

Se añade este refrito, en una marmita, con el aceite, a la raya, que se habrá escurrido bien, y se deja a fuego manso unos veinte minutos. Luego se sirve.

No está mal este guiso con añadidura de guisantes.

Raya con queso

Cuézase una raya en «agua buena» y con un vaso de vinagre; escúrrase, recórtese, pélese y póngase en un plato mantecado, por capas de carne de raya y capa de salsa *bechamela*, con mucha pimienta, salpicando todo de queso de Parma rallado.

Póngase a la boca del horno unos minutos, y sírvase.

Estofado de pescado

Sirven para este guiso la robaliza, la lubina, el rodaballo, la merluza, el congrio.

Se limpia el pez, se corta en tajadas y se pone en la olla, con una cucharada de vinagre fuerte, sal, pimienta, moscada, aceite, dos cebollas y una cucharada de agua.

Tápese la olla con papel de estraza, póngase encima una tarterita con agua y déjese a fuego manso como media hora.

A la media hora se destapa y se le añadirá caldo, vino blanco, un rojo de harina y seis cebollitas pequeñas.

Hierva con este nuevo aderezo como otra media hora, y sírvase luego en una fuente, guarnecida en el fondo con tostadas de pan frito.

Torta de pescado

Sirve cualquier pescado que tenga la carne blanca y firme. El róbalo, el lenguado, la dorada, y aún el salmonete.

Se hace cocer el pescado en caldo corto bien sazonado, y después se le quita toda la carne; se tiene preparada una salsa blanca (véase *Salsas*), se echan en ella los trozos de pescado, y bien caliente todo, se coloca en la tortera, que se prepara así: se cuecen algunas patatas en muy poca agua, se pasan, y se añade a este puré un regular trozo de manteca (ninguna leche si ha de ir en molde) y dos huevos enteros. Se trabaja la pasta; si hay un molde de corona, se enmanteca, se echa la pasta, y al horno veinte minutos. Bien dorada la pasta, se extrae del molde sobre una fuente y se colocan en medio pescado y salsa. Si no hay molde, se arma la corona con las manos dentro de un plato hueco, y se cuece quince minutos al horno; se le coloca el pescado en el centro, y al horno unos minutos más para servirlo caliente del todo.

Espuma de pescado

Deshágase pan en leche; luego quítense las espinas al pescado asado o cocido que haya sobrado y písese con la leche y el pan; añádase cuatro yemas de huevo, un buen trozo de manteca fresca y dos claras batidas a punto de nieve. Mézclese todo y cueza al baño de María. Desmoldéese y sírvase con salsa blanca.

Sábalo asado

Tómese un buen sábalo, quítense las aletas y póngase en adobo una hora con sal, aceite, cebolleta en raspa y ramas de perejil.

Asese a fuego no muy vivo, despacio, regándolo con aceite y volviéndolo.

Sírvase en una salsa de manteca derretida, perejil picado y zumo de limón.

Sábalo o alosa cocidos

Tómese un sábalo regular y límpiese sin escamarlo; póngase en la pescadera con agua, sal, vinagre, ramo de perejil; dése un hervor y póngase a fuego manso, lejos del ojo de la lumbre, treinta y cinco minutos.

Retírese, escúrrase y escámese entonces, lavándolo con su propio cocimiento; preséntese luego con patatas redondas y acompañada de una salsa holandesa.

Sardinas en cajetín

Fue este guiso el primero que hice en mi vida, por cierto en las Rías Bajas, y no lo encontré después en ningún libro.

Escamadas, limpias y descabezadas las sardinas, se hacen cajetines parecidos a los de las mantecadas, pero más largos, de las dimensiones del pez.

Se untan de aceite y se coloca en el fondo una capa de pan esmigado, impregnado en aceite también, y la sardina sobre este lecho.

Se acaba de llenar el cajetín y de cubrir la sardina con un refrito de tomate y cebolla picada, perejil, sal y pimienta y un polvo de pimiento rojo, y este refrito ha de ir jugosito de aceite.

Se asan luego las sardinas, dentro de sus cajetines, en la parrilla o en el horno.

Si se hacen cuidadosamente los cajetines, el plato no tiene mal aspecto.

Con él se sirven pimientos verdes, muy chiquitos, fritos.

Boquerones fritos

Se preparan en ramilletes, reuniéndolos por la parte de la cola y descabezándolos. Se fríen con mucho aceite, envueltos en harina y huevo

Boquerones al horno

En una fuente que resista el fuego, se ponen los boquerones arreglados simétricamente y se aliñan con aceite, agua (una parte de aquel y dos de ésta), perejil y ajo finamente picados y una buena cucharada de pimiento, todo sazonado convenientemente. Se mete la fuente en el horno templado y se saca cuando los boquerones empiezan a separarse de la espina central. Se sirven en la fuente.

PECES DE DOS AGUAS Y AGUA DULCE

Truchas

Sean o no asalmonadas, las truchas de buen tamaño deben presentarse cocidas por el mismo procedimiento que el salmón. En la sección correspondiente se encontrarán las salsas y las guarniciones.

Salmón cocido

El salmón es siempre plato fino y caro.

Rara vez, excepto en convites, se presenta entero. Generalmente, las recetas se refieren a un trozo. El mejor es el central.

En la cantidad de agua necesaria para cubrir bien un kilo de salmón, se echa una buena cucharada de aceite, media escasa de vinagre, seis u ocho granos de pimienta y la sal. Todo esto debe cocer bastante tiempo para que el aceite pierda el crudo y el agua se aromatice con la pimienta. El pez se echará cuando el agua esté en completa ebullición, y cocerá de diez minutos a media hora, según el grueso.

El salmón cocido se sirve rodeado de patatas, en figura de aceituna grande, o de langostinos, alternando con ruedas de huevo duro o con cualquiera otra guarnición más nueva, siendo muy bonita la de timbalcitos de masa fina, llenos de hortalizas diversas, ya cocidas y sazonadas y bañadas en salsa tártara o mayonesa.

Todas las salsas del tipo de la mayonesa y remolona acompañan bien al salmón cocido.

Salmón frito

El salmón se fríe sin rebozarlo en nada. Se hace chocolate, como una taza, y se le añaden una o dos yemas de huevo bien batidas al chocolate, que no debe estar caliente. Luego, con esta mezcla, se baña el salmón frito al servirlo.

Rueda de salmón tostada

Córtese una buena rueda de salmón y póngase a marinar con aceite fino, sal, pimienta y hierbas finas picadas. Revuélvase la rueda en la marinada, dejándola en ella dos horas.

Poned el pescado en las parrillas a fuego moderado, que se ase poco a poco; volvedlo, con cuidado de no deshacerlo, lo cual lograréis tapándolo con un plato y volviendo la parrilla, de modo que el pescado quede en el plato, y luego se desliza sobre la parrilla por la parte opuesta.

Terminada la operación de asar, despellejad, colocad la rueda en fuente redonda, sobre servilleta. La salsa se hace con una cucharada de harina, sal, pimienta y moscada, treinta gramos de manteca y clavillo. Hierva todo a fuego lento, hasta formar una papilla clara, revuélvase sin cesar, y añádanse doscientos cincuenta gramos de manteca; siga al fuego un cuarto de hora sin hervir, revuélvase sin cesar y tamícese antes de servirla con el salmón.

Anguila a la moderna

Se cortan las anguilas en pedazos, y se ponen en una cacerola con sal, manteca y ramillete.

En otra cacerola se rehogarán, con manteca, unas cebollas cortadas en rebanadas, hasta que tomen color; se echarán sobre la anguila, sazonándola con las cuatro especias, pimientos encarnados, pimienta de Cayena, un vaso de vino tinto seco, otro de Jerez, un puñado de setas y un poco de caldo de pescado. Se cubre la cacerola con papel de estraza y su tapadera, a fin de que no se evapore el guiso. Cuando esté cocida la anguila, se quitará el ramillete. Cuando esté en su punto, sírvase.

Es plato frío.

Anguila enrollada

Hace falta una anguila de buen grosor.

Se limpia, se le corta cola y cabeza; se la abre en canal y se desespina; se aplasta sobre una mesa, con la piel hacia abajo; se hace un relleno con dos o tres huevos duros picados, un poco de pan mojado en leche, perejil, cebolletas y manteca para ligar. Extiéndase esta pasta sobre la anguila; tómese por la cola y enróllese sobre sí misma, amárrese bien y cuézase en caldo corto, con bastantes especias. Déjese enfriar, y ya bien fría, desátese, córtese en rebanadas y sírvase con salsa remolona y rodeada de gelatina picada.

Lamprea frita, cocida y asada

Después de bien limpia y rascada, se fríe en trozos; luego se echa en la cazuela, donde habrá a partes iguales aceite y manteca, con perejil picado, pimiento, cebolla picada y sal; en esta salsa se cuece bien, y luego se saca y cubre con pan rallado, y se pone a asar, colocándola después en la fuente. Por encima, una salsa formada con su cocimiento, añadiendo harina tostada y dos huevos. Todo ello incorporado y caliente.

CRUSTÁCEOS Y MOLUSCOS

Langosta al natural

La langosta se cuece, si se puede, viva, y cuanto más viva, mejor; en agua de mar si se puede también, y atada, con la cola recogida hacia la cabeza y las patas replegadas. Cuando tome un color rojo bonito, está cocida. Si el agua es dulce, sálese bastante.

El agua en que cueza la langosta ha de estar hirviendo.

La langosta, después de cocida y extraída de su concha, puede servirse sin aderezo ni aliño alguno, colocada lo mejor posible en una fuente, con la carne de la cola los trozos del cuerpo, que se habrán despojado de los tabiques, y la carne de las patas, alrededor. Se servirá con ella una salsa tártara en salsera, y otra, vinagreta o salpicón, para que cada cual la sazone a su gusto.

No es operación tan fácil como parece la de mondar una langosta. Hay que cuidar de que la cola quede entera; las patitas han de salir sin magullamiento, y hay que recoger el puré sin manchar las carnes, y presentarlo en montoncitos al lado de la cola, lo mismo que el coral o huevas, si las tiene.

Langosta en bella vista

Este modo de presentar la langosta ha pasado de moda, por lo mucho que de él se ha abusado en fondas y banquetes de menor cuantía. No obstante, se sigue practicando.

Es como el jamón en dulce con huevos hilados: un plato cursi, que continúa gustando a mucha gente. La receta que sigue está un poco perfeccionada.

Cocida la langosta, se monda, cuidando de conservar bien la concha entera, con las barbillas de la cabeza. Se frota la concha con aceite para que brille y se avive su color, y aplastándola a fin de que no haga joroba en medio, y puesta en la fuente, sobre una servilleta limpia y fina, se van colocando encima del caparazón las ruedas o *escalopes* de carne de langosta, intercalando hojitas de lechuga muy pequeñas y frescas.

Alrededor, se guarnece el plato con las patas de la langosta, alternada con huevos duros y aceitunas gordas deshuesadas, a las cuales se les planta en medio una hojita de lechuga o de berro, o un ramillo de escarola.

Cabe complicar este adorno con esos tomatitos pequeños que se llaman capulís, o cor. redondeles y figuras, sacadas a hierro, de pimientos verdes, rojos y amarillos, naturalmente, asados ya; de remolacha, zanahoria, berros, etc. Con estos elementos, he obtenido una decoración bonita.

Al vaciar la langosta, no hay que contentarse con aprovechar la cola y patas. Hay que sacar: la carne que está entre tabiques, el puré oscuro interior y el coral. Se maja en mortero, y se pasa por tamiz, desliendo con un vaso chico de caldo y otro de Jerez. Y con esta especie de manteca, se puede rodear la langosta, o llenar una salsera grande, no sin haberle echado un polvito de sal otro de pimienta. Esta salsa es muy apetitos

Langosta al chocolate

Cuézase y pártase en trozos no grandes la langosta. En vez de una langosta grande, dos langostas chicas.

La langosta se parte viva y se cuece en agua hirviendo, sorprendiéndola, quiere decir, de un solo hervor, fuerte y corto.

Después, se saca del agua y se ponen los trozos, escurridos, en cacerola, con cebolla, perejil, perifollo, sal, pimienta, clavo, moscada y cayena, todo ello ya rehogado junto a fuego vivo, en aceite. Hecho el rehogado, se añade media onza de chocolate en polvo y una copa de Jerez seco.

Este guiso se vierte sobre los trozos de langosta, con los cuales se deja hervir, con fuego encima y debajo.

Langosta viva

Despedácese viva la langosta, y póngase los trozos a fuego fuerte, en cazuela baja, con aceite o manteca clarificada. Cuando está casi cocida, desengrásese, échese encima un vasito de coñac, y préndase fuego. Así que se apaga, añádase el aderezo a la americana, que figura en la receta siguiente; dénsele uno o dos hervores, y sírvase.

Langosta a la americana

Esta fórmula de langosta a la americana es sencillamente langosta cocida, cubierta con el aderezo siguiente:

Córtese en ruedas finas una zanahoria y una cebolla; pónganse en cazuela con setenta y cinco gramos de manteca; hiervan sobre fuego moderado hasta que adquieran color; mójese entonces con un vaso de sustancia de caldo y otro de buen vino blanco; añádase un diente de ajo, un ramillete completo; hierva otra vez hasta que reduzca la mitad; pásese y vuélvase al fuego con una cucharada de puré de tomate, un pedazo de gelatina de carne, una pulgarada de azafrán y de pimiento; líguese la salsa con un rojo ligero, y consérvese caliente para el momento de servir. Debe tener un bonito color anaranjado y un gusto algo fuerte.

Todos estos guisos de la langosta son aplicables al lubigante, lobagante o langosta francesa, lo que en Francia se llama *homard*, y que no falta en nuestras costas.

Lobagante a la americana

Tomad un lobagante vivo, quitadle las patas y las tenazas, cortadle la cola y partidla transversalmente en seis pedazos iguales. Recoged el agua que sale del interior del pescado. Quitad luego las cortezas de las tenazas abriéndolas por el medio. Calentad aceite en una cazuela, echadle cebolla y escaluñas picadas; sofreid durante dos minutos; echad en la cazuela la carne de las tenazas y trozos de cola; hacedlos saltear sobre un fuego animado; sazonadlo todo con un poco de sal y un grano de pimienta, más un ramo de hierbas finas. Mojadlo con vino blanco, una copita de coñac y el agua del lobagante que se reservó. Tapad la cazuela y dejad cocer a fuego manso.

Cigalas guisadas

Se cuecen las cigalas, se mondan las colas, se majan las cabezas y se pasa su jugo, desliendolo con caldo. Se pone en una cacerola ese jugo, un vaso de aceite, cebolla picada, la mitad de un diente de ajo machacado, perejil invisible, puerro lo mismo, una escaluña, y se deja hervir.

Cuando esté blanda la cebolla, se le echan las colas al guiso, cortadas en tres pedazos, y se hace un espeso de harina, añadiendo un vaso de Jerez y media anchoa majada y reducida a fragmentos menudísimos. Se deja dar un hervor o dos a las cigalas, se cuida de que la salsa no sea ni muy espesa ni muy clara, y se sirve muy caliente.

Cámbaros

Los cangrejos de mar, si son chicos, no sirven más que para majarlos y hacer las bisques; pero, si son grandecitos, pueden presentarse solos, cocidos con bastante sal y especias; si es factible, en agua de mar, y si se quiere más refinamiento, en vino blanco.

Se ordenan en la fuente, sobre primorosa servilleta, de modo que formen una pirámide, en la cual se van intercalando ramitas de perejil enano rizado. Y cada cual los come como puede.

Vieiras Mondariz

Hay que empezar por cocerlas, sin que se ablanden, y luego hacer de ellas lo que se llama un *émincé*, o sea, cortarlas en laminitas finas.

Se ponen en una fuente, y se irá alternando capa de patata cocida, cortada en laminitas también delgadas, y capa de vieira.

En un recipiente cualquiera, se mezcla un vasito de vino blanco, otro de caldo, un poco de manteca derretida, pan rallado, queso de Parma, sal, pimienta y perejil picado a lo invisible. Se forma una pasta, más bien líquida, y se vierte por entre las capas. Se concluye con una de patata, espolvoreada de queso de Parma, o de Villalón, o de alguno de los quesos españoles que tienen gusto fuerte. Y se manda al horno, con fuego por encima al final, para que forme costra.

Vieiras en salsa de Jerez

Fríense las vieiras enteras en aceite y se escurren en el colador. Luego se cuecen, cosa de media hora, a remanso, en agua salada.

En el aceite se refríe un picado de cebolla, perejil y puerro, y cuando se ha ablandado se pasa por el tamiz, desliendo con un vaso de Jerez seco. Se añade el puré a las vieiras, que estarán ya escurridas, con un poquito de agua del cocimiento, y se sazona con sal y pimienta. Se añade una cucharada de harina para espesar, y al ir a servir se echa en el guiso otra copa de Jerez.

Almejas «lame lame»

Este nombre, consagrado ya, de las almejas guisadas, se debe a que se comen perrunamente, con la lengua, y además, chupándose los dedos. No es muy bonita explicación, pero es la verdadera.

Una concha, por lo menos, debe quitarse a las almejas, para facilitar la tarea de comerlas, de otro modo bien ardua.

Yo las he visto guisar así:

Se fríe bastante cebolla picada; se pasa luego a una cazuela, con algo del aceite en que ha freído; se sazona con sal y pimienta; se añade un vaso grande de vino blanco, cebolleta picada, y una cucharada de harina; se agregan las almejas, y se deja hervir como media hora escasa, revolviendo.

Ostras a la americana

Tienen que ser de buen tamaño.

Extraedlas de sus conchas, pasadlas por miga de pan rallado, y ordenadlas en parrillas de alambre, con charnelas, de modo que, cerrando la parrilla, queden apretadas las ostras. Rociadlas un poco con manteca derretida y haced que se tuesten ligeramente por ambos lados.

Acomódense sobre rebanadas de pan esparrilladas y preséntense rociadas con una salsa mayordoma (véase *Salsas*) caliente.

Calamares a lo especiero

Póngase en una cazuela un picado de cebolla, aceite, sal, setas, y para cada seis calamares, un vaso pequeñito de vino blanco, o medio de aguardiente y medio de agua.

Añádanse los calamares cortados en rajitas delgadas, y cuando se hayan ablandado, agréguese un rojo de harina, una yema de huevo por cada tres calamares, un polvo de azafrán y otro de pimienta. Déjese hervir un cuarto de hora, y cuando se vea que están en sazón, sírvanse rodeados con una corona de arroz en blanco.

Jibias rellenas en salsa

No es tan estimada la jibia como el calamar, pero no siendo muy grande y guisándola bien, no desmerece mucho.

Se pican las patas de la jibia, se añade a este picadillo otro de un poco de tocino, perejil, jamón, miga de pan remojada en vino blanco, sal y pimienta. Todo esto se amasa, y se rellenan las fundas de los calamares, que luego se fríen bien en aceite, tapada la boca de la funda con huevo y pan rallado, para que el relleno no se salga.

En el mismo aceite se fríe cebolla picada y salsa de tomate, y se pone en la tartera, con vino blanco, sal y pimienta. Se añaden las jibias y cuece junto algún tiempo. Si no se dispone de tomate, se espesa la salsa con harina.

Zarzuela de mariscos a la catalana

Según el libro en que encuentro esta receta, se trata de un plato popularísimo en Barcelona, al menos en los bodegones y colmados, y que es en realidad de sartén.

La copio, puesto que no puedo hablar por conocimiento, no habiendo probado el manjar, pero le encuentro buena traza.

Para una ración, se toma un calamar tierno (o en su lugar pulpo tierno cocido de antemano), unos seis mejillones (no dice la fórmula si descascarados, pero es de suponer), un pedazo de merluza y media pescadilla. Estas cantidades aumentarán a proporción de los comensales. Se tendrá al fuego una sartén con buen aceite, y se fríe en él un picado de cebolla; se le agregan los pescados, partidos en ruedas o en trozos, según su forma, los mejillones, un poco de tomate del tiempo, picado, algo de ajo y perejil. Saltéese a fuego vivo, sazónese con sal y pimienta blanca en polvo, rocíese con vino blanco y unas gotas de ron, déjese reducir, viértase en el plato, riéguese con un poco de zumo de limón, y puede adornarse con costrones de pan frito.

(Domenech, *Todos los platos del día.*)

AVES DE CORRAL Y PALOMAR. CAZA DE PLUMA

Generalmente en España las aves se ceban mal, y si han de emplearse para el asado, convendrá siempre elegir cuidadosamente un ave gruesa y enjundiosa. Si se matan en casa, hay que darles su tiempo para que se enternezcan: tres días en invierno y dos en verano, o menos si el calor es excesivo. Cuando el ave no está gorda, se puede recurrir a rellenarla. Los asados de ave son plato de comida, no de almuerzo.

AVES DE CORRAL

Pollos nuevos asados

Siempre debe emplearse el asador para los pollitos nuevos. Se rellenan con miga de pan fresco, amasada con manteca sin derretir, perejil picado y sal y pimienta. Ya rellenos, amárrense, ensártense y ásense a fuego vivo, regándolos con manteca; sálense, y cuando estén a punto, preséntense en fuente, sobre un lecho de escarola y cercados de berros.

Pollos a la indiana

Háganse trozos dos pollos regulares; pónganse los alones y los muslos en marmita baja, a rehogar en manteca de cerdo; cuando estén a medio pasar, añádanse los demás trozos, sazonados con sal, y acaben de cocer a fuego manso.

Cuando estén pasados, sáquense los trozos con un tenedor, pónganse en cacerola y ténganse cubiertos. A la grasa que haya quedado en la cacerola, añádanse tres cebollas blancas, hechas tiritas, y rehóguense dando vueltas; cuando están de color dorado, agréguense doscientos gramos de tocino entreverado, blanqueado ya y cortado en cuadraditos finos; un minuto después, salpíquese con dos cucharadas de polvo de cary, que se vende en todas las tiendas buenas de ultramarinos, y mézcleseles una pulgarada de harina; cueza dos minutos, deslíase luego con un vaso grande de jugo de estofado y otro tanto de vino blanco español; que hierva todo cinco minutos; añádanse los trozos de pollo; caliéntese sin hervir, y, por último, riéguese con el zumo de dos limones. Póngase en una fuente caliente, rodeado de una corona de arroz en blanco.

Pollo a la montañesa

Desplumado, limpio, chamuscado, levantadas las patas y achatado el pollo, se perdiga con manteca en la cazuela y después se humedece con medio vaso de vino blanco y otro tanto caldo, añadiendo un ramillete, pimienta y sal. Se pone a fuego manso, sin hervir, una hora; se saca de la cazuela, y se espesa el caldo con una nuez de manteca, amasada con harina. En el plato en que ha de servirse se echa la mitad de la salsa, con una cucharada de queso de Villalón rallado, se coloca el pollo; se vierte por encima la otra mitad, con otro tanto queso, y se cubre con el horno de campaña, hasta que se consuma la salsa y esté muy dorado.

Pollo salteado

Tómese un pollo gordito y tierno; córtese en trozos. Derrítase en el plato de saltear un buen pedazo de manteca, y cuando hierva añádanse los trozos de pollo, que se perdigarán media hora sobre fuego no muy vivo, de modo que no se sequen; añádase sal, pimienta y tres dientes de ajo, cortados al medio, que se sacan cuando toman color oscuro; agréguese entonces perejil picado y setas; mójese con caldo y déjese cocer a remanso, cubierta la cacerola, tres cuartos de hora. Al servir, líguese la salsa con una yema de huevo.

Pollanco a la madrileña

Plato frío. Cuézase el pollanco en caldo concentrado, con unas cucharadas de jugo de carne, y ya cocido, deshuésese. Póngase en prensa; despelléjese y esté en adobo dos horas con aceite, vinagre, limón, perejil y estragón picado; sáquense, escúrranse y ordénense los trozos en un plato, cubriéndolos con mayonesa y metiendo el plato en la heladora, para que la mayonesa se congele y el pollanco vaya a la mesa bien frío. Y aprovecho la ocasión de advertir que los platos fríos deben siempre estar friísimos, y los calientes, calientes de verdad, principio que olvidan las cocineras, sobre todo cuando recalientan algún plato. Verdad es que pocos platos deben recalentarse.

Pollos en fricasea

Este guiso es de los aclimatados en nuestra cocina, y el nombre, castizo.

Trocéense dos pollitos lucidos, cada uno en cinco pedazos; pónganse primero en cacerola, con grasa de cerdo, los alones y los muslos; añádase tocino entreverado, en cuadraditos. Colóquese la marmita a fuego vivo; rehogad revolviendo; sazónese; añádase el resto de los trozos. Auméntese harina, vino blanco, caldo del puchero; revuélvase hasta que hierva; déjese reducir la salsa diez minutos; apártese del fuego.

Rehóguense en otra cacerola, con grasa, tres docenas de cebollitas muy iguales y blancas; écheseles sal y una pulgarada de azúcar; sáquense con la espumadera y agréguense al guiso; a la vez deben estar en punto las cebollas y los pollos, para lo cual las cebollitas deben ser tiernas y nuevas. Al ir a servir, después de desengrasar la salsa, colóquense bien los pollos en la fuente, y alrededor las cebollitas; líguese la salsa con yema de huevo, y, tamizada, viértase sobre los pollos.

Pollos en blanqueta.

Trocéense los pollos y pónganse en cacerola, con tanta agua como vino blanco y caldo del puchero; sazónese; déjese dar un hervor.

Retírense del fuego, rehóguese en manteca una cebolla picada y que no tome color; añádanse los trozos de pollo, saltéense al fuego unos minutos; sazónese un poco más, salpíquese con un puñado de harina, mójese con el cocimiento, vuélvase a poner al fuego, y revuélvase hasta que hierva; ya estará ligada la salsa entonces; añádase un ramillete de perejil, una hoja de laurel, despojos de setas, pimienta en grano y un clavillo; téngase a fuego muy flojo, hasta que los pollos se cuezan bien. Sáquense entonces los trozos con tenedor, échense en cacerola más pequeña, desengrásese la salsa, tamícese, redúzcase unos minutos sobre fuego vivo; cuando esté reducida, líguese con tres yemas de huevo, y añádase un polvito de moscada, un poco de perejil picado y el zumo de un limón. Echese sobre los pollos y sírvase.

Gallina cebada, con ostras

Para este plato conviene una de esas aves exquisitas que vienen de Francia y se llaman «pulardas del mans». Pero se puede hacer con una gallina española cebadita.

Amarradla y cocedla en buen caldo. Cuando esté medio cocida, hágase un rojo no muy oscuro con harina y el cocimiento.

En manteca fresca, rehóguense setas picadas, hasta que tomen color, y escálfense en vino blanco cuatro docenas de ostras.

Reúnase la manteca en que cocieron las setas, el cocimiento de la gallina y el de las ostras, y con todo, póngase al fuego la gallina cinco minutos, hasta que hierva. Entonces se le agregan las setas, las ostras, un poco de pimienta, sal, y con todo hervirá lentamente media hora. Apártese del fuego, tamícese la salsa, reduzca un poco, vuélvase a echar sobre la gallina y el guiso, y líguese con dos yemas de huevo.

Sírvase la gallina en el centro, el guiso alrededor, y una orla de grandes costrones simétricos de pan frito.

Gallina estofada por lo fino

Tiene que ser una gallina muy gorda.

Soflamada, limpia y descañonada con primor, rellénese con un picadillo de tercio de ternera, tercio de jamón y tercio de tocino; amásese con miga de pan ablandada y picadillo menudo de perejil y cebolla; con este amasijo rellénese la gallina, cósanse las aberturas por donde pudiera salirse y repliéguensele las patas hacia dentro, amarrando.

En tartera grande de barro derrítase media libra de tocino, y, añadiendo la gallina hágase que tome color por todas partes, agréguese un ramo de perejil, un clavillo, un buen puñado de morillas o de setas secas, un gran tomate troceado, sal, un polvo de pimienta y otro de moscada, y, por último, dos manos de ternera deshuesadas y cocidas en agua veinte minutos.

Mójese con un vaso grande de vino blanco; al primer hervor retírese la marmita del fuego vivo y póngase a cocer despacio, cubriéndola con un plato lleno de agua; déjese así por espacio de tres a cuatro horas, en que el agua no debe hacer sino estremecerse.

Dos horas después de haber puesto al fuego la gallina, se le añaden quince cebollitas chicas y una zanahoria gorda, troceada en crudo. Hasta que estas hortalizas estén cocidas, la gallina no está en punto.

Hay que mirar si el guiso se seca, para añadir vino.

Cuando esté en punto, sáquese, escúrrase, desátese, trínchese y preséntese con el cocimiento pasado por tamiz, alrededor, y el relleno en cuatro porcioncitas, alternando con las morillas o setas, las manos cortadas en pedacitos chicos.

Que vaya a la mesa caliente.

Se puede adornar alrededor con costrones.

Gallina cocida y bañada

Es un modo sencillo y sano de comer la gallina del puchero.

Se saca cuando está cocida, se corta y ordena en una fuente, cerca del fuego si no se quiere comer fría, y se cubre de salsa blanca, *bechamela* o mayonesa. La mayonesa es siempre fría, pero la *bechamela* y blanca sirven si se prefiere caliente el plato.

Pechugas de gallina a la suprema

Este plato, que parece caro, puede hacerse con economía y sencillez, procediendo del modo siguiente:

Para doce convidados, se quitan las pechugas a cinco gallinas. Con el resto de las aves se puede hacer, para el otro día, un relleno de pastel y para el siguiente, un arroz; el pastel, como es sabido, se conserva varios días.

Cada media pechuga de gallina se divide delicadamente, a lo largo, en dos, después de cocidas, y así, de cinco gallinas se obtienen veinte porciones.

Se cuecen en agua salada; y no mucha, para que no pierdan la sustancia; se sacan y se dejan enfriar. Con el agua del cocimiento, buen consumado y cola de pescado, se hace la gelatina, y al cuajarla en la fuente honda, se le mezclan pedacitos de trufas y de pepinillos, picados menudamente.

Se ordenan las pechugas, ya frías, en pirámide, en la fuente donde se han de servir; se cubren con salsa remolona, alisándola bien, y se guarnecen alrededor con pedacitos de la gelatina o con un picado de la misma.

Capón adornado

El capón asado se presta a guardar lo que sobra para hacer un plato bonito al día siguiente. Se ordenan los restos en una fuente, y se cubren de mayonesa o remolona, rodeando el plato con timbalcitos de pasta fina, como la de las rosas y flores de Carnaval, llenos de menestra de hortalizas, alternando con triángulos de gelatina de caldo en que se ha cuajado un picadito de trufas.

Pavipollo en su jugo

Dórese primero en manteca el pavipollo; póngase luego en cacerola que tenga en el fondo lonchas de tocino y ternera; al colocarlo, quede el caparazón hacia arriba; mójese con caldo y sazónese con sal, pimienta y ramillete. Que cueza a remanso, de dos o tres horas. Pásese la salsa, desengrásese el pavipollo y échesele la salsa encima, al ir a servir. Debe acompañar a este asado alguna de las ensaladas finas que se encontrarán en la sección correspondiente.

Pava en su corte

La pava se asa mejor en una cacerola grande, en el horno, en manteca o grasa de cerdo. Se amarra y se le coloca sobre la pechuga una albarda de tocino gruesa. Antes se habrá salado por dentro y fuera, y al interior, después de una fricción de coñac, se le meten seis cebollas gordas, que se retiran al trinchar.

Se cuida bien de la cocción. Se vuelve varias veces, para que se ase por igual. Se riega con la grasa, y si se ve que se seca, se riega también con caldo.

Se tienen asados o fritos unos veinte pajaritos madrileños, y, al servir la pava, se rodea con estos pajaritos, descabezados ya y recortados, la fuente, metiendo entre cada pajarito berros o un cogollo tierno de lechuga.

Crema de ave

De restos de ave o de un ave cocida a propósito, hágase un puré, majando primero los pedazos hasta reducirlos a pasta, añadiéndoles como la mitad de fécula de arroz o de fideos majados igualmente.

Deslíase esta pasta con yemas de huevo (para cinco cucharadas soperas de puré, diez yemas) y vaso y medio de nata o de leche sin desnatar; sazónese con sal y moscada; pásese por tamiz fino; viértase en un molde bajo, mantecado ya, y en cuyo fondo haya un redondel de papel, y cuidando de conservar a media altura el agua, cueza al baño de María una hora.

Desmoldéese en un plato redondo y échesele por encima un poco de salsa rubia (véase *Salsas*), sirviendo en el acto.

Plato delicado.

Pato guisado con castañas

Vacíese el pato, soflámese, y sorpréndase a fuego vivo. Añádanse zanahorias, cebollitas pequeñas, nabos, coles de Bruselas, pedacitos de tocino, sal, pimienta, ajo, ramillete; mojad con caldo o con agua, un vaso de vino blanco y dos dedos de coñac; poned las hortalizas, según el tiempo que necesiten para su cocción. Añadid castañas, ya cocidas y blandas. Cuando todo está tierno y apetitoso, sírvase.

Salmorejo de pato

Tómense dos patitos tiernos; vacíense y lávense por dentro con aguardiente de caña; póngaseles dentro un ramillete de perejil, hierbabuena, tomillo, salvia; amárrense, envuélvanse en papel aceitado y ásense al asador o en horno.

Entretanto, póngase en una cacerola tres cebollas cortadas en tiras, y rehóguense con aceite hasta dorarlas; escúrrase el aceite y mójese con vino blanco, cueza despacio, hasta que reduzca el líquido; añádase un vaso de jugo de estofado; que hierva la salsa. Añadid luego cuatro hígados de ave cocidos, majados y pasados por tamiz, desliéndolos con un poco de vino blanco incorporad este puré a la salsa sin que hierva concluid con un puñadito de perejil picado y el zumo de un limón.

Sobre los patos, trinchados, colóquese esta salsa.

Alrededor, adórnese con ruedas de naranja agria y triángulos de jalea o de confitura de grosella.

Ganso de varios modos

El ganso admite en rigor los guisos del pato; pero si está bien cebado, lo mejor es asarlo, como a toda ave gorda. Si el ganso es nuevo, mejor al asador; si algo maduro, en cacerola.

Para asar un ganso, siempre convendrá rellenarlo, sea de castañas y manzanas agrias, sea con alguno de los rellenos para aves asadas que figuran en la sección correspondiente.

AVES DE PALOMAR

Pichones a las Torres de Meirás

Se toman, para seis personas, tres pichones nuevos, gorditos; se matan, se despluman, se vacían, se soflaman, se lavan con aguardiente de caña o vino blanco (la caza y aves negras no deben nunca ser lavadas con agua), se abren y se rellenan con un picadillo de otro pichón asado, los hígados de todos, jamón, tocino, miga de pan, trufas, sazonando con sal, pimienta, clavo y moscada, y ligando con una yema de huevo. El jamón debe dominar, por lo cual no hace falta salar mucho.

Ya rellenos, y cortadas las patitas y pescuezos, se cubren con una loncha delgada de tocino, se atan con bramante delgado, y se rehogan en manteca hasta que no suelten sangre y estén bien pasados.

Se dejan veinticuatro horas, al cabo de las cuales se desatan, se quita el tocino, se seca con un paño la grasa y se dividen en ocho partes, teniendo cuidado de dejarle a cada parte su porción de relleno. Se tienen preparados los cajetines, de forma redonda, con fleco picado, de tamaño pequeño, en relación con el del trozo de ave, y se colocan en ellos los trozos, con la carne para arriba y el relleno para abajo. Encima se pone gelatina de caldo picado, adornando y cubriendo. Se presentan fríos. Se pueden acompañar con una salsa al Jerez, muy caliente. Véase *Salsas*.

Este plato no lo he encontrado en los libros. Creo que lo he inventado, pero nunca se pueden afirmar estas cosas.

Pichones suculentos

Méchense los pichones (después de limpiarlos), con tiras de anchoas; rehóguense a fuego lento en aceite hirviendo, con dos docenas de cebollitas chicas, jamón y tocino picado, un diente de ajo y un ramito de perifollo; mójense luego con mitad caldo y mitad vino blanco; déjense hervir poco a poco, y diez minutos antes de servir, añádanse cinco o seis salchichas pequeñas, que antes se freirán en la sartén, y el zumo de un limón; desengrásese, y sírvase caliente.

Pichones estofados

Se ponen en una marmita cebollas cortadas en ruedas, laurel (dos o tres hojas), un vaso de caldo, una copa de Jerez, perejil, pimienta, sal y el zumo de un limón entero.

Se parten a la mitad los pichones y se les baña en aceite crudo, colocándolos en la marmita, cubriendo con papel de estraza, tapando y dejando que cueza a fuego lento.

Se sirven sobre tostadas de pan frito.

Palominos a la moderna

Limpios y deshuesados, se ponen a macerar durante doce horas en vino de Málaga. Después se rellenan de un picadillo trufado, se les da forma, se les baña en clara de huevo batido y se pasan por ralladura de pan blanco. En seguida se brasean durante quince minutos; se les moja con un poco de su adobo y se presentan sobre tostaditas de pan ligeramente untadas de puré de tomate.

Palominos con gelatina

Deshuésense los palominos, sazónense y ásense; guarnézcanse moldes del tamaño del ave, con setas pequeñas ya fritas y alcaparras; métase cada pichón en su molde y acábese de llenar con el jugo que soltaron, ya sazonado, un poquito de Jerez y gelatina para espesar.

Cuando estén fríos, desmóldense, y sírvanse rodeados de una ensalada fría bonita.

CAZA DE PLUMA

Perdices asadas

La perdiz asada corre peligro de estar seca y dura. Se deben elegir perdices nuevas, y asarlas, o mechadas con tocino, o albardadas y envueltas en hojas de vid.

La salsa que mejor les conviene es la llamada «de cazador», compuesta de agua, aceite, vinagre, sal y pimiento encarnado.

Perdices a la provinciana

Después de limpias, se doran en aceite habiéndolo cocido antes con una corteza de pan y ajo; se sacan las perdices antes de que se tuesten, y se doran cebollas y se ponen en la marmita.

En esta marmita se colocan las perdices, ya doradas, con el aceite, las cebollitas, una rama de perejil, una copa de vino blanco, una jícara de vinagre, otra de caldo, por cada perdiz, sal y canela en rama. Se tapa con papel de estraza, y se deja cocer a fuego manso, hasta que la salsa haya reducido a la mitad.

Perdices al chocolate

Se toman perdices viejas, gruesas, y se limpian y preparan cuidadosamente. Se les mete en el vientre a cada una media onza de buen chocolate español, que no tenga vainilla, en trozos como avellanas, y se atan y cosen apretado, para que el chocolate se derrita dentro.

Se colocan en una cazuela con un poco de aceite, un vaso pequeño de coñac y un vaso mediano de caldo por perdiz. Se añaden zanahorias, cebollas, una de ellas claveteada, jamón y tocino cortado en dados, sal y pimienta. Así que ha cocido todo muy bien y a fuego lento, se saca el espeso, se retiran los clavos, se maja y pasa por tamiz con ayuda de su jugo, y vuelve a incorporarse a las perdices; entonces se pueden añadir, si se desea, un plato más fino aún, setas y trufas, cortadas en ruedas y pedazos. Se deja una hora más a fuego lento, y se sirve con su jugo alrededor o puesto en salsera de metal muy caliente, y las setas y trufas por adorno.

Perdices golosas

Este guiso exige dos o tres perdices lo menos.

Desplumadas y limpias (sin lavarlas), se colocan en el fondo de una olla, y se añaden:

Ocho o diez cebollas grandes, con un clavo dentro cada una.
Seis zanahorias cortadas en ruedas.
Un puerro cortado en ruedas.
Un ramillete de finas hierbas.
Sal.
Pimienta en grano (dos granos bastan).
Ralladura de moscada.

Una loncha gruesa se jamón.
Una loncha de tocino.
Los hígados de las perdices.
Una gran taza de caldo.
Una gran taza de vino blanco.

Se tapa la boca de la olla con un papel de estraza mojado, y se deja cocer a remanso unas cinco horas. Hay que cuidarlo, y alargar la salsa con prudencia, si se consume.

Se tienen preparadas y guisadas coles enanas de Bruselas en cantidad suficiente. Se saca del fuego el guiso; se apartan las perdices; se retiran los clavos de especia y el ramillete, se maja la guarnición en mortero, y se pasa luego por tamiz hasta que forme un puré. Con éste y las colecitas, se vuelven las perdices al fuego manso unos veinticinco minutos; después se puede servir.

Este guiso admite el complemento de una salsa al jerez y guarnición de picatostes en triángulo alrededor de la fuente.

Tampoco lo he encontrado en ningún libro.

Perdices en agri-dulce

Limpias y soflamadas las perdices, se ponen en marmita, con una cebolla buena, aceite, vinagre, vino blanco, y, para tres perdices, cien gramos de azúcar.

Añádase un vaso de buen caldo, sal, y dos granos de pimienta negra.

Se tapa la olla, y se deja que hiervan a remanso. Cuando las perdices están blandas es cuando se añade el azúcar; y se deja que hiervan un cuarto de hora.

Se sirven sobre un lecho de brecolera bien cocida, aliñada y blanda.

Faisán a lo Alfonso XIII

El faisán rara vez se servía en España, pero las aficiones cinegéticas del rey Alfonso XIII lo van popularizando.

Yo he practicado la receta siguiente, no encontrada en libros, y que se me ha ocurrido dedicar a S. M. el Rey, lo cual hará reir, si se enteran, a sus doctos jefes de cocina.

El faisán (como toda la caza) no debe *lavarse* con agua, aunque si *limpiarse* cuidadosamente. Se despluma y vacía, y se le pasa repetidamente, por dentro y fuera, un paño mojado en aguardiente de caña o coñac. Después se blanquea con frotes de limón. Se guardan los hígados. Se paramenta el ave, se le mete dentro un poco de jamón y otro poco de tocino; se ata con bramante; se pone a asar en cazuela, mojado con Jerez seco y caldo, y sazonado con sal, pimienta y moscada.

Se cuecen aparte, en agua con un polvo de sal, ciruelas pasas negras, españolas, hasta que se ablanden y puedan deshuesarse y pasarse por tamiz, haciendo un puré, al cual se añade algún azúcar, poco.

Asado ya el faisán, se desata, se le quita el relleno, y se moja; se arma la salsa con él y con los hígados picados, cociendo todo en una cazuelita con el jugo de faisán; se trincha éste, caliente, y se sirve con la salsa en salsera, y sobre el lecho de pasta de ciruelas.

Faisán al asador

Se limpia el faisán, y se envuelve en lonjas de tocino, sujetas con bramante.

Se pone al asador, cuidando de rociarlo incesantemente con el jugo y grasa que suelta, y con vino de Jerez añejo.

Se recoge todo lo que va cayendo en una grasera, y al estar dorado el faisán, se saca, se desenvuelve el tocino, si ha quedado alguno, se guisa con la grasa y jugo, se tamiza todo, y, al servir el faisán, se sirve la salsa también.

Codornices guisadas

Se fríen en tocino fresco, enteras, y limpias; luego que se doren, se cuecen en caldo, y en la grasa en que se frieron se fríe cebolla, perejil, unas setas cortadas; se sazona con clavo, moscada, canela, sal y pimienta; se pone en el puchero donde cuece la codorniz; se tapa con papel de estraza y tiesto, y se deja hervir a fuego manso.

Chochas rellenas

Se les quitan con cuidado los intestinos, que se pican con un trozo de tocino, añadiendo perejil, un diente de ajo, todo picado, sal y pimienta; se rellenan con este picadillo, en crudo, las chochas, y se asan a fuego manso, bardadas con lonjitas de tocino y atadas. El atado se les quita antes de servirlas.

Alondras al minuto

Desplumadas y vaciadas las alondras, salteadlas en manteca con un poco de sal; cuando hayan tomado bonito color, agregad medio vaso de vino blanco, más bien más que menos, para desarrollar el tufillo; añadid luego ciento veinticinco gramos de setas, un poco de perejil picado, una pulgarada de harina, y mojad con caldo. Así que hierva la salsa, retírese de la lumbre y viértase sobre las alondras, ya colocadas sobre cortezones de pan fritos en manteca.

Pajaritos

Todos los pajaritos de otoño son comida fina, asándolos sin vaciarlos, con manteca, sal, pimienta y granos de enebro.

Así se asan en su propio jugo y en su grasa propia, y no toman el sabor a aceite de los condimentados por el procedimiento bárbaro de los fogones madrileños.

La codorniz también puede asarse en propio jugo, envuelta en hoja de vid.

LAS CARNES

Difícilmente se prescinde del plato de carne en comida o almuerzo bien arreglados. Y especialmente en los almuerzos, ha de ser de carne uno de los cuatro platos, cinco a lo sumo, que figuren en la minuta.

Cuando el asado, en la comida, es de ave, el *relevé*, o plato que sigue a la sopa, puede ser un guiso de carne, un estofado, v. g., pero, si es de carne el asado, hay que elegir un trozo importante. No se puede presentar un asado engurruminado y mezquino.

Lo más delicado tal vez de la cocina es la operación de asar. Tan delicado, que el ilustre químico Liebig no se desdeñó de formular la teoría de un asado en punto. La doctrina es que el fuego debe *sorprender* a la carne desde el primer momento; ya sorprendida, hay que apartarla un poco de la lumbre, y, al estar ya casi asada, volverla al fuego vivo, para que se dore por fuera.

La moda de la carne cruenta va, sin embargo, pasando un poco. Los franceses, con su buen gusto, han puesto coto al instinto del hombre del Norte, comedor de carne cruda. Un asado correcto, sin dejar de estar jugoso, no debe chorrear sangre.

CARNES DE MATADERO.

BUEY

Rosbif

En Francia la palabra se escribe lo mismo que aquí: nadie pone *roast-beff*. El rosbif es ya un plato de la cocina universal, y en España se ha vulgarizado, aunque más o menos bien entendido.

Se hace el rosbif con el solomo o el lomo bajo del buey, o de la vaca en caso de necesidad, tomado entre riñones y pierna, hacia las costillas. La ternera no es a propósito para el rosbif.

Claro es que la calidad del rosbif depende absolutamente de la del buey. Los bueyes que son cebones, que tienen lo que se llama flor, o sea grasa, dan el rosbif excelente. La carne necesita dos días o tres, según la estación, para mortificarse.

Puede el rosbif asarse al asador, o en el horno, en fuente asadora, envuelto en papel aceitado, y amarrado. Hay, en ambos casos, que rociar incesantemente el rosbif con la grasa y jugo que suelta.

Para que un rosbif valga, tiene que pesar lo menos cuatro kilos. De ahí para arriba, cuanto más, mejor. Y para cuatro kilos, se ha menester que esté al fuego hora y media.

Un cuarto de hora antes de servir, retírese el papel; al apartarlo del fuego, sálese (antes nunca), y al presentar el rosbif, trínchese lo que se juzgue necesario, dejando algún tanto, muy poco, adherid,as las tajadas, y entero el trozo que se crea que no se va a necesitar, y que hará un magnífico fiambre, si sobra.

Con el rosbif no se presenta guarnición alguna: la guarnición, de puré de patata, de patatas enteras, de lo que sea, se sirve aparte; y en salsera, el jugo.

Rosbif españolizado

Doce horas antes de ponerlo en el asador, se deja el trozo de rosbif, que nunca tendrá el volumen del inglés, a remojo, en buen aceite refinado, sazonado con sal, pimienta, perejil recortado, dos hojas de laurel y algunas escaluñas picadas.

Se le da vueltas al trozo a menudo, para que se moje y empape por igual, y se asa durante dos o tres horas, según el tamaño. No se quita la carne del asador sino cuando esté cocida, lo cual se ve con una aguja de calceta, y, sin soltar sangre, debe conservar un color rosáceo. Se guarnece con patatas cocidas, y se sirve en salera con su propio jugo.

(De *El Practicón*)

Solomillo de buey con trufas

Se toma un bonito trozo de solomillo, y se sazona con sal y pimienta, claveteándolo por encima con trufas, y envolviéndolo por abajo en lonchas de tocino, sujetas con bramante.

Tómese una marmita muy baja, o mejor una caja de asar, y guarnézcase el fondo con recortes de tocino y grasa, tiritas de cebolla y zanahoria, y de las trufas, cuyo caldillo debe añadirse; mójese con jugo de estofado y un poco de vino de Rueda; póngase en horno templado; riéguese con su cocimiento; necesitará sobre una hora.

Al sacarlo, desátese, colóquese en la fuente, añádase a la salsa caldo, pásese y desengrásese; mézclese a dicha salsa un picado de trufas, una cucharada de Jerez y otra de salsa morena (véase *Salsas*), cueza un cuarto de hora, vuelva a desengrasarse y sírvase aparte; el filete debe ir rodeado de alguna de las guarniciones de patata, como croquetas o bolas, que figuran en la sección correspondiente.

Chateaubriand y «tournedos»

Parece que no existe nada más francés, pero son cosa ya vulgar en nuestras cocinas. Y no cabe españolizar el nombre, escribiendo «vuelve la espalda».

El Chateaubriand a la española (a la francesa lleva muchos más perendengues) es un regular trozo de solomo, muy grueso con relación a su longitud, de tamaño como la cubierta de un libro en octavo, que se asa a la parrilla, previo el golpeo, y que aquí en España suele acompañarse con un picadillo de perejil y huevo cocido, menudísimo y dispuesto con arte. El *tournedos* se hace del propio solomo, pero un poco más grueso, y la mitad más chico que el Chateaubriand. Su tamaño es como de unos seis a siete centímetros de ancho y ocho de largo, o de siete centímetros todo él.

El *tournedos* se presta a un bonito plato, asando primero en la parrilla las tajadas, y teniendo preparados costrones de pan frito de igual tamaño, sobre los cuales se colocan, y guisantes tiernos, sazonados y cocidos, con los cuales se recubren.

También se pueden mezclar los guisantes con un picadillo de setas y otro de trufas, por supuesto previamente rehogadas.

Biftec

Cada cual escribe esta palabra de distinto modo; yo opto por éste, que es el que se ve más usado. Ortografiarlo a la inglesa me parece pedantesco.

Generalmente los biftecs se hacen de solomillo, y generalmente las cocineras los echan a perder.

La mayor parte de ellas los hacen cortando de cualquier modo la carne, golpeándola o no, y friéndola en aceite en la sartén, muy despacio, para que se ponga bien durita. Y a esto llaman, abriendo mucho la boca, «bistaé».

Un biftec presentable no se hace sino con manteca de vaca derretida, y después de bien recortada y golpeada y salada ligeramente la carne. Se bañan en manteca derretida tibia, y se asan a la parrilla, a fuego moderado. Y, ni muy pasados ni crudos, se sirven, con un picado de perejil amasado con unas gotas de limón, en fuente caliente, y adornándolos con patatas fritas, de las mil maneras que cabe presentarlas.

Biftec Fornos

Según el libro *Todos los platos del día*, en el antiguo y reputado Fornos se hacía así el biftec:

Se prepara como todos, pero colocando primero un costrón de pan frito; luego una lonja de tocino entreverado, frito también; sobre el costrón y tocino el biftec; sobre éste una lonja o magra de jamón frito y, bañándolo todo, un poco de salsa española (véase *Salsas*), unida a la manteca, jugo y limón del biftec y a una cucharada de mostaza francesa.

Biftec Nacional

Del mismo libro tomo esta receta, plato especial del Café Restorán Nacional de Madrid.

Se corta el biftec menor que la medida habitual. Al asarlo, se asa igualmente en parrilla un riñón de cordero partido por la mitad y panado. Se fríe un costrón de pan algo más chico que el biftec.

Al servir, se coloca el biftec encima del costrón, en plato largo de metal blanco o plata, muy caliente, y al lado el riñón de cordero. A la derecha del biftec, una pirámide de patatas recién fritas, y a la izquierda una rueda de limón gorda.

El riñón de cordero se baña con la salsa siguiente: cucharada de española, cucharada de puré de zanahoria y nabo, una yema de huevo, un poco de manteca de vaca y un picado crudo de perejil.

Estas cantidades son para un solo biftec. Se aumentan a proporción.

Guiso de buey

Si sobra rosbif, y no se quiere comer frío, córtese en lonjitas delgadas, de bonita forma, y en una salteadora pequeña colocadlas en orden. Haced tiritas de seis cebollas y otras dos escaluñas, o ajos franceses; poned manteca, rehogad; que se doren, salpicad con harina, mojad con jugo o caldo, y con un vaso de vino blanco; la salsa debe bañar bien la carne; se revuelve hasta que hierva; si la salsa está pálida, añadid un poco de caramelo; agregad entonces las lonjitas. Que cuezan tres cuartos de hora a fuego manso. Pónganse las lonjas en pirámide, y la salsa por encima.

Huesos de buey

El comer tuétano de buey, era antaño un compromiso para la gente pulcra. Las reglas de buen educación ordenaban: «Chuparás los tuetanillos con cuchillo y tenedor...» Hoy se pueden presentar con aspecto no desagradable. Se toman dos cañas de buey, serradas en trozos iguales, de unos ocho centímetros; se rascan por fuera, se remojan en agua fría como una hora, y se tapan por ambos extremos con trapitos limpios amarrados con bramante. Se colocan luego en una cacerola, se cubren de caldo del puchero, se da un hervor, se retira a fuego más moderado, donde se dejan como hora y media. Al ir a servir, se escurren, se desatan los trapos, y, en una fuente y sobre fina blanquísima servilleta, se colocan simétricamente los trozos, sembrando entre ellos ramitas de perejil chano. Aparte, en un plato, se sirven tostadas de pan doradas y calientes.

Vaca en guiso de perdiz

Tómese un buen trozo de carne de vaca por el sito que los franceses llaman *culotte*, y aquí *cadera*, y póngase en cacerola, con diez o doce cebollitas pequeñas, un diente de ajo machacado, ciento cincuenta gramos de aceite, setenta y cinco de vinagre, cien de vino blanco muy bueno, un picado fino de perejil, clavillo, moscada, sal y pimienta, además de un trozo de canela en rama.

Tápese la cazuela con papel de estraza; pongase a fuego manso, y cuando la carne esté blanda, se puede servir, con su salsa y con costrones de pan fritos.

Granadinas de vaca

Se llaman *granadinas* unas lonjas de lomo alto o solomillo, como de dos centímetros de espesor y siete a ocho centímetros de longitud, que se recortan dándoles forma acorazonada. Se mechan con tocino, y se asan en marmita, remojadas con vino de Jerez y consumado del más sustancioso.

Se sirven con salsa picante o cualquiera de las salsas que en la sección correspondiente se indican para las carnes, o sobre un puré o guarnición de hortaliza; no se en qué consistirá, pero las *granadinas* son muchísimo más «bonito plato» que todas las lonjas comunes y corrientes.

TERNERA

Con la ternera se pueden hacer, además de los asados, infinitos *relevés* o primeros platos, lo cual se presta, siendo la ternera la madrileña fina y blanca como gallina.

Ternera asada

Hay que elegir un buen trozo de pierna.

Désele la mejor forma posible, quitando pieles y nervios; sazónese, amárrese con bramantillo y póngase en cacerola donde quepa bien, con grasa de cerdo y pedacitos de tocino fresco cortado en dados. Póngase la cacerola a fuego moderado, y rehóguese la ternera dándole vuelta a menudo; cuando empieza a dorarse, pónganse brasas en la tapadera de la cacerola, y termínese así el asado, sin omitir voltearlo de tiempo en tiempo.

Cuando está asada por igual, sáquese, desátese y sírvase con su jugo, calentado con medio vasito de caldo y medio de Jerez.

Como guarnición, admite muchas de las que se detallan más adelante, en la sección correspondiente.

Pierna de ternera mechada, para fiambre

Sirve para este plato la pierna mejor que el solomillo. Hay que tomar un trozo regular, dos kilos lo menos.

Se mecha con tiras de tocino y de jamón, y se rehoga en manteca de vaca, hasta que se dore, pues la carne fría, sólo al estilo inglés debe estar sangrienta. Esta, al contrario, después de pasada queda de un color blanco.

Ya algún tanto dorado el trozo, se pone en una marmita, donde estarán al fuego medio litro de caldo y medio de vino de Málaga o Jerez.

Cuando hierve el caldillo, se incorpora la carne, se tapa herméticamente, y se deja cocer hasta que se ponga tierna. Entonces se saca, se escurre, se deja enfriar, y se utiliza para almuerzo y para provisión de viajes y excursiones.

Solomillo de ternera mechado

Hay que quitar piel y nervios al solomillo, y mecharlo no muy grueso. En seguida colocarlo en un fondo de asar (estos fondos son una especie de bandejas de borde alto) y que repose sobre una capa compuesta de despojos del tocino con que se ha mechado, de grasa de la misma ternera y de hortalizas cortadas; sazónese, riéguese con manteca de cerdo derretida y un poco de caldo, cúbrase con papel mantecado, y cueza en horno no muy caliente, regándolo con frecuencia. Cuando la salsa, muy reducida, esté glaseada, sáquese el solomillo, enjúguese, póngase en fuente larga, y rodéese de escarola, guisantes cocidos y sazonados y ruedas de limón. Salsa, el propio jugo, caliente y en salera.

«Entrecote» Angel Muro

He aquí cómo da la fórmula su autor:

Se toma una *entrecote* buena, dejándola dos días en verano y cuatro en invierno; se golpea y limpia; se recorta y se sumerge por dos veces en manteca de vacas derretida al fuego. Se escurre en el aire, enganchada con tenedor de hierro, se quita de la sartén la grasa, dejando sólo la adherida a las paredes y se vuelve a la sartén la *entrecote*, habiendo colocado antes la sartén sobre fuego muy vivo.

Cuando sobre la carne se forman burbujillas, se sala y vuelve, repitiendo la operación por la otra cara. Se aparta la sartén del fuego, se tapa herméticamente con peso encima, y teniendo una fuente bien caliente, se sirve en ella; a los cinco minutos, la carne estará llena de jugo y tierna como un bizcocho.

Riñonada mechada

Ábrase por el medio la riñonada, méchese con tocino y jamón, rehóguese en cacerola con manteca de vacas, sal y pimienta, y acábese de hacer a fuego lento, con más lumbre debajo que encima. Las mechas del tocino y jamón han de sobresalir un poco de la carne.

La guarnición puede ser financiera, de hortalizas, etc.

Ternera en su jugo

Un buen trozo de ternera, de un grueso regular, como de ocho a diez centímetros, se mechará con tiritas de tocino y jamón, y sin más añadiduras ni acompañamiento que un tallito de hierbabuena, se pondrá en la marmita. Se procurará que la forma del trozo sea cuadrada o redonda, sin rebarbas ni irregularidades.

Colocado el trozo en la marmita, se cerrará herméticamente por medio de pasta o masa, que como no tiene más objeto que servir de cierre, puede hacerse solo con agua y harina.

Se pondrá luego a fuego muy manso, o mejor al baño de maría, durante tres horas lo menos.

Luego se servirá con su jugo, en salsera o alrededor.

Elena Español

Otra fórmula de ternera en su jugo

Méchese un trozo de ternera con tocino y jamón. Póngase en una cacerola con manteca, y un poco de cebolla picada, y rehóguese por ambos lados, a fuego activo. Añádasele entonces un vaso de Jerez, un litro de caldo sustancioso, y cueza al horno, despacio. Redúzcase bien la sustancia, desengrásese, y sírvase en salsera. Puede guarnecerse con patatas, alcachofas, etc.

Según se ve, esta fórmula dista mucho de ser tan genuina como la anterior.

Ternera en octavo

Tómese un trozo de carne gruesa y de forma de libro en octavo, que es la más usual de los libros; córtese como las hojas de un libro, dejando todas las hojas unidas por el lomo; frótese cada hoja con sal, limón y pimienta; macháquese almendra, jamón magro picado con la media luna, bizcochos, todo a proporción del relleno que se va a hacer; fórmese una pasta jugosa, y rellénese con ella cada hoja de carne.

En una cazuela se calentará grasa, y se colocará la carne bien atada, poniéndola a cocer a fuego lento. A los quince minutos se añade caldo, y media hora antes de que se termine la cocción, se agrega un vaso de Jerez. Se sirve fiambre, desatada. Al atarla, se habrá tenido cuidado de no enrollarla, conservándole la forma de libro.

Ternera entreverada

Carne de lo mejor, por lo alto de la pierna. Se limpia bien, se estira un poco para que quede tan larga como ancha.

Con un cuchillo bien afilado se le dan cortes, todos en igual sentido y dirección, como si fuese a cortarse en lonjitas, sólo que no debe llegarse a dividir la carne: deben llegar los cortes sólo a la mitad del grueso o un poco más.

En cada corte se mete una lonja de jamón y otra de tocino fresco, bien limpias y recortadas, y puestas de modo que no sobresalgan. Se enrolla y ata la carne con bramante delgado y se pone en la marmita con grasa bien caliente, se le dan unas vueltas para dorarla sin tostarla, y no se le pone sal, porque ya la llevan el jamón y el tocino.

Así que está dorada, se quita la grasa, dejando muy poca, y, para cada libra de carne, se echa una jícara de vino blanco, se tapa y se pone a cocer lentamente, volviéndola de media en media hora.

Se pisa en el mortero una pulgarada de sal de espuma, otra de pimienta blanca, otra de clavo molido, otra de canela fina molida; se reúne todo esto, se revuelve bien, y ya mezclado, al ir a la mesa la carne, desatado el bramante y escurrida del jugo, se le polvorean por encima con un colador fino las especias, aplastándolas en la carne con una cucharillita de plata.

Esta carne puede adornarse a gusto con remolacha, patata, huevos duros, aceitunas deshuesadas, pimientos morrones, etc.

Ternera a la hortelana

Para cada libra de ternera, media de cebolla picada, perejil lo mismo, un diente de ajo machacado, un polvo de pimienta, media cucharada de pimentón, un tomate, dos hojas de laurel, una tacilla de aceite. Sálese y póngase a fuego manso, revolviendo para que no se pegue;

cuando esté dorado, mójese con agua caliente, y ya a medio cocer, agréguense patatitas nuevas, nabos, zanahorias, alcachofas tiernas, un par de chirivías en ruedas, trozos de calabacín, judías verdes; una guarnición hortelana, que se cuidará de que esté bien cocida y tierna cuando se sirva el plato.

Ternera estofada con macarrones

Tomese un buen trozo de carne, solomillo o riñonada, y póngase en una cazuela o cacerola, con muchas cebollas partidas, un diente de ajo, una miga de pan, sal, pimienta, laurel, un par de tomates, zanahorias partidas, puerros, perejil picado. Una de las cebollas va entera y claveteada.

Echese tanto caldo como manteca derretida, tápese bien, cúbrase con papel de estraza mojado y póngase a fuego moderado.

Ténganse los macarrones gruesos bien cocidos en agua salada, que hayan quedado un tanto duritos.

Cuídese el guiso para que no se seque, y, un poco antes de estar hecho el estofado, que requiere su tiempo, añádase un vaso grande de vino blanco.

En punto el estofado, sáquese la carne, pásese la guarnición y el jugo por tamiz y añádase en la misma o en otra cacerola a la carne y a los macarrones, a los cuales se les salpica queso de Villalón rallado. Déjese el tiempo necesario para que los macarrones acaben de cocer en la salsa, y sírvanse alrededor de la carne.

Es el modo clásico de guisar macarrones, porque este jugo del estofado les da especial sabor.

Ternera con lechuga

Se dora en grasa la carne, envuelta ligeramente en harina; se doran también algunas cebollitas y un diente de ajo. Se pone a cocer con la grasa necesaria, y agua hervida en la sartén. El ajo se retira.

Cuando la carne está a media cocción, se le añaden las lechugas, y acaba de cocer con ellas. Lavadas y enteras, despojadas únicamente de las hojas primeras, cocidas previamente en agua y sal, sacadas de esta agua y vueltas a escurrir, se habrán envuelto en harina, cortándoles el tallo, y se habrán freído en grasa, y luego, como queda dicho, se añaden a la carne, con las cebollitas que se han dorado en la grasa y con las cuales se forma un puré.

Al servir la carne, se saca sola, se trincha, y en la fuente se rodea con las lechugas y la salsa por encima.

Ternera a la castiza

Un buen trozo de pierna o de solomillo. Se le echa agua, y cuece en ella hasta alzar hervor. Entonces se espuma y se añaden tomates gordos y pimientos morrones, enteros, pero quitadas las simientes.

A estar cocidos, se sacan, y a la carne que quedó en la cazuela se le añade un grueso trozo de grasa de cerdo, dos hojas de laurel que se sacan luego, trozos de jamón menudos y sin forma, sal, pimienta, clavillo y tres dientes de ajo pisados. Los pimientos y tomates se pican, reunidos y no muy menudos, y se une el picado a la carne, con la cual se deja cocer el tiempo necesario para que el guiso esté reducido, sabroso y algo pegado al fondo de la cacerola.

Guiso de ternera

Suelen llamar a este guiso, en las fondas, *ragú*, aunque el verdadero *ragout* es de carnero.

Puede hacerse este guiso con carne de cadera, de riñonada o de falda, pero conviene que tenga hueso y que sea grasienta.

Se trocea en pedazos como huevos pequeños de gallina, y se coloca en tartera, donde se habrá derretido ya un buen trozo de manteca de cerdo. Se pone a fuego vivo, revolviendo para que se dore por todas partes, y luego se sala y se moja con caldo caliente, y se añaden zanahorias en dos mitades, guisantitos y ramillete. Cueza así lo menos media hora, pasada la cual se quita el ramillete, se agregan las patatas, troceadas, y cebollas en mitades, y se sazona con sal y pimienta. Debe seguir cociendo hasta que reduzca bastante la salsa.

Guiso de ternera más fino

Córtese en pedazos como onzas de chocolate un kilo de pecho de ternera, y se pasan los trozos en manteca de vacas o cerdo, sin dejar tomar color. Sáquense con la espumadera los trozos, y sin tomar color tampoco, se rehogan en la misma manteca dos cucharadas de harina. Mójese con caldo y agua, y cuando la salsa esté trabada y algo larga, añádanse los pedazos de ternera, veinticuatro cebollas pequeñas, otras tantas setas y otras tantas aceitunas deshuesadas. Cueza todo a fuego lento, hasta que la salsa espese y reduzca; media hora antes de servir, sazónese con sal y pimienta y perejil seco hecho polvo.

Se rodea la fuente de costrones.

Chuletas de ternera asadas al natural

No tienen estas chuletas más preparación que limpiarlas muy cuidadosamente de nervios y pieles, mazarlas, salpicarlas con sal fina, y untarlas con manteca y unas gotas de limón. Han de ser gruesecitas. Se asan en parrilla, volviéndolas para que por ambos lados se les señalen unas rayitas de tostado, y recogido el jugo en la concha, se sirven con él, rodeadas de berros muy frescos o guarnecidas de patatas sopladas y cortadas en forma de barras de lacre.

Hay quien, después de salarlas, las baña en aceite sazonado con sal, pimienta y finas hierbas; las deja en este adobo dos horas, y luego las asa en parrilla o en cacerola salteadora.

Chuletas empanadas

Se pasan por manteca de vaca derretida y pan rallado, mezclado con perejil. Un cuarto de hora antes de servirlas, se ponen en parrilla, a fuego moderado, regándolas con manteca mientras se asan. Ya doradas, se presentan en corona, y en el hueso un papel o papillote rizado. Se acompañan con patatas.

Otro sistema muy español de empanarlas, es cortarlas finas, en lonjas pequeñas, golpearlas y aplanarlas bien, envolverlas en pan rallado cernido y un picadito de perejil, y freírlas en manteca de cerdo.

También se hacen sazonando con sal, frotando con ajo, envolviendo en miga amasada con un poco de aceite o grasa, y friendo sin más aliño.

Chuletas rebozadas

Se cortan pequeñas y se estiran y golpean, se les da forma bonita (puede emplearse un hierro o el cuchillo bien afilado) y se rebosan en huevo batido, friéndolas a fuego muy vivo y en grasa muy caliente.

Chuletas Baldomir

Han adquirido estas chuletas el nombre del inspirado compositor gallego, por analogía de delgadez y sutileza.

Como que el mérito de las chuletas Baldomir consiste en que salgan todo lo más finas posible, transparentes casi.

Se fríen en manteca de cerdo, y pueden empanarse o no antes de freirse. Son muy gustosas. El modo de cortar los manjares influye no poco en su sabor.

Chuletas de ternera rellenas

Hay dos procedimientos para rellenar las chuletas. El picadillo o relleno es el que figura en la sección correspondiente; el modo de proceder es, o revistiéndolas en lonchas finas de tocino y luego envolviéndolas en lonchas finas de tocino que se sostienen cubriendo todo con papel enmantecado, o aplanando mucho la chuleta, poniendo en ella el picadillo y enrollando la carne, que puede atarse con hilo grueso, o sujetándolas con un palillo, para que, al asarlas, no suelten el picadillo.

Se asan en parrilla y se sirven, o con aderezo de berros y lechuga, o con una salsa de las recomendadas para carnes.

Chuletas mechadas

Mechadlas con tocino y jamón; perdigadlas, y luego cocedlas a remanso, con dos vasos de caldo, zanahorias, cebollas, un trozo de tocino entreverado, un poco de mano de ternera, sal y pimienta. Ya cocidas las chuletas, déjese reducir mucho el aderezo, y pásese por tamiz, echándoselo encima a las chuletas al servirlas.

Chuletas con guisantes

Se mazan las chuletas para enternecerlas, y se saltean con tocino, cebolla, zanahoria y ramillete. Cuando se coloreen, mójense con caldo bueno y déjense cocer a fuego lento. Pásese y redúzcase el caldo; cuézanse en él, al mismo tiempo, guisantes finos y nuevos. Con esta guarnición se presentan las chuletas.

Chuletas de ternera a la papillota (empapeladas)

Recortad bien las chuletas, y rebozadlas en una mezcla de miga de pan, tocino picado, cebolleta y perejil lo mismo, sal, pimienta y aceite; y uniendo el aderezo con la chuleta, poned una loncha fina de tocino. Envolved las chuletas en papel aceitado, con arte, para que tengan forma de chuleta y no de saco de noche. Que cuezan en la parrilla a fuego lento; servidlas sin desempapelarlas. Serán más tiernas si estuvieron en adobo de aceite un día o dos. En el aderezo pueden ponerse, si se quiere, laminitas de trufas.

Esta preparación es aplicable a las costilletas es decir, a la chuleta con su hueso.

Lonjas de ternera rizadas

Cortadas lonjas de ternera o solomillo, se arrollan en forma de chorizo, y se mete dentro una hebra de perejil y una tira de tocino. Atadas con un hilo a fin de que no se deshagan, y rebozadas en harina, se fríen en manteca de cerdo.

En una cacerola se pone una cucharada de harina y un adarme de pimentón rojo en polvo, y en la grasa de freir las lonjas se fríe cebolla y zanahoria picada; dorado todo, se pasa por colador, y en esa salsa se cuecen los rizos de carne, ya preparados y dorados antes en la sartén.

Para servirlos, se adornan con cogollos de lechugas cocidas o puntas de espárragos, también cocidos.

Lonjas de ternera con magras

Se cortan muy finas lonchas de ternera y magras de jamón.

Se ponen en adobo; de una parte, las lonchas de ternera con vino blanco y un poquito de sal; de otra, las magras con leche y un poquito de azúcar. Esta preparación debe hacerse de víspera, para el almuerzo del día siguiente.

En sartén, con manteca de cerdo, se fríen ligeramente lonchas y magras, colocándolas luego en una tartera. En la manteca sobrante se dora una cucharada de harina, y cuando está dorada se echa sobre las lonchas, añadiendo el adobo en que estuvieron, de vino y leche, y se deja cocer para que haga la salsa.

Lonjas de ternera a lo señorito

Aplanadas, saltéense quince minutos antes de servirlas, con manteca, a fuego animado; luego se quita la manteca, y se les agrega sustancia, Jerez y setas, ya rehogadas. Se deja todo junto al fuego unos minutos, y se sirven en corona en una fuente, y en el centro las setas con su salsa.

Filetes cardenal

Se fríen sin empanarlos, y fríase en la misma grasa mucho tomate fresco troceado y alguna cebolla y puerro. Pasad esta salsa por tamiz; colocad los filetes en una fuente con tostadas de pan frito debajo; poned a hervir y reducir la salsa, y echadla, en el momento de servir, sobre los filetes, que habréis tenido al calor de la lumbre.

Cabeza de ternera en tortuga

Este plato se puede hacer sin gran coste y con anticipación, y es muy abundante y decorativo para un almuerzo. En las recetas francesas, la cabeza en tortuga se presenta entera, y en algunos manuales españoles se enseña a cortarla en trozos. Sin duda así es más fácil; pero quita su carácter al plato.

A la francesa, pues, la cabeza se cuece sin deshuesarla; aunque habiéndola limpiado cuidadosamente, y soflamado, y extraído la lengua y parte de las mandíbulas, para formar mejor el morro, y sajado entre ambas orejas la piel, para que no se agriete, y metido en las orejas una zanahoria, y envueltolas en dos trapos limpios, para que no se rompan, y frotada toda la piel con limón y envuelta luego toda la cabeza en un lienzo húmedo, y amarrada y puesta a cocer en agua fría, con sal, pimienta, clavo, moscada ramillete grande, cebollas, zanahorias, perejil y una cucharada de harina desleída.

Hay que cocerla de tres a cuatro horas. Pínchese con aguja de calceta, para saber si está lo bastante blanda. Si lo está, escúrrase, desenvuélvase y clávese entre las orejas un *artalete* o agujón de cocina, con una trufa y una cresta de gallo, cocida, en la punta.

Téngase preparada una gran fuente con un pedestal de pan, donde repose la cabeza, y adórnese alrededor con gelatina, cortada en formas simétricas, y adornando también la cabeza, alternando, con una guarnición de setas rehogadas, huevos duros rebanados, crestas y trufas cocidas en vino de Jerez, pepinillos picados y perejil enano. De esta guarnición puede suprimirse lo caro y sustituirlo por otros elementos. Se servirá con una salsa *tortuga*, que se encontrará en la sección de *Salsas*.

Hígado de ternera a la vendimiadora

Pártase por la mitad un hígado de ternera; córtese todo en lonchas delgadas, que se sazonan con sal, pimienta, clavillo, un poco de canela y pimiento colorado.

Rebánense tres gruesas cebollas y pónganse en marmita baja, con manteca de cerdo, salando un poco y dejándolas cocer a fuego manso, dándoles vueltas, hasta que tomen bonito color; añádanse entonces las lonchas de hígado y una hoja de laurel; zarandéese a lumbre activa, hasta que las lonchas se retuerzan un poco por el borde y las cebollas se ablanden; apártese entonces la marmita del fuego; riéguese con agraz; salpíquese de perejil picado, y sírvase.

Hígado de ternera a la riojana

Se limpia bien el hígado y se trocea en pedazos del tamaño de un duro.

Se ablandan en manteca de cerdo, en la sartén, muchas ruedas de cebolla, y se les añaden los trozos de hígado, sazonado con sal y pimiento dulce y picante. Hay que tener mucho cuidado de que el hígado no se ponga duro, importante; y antes de servirlo, se le agrega una copa de Pajarete o Málaga y un picado de pimiento morrón, menudito, curtido ya en aceite. Todo ello debe permanecer en la sartén unos minutos.

Hígado de ternera empapelado

Hay que empezar por mecharlo con tiras de tocino, más bien gordas, y, una vez sazonado, se envuelve en la telilla de la toca del cerdo, o, a falta de esta excelente envoltura, en papel blanco mantecado. Y se asa al asador o en cacerola, pero con fuego no muy vivo, para que no se ponga duro.

Se desenvuelve y sirve regado con zumo de limón y una salsa española o jugo de carne.

Mollejas de ternera ensartadas

Se blanquean, hasta el hervor, dos o tres mollejas —las de ternera hacen platos muy finos—, refrésquense en agua fría, escúrranse y enjúguense; córtense en cuadraditos, de unos dos o tres centímetros de ancho, por un centímetro de grueso; sazónense con un poco de aceite, sal y especias, y salpíquense con una pulgarada de perejil picado.

Córtense cuadrados de tocino, iguales en tamaño y grueso a los de molleja; ensártense alternados en la agujas; apriétense un poco, barnícense al pincel con manteca o aceite, ásense a fuego moderado durante doce o quince minutos, dándoles vueltas, y sírvanse cercados de berros.

Mollejas de ternera en pepitoria

Escáldense y blanquéense en agua hirviendo las mollejas, y luego échense en agua fría; prepárese la salsa rubia, con caldo y harina ligeramente tostada; añádanse cebollitas, puerro, y unos cincuenta gramos de almendra pisada; sazónese con sal, pimienta y clavillo.

Con esta salsa se cuecen unas alcachofitas pequeñas, y algunos guisantes. Se añade caldo del puchero, y veinte minutos antes de servir, al empezar a estar casi cocidas las hortalizas, se incorporan las mollejas, y antes de servir se traba la salsa con dos o tres yemas desleídas en agua fría, y una cucharada de agua o vinagre.

Riñones de ternera a la casera

Córtense los riñones en ruedas pequeñas (después de purificados), añádanseles pedazos de tocino entreverado, sal, pimienta, una hoja de laurel, diez cebollas y un vaso de caldo; pónganse en cacerola, cúbranse con una hoja de papel, y el tiesto, y que cuezan a fuego manso.

Riñones de ternera a la española

Se limpian bien, se cortan en obleas, se fríen en manteca de cerdo, se dan por hechos cuando crujen, y se sirven sobre costrones de pan, que rodea una salsa de tomate bien sazonada y espesa.

Lengua emparedada

Se cuece en el puchero, o en caldo con zanahorias, cebollas y perejil, y se deja enfriar. Ya fría, se despelleja, se corta de través, en lonchas, se rellenan con relleno de chuletas, quedando la lengua emparedada entre dos capas de relleno, y se cubre con lonchas de tocino por ambos lados, envolviéndolas en papel mantecado, y asándolas a la parrilla.

Rabos de ternera a la salchichera

Puede hacerse este plato con rabo de buey o vaca, pero es más fino con los de ternera.

Se toman cinco o seis rabos de ternera, y se blanquean en agua hirviendo; se refrescan, y se cortan por la mitad; se ponen en una cacerola, con grasa de cerdo y media libra de tocino entreverado, en dos trozos; rehóguese, y luego, salpiméntese; cuando los rabos se doren, salpíquese con dos cucharadas de harina, y mójese, hasta cubrir, con mitad caldo y mitad vino blanco. Cuando empiece a hacerse el guiso, desvíese del fuego vivo, añádanse seis cebollitas chicas o tres medianas por rabo, y, cuando las cebollitas estén cocidas, seis salchichas (a las cuales se habrá dado una vuelta en la sartén, cortadas en trozos), y dos docenas de castañas asadas ya peladas. Cúbrase la cacerola y déjese al fuego todavía unos veinte minutos, pero siempre a fuego manso. Al servir, adórnese lo mejor posible con la guarnición, cortando en pedazos el tocino. Pásese la salsa, y échesele por encima.

CARNERO, CABRITO Y CORDERO

El carnero, estimado en Francia, no figura aquí sino rara vez en mesas un tanto esmeradas, y casi nunca en convites. Suele el carnero de España tener un tufillo bravío.

El cordero es más presentable, y sobre todo sus chuletitas se prestan a platos delicados.

Las recetas que siguen, permiten utilizar el carnero, ya que no como asado, como *relevé*.

La mayor parte de las recetas del carnero son aplicables al cabrito y cordero.

Pierna de carnero en engañifa

Dicen varios autores, que con una pierna de carnero se imita una de corzo.

Hay que empezar por poner la pierna de carnero en ese escabeche que, según la autora de la *Maison de Campagne*, estropea la caza; pero que ningún cocinero omite.

Se puede hacer con vino blanco y vinagre muy fuerte a partes iguales, sal gorda, pimienta en grano, romero, menta, tomillo, estragón y bayas de enebro, habiendo antes quitado las pieles y nervios y mechado la pierna con tiras de tocino en correcta doble línea.

Tres o cuatro días se macera en este adobo, y luego se asa como la pierna de corzo, y dicen que el sabor es igual.

Pierna de carnero con manzanas

Tómense doce manzanas agrias de Asturias, y, peladas, córtense en pedazos, poniéndolas en una marmita, con grandes lonjas de pierna de carnero, asada ya de antemano.

Añádase sal y pimienta, manteca de cerdo y un vasito de vino blanco. Dé un hervor a fuego vivo y luego siga cociendo a fuego manso un cuarto de hora o veinte minutos, con la marmita bien tapada y brasas sobre la tapadera.

Téngase preparada compota de manzanas o una pasta de repollo, que se habrá puesto después de muy cocido y pasado por el prensa-purés, con un poco de azúcar y manteca, cinco minutos al fuego. En una fuente, colóquense formando corona las lonjas de carnero; en medio, la manzana con que cocieron; alrededor la compota o la pasta de puré; y sírvase muy caliente.

Pecho de carnero en carbonada

Tómese un buen pecho de carnero, gruesecito, córtese el hueso adherido a los tendones, póngase en una cacerola un fondo de lonchas de tocino y jamón, colóquese el pecho por encima, cúbrase de bardas de tocino, añádanse zanahorias, cebollas en ruedas, un poco de tomillo y un buen vaso de caldo; tápese con un papel untado de manteca y un tiesto cubierto de brasas; déjese así dos horas y media. Cuando sirváis, escurrid, glasead con el jugo y añadid una salsa espesa de tomate.

Pecho de carnero doble

Pónganse a remojo dos pechos de carnero en agua fría, y luego deshuésense completamente. Amárrense juntos, metiéndoles en medio una capa de picadillo de jamón, tocino, aceitunas y miga de pan, con la sazón conveniente.

Cuezan luego en una cacerola, en caldo del puchero, una cucharada de vino blanco, sal, pimienta, dos cebollas y dos zanahorias, perejil y ramillete; ya cocidos, pónganse en prensa, dejándolos hasta que estén bien fríos. Entonces se recortan, se les da forma, se untan con manteca o grasa de cerdo derretida, se salpican con finas hierbas cocidas y perejil, se panan, se asan en parrilla a fuego moderado, dándoles vueltas, y se sirven con salsa de agraz, picante o tártara.

Chuletas de carnero al natural

Se limpian y recortan bien, se mazan con la palmeta y se espolvorean de sal y pimienta. Se *sorprenden* a fuego vivo en la parrilla y se vuelven sólo una vez. Se sirven jugosas y no pasadas del todo. Se guarnecen con patatas fritas y se acompañan con salsa picante. (Véase *Salsas*)

Chuletas de carnero a la gastrónoma

Para servir doce chuletas tómense treinta y seis, veinticuatro de ellas más aplastadas que las doce restantes. Pásense ligeramente por buena aceite sin verde; siémbrese sobre cada una sal, pimienta y moscada en corta cantidad; colóquese entre cada dos chuletas aplastadas una de las otras; átense juntas las tres con cuidado; ásense a fuego vivo, volviéndolas a menudo; déjense sobre el fuego hasta que las chuletas que sirven de cubierta se achicharren; entonces sáquesela de en medio y sírvase al natural o sobre puré de cebollas, lentejas o habas encarnadas.

Guiso de carnero a la primaveral

Tomad espaldilla de carnero sin mucha grasa; cortadla en trozos, que rehogaréis en un poco de manteca y tocino; cuando la carne esté dorada, haced un rojo y mojad con dos vasos de vino blanco y dos de agua; sazonad, añadid un ramillete.

Limpiad zanahorias, nabos, patatas, que cortaréis en dados; rehogad las hortalizas con manteca en una tartera, y al cabo de un cuarto de hora, añadidlas al carnero. Que cueza hora y tres cuartos. Si es favorable la estación, se le pueden añadir guisantes, cabezas de espárragos y alcachofitas tiernas.

Guiso de carnero a la francesa

Si este guiso fuese a la española, probablemente se diría que era ordinario. Como procede de Francia, donde le llaman *haricot de mouton*, creo que podrá servir de plato de almuerzo, siempre que se encuentre un carnero de carne jugosa y gorda.

Se pasan en manteca fresca pedacitos de pecho, lomo o chuletas de carnero, que se doren bien. Se retiran, y en la manteca se hace un rojo de harina; cuando rojea se moja con agua, y se añade sal, pimienta, ramillete, una cabeza de ajo. Vuelve a colocarse la carne en la cazuela y se le añaden nabitos tiernos, que antes se han dorado en la salsa roja.

Todo, reunido a la carne, debe cocer como tres cuartos de hora, y se sirve sobre un lecho de habas encarnadas o blancas, ya cocidas y sazonadas, y en medio de la carne, los nabitos.

Sesos de carnero estofado

Después de tener una hora en remojo cuatro sesos, y escaldarlos en agua a dos hervores, se pondrán a cocer entre lonjas de tocino, rodeados de una docena de cebollas blancas chicas, ramito de perejil, cebolleta, dos clavos, tomillo, laurel, un vaso de vino blanco, un cuarterón de tocino cortado en dados, un poco de sal y pimienta gorda. Terminada su cocción, se pasa el fondo de salsa por tamiz, añadiéndole jugo para trabarla. Se colocan los sesos en el centro de un plato, y en derredor las cebollas y el lardo, con costrones fritos, presentándolos cubiertos con la salsa, a la que se habrá incorporado una anchoa picada y una buena pulgarada de alcaparras finas.

Pan de sesos de carnero

Tómense dos seseras de carnero o cerdo; blanquéense en caldo corto y písense luego para hacerlas papilla; añádanse dos cucharadas de nata, un poco de perejil picado, tres yemas de huevo; al poner a la lumbre, añadir tres claras batidas a la nieve; mezclarlo todo y salar.

Viértase en molde mantecado; cueza al baño de María, hora y cuarto; pruébese con el cuchillo si está cocido. Se sirve con salsa de tomate o picante.

Riñones de carnero salteados

Se limpian y purifican los riñones y se parten en dos mitades a lo largo. Se sofríen en la sartén, a fuego vivo, en manteca de vacas, salpimentándolos.

Ya sofritos como se ha dicho, mójense con Jerez seco y rancio, y los picatostes fríanse echando en la manteca un vasito de Jerez.

Espaldilla de cordero a la Bolivar

Se deshuesa, se arrolla y ata con bramantillo. A la lumbre se tuestan unas tiras de tocino, retirándolas luego para sustituirlas con la carne, a que se enrubie en la grasa. En seguida, se pone a cocer la carne en otra cacerola, con caldo, sal, pimienta, ajo y ramillete compuesto, y poco después las tiras de tocino. En la primer cacerola se cuecen unas cuantas patatas enteras, peladas, y se colocan en torno de la carne diez minutos antes de servir, a fin de que no absorban todo su jugo ni se desmenucen. Para presentar el guiso, se traslada la carne, suprimiendo el bramantillo, al centro de un plato, se rodea con las patatas y se vierte sobre todo ello el jugo de la grasa contenida en ambas cacerolas.

Cuarto trasero de cordero al Jerez blanco

Se toma el cuarto trasero, entero, y se sazona con sal y especias, sin quitarle la grasa de la riñonada; luego se asa al horno, regándolo de vez en cuando con manteca derretida. Por cada libra de carne, hay que calcular de veinte a veinticinco minutos de asado. Unos veinte minutos antes de que acabe de asarse el cuarto de cordero, échese un vaso de vino blanco de Jerez, que se revuelve con la grasa del fondo; luego, con esta mezcla, se riega el cordero. Cuando está asado, se desata, se coloca en plato oval, y se guarnece con patatas rellenas de puré de alcachofas, y setas y cebollas asadas.

Chuletas de cordero a la tapada

Después de bien formadas las chuletas, se aplanan con la paleta, se salan ligeramente y se ponen a tomar color a fuego vivo en una marmita.

En el fondo de la misma, y apartadas las chuletas, se extienden lonjas de tocino, no muy gruesas, se vuelven a poner encima las chuletas, bien colocadas, y se cubren con una capa de cebolla picada menudamente. Se tendrá un poco de jugo de asado o de caldo concentrado bueno, y se moja con él hasta cubrir; se sazona con pimienta y moscada, y al horno. Antes de que acabe de cocerse, ya algo reducida la salsa, se cubre con patatas cortadas delgaditas y un picado de perejil. Se deja en el horno hasta que las patatas estén del todo penetradas y hechas.

No hay que dejar que se seque el guiso, y si se ve que se seca, se le añade más jugo o más caldo. Ya cocido todo, se sacan las chuletas, se ponen en una fuente que resista al fuego, se rodean con la guarnición, se colocan algunos minutos sobre fuego vivo y se sirven muy calientes.

Chuletas de cordero empapeladas

Tómense doce chuletas de cordero no muy pequeñas, sazónense con sal y pimienta y déseles una vuelta en una cacerola con tocino derretido. Cuando están algo pasadas, escúrrase el tocino en otra cacerola, y en él dórese un picado de cebollas, escaluñas y setas, y cuando hayan reducido su humedad, retírense y añádase al tocino otro picado de perejil y jamón cocido; líguese con buen jugo muy reducido; déjese enfriar.

Hecho esto, distribúyase el primer picado, por igual, sobre las chuletas, y el segundo, por ambos lados, debajo y encima; ponedlas sobre los papeles, que deben cortarse dobles, en la misma forma de las chuletas, dejándolas un borde, y repúlguese el papel, juntando las dos hojas, encerrando bien la chuleta. Vayan a la parrilla, dándoles vueltas sin consentir que se ennegrezca el papel, y sírvanse sin quitárselo.

Chuletitas de cordero a la Farnesio

Tómense chuletitas finas y dórense en manteca. Cúbranse con picadillo de quenefas (véase *Sopa española*), y salpíquense con otro picado de trufas. Vuélvanse a dorar con manteca clarificada; sírvanse presentándolas en forma de corona, y en medio colóquense guisantitos, ya cocidos y sazonados, y setas lo mismo. Sírvanse con una salsa de jugo, verbigracia la española.

Hígado de cordero asado

Córtense en lonjas finas dos hígados de cordero; pónganse en una tartera de barro, riéguense con aceite, sazónense y salpíquense de perejil picado; envuélvanse en miga de pan; pónganse en la parrilla, extendidos y a un tiempo; que se asen a fuego vivo, dándoles vueltas y regándolos de aceite con un pincel o un ramito de perejil. Así que se quieran enroscar, sírvanse en fuente, regándolos con limón, manteca y perejil picado, como si fuesen biftecs.

CERDO

En *La Cocina Española Antigua* se hallarán numerosas recetas de modos castizos de aderezar el cerdo. Para mesa escogida, lo más recomendable es el jamón. Si los convidados son de gran confianza, puede admitirse un embuchado, un guiso. Los despojos, como rabo, oreja, morro y costilla, no pueden figurar más que en suculentos cocidos. Los pies de cerdo trufados se admiten en almuerzo, y deben comprarse preparados ya, pues es difícil que, caseramente, salgan bien. El codillo de cerdo es ordinario, por muy sabroso y hartador que sea. Hay, pues, que restringir algo las fórmulas de cerdo, si se quiere que sean lucidas y hasta elegantes. El jamón entero, bien preparado, lo es siempre (excepto en dulce, y líbrenos Dios de los huevos hilados, y más aún del salpique de cerezas en almíbar: hablo desde el punto de vista de la finura: prescindiendo de ella, el jamón en dulce, con su dorada cabellera de huevo, es cosa muy buena).

Solomillo de cerdo fresco, asado

Despójese el solomillo de parte de su grasa; póngase al asador y manténganse en él, volteándolo con frecuencia, de dos horas a dos y media, según el tamaño del solomillo. Rocíese a menudo con su jugo, sobre todo al terminar la cocción, a fin de que la carne tome buen color sin quemarse. Veinte minutos antes de retirarlo del asador, se espolvorea con sal, y luego se sirve con salsa de Roberto, a la cual se incorpora el jugo de la carne, bien desengrasado.

Jamón al natural

Antes de cocerlo al natural hay que empezar por prepararlo, operación que consiste en raer toda la superficie de las carnes de debajo y todo el borde de la parte grasa, que puede ser más o menos amarilla. Quítese luego la extremidad del hueso, suprímase el extremo del jarrete, y se desala el jamón durante doce, veinticuatro o treinta y seis horas, según sea más o menos salado. Se quita del agua para liarlo en servilleta o en trapo blanco y meterlo en una marmita con bastante agua, para que quede enteramente cubierto. Se le añaden dos cebollas, unas cuantas zanahorias, clavos de especia, granos de pimienta, tomillo y varias hojas de laurel.

Dejadlo cocer durante cinco horas al menos; el jamón no posee todas sus propiedades gastronómicas sino cuando está cocido a punto, y se le juzga bien cocido cuando entra en él sin resistencia una aguja de mechar. Retirad de la marmita el jamón cocido, desatad la servilleta o el trapo en que fue envuelto; quitad el hueso de en medio; volved a atar el trapo; colocad el jamón en una fuente redonda algo profunda y dejadlo enfriar completamente. Desatad entonces el trapo, quitad el pellejo que recubre la parte grasa del jamón, espolvoreadlo con raspadura de pan muy fina pasada por el tamiz, rodead el mango del jamón con una borla de papel rizado, y servid el jamón sobre paño blanco con orla de encaje.

Jamón del cura de Sagra, con espinacas

En toda la provincia de Orense el jamón es excelente, como que se mantienen los cerdos con castaña, y tomando un jamón semi-añejo, recogido y redondeado de hechura, se puede hacer competencia con él al mejor de Bayona.

Desálese durante algunas horas, rásquese bien y quítesele el hueso de la paleta; póngase en un perol o cazolón con un puñado de heno, unas ramas de cilantro, unas zanahorias, una chirivía, seis cebollas, tomillo (laurel no); mójese abundantemente con agua fría y póngase a fuego vivo; al primer hervor, retírese a un lado y cueza a fuego flojo de tres a cuatro horas, según el grueso, sin consentirle que hierva; pruébese con aguja de calceta si está bien cocido; límpiese de piel, dejando sólo como la cápsula de una bellota alrededor del mango; ráspese éste y adórnese con una graciosa papillota, habiendo antes tostado, con azúcar y la pala, sólo la capsulita. Sírvase en fuente de forma adecuada, guarnézcase con perejil enano y acompáñese con una pasta de espinacas (véase *Espinacas*) y una salsa al Jerez (véase *Salsas*). También puede servirse sobre puré de castañas o de manzanas, o sobre un aro de gelatina picada y un círculo de triángulos de gelatina igualmente. Y después de tostar con pala y azúcar, se puede revestir de un baño de chocolate frío la cápsula. Todo ello requiere primor, como lo requiere la operación de trinchar las lonchitas, delgadas y contra hebra.

Codillo de cerdo con trufas

El codillo contiene muchos huesos y poca magra, y para un buen plato se deben tomar dos codillos, desalados previamente, a menos que sean frescos del todo. Después de haberlos pasado por la sartén con un poco de manteca de puerco, para hacerles tomar color, retiradlos de la sartén y echadlos agua fría mezclada con vinagre. Durante este tiempo, añadid a la grasa que haya quedado en la sartén una cucharada de harina, a fin de hacer una requemada rubia, que mojaréis con el agua avinagrada en que hayáis puesto en remojo el codillo. Echadlos en una cazuela con la requemada rubia extendida con toda el agua avinagrada, y dejadlos cocer a fuego vivo, hasta que los huesos se separen fácilmente de la carne. Entonces, deshuesadlos y dadles la mejor forma posible. En vino blanco o en caldo desengrasado, coced buena porción de trufas cortadas en pedazos; en el momento de servir, llenad con estas trufas el hueco dejado en los jarretes de puerco por la separación de los huesos; colocadlos en una fuente, y vertedlos por encima el jugo de su cocción, unido al líquido en que cocieron las trufas. Alrededor, guarneced con cortezones fritos. Y preguntad a un gallego, y os dirá que el codillo se llama *lacón* y que no está bien sino con *grelos*, como dispone *La Cocina Española Antigua*.

Jamón fresco con alcaparras

Tómese un buen trozo de jamón fresco, y póngase durante ocho horas a macerar con sal, pimienta, ruedas de zanahorias, cebollas, ajo, perejil, tomillo, laurel, un pimiento rojo, picante, y media botella de vino clarete de Jerez, rociándolo de vez en cuando con dicho adobo.

Colóquese, con el mismo, a la lumbre, en una cacerola, con manteca; rehóguese, y así que esté bien dorado, retírese. En la propia cacerola hágase una salsa rubia oscura, añádase el adobo, pasado por tamiz, y déjese hervir un momento. Agréguese la carne y una taza de caldo, y cueza a lumbre mansa durante cuatro horas. Al servir, incorpórense a la salsa dos grandes cucharadas de alcaparras.

Para saber si está cocido, se pasa la aguja de calceta; Si está, se saca, se prensa, y al otro día se desata y se unta de manteca, espolvoreándolo de pan rallado. Se presenta sobre un canapé de pasta.

Jamón relleno

Se toma un gran trozo de jamón, desalado ya, y se aplana, extendiéndolo cuanto sea posible sobre la tabla, con la paleta. Ya estirado, se forma el relleno, con tocino, miga de pan amasada con caldo de trufas, y las mismas trufas, picadas, no muy menudamente. Se enrolla, ata y cose en un palo; se cuece en vino ajerezado, con hortalizas y hierbas aromáticas, y sazón de pimienta; se prensa y se sirve frío.

Flan de jamón

Se pica jamón, cosa de una libra para doce personas. Este jamón es mejor que sea crudo, pero puede servir ligeramente cocido o asado. Se cuece y pasa después por la sartén un picadillo menudísimo, casi impalpable, de cebolla y perejil. Se deslíe una cucharada de fécula de patata en litro y medio de buena leche sin desnatar, pues aunque las recetas de este plato exigen litro y medio de nata, la experiencia ha demostrado que la leche gruesa y con todos sus elementos puede servir.

Se reúne todo en la flanera, añadiendo sal moderadamente, una pulgarada de azúcar, y seis yemas de huevo desleídas y batidas antes; y en el mismo momento de poner a cocer el flan, se agregan ocho claras de huevo a punto de nieve. Se incorpora bien todo, y se cuece como si fuese un flan, al baño de María.

Plato fino.

Pan de jamón

Para doscientos cincuenta gramos de buen jamón de Trevélez, tómense cuatro yemas. Píquese el jamón muy fino, reservando dos tajadas, que se cortan en pedacitos, como para timbal, y que se ponen en el fondo del molde. Bátanse las claras, añádanse al jamón y yemas, sazónese y hágase cocer al baño de María, sin brasas sobre la tapa. Hace falta que cueza hora y media.

La salsa se hace así: manteca de cerdo en una cacerola; finas hierbas picadas, perejil, estragón, cebolleta; revolver, y añadir una cucharada de harina, leche, sal y pimienta. Viértase sobre el pan de jamón.

Jamón con perendengues

Se guarnece una tartera grande, de rebordes, con pasta fina: trescientos gramos de manteca por quinientos gramos de harina. Se punza la pasta, se unta de manteca al pincel, y se cubre de rebanaditas de jamón crudo. Se pone la tartera a horno vivo, a fin de soasar el jamón calentándolo. Se aparta entonces de la lumbre y se vierte encima del jamón una mezcla de nata cruda, huevos, pulgarada de azúcar y polvillo de moscada; seis huevos por litro de nata fina. Seguidamente se vuelve la tartera al horno, para que cueza veinticinco minutos. Retírese y sírvase en la propia tartera.

Chuletas de cerdo guisadas

Se corta en chuletas un costillar de cerdo fresco, y se cuecen en caldo con ramillete compuesto, sal y pimienta. Cuando van estando cocidas se escurren, se quita el caldo y se les pone manteca, un picado de setas, y al estar ya rehogadas las chuletas y el picado, se moja con el caldo en que cocieron, un vaso de vino blanco, jugo para dar color al guiso, sal, pimienta gorda, ramito de perejil, cebollino, medio diente de ajo y dos clavos de especia. Déjese cocer y reducir la salsa, y, pasándola por tamiz, sírvase sobre las chuletas, rodeadas con el picadillo.

Chuletas de cerdo con alcaparras

Tomad chuletas, no muy grandes, salpimentadlas y envolvedlas por todos lados en harina. En una cacerola, calentad manteca y poned las chuletas, dándolas vueltas a menudo. Cuando se hayan dorado por ambos lados, mojad a su altura con caldo y un poco de vinagre. Cuezan a fuego manso un cuarto de hora. Antes de servirlas mézclese al jugo alcaparras y pepinillos picados.

Lonjas de cerdo esparrilladas

Han de ser magras, y se cortan como de dos centímetros de grueso, sazonándolas con sal y pimienta. Se panan y se asan en parrilla, a lumbre fuerte teniéndolas sobre cada lado como cinco minutos. Se presentan en forma de corona y dentro, y sosteniendo la corona, un puré mezclado de castañas y habas rojas.

La salsa, de Roberto o picante.

Albóndigas empapeladas, de cerdo

Píquese una libra de lomo magro de cerdo y media de jamón. Adóbese con sal, pimienta y el zumo de dos limones agrios. Fórmense las albóndigas, bañándolas en manteca derretida y envolviéndolas en pan rallado. Empapélense luego en papel fuerte y ásense a la parrilla. Se sirven con el papel.

De igual modo se pueden asar las salchichas, quitándoles la tripa y empapelando el contenido de cada salchicha aparte.

Albóndigas Trípoli

Esta receta no parece mahometana, pues entra en ella el impuro puerco.

Se remoja miga de pan en caldo, leche o agua. Se pica muy fino un trozo de cerdo cocido, gordo y magro, con una o dos cebollas, un diente de ajo, perejil y unas hojas de menta.

Póngase todo en tartera de barro, añádase la miga de pan después de esprimirla ligeramente; un trozo de manteca, sal, pimienta, un vasito de coñac.

Amásese todo cuidadosamente, rompiendo poco a poco tres o cuatro huevos enteros; déjese reposar una hora o dos, fórmense albóndigas aplanadas, enróllense en harina y fríanse en manteca de cerdo.

Luego, pónganse a cocer, en espeso de tomate, cosa de diez minutos o quince, o sírvanse desde luego con salsa picante.

Riñones de cerdo al vino blanco

Lo primero, tratándose de los riñones, es lavarlos muy bien varias veces en agua templada ligeramente salada. Se cortan en rodajitas finas y se saltean, evitando que se peguen, en cazuela con manteca (de vaca o cerdo), perejil, cebolleta (picados), sal y pimienta. Se añade una cucharada de harina, un vaso de vino blanco; se revuelve despacio, y antes que rompa a hervir, se sirve.

Riñones de cerdo ensartados

Se cortan en ruedas finas, se ensartan en las agujas de plata o, si no las hay, en palillos; se salpimentan, se riegan con aceite y se ponen en la parrilla; se les dan vueltas; se pueden servir ensartados (si las agujas son de plata es bonita presentación), y antes de servirlos, se les echa por encima perejil y cebolleta picada y pasada por la sartén, una avellana de manteca y el zumo de un limón.

Hígado de cerdo salteado

Se saltean en manteca de cerdo fresca los pedacitos de hígado, cortados en lonchas de poco espesor, sazonándolos con sal y pimienta y retirándolos de la cazuela antes que se pongan duros. Echese en la manteca que quedó al fuego un puñado de hierbas finas y una escaluña, todo bien picado, con una cucharada de harina y unas gotas de vinagre. Cuando la salsa haya adquirido alguna consistencia, añádanse las lonchitas de hígado, ya salteadas, déjese que se impregnen bien de la salsa durante un par de minutos, y sírvanse calentitas, guarneciendo alrededor con cortezones.

Picadillo de cerdo al gratín

Píquese muy menudo carne de cerdo, y añádanse dos yemas de huevo, sal, pimienta, estragón picado, una escaluña lo mismo, un poco de tocino. Cuézanse patatas, desháganse en pasta, y póngase en fuente que resista al fuego capa de pasta y capa de picadillo, siendo de pasta la última. Salpíquese de pan rallado, mójese con una taza de caldo, siémbrese de avellanitas de manteca, y al horno hasta que se dore y forme un poco de pegue, que es, en castellano, *gratín*.

Modo de dar a la carne de cerdo la apariencia y el gusto de la carne de jabalí

Aquí de una disputa: ¿no es mejor que el jabalí el cerdo? Mucha gente lo entiende así, y diré que disfrazar de jabalí un cerdo es platear el oro. Pero como quiera que el jabalí es más *elegante* que el cerdo, yo doy la receta.

Escabéchese un trozo de cerdo joven y muy cargado de grasa, con el adobo (véase *Adobos*), añadiendo un poco de meliloto y doscientos cincuenta gramos de corteza verde de nuez, conservada en sal, dentro de un vaso de porcelana o de barro. Después de cuatro o cinco días de macerarse los pedazos de puerco, especialmente el solomillo y las costillas, se parecen completamente a pedazos de jabalí. Si lo preparáis según esta fórmula, solamente los expertos conocerán la sustitución: la mayoría creerá comer verdaderamente carne de jabalí.

Cuando se puede disponer de un lechón de piel negra, no muy tierno, se hace igual superchería, sirviéndolo como jabato a convidados que no tengan costumbre de comerlo con frecuencia. La diferencia entre uno y otro, cuando el lechón está bien escabechado, apenas se percibe.

CAZA DE PELO

La caza mayor, en general, gusta menos que la caza menor, pero *viste* más para convite, y hay quien, prefiriendo una liebre, hasta en guiso gatuno, admira un trozo de jabalí o venado, sobre todo si oye decir como al descuido: «Esto me lo mandó Fulanito (aquí el nombre de un *sportsman*), que estuvo cazando en la Horrorosa con Menganito» (aquí el nombre de otro *dandy*). Y los convidados no se atreven a confesar que ojalá fuese un estofado de vaca...

Lomo de jabato, asado

El jabato es mejor que el jabalí; debe tener de ocho a diez meses y estar gordito.

Tómese el lomo entero, y riéguese con medio litro del consabido adobo (véase *Adobos*), pero cocido; déjese en maceración dos días, volviéndolo a menudo; al tercero, quítese el adobo y báñese con Jerez dulce; ásese al horno, de hora y cuarto a hora y media, regándolo con su jugo, y también, al final, con su propio adobo.

Sáquese del horno, escúrrase, mézclese al jugo suyo otro tanto de buen jugo de carne concentrado, déjese reducir, pásese. y sírvase con el lomo, enviando a la mesa a la vez jalea de grosella en un plato y en otro naranjas agrias partidas a la mitad.

Chuletas de jabalí salteadas, a lo cazador

Córtense las chuletas y déselas forma; saltéense en manteca de cerdo con sal y pimienta, a fuego muy vivo; cuando se asaron por ambos lados, preséntense bien ordenadas y cubiertas con una salsa de mostaza fuertecita.

Pierna de corzo asada

Antes de dar la fórmula del corzo, conviene decir algo, que parecerá nuevo porque va contra la costumbre y contra la opinión general de los libros de cocina.

Sólo en uno, antiguo, escrito por una señora que debió de ser muy guapa, a juzgar por el fino grabado que la representa con el característico peinado de 1825, encuentro lo que sigue:

Hay, dice esta señora, tan poca costumbre de comer corzo, que se ignora por completo el modo de prepararlo; todos los libros de cocina repiten uno tras otro que se debe marinarlo varios días con vinagre, ajo, mucha sal, etc. Y no hay cosa que lo vuelva más detestable, y por eso muy pocas personas lo comen. A continuación, la fórmula sin marinada: Méchese la pierna de corzo después de limpiarla y sazonarla con poca sal, pimienta, aceite, una cebolla picada, un chorro de vinagre. Déjese así doce horas en verano y veinticuatro en invierno. Désele vuelta de vez en cuando para que lo penetre el aceite. Luego ensártese una hora en el asador, rociándolo con el aceite del adobo. Al sacarlo del asador, regadlo con zumo de limón y servidlo con una salsa, en salsera, hecha con el jugo que haya soltado, mezclado con mostaza y pepinillos.

El corzo no necesita para estar en punto sino dos días después de muerto, pero hay que abrirlo y vaciarlo inmediatamente.

Chuletas de venado a la asturiana

Bien recortaditas las chuletas y su hueso, se mechan con tocino fino, se sazonan y se ponen en cacerola, con adobo, ocho horas lo menos. Después, se colocan en cazuela salteadora, que tenga en el fondo bardas de tocino y hortalizas, como cebollas, puerros, zanahorias y chirivías cortadas en rajas. Añádase el adobo y otro tanto de jugo, póngase la salteadora a fuego vivo; dos minutos después, pase al horno templado para que acaben de hacerse las chuletas, regándolas a menudo, pero sin volverlas, al final, píntense con su jugo por medio de un pincel; escúrranse, y ténganse preparado en una fuente un montículo de pasta de castañas, espesita para que se tenga, en cuyo centro habrá otra pasta de manzana asada con azúcar. Pónganse alrededor las chuletas y sírvase caliente, con una salsa picante o española.

Liebre asada

La libre asada gana mucho con mecharla, aunque puede asarse sin tal requisito. Fáltale consistencia a la carne de liebre, y es difícil de mechar cruda. Si se quiere que la liebre que ha de asarse esté bien mechada, hay que pasarla por la cazuela con manteca durante algunos minutos, tiempo suficiente para que las carnes se fortifiquen.

Sácase luego de la cazuela, se escurre, y se mecha tan pronto como está fría. No ha de permanecer más de una hora en el asador. Se sirve enjuta, pero se sirve al mismo tiempo en salsera una salsa compuesta de hígado de liebre muy bien picado, con dos o tres escaluñas, y un puñado de hierbas finas. Echase todo en una cazuela con sesenta gramos de manteca fresca y una cucharada de harina; se moja con una taza de caldo y un vaso de vino blanco, y se deja reducir a la mitad, añadiéndole antes el jugo que la liebre ha dado al cocer.

Liebre al puré de tomate

Píquense dos cebollas; blanquéense en agua hirviendo, y bien escurridas, pónganse en plato de saltear, con manteca de vacas.

Cuando se hayan rehogado, en compañía de un diente de ajo, se agrega la liebre, muy limpia, cortada en trozos. Se saltea bien, y cuando ha tomado color, se añade un poco de pimentón, ramillete y buena cantidad de puré de tomates, previamente pasado por la sartén para secarlo.

Se deja cocer todo una hora, a fuego lento, y entonces se añade un puñado de setas blancas cortadas en pedazos y rehogadas en manteca. A los diez minutos se pone la liebre sobre una fuente, se salsea con su salsa, y se sirve con las setas alrededor.

Liebre a lo cazador

Hay que trocear la liebre apenas acaba de ser muerta. Póngase en un perol, con una botella de vino tinto añejo; mucha pimienta, cebollas, ramillete, y la sangre; hágase un fuego muy vivo, y, a los primeros hervores, préndasele fuego al vino. Después de que arde, amásese con harina media libra de manteca de cerdo y una cucharilla de sal, y échese en la salsa. En tres cuartos de hora debe estar hecho el plato.

Liebre benedicta

Limpia y descuartizada la liebre, se coloca en una cazuela, echándola agua salada, próximamente hasta la mitad de su volumen. Se pone al fuego, y cuando hierve, se le añaden cuatro cebollas enteras, dos zanahorias, dos cabezas de ajo y un buen trozo de calabaza.

Cuando la liebre está cocida, pero aún algo dura, se colocan en el mortero el hígado y las legumbres que cocieron con ella, reduciéndolo todo a pasta fina, lo mismo que media lata de tomates y media de pimientos morrones muy picados. Así que todo forma un amasijo homogéneo se añade a la liebre, que debe estar casi seca, y se le incorpora además caldo en la misma cantidad que el agua echada anteriormente. Se deja cocer, moviendo con la paleta de vez en cuando y sazonando con pimienta.

En una sartén se hace calentar una cucharada de grasa, y en ella se dora otra bien llena de harina, incorporándola a la liebre y haciéndola cocer a fuego lento hasta que esté tierna.

(De *La Cocina Práctica*)

Liebre fría a la meridional

Póngase la liebre en remojo en vinagre, y déjese así catorce horas. Luego trocéese y dórese en aceite. Pase luego a una cacerola, añadid el aceite de freirla, puré de tomate, especias, hojas de laurel, aceitunas deshuesadas, un vaso de vino blanco; cubrid casi con agua, tapad y que cueza. Cuando ha cocido bien, reduciéndose la salsa mucho, póngase en un plato a enfriar, alisando la superficie. Puede servirse caliente, pero está mucho mejor fría.

Lebrato al minuto

Cortad un lebrato, como para guisarlo; salpimentad ligeramente cada pedazo; metedlos en una cazuela; vertedles por encima ciento veinticinco gramos de manteca. Colocad la cazuela a fuego vivo, saltead los pedazos de lebrato en la manteca, y polvoreadlos con hierbas finas menudamente picadas; añadid dos cucharadas de harina, medio vaso de vino blanco e igual cantidad de caldo; meneadlo vivamente, y tan pronto como la salsa entre en ebullición, retiradlo del fuego para servirlo muy caliente. Esta fórmula es excelente y muy expeditiva, pero no conviene sino cuando se dispone de lebratos tiernos.

Conejo a la marinera

Limpio ya, se descuartiza, y se rehogan los trozos y el hígado en una salsilla rubia, mojándolos luego con un vaso de vino tinto, dos de agua y de caldo y agregando un ramito de perejil, cebolletas, diente de ajo, dos clavos, tomillo, laurel, albahaca, sal y pimienta. Se deja que cueza todo a fuego lento, y media hora después se añade una docena de cebollas chicas blanqueadas. Si se quiere agregar una anguila cortada en trozos, no se pondrá hasta que el conejo esté casi cocido.

Antes de servir, retírese el ramito, y desengrasada la salsa, avívese con una cucharada de alcaparras enteras y una anchoa picada. Acompáñese con costrones pasados por manteca, y rocíese con la salsa.

Conejo empapelado

Se descuartiza una conejo tierno y se ponen en adobo los trozos con perejil, cebolletas, setas y una punta de ajo —todo ello picado—, sal morena, pimienta gorda y aceite fino de oliva. Se envuelve cada trozo, con una capa de su sazonamiento y una lonjita de tocino, en papel blanco. Se unta la superficie de las envolturas con manteca o aceite, y se cuecen los empapelados a buena lumbre, sobre parrilla provista de otro papel igualmente engrasado. Se sirven sin desliar el papel.

Conejo en guiso fino

Despellejado y vaciado, se descuartiza y se pone a la lumbre, en una cacerola, con manteca, ramito compuesto, setas y fondos de alcachofas blanqueados, agregando, luego, una pulgarada de harina, caldo, vino blanco, sal y pimienta. Cuando esté cocido, y no quede salsa, incorpórese una liga de tres yemas de huevo desleídas en caldo, y un poco de perejil picado. Preséntese bien sazonado. Pruébese y sazónese más si está soso, pues la caza debe de tener siempre vivo sabor.

Conejo en picadillo

Píquese menudamente la carne de un conejo, macháquense aparte los huesos, y rehóguense con manteca, despojos de ternera, tocino magro, sal, pimienta y una cucharada de harina. Mójese con vino tinto, y así que hierva, redúzcase después de pasado por tamiz; agréguese el picadillo, para que cueza a sazón, y sírvase caliente.

Conejo a la moda en gelatina

Prepárese de víspera un caldo corto, con una mano de ternera, otra de cerdo, y las hortalizas de costumbre.

Aparte, trocéese un conejo tierno, y perdíguese en manteca o grasa de cerdo; quítense luego los trozos, y en su lugar póngase el pie de ternera y el de cerdo, ya cocidos, con medio litro de su cocimiento, un vaso de vino blanco, un poco de coñac, ajo, ramillete, sal y pimienta; a medio cocer, añádase jamón en dados, los trozos de conejo, y luego, dejar que la cocción se termine. Entonces, píquese menudo todo, menos el conejo, pásese el líquido, y en terrina o molde, ordénese el conejo, rellenando con el picado; viértase encima el jugo tamizado, y póngase al fresco.

Este plato sustituye con ventaja a los clásicos pasteles fríos de conejo.

Gazapos a la fuencarralera

Trocéense los gazapos, y fríanse los trozos en la sartén, envueltos en harina, hasta que tomen bonito color dorado.

Pónganse luego en cacerola, con sal, pimienta, cebolla claveteada, moscada, un poco de canela en rama; añádanse, en cantidad, más cebollas, nabos, zanahorias, chirivías, puerros, apio, tomillo, una hoja de laurel, clavos y caldo del puchero, para cocer las hortalizas. Cuando han cocido bien, apártense los trozos de gazapo, quítense el ramillete, la canela y el clavo de la cebolla, y pásese por tamiz. Añádasele al puré una cucharada de manteca de cerdo, y vuélvanse con el puré, al fuego, los trozos de gazapo, hasta que la salsa reduzca.

Gazapo con jamón

Cortad en trozos un gazapo. Sofreidlo un poco en la sartén. Mechad los trozos con tiras de tocino, y cocedlos con lonjas de jamón, un poco de aceite, un vaso de vino blanco, un ramito de perejil, cebolleta, caldo y pimienta. Pasad por tamiz el fondo de cocimiento, desengrasadlo y vertedlo sobre los trozos de gazapo, al servirlos.

Gazapo reconcentrado

Córtese en trozos de mediano tamaño, y retírense los huesos; póngase a parte la sangre y el hígado. Méchense las carnes, ya algo rehogadas, con tiras de jamón crudo; sazónese; agréguese ajo, cebollas, perejil, tomillo, laurel, albahaca; rocíese con media botella de vino blanco y una copa de coñac, y déjese macerar durante veinticuatro horas. Trasládense, luego, los trozos de gazapo a una cazuela, sobre un lecho de lonjas de tocino, alternando con otros de jamón fresco; verted el escabeche sobre las carnes; picad el hígado con pedacitos de tocino y parte de las hierbas del adobo, incorporad la sangre y extendedlo todo sobre aquéllas, coronando con una corteza de tocino fresco. Tapad herméticamente la cazuela, y haced que cueza durante cuatro horas sobre rescoldo.

LOS VEGETALES

En la cocina moderna, ha llegado a ser indispensable el plato vegetal, al menos una vez al día, y aun cuando entren hortalizas, como guarnición y adorno, en los demás manjares. Tampoco las ensaladas excluyen el plato vegetal.

En *La Cocina Española Antigua*, abundan las recetas de arroz, tan nacionales; aquí escasearán, puesto que, en mesa un poco refinada, el arroz no puede figurar sino a título de guarnición o como plato de almuerzo, si los invitados son de confianza. Lo mismo diré de las patatas guisadas, que son excelentes; pero, solas, no hacen plato. (sin embargo, algunas recetas de patatas que aquí se encontrarán, pueden sustituir al plato vegetal). No están admitidas, solas, las habas y las lentejas, mientras los guisantes y las judías verdes honran una minuta.

Otro tanto sucede con las setas, las trufas, las morillas, los hongos, las escorzoneras, las alcachofas, los espárragos, las zanahorias, los tomates rellenos, las berenjenas... Pero guardaos (para este toque de lo distinguido), del pimiento también relleno, y mucho más gustoso, del suave calabacín, del garbanzo guisado, de la chirivía «con chulas», de la cebolla estofada... Todo esto lo comeréis, y os relameréis, a solas o en familia; nunca en un convite. Hasta la leña en el monte tiene, dice la copla, su separación; los vegetales, al venir de la huerta, son ya, o muy ordinarios o sumamente *chics*... Y ello es así, y no hay más remedio que aceptarlo.

Dos advertencias útiles: para que las hortalizas conserven su color verde, dadles un rápido hervor en agua muy cargada de sal, y sumergidlas luego en agua fría. Y para que se ablanden, si están duras, echadles un terrón de azúcar al cocerlas.

Arroz a la sultana

No sé porqué, las recetas de la cocina musulmana me parecen nuestras, y creo que tenemos derecho a apoderarnos de cuantas se encuentren.

El arroz a la sultana es una fórmula turca.

Se lava en dos aguas el arroz, y después de estas abluciones, se blanquea en agua hirviendo cinco minutos; se refresca luego en agua fría; se pone a cocer en caldo de gallina; y ya medio cocido, se le añade un polvo de azafrán, tres o cuatro pimientos secos picados y que piquen, manteca de vacas fresca y tuétano de vaca derretido, con más caldo si hace falta. Se acaba de cocer al horno, y luego se presenta en una fuente en pirámide, no oponiéndose el Koran a que se rodee de huevos estrellados.

Arroz a la casera

Dos partes de agua para una de arroz. Así que haya abierto, se le añade manteca de cerdo, en la cual habréis frito tomate, un pimiento morrón picado gordo, seis cebollas en ruedas y dos dientes de ajo.

Todo este refrito se sala, se revuelve bien y se incorpora al arroz, con un clavo de especia y una pulgarada de pimentón. El arroz acaba de cocer con este aderezo, que se habrá revuelto dentro del arroz para repartirlo.

En día de vigilia, se sustituye la manteca de cerdo por aceite.

Arroz con queso

Este arroz fino puede presentarse en un almuerzo, como primer plato.

Píquese una cebolla menudamente; póngase en cazuela con un gran trozo de tuétano de buey; el tuétano ha de estar ya derretido; revuélvase con cuchara de palo, hasta que tome color; añádanse entonces medio kilo de arroz de Valencia, escogido, pero sin lavar; rehóguese un instante y mójese con tres partes de caldo de puchero, es decir, litro y medio; cúbrase la cacerola, y cueza el arroz a fuego vivo, sobre una trébede baja, para que no se pegue; cuando esté suelto aun el grano, pero no duro, ni reducido el líquido de la cocción, retírese la cazuela del fuego, téngase cubierta cinco minutos, añádanse al arroz dos puñados de parmesano rallado fresco y ciento cincuenta gramos de manteca de vacas; colóquese el arroz en una fuente, riéguese con algunas cucharadas de jugo de estofado, y sírvase con más ralladura de queso en un plato, para el que quiera aumentar.

Habas blancas con tocino entreverado

Tómese un kilo de tocino de pecho; dos kilos de judías blancas; una docena de cebollas; un ramillete.

Córtese el tocino de pecho en trozos iguales, y rehóguense con las cebollas. Cuando haya tomado color, mójese con algunos vasos de agua, y añadid las judías, que estarán desde la víspera en remojo. Salpimentad y añadid el ramillete y un diente de ajo. Revuélvase de modo que se impregnen las habas, y déjese cocer a remanso tres horas.

Antes de añadir las habas al guiso, pueden cocerse ligeramente en agua salada, lo cual contribuye a que estén más tiernas. Entonces sólo necesitarían permanecer una hora en el guiso. Con la salsa de este guiso, un poco de manteca y unas habas pisadas y tamizadas, se hace una sopa muy buena de puré.

Habichuelas al agrio

Remojadas ya, cocedlas en agua hirviendo, con un poco de sal y treinta gramos de manteca; cuando se hallen en plena ebullición, moderad el fuego para que continúen hirviendo suavemente. Cuando se considera que están casi cocidas, se les echa medio vaso de agua fría y se termina su cocción a fuego muy lento. Pasadlas entonces a un colador; poned en una cazuela ciento veinticinco gramos de manteca fresca por cada litro de habichuelas, un puñadito de perejil y cebolleta picados, un buen sazonamiento de sal y pimienta; echad encima de estos ingredientes las habichuelas escurridas, calientes aun; hacedlas saltear uno o dos minutos, con poco fuego, hasta que la manteca esté completamente derretida. En el momento de servir, añadid una trabazón de dos o tres yemas de huevo y una o dos cucharadas de agraz o unas cuantas gotas de vinagre.

Judías verdes al jugo

Esta receta no la encontré en ningún libro.

Guardad el jugo de un asado o un estofado, y poned las judías, limpias ya, en una cacerola, a fuego moderado, con el jugo, pedacitos de tocino y jamón como dados, pasados antes en la sartén, un poco de perejil, cebolleta, cebolla (picado finísimamente), sal, pimienta y un punto de moscada. Si el jugo fuese escaso, alargad con un poco de buen caldo y una avellana de manteca fresca de vacas. Dejad hervir despacio una hora; ligad (si queréis, no es esencial) con un par de yemas de huevo, y servid.

Judías verdes, de vigilia

Suprimidos los filamentos y lavadas, se echan en agua hirviendo, con sal, y una vez cocidas se sumergen en agua fría, para que conserven su verdor. Retírense y pónganse a escurrir; en una cacerola, mézclese manteca fresca con una pulgarada de harina, perejil y cebolletas finamente picados, sal, moscada, y un vaso de leche o el agua en que han cocido las judías. Agréguense éstas, hágase hervir diez minutos la salsa y sírvase con una liga de yemas de huevo. Si no se pone leche, podrá añadirse un chorrito de vinagre.

Guisantes con jamón

Un trozo de jamón de unos ciento veinticinco gramos, cortado en tajaditas del largo de un dedo y de dos a tres centímetros de ancho.

Sofreídlas con sesenta gramos de manteca e igual cantidad de grasa de cerdo, sin calentarlas mucho; echadles encima media taza de caldo desengrasado y un litro de guisantes. Dejadlo cocer todo suavemente, con uno o dos cogollos de lechuga, sin tapar la cazuela. Terminada la cocción, sacad las lechugas, echad por encima de los guisantes con jamón una cucharada de harina; añadidles otra vez media taza de caldo, y ligad con yema de huevo batida en el momento de servir.

Guisantes al natural

El mérito de estos guisantes es estar muy tiernos y muy verdes, y ser muy chiquitos. Hay pues que escogerlos con cuidado, y desde luego no admitáis conserva, pues han de estar recién cogidos. Echense en agua hirviendo, con ramo de perejil y sal; cuezan, siempre a fuego muy vivo, unos doce minutos; escúrranse en la pasadera; póngase en la fuente bien colocados, y, en un cacharrito mono, de plata y cristal, servid con ellos manteca fresca. Es el modo más delicado de presentar los guisantes.

Guisantes con tocino

Se tienen cien gramos de tocino de pecho, quitada la corteza y partido en trozos de tres centímetros. Se escaldan cinco minutos en agua hirviendo, se escurren y se ponen en una cazuela de cabida de dos litros, con diez gramos de manteca; se pasan cinco minutos y se añaden quince gramos de harina. Se remueve el tocino y la harina con la cuchara, dejándola en el fuego cuatro minutos; después se echa un litro de guisantes, con una cebolla blanca, y se añaden cuatro decilitros de agua. Se deja cocer a fuego lento en cazuela bien tapada, media hora.

(Elena Español)

Setas guisadas

Lávense cuidadosamente, para quitarles la tierra o arena oculta en sus alvéolos. Cortad cada una en dos mitades, y después de haberlas escurrido y enjuagado con paño muy suave —a la cacerola, con porción de manteca fina—. Salteadlas a lumbre bastante viva, y así que esté derretida la manteca, rocíese con el zumo de un limón. Jamás vinagre! Dadles unas vueltas, y agregad sal y pimienta gorda; dejad que cuezan, a lumbre moderada, durante una hora, remojándolas de vez en cuando, con caldo, o mejor, con consumado. Ya cocidas, trabadlas con yemas de huevo. Servid muy caliente.

Setas en cajetín

Haced una cajita de papel recio, untándola de manteca; llenadla de setas lavadas, escurridas, cortadas en dos o cuatro pedazos, polvoreadas con sal fina mezclada con un poco de pimienta y hierbas finas picadas, con sesenta gramos de manteca fresca, cortada en pedacitos. Colocad la cajita de papel en unas parrillas, sobre ceniza caliente; coced las setas muy suavemente; cuando estén cocidas, haced pasar la cajita a una fuente, y servid en la misma caja de papel. Este plato, es de almuerzo.

Canapé de setas

Saltéense en manteca setas frescas, no muy grandes; mójense con caldo desengrasado; añádase un ramillete, sal, pimienta moscada, cebolletas y puerros, y termínese a fuego manso su cocción.

Tómese un panecillo que tenga buena forma, pártase al medio, desmíguese, iguálese la corteza, úntese bien con manteca por ambos lados, y luego caliéntese un poco para impregnarla de la manteca. Quítese el ramillete, tamícese la salsa de las setas, y añádasele dos yemas de huevo desleídas en tres cucharadas de nata. Mójese con esta salsa el interior del canapé, y póngase en una fuente, echando el guiso de setas en la concavidad de la tostada, al punto de servir. A falta de nata, leche buena o una requemada rubia.

Hongos en picadillo

Se limpian los hongos y se ponen en la parrilla, sobre el fogón, para que suelten el agua; tómese jamón cocido, córtese en dados y hágase lo mismo con los tallos de los hongos; mézclese todo con perejil picado a la invisible. Pásense en manteca las cabezas de los hongos, con algunos dientes de ajo, salad y poned bastante pimienta.

Guarnézcase el fondo de una cacerola con una loncha de tocino; dispóngase alternando capa de cabezas de hongos y capa de picadillo; cúbrase de aceite y cueza a fuego muy lento, de tres a cuatro horas lo menos. Cuanto más se caliente, mejor; pero este guiso no debe nunca sufrir fuego fuerte.

Verdaderos hongos a la bordelesa

Dícese que esta es la receta genuína, y aunque francesa, la admito aquí, porque es un plato vegetal, a la vez elegante, sencillo y sabroso.

Se limpian los hongos y se tiene aceite a calentar en una cacerola; cuando hierve, se echan los hongos en él, y se salpimenta. Se pone a fuego moderado tres cuartos de hora. Cuando los hongos empiezan a dorarse ligeramente, se añaden cuatro dientes de ajo y un puñadito de picado de perejil; esta cantidad se entiende para setecientos cincuenta gramos de hongos. Entonces se tapa la cacerola y se deja seguir cociendo mansamente unos veinte minutos. Sírvase muy caliente.

Si se le añaden, al ponerlo a la lumbre, unos daditos menudos de jamón y tocino, el plato no será tan castizo, francés, pero nada perderá.

Morillas o cagarrias al tocino

Es el mejor procedimiento para las morillas. Déseles un hervor en agua; escúrranse; pásense en la sartén por tocino derretido o manteca de cerdo caliente, y pánense con miga de pan bien desmenuzada y sazonada con sal y pimienta. Ensártense en agujón de cocina, déseles vueltas ante el fuego, hasta que se doren. Fríanse tajaditas de tocino entreverado, y pónganse en el fondo de la fuente; desensártense las morillas colóquense sobre las tajadas de tocino, y sírvanse calientes y doraditas, sin salsa alguna.

Trufas borrachas

Plato caro: En una cazuela, ciento veinticinco gramos de tocino picado y ciento veinticinco de jamón serrano, cortado en pedacitos, y quinientos gramos de trufas enteras, o cortadas en pedacitos regulares. Mójense con una taza de caldo y una botella de Jerez, y cuezan a fuego moderado.

Terminada la cocción, escúrranse las trufas, y sírvanse sin salsa, como las trufas al natural. La salsa, pasada por tamiz, se presenta en salsera. Esta fórmula es la mejor, ya para las trufas que han de servirse enteras, ya para las que han de servir de relleno de toda clase de aves y caza de pluma. La mayor parte de los tratados de cocina aconsejan poner ajo en la cocción de las trufas con vino. Es echarlas a perder.

Patatas cocidas y fritas

Las patatas deben cocerse *siempre* al vapor. si se cuecen remojando, se estropean. Hay para este objeto cacerolas especiales, y pueden sustituirse con cualquier cacerola que tenga un fondo adaptable de mimbre, debajo del cual queden unos seis centímetros de agua salada. Cuando las patatas han de sufrir alguna nueva preparación después de cocerse, se cocerán siempre con su piel, para mondarlas después, ya frías.

Las patatas fritas nunca son plato ellas solas. Por eso figuran en la *Sección de guarniciones*.

Patatas nuevas estofadas

Las patatas tiernas son excelentes para estofar. Se escogen bien iguales y se ponen en una cacerola con mitad caldo y mitad aceite o manteca de cerdo, doce cebollitas de su mismo tamaño, cebolleta y puerro picado, sal y pimienta. Hierven primero a fuego vivo un cuarto de hora, y después a remanso, añadiéndoles una cucharada de harina para formar espeso. Cuando estén en punto, se sirven.

Patatitas nuevas doradas

Ráspese buena porción de patatas nuevas, y tornéense con el hierro. Derrítase manteca en cacerola plana, y añádanse las patatas encima. Saltéense a lumbre moderada, hasta que se doren bien; a media cocción, espolvorearlas con sal fina. A última hora, pasarlas con la espumadera a una fuente y servirlas sobre un lecho de salsa mayordoma. (Véase *Salsas*).

Patatas en blanco

Poner en una cacerola patatas peladas y cortadas en trozos, mojando con leche a cubrir y sazonando con sal y moscada. Deben cocer media hora a lumbre suave, y, al tiempo de servir trábese la salsa con una yema de huevo.

Patatas a la nieve

Córtense ruedas gruesas de patatas, cuézanse al vapor, y pónganse a escachar en una corriente de aire.

Frías ya, abládese un poco en aceite caliente, sin que se doren; sálense a vuelo, escúrranse y déjense unos minutos en el rincón del hogar, que no se enfríen.

Así, salen blancas.

Cisne de patata

Se cuece medio kilo de patatas con monda poco tiempo; luego se pelan y parten en ruedas no muy delgadas; se le echa medio cuartillo de leche, una nuez de manteca fresca de vacas perejil muy picadito, pimienta y sal; se deja hervir breve rato, y se sirve en la misma cacerola.

Patatas con nata

Pónganse en una cazuela un buen trozo de manteca, una cucharada de harina, perejil y cebolleta picada, sal, pimienta, moscada rallada y un vaso de nata; revuélvase circularmente; cuando la salsa comienza a hervir, pónganse las patatas, cortadas en ruedas; y ya cocidas, no estén en el aderezo más que un minuto; sírvase caliente.

Adoquín de patata

A pesar del nombre, es una excelente receta.

Dése forma aovada a grandes patatas de buena calidad; córtense luego en ruedecitas finas, lávense, séquense con un paño, y sazónense bien con sal y pimienta.

Téngase untada de manteca una cacerola de saltear, y colóquense en ella las patatas por capas uniformes, sembrando entre cada capa una cucharada de queso rallado. Termínese por capa de patata, y apriétese, para que vaya compacto. Riéguese con tres cucharadas de manteca muy caliente, póngase a hervir aprisa en el fogón, y así que hierva, al horno treinta o treinta y cinco minutos. A medio cocer, debe darse la vuelta a la torta, y poner lo de arriba abajo, a fin de que todo se pase por igual. Sírvase sobre una servilleta de encale.

Flan de la tía Maruja

Machacar al mortero unas cuantas patatas que se habrán cocido con su monda y pelado; mezclarlas con harina, manteca y sal hasta obtener una masa bien compacta, y extenderla, en capa de medio centímetro, sobre un plato tortero espolvoreado con harina. Píquese la pasta con el tenedor; colóquense en la superficie pedacitos de tocino seco y nata fina; vaya al horno unos quince minutos, y cómase hirviente, en el mismo plato.

Torta ligera de patata

Se calcula a patata mediana por persona; se mondan y se cuecen en agua ligeramente salada; se estrujan con un buen trozo de manteca, dos huevos enteros, y leche, de modo que formen un puré clarito. Dórese en el horno esta torta, que debe quedar ligerita como un flan.

Escorzoneras al jugo

Raspadlas y ponedlas en remojo en agua acidulada con vinagre. Haced una requemada rubia de manteca; aclaradla con dos tazas de caldo desengrasado; añadidle algunas cucharadas de jugo de carne asada; haced cocer las escorzoneras en esta salsa, a fuego vivo. Si no está bastante reducida, cuando estén del todo cocidas, sacadlas de la cazuela; haced reducir vivamente la salsa hasta que adquiera buena consistencia; colocad las escorzoneras en una fuente y echadles encima la salsa reducida.

Zanahorias a la casera

Saltead, en ciento veinticinco gramos de manteca, una cebolla, una pulgarada de azúcar, sal, perejil picado, y las zanahorias cortadas en ruedas. Añádase caldo, poco a poco. Al servir, colóquense en la fuente veinticinco gramos de manteca fresca, amasada con un huevo, y échese encima el guiso.

Zanahorias a estilo de Vichy

En Vichy sirven estas zanahorias como complemento del régimen de las aguas, afirmando que son excelentes para el hígado; pero, habiendo yo preguntado al eminente doctor Durand Fardel si en efecto las zanahorias tenían alguna virtud medicinal, me respondió sonriente:

—Son una buena hortaliza... y nada más. (Voilá tout).

Como la receta es agradable, la incluyo.

Se cortan las zanahorias, ya mondadas, en ruedas finas; se rehogan en mucha manteca fresca, con una o dos cucharadas de azúcar y un polvito de sal; se dejan luego a la lumbre hasta que estén tostaditas y abarquilladas, sin quemarse, naturalmente; se escurren de la manteca, si tiene aún demasiada, y se sirven.

Puede sustituirse, sin ventaja, claro es, sino al contrario, por aceite bueno la manteca. Ese dientre de mantequilla francesa no sé qué tiene, que les da la vida a las hortalizas.

Nabitos estofados

Elíjanse nabos chiquitos, sanos y bien formados; límpiense, móndense; téngase en una cacerola un buen pedazo de manteca, al fuego, y cuando tome color rubio, pónganse en ella los nabos. Déjeseles tomar color bonito, salpíquense de azúcar, mójense con medio vaso de caldo, salpiméntese, y déjese que cuezan. Se sirven solos, o como guarnición.

Nabos a la golosa

Se cortan nabos a lo largo, y se blanquean. Después de escurridos, se ponen a la lumbre, en una cacerola con manteca, echándoles una pulgarada de azúcar, para que se doren. Se les agrega cuarto de litro de consumado, con azúcar y sazonamiento, cociéndolos entre dos lumbres. Terminada la cocción, incorpórese a la cacerola un poco de salsa española para desprender la gelatina; añádase un poco de manteca, y sírvase.

Cebollas rellenas a la francesa

Tómese una docena de cebollas blancas grandes; hiervan, sin cocer del todo, veinte minutos en agua salada; enjúguense sobre un lienzo y déjense enfriar; con una cucharilla cafetera, quíteseles el corazón, que se pondrá sobre la tabla de pisar; añádanse dos puñados de miga de pan fresca, e igual cantidad de setas; píquese todo menudo y póngase en una cacerola, con un buen trozo de manteca, perejil picado invisible, pimienta y sal; mézclese y rellénense con la mezcla las cebollas; póngase todo en cacerola de saltear, salpíquese pan rallado sobre cada cebolla, añadiendo una avellanita de manteca por cebolla también, y pónganse media hora al horno, hasta obtener un color ligeramente dorado.

Pimientos rellenos

Se les quita el pezón a unos cuantos pimientos encarnados o amarillos, morrones, de los mejores, procurando que arrastre consigo la semilla. Se lava bien, y se prepara el siguiente picadillo: jamón y carne magra de cerdo, tocino gordo, pimientos, perejil, ajo, tomate, calabacín: todo sofrito, sazonado de sal y pimienta y picado muy menudamente.

Se rellenan los pimientos con este pisto; se bate un par de huevos, se amasan con pan rallado, y con el amasijo se tapan las bocas. Se ponen en una cazuela, con cuidado para que no se deshagan, en bastante aceite; entre pimiento y pimiento, se añade picadillo mezclado con un majado de avellanas tostadas, miga de pan, azafrán y el agua necesaria para que cuezan a fuego lento hasta su completa cocción. Se sirve con una salsa de yema de huevo batida y vinagre.

Alcachofas en salsa

Quitad a la alcachofa las hojas de abajo; cortad por la mitad las gruesas que quedan. Poned en un cazo una alcachofa por comensal, añadid el agua indispensable para que las alcachofas, puestas cabeza abajo, queden cubiertas en un tercio solamente. Tapad herméticamente el cazo con un trapo y cobertera, y ponedlo al fuego con mucha lumbre. Como no tendrá salida, el vapor del agua penetrará a las alcachofas, que cocerán mejor y conservarán íntegro su sabor natural. Una vez cocidas, quitadles cuidadosamente el cogollo y la pelusa, y volved a colocar el cogollo en su sitio. Servid las alcachofas, al sacarlas del cazo, acompañadas de una salsera con salsa blanca.

Alcachofas rellenas

Hay que tener alcachofas de buen tamaño, ni muy grandes ni demasiado pequeñas, y de buena clase, no duras. Se cocerán en agua y sal, sacándolas del cocimiento antes de que se deshagan.

Hágase un picadillo fino de lomo, jamón y tocino, que se freirá en la sartén, y añádasele luego pan desmigado, sal y pimienta. Ábrase la alcachofa, y desviando las hojas del cogollo, rellénese con el picadillo, poniendo al remate pan rallado.

Rehóguense las alcachofas en una cacerola con manteca; hágase luego la salsa, de yemas de huevo cocidas desleídas en caldo y vino blanco, y añádase a las alcachofas, dejándolo cocer a fuego lento, tapado, media hora. Se sirve a la marmita.

Alcachofas a la moderna

Arréglense las alcachofas, despuntándolas y quitando todas las hojas duras; cuezan a fuego vivo, en agua salada. Sofríanse en manteca derretida, y sin dejarles tomar color, cebollitas picadas, dos o tres por cada alcachofa. Añádase una cantidad suficiente de pan duro, miga de pan reseco, bien desmigajada. Rellénense con esta mezcla las alcachofas; échese por encima de todo una capa de queso de Parma o Gruyere; poned las alcachofas entre dos fuegos a colorearse, y servid sin salsa.

Esta fórmula es aplicable a las alcachofas en conserva.

Fondos de alcachofa al Jerez

Preparar y cocer fondos de alcachofa frescos o en conserva; ya cocidos, guarnecerlos con una mezcla de setas frescas cortadas en láminas, de penquitas de coliflor cocidas en *bechamela*, y con dos cucharadas de queso rallado y una pulgarada de pimiento; salpicarlos de pan rallado muy cernido, y regarlos con manteca derretida. Que tomen color en horno caliente, y sírvanse hirviendo, regándolos, al salir del horno, con un vasito de Jerez.

Espuma de alcachofa

Cuézanse los fondos de alcachofa con agua y harina; prepárese una salsa *bechamela*, que no tome color; deslíase luego con medio litro de leche. Revuélvase con cuchara hasta que hierva y luego apártese del fuego vivo; que siga hirviendo manso.

Cocidas ya las alcachofas, se escurren y se reducen a puré. Se agrega el puré a otra tanta *bechamela*, y a un cuarto de litro de nata batida; y obtenida una papilla muy espesa, se coloca en la fuente formando pirámide; antes se habrá sazonado con sal y bastante pimienta, y se le habrán añadido cincuenta gramos de manteca.

Se le echa por encima el resto de la *bechamela*, y se sirve, muy caliente al horno.

Berenjenas rellenas

Partidlas por la mitad, a lo largo. Quitadles parte de la sustancia interior, dejando empero una buena porción de la pulpa adherente a la piel, que no hay que estropear. Preparad el relleno de la manera siguiente: separad las pepitas de la pulpa retirada; picad esta pulpa con ciento veinticinco gramos de médula de buey e igual cantidad de pechuga de ave o carne de ternera asada. Mezclad con cuatro yemas de huevo sesenta gramos de miga de pan duro muy bien desmenuzado; unid este relleno al primero; amasadlo todo muy bien a fin de que la mezcla sea íntima; añadidle un poco de sal y moscada rallada, pero no sazonéis con exceso. Llenad con este relleno las medias berenjenas ahuecadas; unid bien la superficie, pasando por las junturas un poco de yema de huevo con un pincel flexible. Meted las medias berenjenas rellenas en una fuente que pueda soportar la acción del fuego. Haced derretir la médula de buey; pasadla a través de un lienzo y rociad con ella las berenjenas. Poned la fuente en el fogón con fuego muy vivo encima y poco fuego debajo; terminada la cocción, servidlas sin cambiar de fuente.

Tomates rellenos

Tómense diez muy sanos, y muy iguales de tamaño y forma, encargo que debe hacerse siempre y cuando se ha de presentar entera la fruta. Por la parte de abajo, quítesele una laminita; por el agujero, despepitadlos y escurridles el agua, salpicadlos de sal, y ponedlos boca arriba en una pasadera, para que escurran.

Rehóguense en cacerola dos cebollas picadas, hasta que se pongan doraditas en el aceite; añadid la picadura de dos tomates, cien gramos de pan mojado en caldo y desmigajado, otro tanto de carne de sobras o jamón o ambas cosas, perejil picado, un poco de chalota picada también. Sazónese con sal, pimienta, moscada y clavillo (poquísimo), añádase una cucharada de jugo, dos o tres yemas de huevo, estas cuando todo el relleno esté ya pasado, y fuera del fuego. El relleno ha de estar compacto, pero no duro.

Rellénense los tomates; pónganse en un plato de gratinar, que no sea feo, pues en él han de servirse; salpíquense de pan rallado: riéguense con aceite, y al horno.

(Elena Español)

Turbantes de tomate

Tómense muy buenos tomates gordos y grandes, y se les quita el agua que se pueda, sin desfigurarlos. Aparte, se tendrá cocido arroz en caldo, con mucha pimienta: se escavarán los tomates, y se rellenarán de arroz, dejando sobre cada tomate un pico de arroz que de la figura del turbante. Salpíquese de pan rallado o de queso de Parma, y cueza al horno.

Cuajada de tomate

Cuézase una libra de tomate fresco, con un ramo de perejil, una cebolla, media onza de manteca de puerco; ya bien cocido, pásese, déjese enfriar, y póngase en cacerola, una onza de manteca fresca de vacas, y cuando ésta se derrita, una cucharada de harina. Dada una vuelta, añádase medio cuartillo de leche, y revuélvase hasta que espese. Cuando está espeso es cuando se agrega el tomate. Al tener alguna más consistencia que las natillas, se pone a enfriar. Ya fríos, se le incorporan un par de huevos batidos, una cucharada de queso y otra de pan rallado; se revuelve, y se coloca en un molde untado con manteca. Se pone al baño de maría, donde cocerá media hora, tapado con cobertera y brasa encima. Luego se desmoldea y sirve.

Tomates complicados

Han de ser los tomates bien redondos y maduros. Lávense y vacíense, quitándoles por arriba una laminita.

Hágase salsa con dos yemas de huevo, una cruda y otra cocida, aceite, vinagre, mostaza, sal y pimienta; añadidle perejil, estragón y cebolleta picados invisiblemente. Móndese un kilo de camarones, mézclense las colitas a la salsa, añadiendo uno o dos arenques salados remojados en agua dos días, y cortados en trocitos pequeños; rellénense con esta mezcla los tomates, y adórnese la fuente con huevos duros y perejil en rama.

Este plato puede sustituir a la ensalada, y servir de guarnición a los asados.

Espinacas con nata

Escogidas y limpias las espinacas, cuézanse en cacerola grande, con agua hirviendo muy salada y mucha; si se quiere que conserven el color verde, pásense del agua hirviendo a la fría, dos veces por lo menos. Ya cocidas, exprímanse con las manos para escurrirlas, y luego píquense finamente o pásense por pasadera. Póngase en cacerola un buen trozo de manteca con una cucharada de harina, mézclese todo, y luego añádanse las espinacas; caliéntese revolviendo, mójese con nata y añádanse unos terrones de azúcar; cueza a fuego manso media hora. Sírvase rodeado de cortezones fritos, y con adornos de huevo cocido.

Si no hay nata, pueden mojarse con leche.

Cardos en salsa amarilla

Límpiense y córtense los cardos en trozos iguales, y cuezan en agua hirviendo, con la sal necesaria, hasta que suelten fácilmente la telilla. Refrésquense, ya pelados, en agua fría.

Póngase al fuego manteca y harina. Cuando ésta esté bien deshecha, sin que tome color añádanse los cardos, cúbranse de caldo y cuezan a fuego lento, sazonando con pimienta y un chorrito de vinagre, y ligando con dos yemas de huevo.

Cardos al tuétano

Hágase un remojo en manteca, mojando con un vaso de vino blanco y una taza de caldo desengrasado. Cuezan los cardos en esta salsa, hasta que quede reducida a la mitad; sacadlos de la cazuela, y colocadlos en una fuente. Haced derretir al baño de maría sesenta gramos de médula de buey; incorporad la médula derretida al jugo de cocción de los cardos; sazonad bien cor sal y pimienta, y verted esta salsa hirviendo por encima de los cardos en el momento de servir.

Espárragos muselina

Se raspan, se lavan, se recortan, y se procura que queden todos iguales de longitud.

Se cuecen en manojo, amarrados con un bramantito, en agua hirviendo, con sal gorda, a fuego vivo. Cuando estén cocidos, se escurren, se desatan, y se ponen en la fuente, ya revestida de una servilleta. Y, en salsera, se sirve una salsa de manteca negra o una salsa muselina (véase *Salsas*).

Espárragos de invierno

Es una curiosidad culinaria, que no engaña, pero entretiene.

Se toman uno o dos buenos repollos, y se van sacando a lo largo las gruesas venas de las hojas, que, cortadas, parecen espárragos sin cabeza.

Se blanquean primero en agua hirviendo, con un polvo de sales de Vichy; se echan después en agua fría; y luego vuelven a cocerse, en agua salada y con sazón de pimienta.

Cuando están muy tiernos, pueden servirse con huevos escalfados, o con alguna de las salsas con que se sirven los espárragos, y mejor cuanto más sazonadita y viva sea la salsa, porque entonces la ilusión será mayor.

Naturalmente, hay que presentarlos muy bien ordenados en la fuente.

En menestra, engañan del todo.

Calabacines guisados

Se mondan los calabacines, y se cortan en el sentido de su longitud, extrayéndoles las semillas. Se cuecen a fuego manso, en caldo del puchero; se hace un refrito de cebolla, en aceite, y se añade a los calabacines. La salsa se liga con yema de huevo batido y chorro de vinagre, y se espesa con yema de huevo cocido.

Los calabacines son plato que se hace muy pronto.

Coliflor en quesada

Elíjanse coliflores de flor apretada, y córteseles la cabeza en cuatro trozos; lávense en agua ligeramente acidulada, con vinagre, para que no queden bichos; cuézanse un poco firme en agua hirviendo, salada; pónganse a escurrir.

Póngase un huevo de manteca, con una cucharada de harina, en una cacerola; derrítase al fuego sin dejar que enrojezca; mójese con el agua del cocimiento, y que hierva diez minutos; pruébese si está bien de sal; añádanse cien gramos de Gruyere rallado, y un poco de Parma, y dejarlo en la esquina del fogón; si no hay queso extranjero, el Villalón y el San simón son excelentes. Mantecar el fondo del plato, y poner la tercera parte de la coliflor, aplastada y cubierta de salsa; colocar encima las cabecitas de flor y cubrir con el resto.

Salpicar de queso rallado y de pan lo mismo, y tostar en horno caliente.

Coliflor en salsa blanca

Se cuece la coliflor, en agua salada, blanqueándola, y tirando la primera agua, para que pierda el ázoe. Cuando en su segunda cocción está tierna, se hace salsa blanca, se tiene hirviendo a medias sobre el fuego, y se ponen en ella las piñas de coliflor, dejándolas hervir cinco minutos. Se presentan en la fuente, rodeadas de la salsa.

Coliflor adornada

Se cuece la coliflor, no dejando que llegue a deshacerse; moldearla en seguida en un tazón grande, en que quepa, y ya moldeada, darle la vuelta sobre la fuente en que ha de servirse, de modo que quede hacia arriba la parte redonda.

Cubrirla en seguida con una mayonesa espesa, y adornarla con camarones que tengan la cola mondada y la cabeza entera, ruedecitas de remolacha, y hojas de berro, formando guirnalda, adheridas a la salsa, con lo cual se sostienen.

Pan de coliflor

Cuézanse las coliflores en agua salada, y escúrranse. Empápese en leche miga de pan, y mézclese con las coliflores; añádanse tres o cuatro yemas de huevo, y las claras batidas a punto de nieve.

Mézclese todo bien, y póngase en molde mantecado; cueza al baño de maría por espacio de una hora. Desmoldéese, y sírvase con salsa blanca o de tomate.

Espuma de coliflor

Se limpia y lava una buena coliflor bien blanca, y se cuece con sal en agua hirviendo (no demasiado). Se escurre y se pasa por una prensa o tamiz muy fino.

Se pone en una cacerola un buen trozo de manteca, una cucharada grande sopera llena de harina, sal y pimienta. Se mezcla bien, y se le va añadiendo un cuartillo de nata, o en su defecto, de buena leche sin desnatar. Se le añade otro trozo de manteca, y, con cuidado, se incorpora esta salsa al puré de coliflor, que estará en fuente honda. Se añaden después una a una cuatro yemas de huevo, y luego las claras, a punto de nieve. Se barniza bien con manteca el molde, y se vierte en él toda la mezcla; se tapa, y al horno hora y media, al baño de maría. Se retira y se deja diez minutos cerca del horno, antes de sacarlo. Se sirve con una salsa ligera.

Lombarda con salchicha

Se toma una buena col lombarda, se lava, se pica, y se cuece con medio cuartillo de agua no mas.

Se derriten cien gramos de tocino fresco, cortado en pedazos pequeños; se fríe la mitad de las salchichas, un cuarto de kilo o medio, según los gustos, en pedacitos pequeños también, y la otra mitad se pone entera. Para freír la salchicha, no hace falta grasa: se pone en la sartén medio cacillo de agua caliente, y en su grasa propia se doran las salchichas.

Se rehoga la lombarda en la grasa que las salchichas y el tocino soltaron, se le unen los pedazos cortados de salchicha, y las salchichas enteras se colocan adornando la fuente cuando se sirve.

Col borracha con manzana

Se cuece la col borracha, primero en un agua que se tira, y luego, picándola, en otra agua, la que necesite. Se vuelve a cocer, añadiendo al agua nueva manteca, pimienta y un chorro de vinagre. Se deja hasta que esté muy blanda.

Se cuecen ocho manzanas agrias grandes; se hace de ellas, ya cocidas, un picado menudo, que se mezcla con la col borracha, añadiendo una cucharada de azúcar en polvo al mezclar. Y se sirve caliente o frío, según los gustos.

Repollos con tocino

Tómense repollos llenos y blancos, y pártanse en cuatro trozos iguales. Sorpréndanse con agua hirviendo, y después de sorprendidos vayan al agua fría. Escurridos, échense en un puchero, con caldo, doscientos cincuenta gramos de tocino entreverado, dos chorizos y cuatro salchichas. Añádase tres zanahorias, dos cebollas y un tronco de apio. La sazón hágase con pimienta, pues ya tiene sal el tocino.

Déjese cocer hasta que el repollo se ponga muy blando; entonces, sacad el tocino y los embutidos, escurrid el repollo con tenedor sobre un colador, pasad por tamiz el jugo que suelte y las hortalizas que acompañan, y poned el repollo alrededor, el tocino en el centro, con los embutidos cortados en ruedas, y sobre el repollo, verted el puré del jugo.

Repollos rellenos

Se toman dos o tres repollos muy blancos y tiernecitos, y se blanquean en agua hirviendo, echándolos luego en agua fría. Se escurren y se hace el relleno de picadillo (véase *Picadillo*).

Se entreabren las hojas de los repollos, y entre hoja y hoja se va rellenando. Se atan con bramante fino, y se fríen en manteca, en la sartén. Luego pasan a la cacerola, en la cual se pone caldo, y un huevo, sazonando con moscada, sal, pimienta y clavillo. Según van cociendo los repollos, se añade un poco de manteca de cerdo, la yema de dos huevos duros, un chorrito de vinagre fuerte, y un espeso de harina, hecho en la misma manteca. Ya del todo cocidos los repollos, sáquense con cuidado, tamícese la salsa, y viértaseles por encima en la fuente, todo lo caliente posible.

Coles enanas de Bruselas

Estas colecitas enanas, que la gente nombra siempre en francés, y que las cocineras han bautizado *tichús*, requieren, ante todo, ser cocidas en agua hirviendo muy salada. para que no amarillée. Ya cocidas, refrescadas y escurridas, téngase derretida manteca, de vacas o de cerdo, en una cacerola plana, y rehóguense a fuego muy vivo, cinco o seis minutos, las coles, no sin haberlas sazonado con sal, pimienta y moscada.

Picadillo de puerro

Límpiese gran cantidad de puerros, y, quitándoles completamente la parte verde, partidlos en cuatro trozos, a lo largo. Lavadlos y blanqueadlos en agua hirviendo. Escurridlos apretando, para que salga el agua; luego, picadlos. Poned un buen trozo de manteca en la cacerola, y perdigadlos allí con sal, pimienta y cucharada de harina; mójese con nata; déjese cocer despacio, y líguese con una yema. Sírvase rodeado de tostadas fritas.

Manzanas con salchichas

Se toman salchichas finas, con arreglo al número de comensales, dos por comensal.

Se coloca en una tartera que resista al fuego una capa de manzana agria, cortada en ruedecitas, despepinada y descorazonada, y encima otra capa de salchichas. Se reparten avellanitas de manteca de vacas, y se espolvorea con sal, pimienta y un polvito de azúcar. Luego se pone otra capa de manzana, otra de salchichas, más avellanitas de manteca, más sazón, y se termina con capa de manzana.

El grueso de las capas de manzana ha de ser tanto como el de las salchichas; es decir, cosa de un dedo.

Se pone en el horno, y allí se deja hasta que se pase bien; y si se quiere que forme costra la capa de arriba, se pone brasa sobre el tiesto.

Menestra a la española

La menestra, lo mismo que la juliana, puede hacerse en todas las épocas del año, porque en todas hay legumbres variadas, que sirven para este plato excelente. Así, en las minutas, se designa con los nombres de las estaciones: menestra de primavera, de verano, etc.

La menestra no debe llevar agua ninguna. Basta con el jugo que suelten las hortalizas. Tomando por tipo la menestra de primavera, se blanquearán rápidamente cebollitas nuevas, alcachofas pequeñas, puntas de espárragos, guisantes, cogollos de lechuga, y, si se quiere, setas menudas o cortadas en pedazos. Las alcachofitas deben hervir aparte un rato, para desamargar. También están bien tirabeques, zanahorias y patatas nuevas.

Se pondrán en una cazuela las hortalizas más duras, que se rehogarán con unos trocitos de jamón, con manteca de vacas o de cerdo, y alguna cebolla picada. Ya rehogado, se añaden las verduras blandas, y se saltean hasta que no tengan humedad. Sazónese con sal y pimienta y un hilito de vinagre, y póngase a hervir a fuego lento, tapado, y cuidando que no se pegue. si no dan bastante humedad las hortalizas, se les añadirá caldo, poco, y lo más sustancioso posible.

Ya hecha la menestra, se adorna como se quiere; o con huevo duro cortado en trozos, o con picadillo de este mismo huevo; y están bien cortezones de pan compacto, cortados en forma triangular, y puestos alrededor de la fuente como un borde. Adornando más, se tiene hecho al horno un canastillo de masa quebrada, que se procura sea bonito, y dentro de él y sobre un gran canapé de pan frito, se sirve muy vistosa la menestra.

Flan de hortalizas

Se fríe cebolla, tomate y calabacín, y luego se pasa para convertirlo en puré. Se le incorpora un poco de jamón picado, previamente rehogado en la sartén. Incorporado todo y bien rehogado, se aparta del fuego, y se le echan tres huevos; se forra con pan rallado un molde, se pone en él la pasta, y se cuece en el horno, al baño del maría.

Ramillete de verdura

En una fuente redonda se pone primero una corona de patatas cocidas, de buena hechura; encima, en el centro, otra de cebollitas cocidas; sobre éstas, una de cogollos de alcachofas; encima, otra de remolachas moldeadas; luego, una de zanahorias moldeadas también, y por remate, la mitad de un huevo duro. Parece excusado decir que todas estas hortalizas deben estar cocidas, sazonadas y en disposición de comerse con la salsa que, en salsera, se sirve al par que el ramillete.

Budin de hortalizas

Se cuecen una cebolla, una patata, una zanahoria partida a lo largo, amén de acelga, perifollo, espinaca, apio y lechuga; ya cocido se escurre y pica en la tabla, y luego a la sartén, con sal y manteca, en la cual se dora el picadillo con una o dos cucharadas de harina. Se saca, se hace una pasta, y ya fría se le agregan tres o cuatro huevos, batiendo al echarlos. Se unta de manteca el molde, se reviste de pan rallado, y al horno, una hora antes de servir, con cuidado de que no se queme.

Macarrones con jamón

Ciento veinticinco gramos de macarrones gruesos; ciento veinticinco de queso rallado, Gruyere o Parma; ciento veinticinco de jamón fresco y que esté crudo; cuatro huevos.

Cuézanse los macarrones en agua salada, píquese el jamón y sepárense las claras de las yemas. Bien cocidos ya los macarrones, sálese y échese pimienta a gusto; mézclese el queso y el jamón, luego las yemas, y por último las claras batidas a la nieve; mantéquese un molde, viértase la mezcla y hágase cocer al baño de María dos horas, a fervorines. Desmoldear y servir caliente, rodeado de salsa de tomate.

Macarrones con estofado

Hágase un estofado de carne lo más suculento posible y abundante de guiso, con sus cebollas y todo el acompañamiento; apártese la carne, cuélese el guiso sin desengrasarlo, añádasele un poco de jamón crudo picado y dos o tres cucharadas de salsa de tomate, y póngase al fuego a reducir.

Cuézanse los macarrones en agua salada, que queden enteros sin quedar duros; ya en este estado, escúrranse y váyanse colocando en una fuente, por capas, alternando con capas de queso de Parma y regándolos con el jugo del estofado. Vayan luego unos minutos al horno a que se penetren del guiso y se doren por encima. La gracia de este plato está en que el jugo de estofado sea mucho y muy sabroso. Es la mejor manera de componer los macarrones, entre italiana y española.

Macarrones acompañados

En treinta gramos de manteca, pónganse a tomar color ciento cincuenta gramos de tocino entreverado, cortado en rebanadas y lonjas, y una docena de salchichas pequeñitas.

Apártense, dejándolos al calor; a la manteca que ha quedado en la cacerola, añádase un litro de caldo; cuando hierva, rómpanse en él doscientos cincuenta gramos de macarrones, con sal, pimienta, moscada y ramillete; cuando estén cocidos, quítese el ramillete y sírvanse, guarneciéndolos con el tocino y las salchichas.

Macarrones con trufas

Cuézanse como todos, y ya cocidos, que no se deshagan, escúrranse y se les mezclan trufas cocidas cortadas en tajaditas sutiles, añadiendo cinco cucharadas de nata y una yema de huevo. Caliéntense al borde del horno algunos minutos, sin que hiervan, y sírvanse.

Inflado de queso

Prepárese una salsa blanca con medio litro de leche hirviendo; déjese enfriar un instante, y luego añádanse ciento veinticinco gramos de queso rallado, de Parma o Gruyere, un huevo entero y dos claras a punto de nieve. Póngase en horno bien caliente, de cinco a seis minutos, en cacerola no muy profunda, y sírvase.

Las cantidades son para cuatro personas.

UN POCO DE REPOSTERÍA

Pastas y masas. Rellenos de pastel y otros. Trufados

Los platos contenidos en esta Sección son lucidos y muy a propósito para figurar en convites, al menos en su mayor parte. Parecen más difíciles de lo que en la práctica resultan. Si se encargan a la pastelería, suelen costar muy caros, y por eso conviene aprender a hacerlos, pues además, si en las grandes ciudades se encuentran preparados (no todos), en el campo no es fácil proporcionárselos, hay que recurrir a lo casero. No se les debe tener miedo ninguno, y un ama de casa cuidadosa los ejecutará siquiera una vez al mes, alternando unos y otros, porque siendo muy nutritivos, dan para servirlos más de una vez, y no suponen, bien mirado, ningún derroche.

La palabra «trufado» suena de un modo sardanapalesco para mucha gente, y, sin embargo las trufas que un buen trufado exige cuestan tres o cuatro pesetas a lo sumo. Lo que no debe presentarse nunca es un trufado sin trufas, como hacen por economía mal entendida algunas señoras.

Cada plato exige sus complementos, y las trufas realzan y visten tanto que no vale la pena de escatimarlas, si se tienen las pretensiones de servir trufados.

Para las masas y pastas recomiendo el mayor cuidado en la frescura de la manteca.

Pasta de freir

Pónganse en una tartera doscientos cincuenta gramos de harina, un polvo de sal, una cucharada pequeña de aceite, desleída en mitad cerveza y mitad agua; déjese reposar, y, al usar la pasta, añádanse cuatro yemas y cuatro claras batidas a punto de nieve.

Pasta para pastel

Tanta harina como manteca. Se hace un hueco en la harina y se le echa un huevo; se va revolviendo, y se le añade agua con sal. La cuarta parte de la manteca se amasa y se deja reposar sin que se enfríe.

Se extiende la masa y se pone encima la manteca envuelta en harina y extendida; se recogen las puntas de la masa, todo alrededor, y se dobla a la mitad; se vuelve a extender y se vuelve a doblar tres veces, hasta que esté sudosa y flexible.

Se divide a la mitad, para sacar de una el pastel y de otra la tapa.

Pasta para timbal

Se necesita un buen caldo sustancioso, al cual se añade manteca de cerdo, como una nuez. Cuando la mezcla enfría, se le pone la harina que absorba, amasando poco a poco. Se añade un huevo batido y se sigue amasando hasta que la masa nos mire; es decir, que tenga ojos.

Entonces se puede revestir el timbal.

Pasta quebrada

Para un kilo de harina, tómense trescientos gramos de manteca, una pulgarada de sal y cuatro decilitros de agua, con un huevo entero. Reúnase la pasta; bien ligada, abatirla bajo el rollo sin gramarla; replegarla sobre sí misma y enrollarla de nuevo, hasta cuatro veces, sin parar. Dejarla descansar una hora antes de emplearla. Sirve para varios platos de dulce, galletas y tortas. Es un término medio entre la pasta de armar y la hojaldrada.

Pasta hojaldrada

Tómese un kilo de harina de flor, hágase un agujero en medio, póngase en él dos yemas, un poco de sal, una nuez de manteca y un vaso de agua.

Empapar la harina con una cuchara de palo, sin amasar, y así que hace liga, formar el bollo; cubrirlo con un paño, y a los veinte minutos enharinar ligeramente la tabla y extender la pasta una vez, más larga que ancha. La pasta debe estar blandita.

Colocar en el centro de la pasta tres cuartos de kilo de manteca, bien escurrida y atada antes entre dos paños enharinados. Replegar la pasta sobre sí misma y por los bordes, de manera que la manteca quede encerrada. Es preciso que pasta y manteca tengan consistencia igual para que se extiendan a la vez. Abátase nuevamente esta pasta con el rollo en un cuadrado largo y delgado; plegarla en tres como una servilleta, es decir, tomar una esquina, plegarla, y traer el otro extremo; y esta operación repetirla seis veces en verano y siete en invierno, dejando descansar la pasta de diez a quince minutos entre cada vuelta y salpicando ligeramente de harina tabla y pasta.

Entonces está hecha la hojaldre. Podéis utilizarla a los cinco minutos. si dáis menos vueltas pero seguido, la pasta alzará menos, y con menos manteca haréis con ella la torta de Reyes.

Esta pasta de hojaldre se emplea para los bocadillos a la Reina, timbales finos, pastelillos, etcétera.

Pasta para decorar asados

Harina, sal, dos yemas de huevo; se amasa bien, se estira, se dobla, y se repite tres veces esta operación.

Luego se divide la masa en dos partes: de una se hacen pastillas o estrellas; de otra, tiras largas con el reborde en pico; se fríen en grasa, y con estos elementos se decora el asado.

Pasta de empanadillas

Media libra de harina, medio cuarterón de manteca de vaca, un huevo, una cucharada de ron, un cuarterón escaso de azúcar y un poquito de sal.

Se amasa la víspera por la noche; por la mañana se extiende con el rollo, que esté la masa muy delgadita, y se cortan las empanadillas en la forma que se quiere; se rellenan, se doblan y se fríen en manteca de cerdo a la hora de comerlas.

Masa de armar, para pasteles calientes y fríos

Póngase la harina sobre la mesa y hágase un agujero en medio.

Para dos kilos de harina, poner en ese hueco trescientos setenta y cinco gramos de manteca, quince gramos de sal gris bien deshecha, un vaso de agua, fría en verano, tibia en invierno, y tres huevos enteros.

Comenzar amasando la manteca con las manos hasta ponerla como una crema espesa, y luego, incorporarla poco a poco a la harina, añadiendo con suavidad el agua que absorba. La pasta debe quedar firme; es preferible tener que añadir agua que harina, lo cual cambiaría las proporciones.

Ya bien ligada la pasta y hecha un bollo, bátase, gramándola con la palma de las manos, juntándola otra vez, lo cual se llama *fresar* la pasta. Hay que hacer esta operación dos veces en verano y tres en invierno. Cada vez que lo hagáis, poned un poco de harina en la tabla de amasar para que no se pegue. Volved a hacer bollo, y metedlo en un lienzo mojado para que no se seque si no lo váis a usar en seguida. Debe estar lo bastante firme para tenerse en pie cuando arméis el pastel.

Dejándola descansar una hora envuelta en el lienzo húmedo, conseguiréis una pasta más ligera.

Masa de pastelitos de ostras

Se hace la masa con media libra de harina, una onza de mantequilla, zumo de limón, yema de huevo y un poquito de agua, todo esto bien batido; se le une un cuarterón de mantequilla, se ensancha la pasta con el rodillo, y en seguida se parten los pastelillos redondos, y entre dos capas se pone una cucharada de las ostras, con su salsa.

Masa real, para empastelar la liebre

Una libra de harina, una onza de manteca de vaca, media de cerdo, tres onzas de azúcar y un huevo. Todo se trabaja bien hasta que se haga la masa, con la cual se cubrirá un molde, no sin haberlo untado de manteca de cerdo.

Allí se colocará la liebre, ya guisada y deshuesada, con algo de tocino fresco cortado en trocitos.

Lleno el molde, se cubre el pastel con un trozo de la masa, y al horno templado.

LOS RELLENOS

Relleno para pescado

Píquese carne de diversos pescados, quitándole antes las espinas. Sirven la carpa, la barbada, la anguila, el sollo y todos los de río, a menos que tengan muchas espinitas o un sabor demasiado especial, como el de la tenca.

Píquense también, aparte, setas, finas hierbas, una o dos trufas por cada media libra de relleno; únase este picadillo con el de pescado, añadiendo la miga de un panecillo mojado en leche caliente, y bastante sal, pimienta y ralladuras de moscada.

Con este picado pueden rellenarse para asarlos los grandes pescados de mar o de agua dulce. Y, haciendo bolitas con él y rebozándolo en pasta de freir, se tendrán unos exquisitos buñuelos de pescado.

Relleno para aves como perdiz y faisán

Lleva carne de salchicha un poco picante piñones, almendras desmenuzadas y unas cuantas trufas, desmenuzadas también. La carne de las salchichas se habrá dorado en la sartén, antes de incorporarse al picadillo, y al introducirlo en el cuerpo del ave, se le echará una cucharada de Jerez bueno.

Relleno para aves, pescados finos, y bocaditos

Es muy delicado.

Se compone de: pechuga de gallina ligeramente asada, escurrida y machacada en el mortero, miga de pan cocida en caldo, hasta que sea papilla, carne de cerdo fresco cocida con sal, pimienta, cebollas, zanahorias y ramillete. Las zanahorias y cebollas también se machacan y se pasan, mezclándolas con la gallina a partes iguales. Se sazona con sal y pimienta, se cuece en otro poco de buen caldo y sirve para todo lo fino.

Relleno cocido

Es el más fino de todos.

Coced en manteca, sin que se doren, veinticinco gramos de pechuga de ave; quitadla de la cazuela y escurridla. Haced en la misma cazuela una papilla de miga de pan, ensopada en caldo, y coced aparte, en agua, con sal, pimienta y algunas zanahorias, doscientos cincuenta gramos de tetilla de ternera, que también se dejarán enfriar.

Muélanse luego las tres cosas en mortero, separadamente; pásese parte también por tamiz o colador fino; reúnanse luego los tres purés y mézclense en el mortero, por partes iguales, con una o dos cucharadas de finas hierbas picadas. Si no se encontrase fácilmente tetilla de ternera, puede sustituirse con pechuga de ave.

Mójese el relleno con caldo o consumado, y déjese hervir a fuego muy lento hasta que se espese. Sirve para pescado y aves; y para rellenar chuletitas de cordero.

Relleno de carnes

Este relleno sirve para chuletas, carne empanada, lomo de cerdo. Es algo fuerte.

Se corta en dados tocino viejo, que no esté rancio, naturalmente, y en la misma cacerola se rehogan setas cortadas en pedazos menudos, y un picadillo muy ligero, no de ajo, sino de escaluña o ajo francés. Se añade perejil menudamente picado, sal y pimienta. Cuando empieza todo a colorearse, se añade medio vaso pequeño de aceite y bastante miga de pan deshecha; se revuelve un momento para que no se pegue; se agrega, si gusta, un poco de moscada, y con la mezcla se cubren las chuletas, revistiéndolas luego de papel para ir al horno, o amarrándolas con un bramantito si se prefiere rellenar entre dos chuletas. Este relleno también se puede aplicar a las lonchas de merluza, a las de salmón, a todo lo que se asa en parrilla.

Relleno de pastel de hortalizas a las Torres de Meirás

Puede hacerse este pastel de dos modos: o trabajando la masa en casa o trayendo de la pastelería uno de esos pastelones de hojaldre que se venden en todos lados. Si no traen manteca rancia, son excelentes.

Se cortan en trozos del tamaño de una avellana hortalizas (sirven todas: zanahorias guisantes, judía verde, tirabeque, etc.). Se ponen a cocer en su jugo, añadiéndoles: trozos como dados de tocino y de jamón, y luego un vaso de caldo, sal y pimienta. Se dejan cocer así hasta que están tiernos.

Se cuece aparte, menos tiempo y en otra cazuela, un picadillo fino de puerro, cebolla, perejil, cebolleta, acelga, acedera, lechuga, en suma, hortalizas blandas, salpimentadas también y mojadas con caldo. Se rehoga en la sartén otro picadillo de cebolla, y se reúnen en una misma cazuela este picadillo y las dos clases de legumbres cazuela este picadillo y las dos clases de legumbres, añadiéndoles la carne de dos salchichas. Se deja al fuego un cuarto de hora.

Se saca después y se coloca en el pastel, previamente acomodado en una tartera decente, que pueda resistir el fuego. Por encima de las hortalizas, y mezclado con ellas, se añade un trozo de miga de pan, desleído en leche y en dos yemas de huevo, y salpimentado. Se cubre con la tapa del pastel, y al horno, hasta que esté muy caliente, que es cuando se puede servir en su misma tartera. Hay que tener cuidado de que no se seque el relleno, que puede regarse con cucharadas de caldo.

Este pastel, que así es excelente, no será peor si, en vez de salchicha, se le pone chorizo (deshecho) o lomo de cerdo —o de ternera— o trozos de pollo (muy pequeños) o mariscos como mejillones o vieiras. Pero la base son las hortalizas.

Relleno de pastel de pescado

Sirven para este pastel peces de varias clases, y será más sabroso en mezcla. Admite robaliza, besugo, dorada, mero, salmonete, múgil: pescados de carne blanca y firme. Hasta puede incluirse entre ellos la merluza.

Límpiese bien el pescado y fríase ligeramente; sáquese del aceite, desespínese y despelléjese, y, eligiendo los mejores trozos para dejarlos enteros, redúzcase el resto a picadillo muy fino, sazonándolo con sal y pimienta y agregándole el huevo que absorba. Fríase mucha cebolla y perejil picado, en aceite, con el contenido de una lata de tomate o seis tomates troceados y tres dientes de ajo, y hágase a esta fritura un espeso de harina. Pásese todo por tamiz grueso y añádase al pescado y picadillo en una marmita, dejando que cueza todo lentamente, hasta que el guiso esté bien en sazón. Entonces se rellena el pastel. El guiso no ha de ir seco, ni tampoco nadando en aceite.

Relleno de pastel de ostras

Se hace una salsa bechamela en cantidad suficiente. Se le incorporan las ostras (cinco docenas por cada cuartillo de leche que entre en la bechamela). Se sigue batiendo cinco o seis minutos. Se aparta del fuego. Se rellena el pastel o los pastelillos. Se meten en el horno a calentar bien antes de servir.

Por supuesto, que las ostras han ido antes a la sartén breves momentos a rehogar con manteca y un ligerísimo picadillo con cebolla, teniendo cuidado de que no se endurezcan. En este cuidado está todo.

Relleno de pastel de perdigones

Hay que deshuesar los perdigones, después de limpiarlos y desplumarlos bien. Córtense trozos en tiras gruesas, con jamón magro, tocino gordo y trufas. Hágase un picadillo de los hígados, de un trozo de lomo de ternera, de las mondas de las trufas y de tocino; añádase sal y pimienta, y hágase de este picadillo un fino relleno.

Revístase de pasta un molde y váyase guarneciendo el interior con una capa de relleno, una capa de tiras, y así sucesivamente. Cúbrase con un redondel de masa que tenga en medio un agujero. Cuézase al horno, y cuando esté casi frío introdúzcase por el agujero gelatina de carne con esencia de perdigones. Esa esencia se habrá hecho con los despojos de los perdigones.

Este pastel puede hacerse con toda especie de caza.

(Elena Español).

Relleno de pastel de liebre sin liebre

Una libra de vaca por el lomo, una de lomo de cerdo, un cuarterón de tocino fresco. Se fríe y mezcla, agregándole dos cebollas, medio diente de ajo, unas hojas de laurel, tomillo, hierbabuena, cuatro granos de pimienta, tres clavos, un poco de nuez moscada, sal, un vaso pequeño de vino blanco, otro medio vaso pequeño de vinagre, un poco de pan rallado. Unido todo esto, se pone en una tartera al horno, tapando bien.

Se deja allí hasta que reduzcan los líquidos y no quede sino una mezcla algo jugosa; entonces se saca, y se deja enfriar un poco. Se tiene ya preparado el molde engrasado y cubierto con masa de empanadillas; se pasa a él la mezcla, quitando las hierbas, y repartiendo en pequeños pedazos y alternadas las carnes. Se pone luego la tapadera de masa, y vuelve al horno. Cuando la masa se ha dorado, se saca, se deja enfriar, se desmoldea y se sirve.

Relleno de pastel de jamón y lomo

Para doce personas, un cuarto de kilo de lomo de cerdo fresco, un cuarterón de buen jamón, un cuarterón de tocino, y los hígados de tres pollos.

Se corta el lomo en trozos del grueso de una nuez pequeña; el jamón, como avellanas, y el tocino, igual.

Se pica menudamente cebolla, puerro, perejil, zanahoria, cebolleta, y, con este menudo picadillo, se ponen al fuego el lomo, jamón y tocino, con mitad caldo y manteca de cerdo, y con sal, pimienta, ralladura de moscada y clavo.

Aparte, en una cazuelita, se cuecen los hígados del pollo, sin sal ninguna, en agua solamente, y teniendo mucho cuidado de que no se endurezcan. Cuando estén cocidos, se apartan, se escurren, y se les echa una gran cucharada de ron (después de haberlos partido en trozos como avellanas) y una pulgaradita de canela de Ceylán.

Cuando el guiso del lomo esté en punto, reducido el caldo y bien pasadas las carnes, se aparta del fuego, y se van colocando en el pastel los trozos de lomo, jamón, tocino, etc. Se aparta el picadillo y algunos trozos pequeños del relleno, y se pican más menudo aún con la media luna, añadiéndoles un poco de pan finamente rallado y la yema de un huevo.

Entre dos capas de jamón y lomo se habrán colocado los hígados bien esparcidos.

El picadillo debe rellenar los intersticios y formar una capa densa en la superficie. Se puede adornar con quenefas, bolitas de patata, trufas setas, y también se puede dejar sin más guarnición. Hay que ponerlo en el horno con el tiempo necesario para que se caliente bien el pastel.

Si se viese que el relleno estaba algo seco, se repartirán por la superficie unas avellanitas de manteca fresca de vaca, antes de pasarlo al horno.

Pastel frío de cerdo

Córtese en lonjas no muy delgadas un kilo de carne de cerdo; quítense nervios y pieles. Píquese el cerdo con jamón magro, ya cocido. Guarnézcase el molde, engrasado, de pasta de armar, de dos centímetros de espesor, y luego póngase el relleno. Cúbrase por medio de pasta de hojaldre. Dórese con un huevo entero bien batido, y hágase en la cubierta una abertura de tres centímetros. Cueza al horno dos horas.

Pastel de perdices

Salcochad ocho perdices viejas y picad bien todas sus carnes, desechando los huesos. Picad con ellas sus hígados. Sazonad con clavo, nuez moscada, sal y pimienta. Añadid un vaso de coñac y dos huevos enteros.

Partid tocino en barras, y rellenar un molde bien engrasado con el picadillo, alternando con las barras de tocino y trufas, cortadas a lo largo. Cuando esté bien repleto el molde, vaya el pastel al horno.

Cuando salga seca una aguja de mechar que se le clave, estará cocido. Sacadlo, prensadlo dentro del mismo molde, con peso por encima, y dejadlo enfriar muy bien antes de desmoldearlo y servirlo.

Gana con no ser comido hasta dentro de tres o cuatro días.

Relleno de timbal de coles agrias y perdigones

Este es un plato que parece alemán, y que puede realizarse perfectamente con elementos españoles.

Hágase una pasta de timbal, y cuando esté caliente aún del horno, se tendrá cocido un kilo de repollo, o de brecolera o borracha, si no hay lo que se llama generalmente *chucruta*, y se vende ya en los buenos ultramarinos.

Para cocer las coles agrias, se les habrá añadido un poco de foie-gras, o en su defecto unos hígados de pato, un poco de grasa y un poco de tocino entreverado. Ya bien cocido todo junto, se agregan los perdigones enteros. Cuando hayan cocido sin deshacerse, se enjuagará todo en la escurridera, se cortarán los perdigones, el tocino y los higadillos, y se pondrán en el molde alternado capa de col, capa de perdigones y tocino e hígados. Se agregarán rodajitas de fruta, crudas.

Cúbrase el pastel, téngase al horno media hora, riéguese al salir, por dentro, con una salsa al madera; o por mejor decir, al Málaga o Jerez dulce; sírvase el pastel, envíese con él el resto de la salsa.

Relleno de timbal de aviñeiras

Se cortan las aviñeiras en cuatro pedazos; se tiene picado perejil y cebollas, y se refríe todo en aceite. En una marmita se echan el refrito y las aviñeiras, con una copa de vino blanco, aceitunas picadas, huevos duros cortados, y se deja cocer a fuego lento.

Relleno de timbal a la francesa

Póngase en una cacerola un buen trozo de manteca muy fresca y dos cucharadas grandes de harina; hágase un espeso blanco, y procédase como para la salsa blanca ordinaria, que no quede muy espesa; mójese con buen caldo, y que cueza algunos minutos, salada y pimentada a gusto; añádanse ciento veinticinco gramos de quenefas, doscientos cincuenta de setas, algunas lechecillas o mollejas de ternera blanqueadas y cocidas en el agua sazonada en que se blanquearon, y, con igual preparación, trocitos de seso de ternera o de carnero; y, si se puede, crestas y riñones de gallo, que no son indispensables. Pónganse todas estas cosas en la salsa, por el orden que impone el grado de cocción que necesitan: primero quenefas y mollejas, luego crestas y riñones, luego setas y sesos; cocido todo y reducida la salsa, líguese para servir con dos yemas de huevo, teniendo cuidado de retirarla de la lumbre antes de añadir los huevos. Las quenefas pueden ser de pescado en vez de ave; si se quiere un buen timbal de pescado, no hay más que suprimir las mollejas, crestas y riñones, añadir a la salsa almejas o mejillones y su agua, y reducir antes de añadir los huevos. Se pone el relleno en un timbal de masa, y se deja en el horno hasta que la masa se dore.

Relleno de timbal de macarrones

Se cuece en caldo un cuarto de kilo de macarrones de los más gordos, y se les añade, apenas acaben de cocer, un rehogado, en manteca de cerdo, de cebolla picada, jamón lo mismo, tomate, pimienta y sal, además del jugo de un estofado de carne.

Antes de que se ablanden los macarrones, retírense del fuego, llénese el timbal y póngase al horno, a que se dore la pasta.

Para resumir lo que se refiere a timbales, diré que todo relleno de pastel es aplicable a timbal.

PASTELES SIN MASA

Pastel de liebre

Se da una vuelta a la liebre en la sartén, después de limpia y troceada; luego se pica menudísima, y se pasa por tamiz de cerda, hasta que forme una pasta como mermelada; entonces se sala, y se añade un vasito de coñac y una sazón de pimienta bastante enérgica. Se pone en un molde previamente untado de manteca, y al horno, donde deberá estar el tiempo suficiente para pasarse sin secarse ni tostarse. Luego puede adornarse con gelatina de caldo. Se sirve frío, y si pasan dos días antes de comerlo, ganará.

(Condesa de San Román)

LOS TRUFADOS

Gallina trufada

Se deshuesa la gallina con cuidado para no romper el pellejo, del cual se separa, lo mejor posible, la carne.

Se cortan tiras de jamón, de lomo de cerdo, de la carne de la gallina y de tocino; se pican muy menudo los desperdicios que queden de todo esto, añadiendo uno o dos huevos frescos, y se van colocando sobre la piel de la gallina, interiormente, las tiras entreveradas con picadillo, intercalando pedacitos de trufas.

Cosido cuidadosamente el pellejo de modo que el relleno quede justo, pero no muy apretado, se envuelve en un paño muy limpio y que no haya sido lavado con jabón, se aprieta bien y se pone a cocer en caldo con los huesos de la gallina, cebollas, zanahorias, ramo de perejil y sal. No se desenvuelve hasta que está fría y se ha prensado veinticuatro horas.

Lengua rellena y trufada

Una lengua de buey, se sala en casa con veinte gramos de nitro y cuatro onzas de sal de cocina. Se frota bien con el nitro, y encima se pone la otra sal. Así se deja de cinco a siete días en una vasija, dándole vuelta diariamente con una cuchara de madera.

Se compran tres cuarterones de ternera por la lonja, la víspera de cocer la lengua; y si ésta fuese de las más grandes, una libra de ternera hará falta. Se corta en lonjas, y se dejan en un plato una sobre otra, sazonadas con sal y pimienta molida.

Así deben estar veinticuatro horas.

Se pone la lengua en remojo, de veinticuatro a veintiocho horas, según su tamaño; se saca; se seca con un paño; se abre por la parte tierna, o sea por debajo, teniendo cuidado de no cortarla del todo para que no se escinda la piel. Abierta ya con la mano del mortero, se extiende cuanto se puede sobre la tabla.

Se pica como masa la ternera, añadiéndola un picado de perejil fino; se cortan tiritas de tocino que no tengan rancio alguno, y otras de magra de jamón; se pone encima de la lengua una capa del picadillo, y, sobre éste, tiras de tocino y jamón alternadas, a lo largo de la lengua, y así se cubre toda la lengua, intercalando algunas trufas (para una lengua grande bastan seis trufas de buen tamaño). El relleno se termina con otra capa de picadillo, para lo cual, al empezar a rellenar la lengua, se hacen de éste dos porciones. Antes de colocarlo, el picadillo se habrá mojado con dos cucharadas de buen Jerez.

Se cose la lengua con bramante finísimo, a punto de colchonero, para que al quitar el bramante salga a la vez, y se deja colgando una cuarta de bramante o del hilo gordo, para poder arrollarlo a un dedo y tirar, cuando el caso llegue. Se pone a hervir bastante cantidad de agua con un hueso de tuétano, una cebolla entera, una zanahoria, una chirivía, un ramito de perejil, una hoja de laurel y seis u ocho granos de pimienta. Así que hierve el agua, se echa en ella la lengua; si es regular, cocerá tres horas; si es grande, de tres y media a cuatro, sin parar la ebullición; y al consumirse el agua, se va añadiendo caliente. Se saca luego a un plato, se deja enfriar y se monda de la piel, tibia aún; luego se envuelve muy apretada en una servilleta, se prensa veinticuatro horas, se quita el hilo y se sirve fiambre. Puede adornarse con gelatina al ron o de caldo.

Pavo relleno y trufado

Hay que tener una pava buena y cebada en casa con nueces y bolitas de pan.

Se emborracha con aguardiente, y ya borracha, se deguella. Se despluma y soflama, vaciándola y deshuesándola. El deshuesado se hace por el lomo, lo mejor posible, cuidando mucho de no estropear la piel.

Ya deshuesada, se baña con coñac por dentro y fuera, y se cortan en tiras largas un kilo de lomo fresco de cerdo, uno de jamón, uno de solomillo, medio de tocino gordo, medio de magro, y si no fuese suficiente se aumentará cada cantidad a proporción, no de una sola cosa. Se pica todo ello, muy menudo, otra cantidad menor.

En tiras largas todo lo posible, y en picadillo fino los desperdicios, se habrá cortado la carne de la pava. Hecho todo esto, se sazona el picadillo menudo con Jerez, coñac, pimienta, clavillo, nuez moscada, y al tiempo de disponer la masa se añadirán las trufas, cortadas en trozos y bien repartidas.

Con todo ello va rellenándose la piel de la pava, poniendo a lo largo las tiras, y en los intersticios el picadillo. Debe quedar bien relleno. Se cose luego finamente y se envuelve en tela fuerte de lienzo, muy limpia y que no se haya lavado con jabón, y la tela se cose a su vez y se amarra con bramante fino, todo ello artísticamente, para que no se desfigure la pava.

Para el cocimiento se pondrán dos manos de ternera, dos huesos de buey con tuétano, una corteza de tocino, los desperdicios de la pava, huesos y carne perdida, una zanahoria, nabos cebollas, pimienta en grano, ramillete, chirivías, perejil, clavo y sal.

En vez de agua, mejor sería cocer la pava en caldo.

Cuando arranca a hervir el cocimiento se retira, para que siga cociendo mansamente.

Debe cocer lo menos tres horas, al cabo de las cuales se saca, se deja enfriar, se desata, se reconstituye si se hubiese desfigurado, se vuelve a envolver en el paño, y atando, se pone en prensa veinticuatro horas. La segunda parte de la pava, rellena y trufada, es la gelatina.

Se hace ésta reduciendo el caldo en que la pava se ha cocido, y cuando las manos de ternera estén tan blandas que se deshuesen solas, se clarifica el caldo por medio de un huevo o de varios tantas veces como sea preciso, se le añade un poco de cola de pescado, y se tamiza y deja enfriar en fuente grande y profunda.

Ya enfriada, se parte en la forma que se quiere; y generalmente, para acompañar a la pava, se corta en pedacitos no muy grandes y se sacude y mueve para que forme como un granizo, dentro de una sartén, naturalmente en frío, en el sitio más fresco que se encuentre.

Cachucha de jabalí o de cerdo, trufada

Limpia y chamuscada la cabeza de jabalí, se raja por debajo a lo largo y se le extraen todos los huesos, cuidando de no estropear el pellejo. Se cortan en tiras muy estrechas las partes comestibles, sin exceptuar la lengua; se añaden las orejas, también a tiras, y si todo esto fuese aún poco para rellenar la cabeza, lomo del mismo animal, o en último caso, de cerdo. Se colocan estos trozos en un barreño por capas superpuestas, espolvoreando cada tongada con sal, pimienta, moscada en polvo, perejil y cebolleta bien picados.

Se deja en esta salmuera seis días en verano y diez en invierno. Al cabo de ellos, se rellena la cabeza con este adobo, entreverando trufas partidas en pedazos gruesos, y se arregla cosiendo la abertura por donde se deshuesó. Se ata bien la cabeza con bramante para que no pierda la forma; se envuelve en un paño limpio, que se cose, y se hace cocer, en marmita capaz y en vino blanco, durante diez horas. En cuanto esté cocida, se saca de la marmita comprimiéndola en todos sentidos para que escurra bien el agua de la cocción. Se desata, se le da figura, se le colocan unos colmillos de marfil o de hueso, o de queso duro, se cubre de pan rallado dorado, y se presenta con un agujón clavado en la cabeza, y en el agujón una gruesa trufa.

PLATOS FRÍOS A LA ESPAÑOLA

Queso sencillo de cabeza de cerdo

Se cuece la cabeza, limpia ya y escaldada, y con ella una oreja, de cerdo también, poniendo, en el agua en que la cabeza ha de cocer, perejil cebollas, puerros, laurel, clavo y pimienta negra.

Así que está cocida y suelta el hueso, se separa la piel, y el resto y la oreja se pican menudo. Con la piel se forra un molde muy enmantecado y bañado de ralladura de pan; al picado, que se habrá dejado enfriar, se le añade pimienta, nuez moscada y una pizca de clavillo; se pone en el molde, se prensa muy fuerte, y a los dos días se desmoldea y se sirve.

Pan de hígado al Jerez

Rehóguese en una cacerola ciento veinticinco gramos de tocino cortado en dados, con doscientos cincuenta gramos de hígado de ternera cortado en igual forma; sazónese con sal, pimienta y especias; cuando ha rehogado bien, retírese del fuego y déjese enfriar.

Májense en un mortero ciento veinticinco gramos de pan remojado y esprimido; añádase tres huevos enteros, uno a uno. Pásese por tamiz este relleno, y luego trabájese en una terrina con cuchara de palo, añadiéndole poco a poco un vaso grande de Jerez, y media cucharada de extracto de carne. Bien mezclado todo, añádanse ciento veinticinco gramos de lengua a la escarlata, cortada en dados, y el hígado y tocino que se rehogaron. Póngase entonces la preparación en budinera mantecada, y ésta en una cacerola llena de agua caliente, de modo que el agua llegue a una tercera parte de la altura del molde; cueza en horno vivo veinte o veinticinco minutos.

Desmoldéese, y sírvase con salsa de tomate.

Este pan se puede hacer también con hígado de ave.

Imitación española del fuagrás

Escribo «fuagrás» porque así dicen todos, y porque decir «hígado gordo» sería pedantesco.

Tómese un kilo de hígado de cerdo, y medio kilo de jamón. Se cuecen ambas cosas juntas, y ya cocidas, se pican en caliente y se majan en el mortero hasta formar pasta.

Se toma un cuarto de kilo de avellanas secas, tostadas, y se machacan también hasta reducirlas a polvo, y entonces se pasa a una cacerola el picado y el polvo de avellanas, con medio kilo de manteca de cerdo.

Se sazona con pimienta negra y una ligera raspadura de nuez moscada.

Se pone al fuego, moviendo siempre para que no se pegue. No debe hacerse a fuego vivo, sino lento. Se conoce que está en punto, cuando de la manteca saltan burbujas. Se prueba, y se sazona con sal. Se aparta, y cuando enfrían un poco, se pone en terrinas, que no se tapan hasta que ha enfriado por completo. La manteca subirá a la superficie, formando una capa blanca.

Por encima de esa capa, se pone un papel de plata, y luego se tapa con otro blanco, engrasado, y un pergamino, que se ata con bramante, a no ser que la terrina tenga su tapadera bien exacta, que entonces se asegura con una tira de papel engomado.

Y he aquí otra receta aún más fácil:

Se toman hígados de ave (y si no uno de cerdo); se pisan con la mitad de tocino fresco, se sala la masa, se envuelve en el redaño del cerdo, y se pone en molde o terrina. Antes habrán cocido, con ramillete.

Cocarrois a la mallorquina

Yo confieso que los que he probado en Madrid, no me encantaron; pero tanto alaban este plato regional, que no debe suprimirse la receta.

Los cocarrois son una especie de empanadilla. Se comen en Cuaresma.

Se ponen a cocer espinacas, en agua salada, y ya cocidas, se escurren y se les agrega un picadillo de almendras, piñones y cebolla cocida ya, con unas cuantas pasas de Málaga y un polvo de azúcar.

Se hace la masa con pan rallado, aceite, huevos batidos y azúcar; se van rellenando las empanadillas, y se ponen a dorar en el horno.

El tamaño de estas empanadillas es como el de una carta de baraja, poco más o menos.

Torta de chicharrones

Esta receta, que procede de una señorita muy entendida en cocina y casi diré que en todo, es una de las cosas españolas que, si se conociesen, harían brillante competencia a los sebosos *puddings, cakes* y demás preparaciones de masa para el te.

Cantidades: para una libra de masa, media de chicharrones y media de azúcar.

Se pide a la tahona la masa con que se hace el pan. Se pisan en el mortero los chicharrones, el azúcar, y una pulgarada de canela molida, y cuando todo forma una pasta, se incorpora a la masa panadera, y se trabaja un poco con la cebolla o rodillo. Se le da forma de torta no muy gruesa, y en plato que resista al fuego va al horno, que no deberá estar muy caliente, sino templado. Mejora la masa si se le añade, antes de ir al horno, un huevo batido.

(Lolita Bernardez)

LOS ACCESORIOS

ENTREMESES. GUARNICIONES. ADOBOS. ESENCIAS. SALSAS. ENSALADAS.

LOS ENTREMESES

Cuando se sirven entremeses, es siempre al almuerzo. Han estado muy desacreditados en las mesas elegantes; pero ahora vuelven a disfrutar un poco de favor, porque hemos averiguado que en Rusia se sirven, en una mesa aparte, antes de la comida y con acompañamiento de aguardiente; esta moda vino a Biarritz y cuajó. Sin embargo, conviene advertir que tales fantasías son efímeras.

Para el almuerzo tienen una ventaja grande los entremeses, sobre todo en el campo.

Si la cocinera retrasa algún tanto la sopa, los entremeses permiten ser puntual, y calman aquella primer hambre canina de los invitados.

Abarcan los entremeses un vastísimo cuadro: hortalizas, frutas, flores, huevos, pescados, mariscos, carnes, preparaciones de la leche, repostería, salchichería. Además ofrecen un aspecto alegre y tentador. Se prestan a bonitas combinaciones de colorido, si hay tiempo y humor de meterse en estos bordados.

No incluyo entremeses calientes, porque son verdaderos platos de comida, y equivalen a nuestro frito.

Como él, se sirven después de la sopa y antes del pescado. Suelen ser fruta de sartén o de horno; se presentan sin salsa y sobre servilleta.

Hay, en la lista siguiente, entremeses que, con aumentar la cantidad, fácilmente se transforman en platos de entrada. Hay otros que son ensaladas en pequeño. Se observará que, en la descripción de los entremeses, se prodigan los diminutivos, y se encarga que todo se corte delgado como hostia.

Es que el entremés, servido en una concha delicada de porcelana, plata o cristal, ha de ser algo fino también, reducido, graciosamente menudo en sus proporciones.

Debe el entremés recordar una comidita de muñecas.

Entremeses vegetales y otros

Con casi todos los vegetales que se presentan en las mesas puede hacerse un platillo de entremés.

En primer término, en España, las aceitunas negras *zapateras*, sazonadas con cebollita picada, aceite, vinagre y una pulgarada de pimiento rojo; de manzanilla, sin más aliño que agua y sal; gordales, rellenas —constituyen un aperitivo delicioso—. También pueden presentarse deshuesadas, con una hoja de berro saliendo de su interior.

Otro entremés castizo son los pimientos. Los morrones, colorados, amarillos y verdes, con un polvillo de clara y yema cocida por encima; los verdes, chiquitos, fritos.

El pimiento morrón es entremés, no debe servirse entero, sino en tiritas estrechas o hecho trozos.

Otros entremeses vegetales son los picados de lechuga, escarola y berros, con tiras de clara de huevo y picadillo de aceitunas; los rabanitos de varios colores; la patata, cocida, aliñada con aceite y vinagre, y las cabezas de espárragos, cocidas, presas en salsa mayonesa. De pocos hay que dar receta aparte.

Col borracha

Se cuece col borracha, se corta en tiritas, se pone en adobo con sal y agua, y, al cabo de dos días, se añade, antes de servir, un chorrito de vinagre, después de haber escurrido bien el adobo.

Menestra de hortalizas

Se hace como la otra menestra, pero todo lo menuda posible.

Pepinos

Se limpian y cortan en ruedas transparentes; se ponen a babar en agua muy salada; se les quitan las semillas; se escurren y se sazonan con sal, pimienta, aceite y vinagre y un picadillo de finas hierbas.

Tomate

Córtese el tomate en ruedas muy finas, sazónese como la ensalada, añádanse unas chalotas picadas, y bien arreglado en la rabanera, sírvase como entremés. Muy barato y buen recurso en el campo.

Melón

Se cortan trocitos de la carne del melón, y se presentan alternando con trocitos de hielo que se colocan cinco minutos antes de hervir. Se presenta con el azúcar y sal, en cacharritos finos.

Se puede presentar espolvoreado ya de azúcar escarcha, y regado con unas gotas de kirsch.

Huevos a la mayonesa

Se cuecen duros y se pelan; se cortan en mitades a lo largo; se saca la yema, y se rellenan las claras con una mayonesa aderezada con pepinillos, mostaza al estragón, etc. Ya rellenas las claras, se colocan en la rabanera y se les echa por encima las yemas, dibujando, con prensa-puré.

Manteca

Debe ser fresquísima, acabada de lavar, y presentada dándole forma de conchitas, entre las cuales se coloca un trocito de hielo.

ENTREMESES DE PESCADO

Anchoas

Se extraen las anchoas del frasco y se dividen a lo largo en dos mitades. Se cuecen huevos duros, se pica la clara y se aplasta con el tenedor la yema. En la rabanera se coloca con arte, en medio, lo blanco y, alternando, lo amarillo. Luego se disponen en forma de estrella las anchoas. Se añaden finas hierbas muy picaditas, perejil, cebolleta, y se sazona como la ensalada, dos cucharadas de aceite, una de vinagre, sal, pimienta.

Caviar

El caviar es la hueva del esturión, en conserva. Se sirve sobre ruedas sutiles de limón.

Quisquillas o camarones

Los hay grises y rojos (rojos, naturalmente, después de cocidos).

Se pueden presentar como entremeses, sea descascarándolos y sirviendo solamente las colitas sobre un lecho de salsa remolona y con guarnición de perejil rizado enano, sea enteros y cocidos, claro es.

Atún en marinada

Se presenta el atún algo desmenuzado, aderezado con un picado finísimo de cebolla y perejil, aceite, vinagre, sal y pimienta. Es exquisito en Francia, pero, en España, las latas de fabricación nacional no pasan de medianas, aunque nos duela.

ENTREMESES DE CARNE

Galantina surtida

Se presenta cortadita en lonchas y luego subdividida en pedazos de buena forma, y admite el pavo trufado, la gallina ídem, la lengua a la escarlata, etc., con adorno de gelatina picadita.

Lonchitas de fuagrás

Muy delgadas, alternadas con conchas de manteca y adornadas con un borde de gelatina desmenuzada.

Jamón

Se presenta en lonchas delgadísimas, con un pepinillo también desmenuzado por adorno.

ENTREMESES DE EMBUTIDOS

Estos entran en la categoría de platos sustanciosos. Los entremeses de embutidos más comunes son: la *morcilla*, la *butifarra*, el *chorizo*, las *salchichas*, la *sobreasada*, el *salchichón*, el *lonzo picón*, de todo lo cual hay fórmulas en *La Cocina Española Antigua*. También se sirven como entremeses de salchichería tajaditas delgadas de *cachucha rellena, con trufas,* de *lengua* y de *pies rellenos.*

No hay que explicar cómo se presentan estos entremeses, porque claro está que ha de ser en ruedecitas y sin piel alguna; pero debe decirse que los embutidos nacionales ofrecen sabrosísima variedad, y que en este ramo somos superiores a la preparación extranjera.

Canapés

Así se llaman unas rebanadas de miga de pan reseco, cortadas en figura oval y que tienen de espesor dos centímetros. Se hace un agujero en medio sin llegar al fondo del pan, y se fríen en manteca clarificada; luego se guarnece el agujero. Pero para entremés es inútil excavar; se extiende sobre los canapés ya fritos una capa de manteca de anchoas, y pueden guarnecerse con atún, anchoas o fuagrás.

Emparedados

Toda clase de emparedados puede servirse como entremés. En el tomo de esta Biblioteca que trate del té y bebidas, se hallarán fórmulas de emparedados.

GUARNICIONES

Se llama guarnición a lo que, sin formar parte integrante del plato, lo aumenta, adorna y acompaña. Digo de las guarniciones lo que de los entremeses: mucho cabe en ellas. Casi todo lo que figura en la Sección de fritos, puede emplearse como guarnición.

GUARNICIONES VEGETALES

Guarnición de puré de patatas

Cocidas las patatas, y mejor si es al vapor, se reducen a pasta en el mortero, alargándolas con leche y pasándolas primero por la pasadera gruesa y luego por la fina. La consistencia de la masa, debe ser bastante fuerte. Se sazona con pimienta y se le pone el tamaño de una nuez de manteca de vacas, agitando sobre el fuego la mezcla, que hierva suavemente; entonces se retira, y puede emplearse, adornando la carne asada.

Guarnición de patatas de varios modos

La de patatas fritas es la más conocida y vulgar, para biftecs y lonjas de carne.

Con los hierros que se venden en las tiendas de enseres de cocina, se sacan bonitos recortes de patatas, que fritos, o asados en el jugo del plato, lo guarnecen bien.

Guarnición de bolas de patata

Se cuecen patatas, y se dejan enfriar. Se pelan, cuando ya estén frías, y se deshacen bien, amasándola con manteca, y agregando un poco de leche y la tercera parte de su peso de fécula de patata, sal y pimienta.

Se forman con la mano unas bolitas, y se fríen sin rebozar, en manteca muy caliente.

Guarnición de larguillas

Háganse puches de harina de maíz, en agua, muy espesos, y añadiendo al agua sal. Déjense enfriar en una fuente plana; cuando esté fría, córtense tiras de la pasta. fríanse en manteca muy caliente, escúrranse, espolvoréense o no de azúcar, y guarnézcase con ellas.

Se puede hacer las larguillas con harina de trigo cocida en leche.

Guarnición de cebollas

Se ponen en el fondo de una tartera lonjas de tocino hasta cubrir, y encima otras muy delgadas de jamón. Se cortan a ruedas delgaditas una docena de cebollas regulares y se colocan sobre el jamón. Cuando las cebollas estén casi cocidas, se sacan el jamón y el tocino; se echan en la tartera dos cucharadas de manteca de cerdo sin sal, se menea a menudo y se modera el fuego para que las cebollas no tomen color. Se sazona después con pimienta, sal y moscada, se incorpora un par de cucharadas de salsa española, y al tiempo de servir se liga con dos yemas de huevo, el zumo de medio limón o un chorrillo de vinagre. Esta guarnición va bien con toda clase de carnes asadas y con las aves de corral.

Guarnición de espárragos

Cuézanse mucho tiempo espárragos enteros y patatas cortadas en ruedecitas; hágase una bechamela con manteca, harina y nata fresca, pimienta y sal; pásense por pasadera las hortalizas, reúnanse con la bechamela, y líguese todo con dos yemas de huevo.

Sirve esta guarnición para grandes peces cocidos, como lenguado o rodaballo, y para carnes asadas en parrilla.

Guarnición a la jardinera

En moldecitos pequeños se ponen con la posible simetría guisantes verdes, cubitos de remolacha, zanahorias en ruedas o estrellas, patatas caprichosamente cortadas, cabezas de espárragos, filetitos de judía verde, ruedecitas de corazón de alcachofa, pencas de coliflor, todo cocido y sazonado ya, y se acaba de llenar los moldes con gelatina, cuajándolos después en hielo, o al aire si hay tiempo.

Desmoldeada esta guarnición, sirve para el pescado y todos los platos fríos.

La guarnición a la jardinera se sirve también sin moldear y en caliente, disponiendo con arte cada hortaliza reunida en rayos o en cuadrados, alrededor del manjar. Bien hecha, parece una canastilla de flores.

También se pueden cuajar en molde, con gelatina, purés espesos de las varias hortalizas, que se desmoldean luego, y con sus varios colores hacen una guarnición vistosa. Los moldes han de ser pequeños, y el plato, frío.

Guarnición de huevos

Se cuecen nueve huevos, hasta endurecerlos; se sacan las yemas, y se amasan con tres yemas crudas.

Se hace con la mano un cilindro y se cortan pedacitos de ese cilindro, a los cuales, con la mano, se les da la forma de un huevo de paloma.

Se cuecen luego estos huevecitos en caldo y sirven para adornar, como quenefas, los pasteles timbales, y para guarnecer.

Cocidos en almíbar, son un postre.

Guarnición de barras de oro

Bátanse huevos, separada la clara de la yema, como para tortilla; sazónense con pimienta y sal, y mézclense.

Ténganse cortados picatostes de correcta forma de barra, remojados ya ligeramente en leche; pónganse en remojo en la pasta de los huevos. Al cabo de un cuarto de hora, fríanse, y sírvanse muy calientes, salpicados de sal.

Guarnición de costrones

Los costrones suelen hacerse de pan compacto, simétricamente cortados en triángulos, losanges, cuadrados o redondelitos, y se fríen en manteca, para colocarlos alrededor de un plato (que tenga salsa).

Los costrones añaden importancia al plato, y lo aumentan extraordinariamente.

Si son para guarnecer un plato seco, como chochas o becadas asadas, se les practica en medio una excavación, y se rellenan, después de fritos, con un picadillo hecho del vientre de las aves y un poco de miga de pan mojada en consumado, —todo ello pasado al fuego en manteca de vacas.

Guarnición para pescado

El pescado cocido puede guarnecerse con camarones, huevos cocidos, ruedecitas de langosta, filetes de trufas cocidas en vino de Madera, fondos de alcachofas, patatitas torneadas en figura de peras pequeñas o de aceitunas y trufas, artísticamente cortadas.

Por encima del lomo del pez se pueden dibujar adornos (si se sirve frío), con manteca coloreada, por medio de un instrumento a propósito.

Guarnición de gelatina

El modo de hacer la gelatina se encontrará en la receta del «Pavo relleno y trufado».

Adobos y esencias

Se diferencian los adobos de las guarniciones en que no tienen por objeto acompañar y adornar, sino dar sabor y gusto al plato.

Muchos adobos se basan en las grandes salsas, caras y no fáciles de hacer. En *La Cocina Española Antigua* he dado la receta de la salsa española, que es de los mejores fondos de adobo.

En realidad, el adobo a veces se confunde con la salsa, y toda salsa muy concentrada y sápida es un adobo.

Las esencias son también adobos, en el sentido de que acentúan e intensifican el gusto de los manjares.

Jugo

El jugo es el mejor de los adobos. He aquí cómo se prepara:

Engrásese el fondo de una cacerola, y añándanse despojos de buey, vaca o ternera, en trozos no muy gruesos; agréguense hortalizas cortadas, como zanahorias, cebolla, apio, puerro; póngase la cacerola a fuego moderado, con una cuchara dentro; revolved para que tomen color las carnes por todos lados; cuando estén doradas, mojad con vino blanco; que reduzca y se glasee la salsa, y entonces mojad, a cubrir, con caldo ligero; añadid especias, despojos crudos de ave, caparazones, pescuezos; espumad con cuidado, y al primer hervor, retirad para que cueza lentamente. Bien pasado todo, cuélese por tamiz, y si el jugo no está aún suculento, déjese reducir otro poco.

Este jugo es bueno para toda carne y para los guisos de ave. Es también exquisito para los huevos revueltos.

Jugo para los macarrones

Rehóguense dos chuletas de ternera con una porción de manteca y una o dos cebollas; nada de harina. Mojad con un vaso, de los de Burdeos, de vino tinto; tapad un momento la cacerola, y agregad luego un litro de caldo, unas cucharadas de salsa de tomate, sal, pimienta y ramillete compuesto. Dejad que vaya reduciendo durante dos horas.

Para obtener un buen jugo para macarrones, se puede también hacer una estofado (las recetas de estofados se hallarán en *La Cocina Española Antigua*) y con el líquido espeso del estofado se guisan los macarrones muy sabrosos.

Marinada

La marinada se parece a nuestro clásico escabeche, del cual he hablado en *La Cocina Española Antigua*. La marinada no va a la mesa; su objeto es macerar la caza o los grandes trozos de carne de cortaduría. Se hacen tiras una cebolla, una zanahoria y un tronco de apio, y se ponen en una cacerola despojos de tocino y grasa; se rehoga a fuego moderado, revolviendo hasta que tome color; se moja con medio litro de vinagre común, y se agrega tomillo, laurel, ramas de perejil, un diente de ajo, pimienta gorda. Cuando el líquido, puesto de nuevo a hervir, reduzca una tercera parte, tamícese y déjese enfriar antes de usarlo.

Manteca de anchoas

Tómense tres anchoas lavadas, májense con cincuenta gramos de manteca fresca, pásense por tamiz fino por medio de una cuchara de palo y empléese esta manteca para biftecs y salsas.

Las esencias

Para mejorar y dar importancia a un plato, se puede hacer esencia o de ave, o de caza, o de carne, en la forma siguiente:

De las aves se aprovechan los menudillos, los despojos, los huevos, triturados antes, que se cocerán hasta desustanciación en caldo, con un par de cebollas y zanahorias y muchas y fuertes especias: clavo, nuez moscada, pimienta, un poco de canela y sal. Se añadirá un poco de vinagre y otro poco de vino blanco, fuerte.

Cuando todo haya cocido, se pasará por paño fino y se embotellará, cuidando de no hacer esta operación hasta que esté frío. Se tapará, y en sitio fresco se conservará quince o veinte días.

Una operación análoga con los despojos de caza menor o mayor, y se obtendrá esencia de caza.

Cociendo trufas en vino de Jerez con especias, se logra una esencia de trufas que realza el sabor de muchos manjares.

LAS SALSAS

Salsa mayonesa

Al frente de las salsas debe figurar la que se ha llamado «reina de las salsas frías», y que, no obstante haberse vulgarizado tanto, y empezar a pasar por *cursi*, es bastante difícil de hacer a la perfección.

Sirve la mayonesa igualmente para pescados fuertes, como rodaballo, salmón, atún, que para carnes y aves frías. Utilízase además para las ensaladas y para rellenar timbalcitos de guarnición, unida a hortalizas cocidas y sazonadas.

La siguiente receta es francesa, como lo es en su origen esta salsa.

Mayonesa francesa

Pónganse en una tarterita de tres a cuatro yemas de huevo, crudas; deshágganse con cuchara de palo; añádase una pulgarada de mostaza en polvo y tres decilitros de muy buen aceite, echado gota a gota; revuélvase sin cesar hacia un mismo lado, añadiendo al aceite de oliva el *aceite de brazo*, el tiempo que tarde en espesar; añádanse de tiempo en tiempo unas gotas de zumo de limón o vinagre; salpiméntese, y si se quiere, añádase al terminar una pulgarada de perejil y estragón, picados.

La mayonesa debe tener la consistencia de una manteca fina.

Mayonesa inédita

Hágase la mayonesa, sin prescindir de las claras. Esta mayonesa es exquisita, y nunca sale mal.

Se pone primero al fuego una cacerola, con agua hirviendo. Para hacer salsa para cuatro o cinco personas, se toma un cazo y en él se rompe un huevo, entero, regado con una cucharada sopera de vinagre. Se bate mucho todo, y luego se mete el cazo en la cacerola de agua hirviendo, para que la salsa se cuaje al baño de María, revolviendo con cuchara de boj. Esta salsa en seguida espesa.

Déjese enfriar en el cazo, y cuando llegue la hora de necesitar la salsa, añádase despacio el aceite, en la proporción habitual, y sal y pimienta.

Suplemayonesa

La mayonesa es algo pesada de hacer, y esta salsa la sustituye.

Aplástese un diente de ajo en un bol; luego, una patata, cocida en agua; bien deshecho todo, añádase un huevo entero, y bátase bien; agréguese una cucharada de aceite, de una vez; cuanto más aceite, más dura se pone; en seguida sal, pimienta y un chorrito de vinagre, al final, cuando se juzgue suficiente la cantidad de salsa.

De esta salsa pueden hacerse excelentes conchas de atún, desmenuzando el atún en conserva en la salsa, rellenando las conchas, y sin ir al horno. Pueden aumentarse las conchas, agregando patatas cocidas cortadas en ruedecitas pequeñas.

Para salvar una mayonesa

Si sale mal la mayonesa y se tuerce, se añade una yema de huevo cocida, sobre la cual se vierte poco a poco la salsa estropeada. Toma consistencia y queda presentable.

También es útil, al hacer toda mayonesa, agregarle una pulgarada de harina de flor o fécula de patata.

Salsa tártara

Sirve para crustáceos, como langosta, langostinos, etc.

No se diferencia de la mayonesa sino en que se le añade al terminar una cucharada de mostaza al estragón y otra de finas hierbas picadas.

Salsa remolona

No acierto a diferenciarla mucho de la tártara. Se prepara como la mayonesa; se sazona fuerte; se le echa, por cada dos yemas, una cucharada de mostaza, y se le añaden dos escaluñas picadas menudito y las mismas finas hierbas.

Salsa holandesa

Es para pescados blancos.

Cuatro o cinco cucharadas de buen vinagre, en una cacerolita, con algunos granos de pimienta; déjese reducir a la mitad; que enfríe; añadid cuatro yemas de huevo; deshacedlas; añadid cuatrocientos cincuenta gramos de mantequilla fresca, y un poco de sal y moscada. Vaya la cacerola a fuego manso, y revolved siempre, que tome la consistencia de una crema; retiradla entonces y pasad la salsa a otra cacerola; poned ésta en una marmita, con agua caliente, al baño de María, y al lado del fuego, batid, hasta que suba alzando espuma y añadiendo de vez en cuando pedacillos de manteca; cuando la salsa está ligera y lisa, a la salsera.

Salsa muselina

Úsase generalmente para los espárragos, y se hace batiendo dos huevos enteros con tres o cuatro cucharadas de agua fría, en crudo, sin ir al fuego; añadiendo sal y pimienta y unas gotitas de vinagre. Esta salsa debe estar líquida, ligera y algo espumosa.

Salsa blanca

Sirve para pescados cocidos, aves y hortalizas.

Se deshacen dos cucharadas grandes de harina de flor en agua fría, formando una papilla ligada. Se le añade más agua, revolviendo.

Se pone a fuego manso, en cacerola, y antes que levante hervor se retira y se deja diez minutos más, a fuego manso, cociendo.

Al ir a servir, se aparta la cacerola del fuego y se añade como dos nueces chicas de manteca de vaca, amasada con sal y pimienta.

Se agita hasta incorporar.

Se puede ligar con una yema de huevo, quitándole la galladura y disolviéndola en dos cucharadas de agua fría antes.

Bechamela

Para pescados y aves.

Incorporad media cucharada de harina a sesenta gramos de manteca derretida a fuego lento; meneadla y moderad el fuego para que la salsa no tome color; echad en ella poco a poco, sin dejar se menearla, una buena taza de leche muy caliente, sal y pimienta, según los gustos.

Sin hacer la *bechamela* tan delicada, se puede emplear el procedimiento siguiente: Preparad una requemada de manteca blanca, bien aderezada; coced aparte ciento veinticinco gramos de jamón y ciento veinticinco gramos de tocino cortado en pedacitos, con dos o tres zanahorias y una cebolla picada de uno o dos clavos de especias. Después de dos horas de cocción en medio litro de caldo, desengrasadla bien, y pasadla por el tamiz; reunid esta salsa a la requemada de manteca, y añadid poco a poco, meneándola sin cesar, un vaso de excelente nata de leche.

Salsa de manteca rubia

Puede hacerse con manteca o grasa de cerdo. En una de estas sustancias se pone a freir harina hasta que tome un color rojizo, cuidando de menear bien con la espátula de madera a fin de que no se pegue. Modérese el fuego, dejando solamente el rescoldo, y la salsa seguirá haciéndose suavemente, sin temor de que se queme, teniendo la precaución de taparla bien y de menearla de vez en cuando. Luego se aparta y se utiliza para lo que convenga.

Salsa de manteca negra

Para hacer bien esta salsa, empezad por dorar la harina en la manteca o en la grasa, hasta que haya tomado bonito color rojizo, evitando sobre todo que se queme, y meneándola continuamente. Tapad entonces la cazuela exactamente y metedla debajo del hornillo, dentro de ceniza caliente; la salsa, sin peligro de que se queme, continuará haciéndose, lo que exige media hora larga. En este intervalo, retirad de vez en cuando la cazuela de la ceniza y menead bien el contenido, colocándola de nuevo en su sitio. La harina cocerá bien de este modo sin quemarse, y la salsa no habrá contraído acritud alguna; mojadla con caldo sustancioso.

Salsa picante

Píquense menudo tres o cuatro chalotas y un poco de perejil; rehóguense en sesenta gramos de manteca o en dos cucharadas de buen aceite; que no se ponga rojo; sazónese fuerte con sal, pimienta, moscada, añadiendo media cucharada de harina y cuidando de que no tome demasiado color el espeso; mojad poco a poco con un vaso de agua; dejad que cueza un cuarto de hora a fuego manso, y, al servir, añadid un chorrito de vinagre y algunos pepinillos picados.

Salsa a las Torres de Meirás

En una cazuela, poned: despojos de pescado fino (no sirve el azul), dos zanahorias, dos cebollas grandes, un puerro, ramillete, laurel (hoja), cebolleta, perejil; mojad con agua y aceite, y poned a cocer lo menos cuatro horas.

Pasad por tamiz, exprimiendo no todo, sino ligeramente, y aprovechando el caldo.

Trabajad una patata cocida con una yema de huevo, hasta que forme pasta fina, y desleid luego con el caldo, para que no haga grumos, uniendo todo con la salsa.

Se sobreentiende que se ha salado.

Añadid un chorrito de vinagre. Esta salsa es buena. Ni debe estar muy compacta, ni caldosa. Debe tener cierto cuerpo, pero mucho menos que las mayonesas y tártaras.

Salsa de ostras

Para pescado blanco.

Se sacan de su concha, y para que no lleven algún trocillo de la concha misma, se lavan en su propia agua adicionada con otra poca hervida y salada; se cuecen luego en vino blanco, al cual se agrega caldo de pescado, y cuando el líquido haya reducido una tercer parte, se baten, para seis docenas de ostras, cuatro yemas de huevo y se incorporan a la salsa, moviendo siempre. Se cuela, se vuelve al fuego para calentarla, se le incorporan las ostras partidas en trozos, y se sirve, sazonando con pimienta y limón.

Exquisita.

Salsa de cangrejos

Para pescado y hortalizas.

Hágase un buen caldo de pescado; tamícese y déjese enfriar.

Tómese una docena de cangrejos de río, sáquense las colas, y, majando las cabezas con mantequilla y pasando por tamiz el majado, trabájense en cacerola dos cucharadas de harina con un poco de manteca, que haga una pasta lisa; desliáse con el caldo de pescado; póngase al fuego, dense vueltas hasta que ligue la salsa; sazónese, y sin dejar de revolver, añádase la manteca de las cabezas y cien gramos más de manteca fresca, en pedacitos, incorporando poco a poco. Acábese la salsa con el zumo de un limón, y viértase en la salsera sobre las colitas hechas trozos.

Salsa al Jerez

Para las carnes.

Prepárese un buen jugo (véase *Jugos*), pásese, y líguese con un espeso rojo; revuélvase sobre el fuego hasta que hierva, y luego apártese a fuego lento; añadid un picadito de setas, y un ramillete. Media hora después desengrasad la salsa, reducidla a fuego animado; agregad medio vaso de buen Jerez (vaso de los de vino), luego pasad la salsa a cacerola chica, y que se conserve al baño de María hasta servir. Una salsa ya reducida, no debe volver a hervir nunca.

Salsa de tortuga

Para la cabeza de ternera, las manos, etc.

Píquese menudo una cebollita; póngase en una cacerola con cien gramos de jamón crudo cortado en dados, y un poco de manteca de cerdo; que se rehogue sin tomar color, revolviendo siempre; mójese con tres cuartas partes de un vaso de Jerez; añádanse despojos de trufas y setas, un ramillete; que reduzca el líquido a la mitad; pasad a otra cacerola, añadid dos vasos de salsa morena y tres cucharadas de salsa de tomate; añadid una pizquilla de pimienta de Cayena y que reduzca un poco.

Salsa mayordoma

Esta salsa es la más sencilla, y ni aun necesita ir al fuego en la mayor parte de los casos.

En efecto; si se trata de aplicarla a chuletas y asados de carne en general, basta con amasar un trozo de manteca con un puñado de perejil picadito, el zumo de un limón y un polvillo de nuez moscada.

El calor de las chuletas o del asado alcanza para derretir un poco la manteca, y está liquidada la salsa.

Si es para acompañar pescados, entonces hay que derretir la manteca primero y añadirle luego lo restante. Algunos la ligan con una yema de huevo.

Salsa morena

La salsa morena no es sino la «española», cuya receta se encontrará en *La Cocina Española Antigua*.

Salsa de tomate

De esta salsa también hay en *La Cocina Española Antigua* recetas. La presente difiere bastante. Tómense de cinco a seis tomates maduros y córtense a la mitad; ponedlos en una cacerola con zanahorias y cebollas en tiritas y pedazos irregulares de jamón crudo. Que hierva un instante; retirad luego del fuego vivo, y derretid los tomates a fuego manso; pasad por tamiz y haced arrancar un hervor a este puré, de siete a ocho minutos; ligad con un poco de harina disuelta en agua; añadid sal y pimienta a gusto, dad otro hervor y servid.

LAS ENSALADAS

Ensalada de lechuga fina

Escójanse las hojas blancas y tiernas pártase en cuatro el cogollo.

Pásese por cedazo media docena de huevos duros, con sal, pimienta, zumo de limón, aceite de Andalucía clarificado, estragón y perifollo y revuélvase en esa mezcla la lechuga.

Ensalada de escarola a la sevillana

Se limpia, corta y lava la escarola, se escurre y se pone en la ensaladera, que se habrá frotado en un diente de ajo, y se añade el aderezo de sal, vinagre, pimiento encarnado molido, tomate cortado en trozos y agua. Se revuelve antes de servir.

Ensalada refrescante

Córtense pepinos en ruedas y pónganse a que se baben, con sal gorda, media hora. Cuando estén purificados, sáquense de la sal, lávense y escúrranse. Las ruedas han de ser muy finitas.

En la ensaladera poned dos cucharadas de aceite muy bueno, una de vinagre escogido, sal, pimienta, chalota muy picadita, cebolla lo mismo; añadid las ruedas de pepino y que esté en adobo la mezcla tres horas.

Pasado este tiempo, añadid tomates en ruedas gordas, lechuga y escarola bien cortadas, sin que estén picadas, y un puñado de berros, limpios de tallos. Revuélvase un poco, salpíquese de trozos de hielo y sírvase.

Ensalada de calabacines

Se cuecen los calabacines en agua y sal, ligeramente, para que no se deshagan; se cortan en ruedas y luego se secan un poco al fuego, en una cacerola.

Se colocan en la ensaladera, mezclados los calabacines con coliflor cocida muy tierna, patata muy menudamente cortada y cocida también.

Se baña con buena leche, en que se disuelve sal y azúcar, dominando la sal, y pimienta blanca, bastante.

Ensalada de cuatro colores

Se hace de remolacha, patata, pimientos verdes y pimientos amarillos, que son tan buenos como los encarnados y tienen un color precioso. Se cortan estas hortalizas menudo e igual.

Se echa mitad de la sazón en el fondo de la ensaladera (sal, pimienta, aceite, vinagre), y se dispone la ensalada en cuatro secciones triangulares, reuniéndose los picos en el centro: primero la patata, luego el pimiento amarillo, luego la remolacha, luego el pimiento verde, y el resto de la sazón.

En el centro se pone una trufa.

Ensalada Hespérides

Media docena de naranjas para diez personas.

Se mondan, se adelgazan lo posible de piel y se cortan en ruedas finas. Se colocan en una ensaladera, y por cada naranja se pone una cucharada de café de azúcar. Nada de agua; basta el jugo del fruto.

Se cortan, en figuras bonitas, pavías, plátanos, peras, manzanas, lo que se tenga, y se adorna y completa con ello la ensalada, añadiendo luego dos cucharadas de sopa de muy buen ron.

Esta ensalada, propia para los platos de cerdo y caza, que son grasientos, admite como adorno y complemento cualquier fruta; puede guarnecerse con granos de granada, fresa, frambuesa, cereza, grosella, uva y membrillo confitado.

También puede sustituirse el ron con una mezcla de te y café fuerte o con coñac. De todos modos es buena.

Ensalada de piña y plátanos

Córtese la piña en trozos cuadrados y el plátano en ruedas. Salpíquese de azúcar en polvo y una pulgarada de sal. Media hora antes de servir, échese un vaso de Kirsch y trocitos de hielo.

Ensalada cubana

Esta novísima y agradable ensalada se hace cortando manzanas, apio y tomates (frescos) en trozos, añadiendo hojas de lechuga y una mayonesa.

Ensalada de violetas

Hágase ensalada de buenas lechugas, blancas y tiernas, sazonándola como de costumbre; añádase, al servir, una pulgarada de polvo de iris y siémbrense por encima violetas muy frescas, sin rabo. Esta ensalada tiene el gusto muy fino.

Ensalada rusa

Compónese de pechugas de perdiz y pollo, filetes de salmón, previamente asados y cortados menudo, filetes de anchoa, zanahorias y nabos cocidos y cortados, espárragos, guisantes, judías verdes, remolacha cortada en ruedas, aceitunas, colas de langostinos, y alcaparras. A todo ello se agrega pimienta de Cayena, chalota picada, pimienta común, mostaza, aceite y vinagre. Debe procurarse que en esta mezcla no predomine el sabor de ninguno de sus componentes.

Ensalada rusa casera

Es la que más se ve en las mesas. La anterior pocas veces aparece. Para la ensalada llamada «rusa», se cortan hortalizas en dados (zanahoria, patata, remolacha, judía verde), y se cuecen en caldo, con sazón, procurando que conserven su color. Se les puede dar forma con hierros.

Se añaden alcachofitas, guisantes tiernos (todo cocido también) y huevo duro, cortado menudamente.

Se coloca en la ensaladera, se adereza con aceite y vinagre, se cubre de salsa tártara o mayonesa, y se adorna, por encima, con ruedecitas de trufa.

Ensalada de langostinos

Para medio kilo de langostinos, o mejor dicho, de colitas, veinticuatro aceitunas gordas desmenuzadas, quince o veinte alcaparras, y bastante lechuga y escarola.

Se pican la escarola y la lechuga; se añaden las colitas y un vaso de aceite, un chorro de vinagre, sal, pimienta blanca; se coloca todo bien en la ensaladera; se añade un picadito de trufas, poco, como espolvoreado, y se cubre con una salsa mayonesa o *remolada* o remolona (coma ustedes gusten).

Ensalada chic

Se cortan menudamente lechugas, berros patatas cocidas, y se dejan un cuarto de hora en la ensaladera con aceite, poco vinagre, dos anchoas deshechas, pimienta y sal en proporción.

Luego se añaden algunas alcaparras, y se adorna con aceitunas vaciadas, setas guisadas y ruedas de huevo cocido.

Si se le echa una copa de Sauterne o Rin, y aun de Champagne, estará mejor; las trufas, sustituyendo a las ruedas de huevo, la hacen más elegante.

Las huevas de pescado, las colas de langostino o de camarón, y hasta las almejas previamente fritas y las ostras, caen muy bien en esta ensalada, que se presta a mil variaciones y adornos, siempre sobre la base de la lechuga, el berro y la patata, sin que estorben en ella algunas penquitas de coliflor.

En el corte de la patata, cabe fantasía.

Ensalada exótica

Se cuecen patatas en caldo del puchero, se cortan en ruedas como para una ensalada ordinaria, y tibias aún, se sazonan con sal, pimienta, aceite superior, vinagre y medio vaso de vino blanco. Muchas hierbas finas, menudísimamente picadas. Aparte, cocer en caldo-corto almejas grandes (un tercio de la cantidad de las patatas) con una rama de apio; escurrirlas y agregarlas a las patatas ya sazonadas. Revolver la mezcla ligeramente. Terminar, con una capa de ruedas de trufas cocidas al Champagne. Todo ello, dos horas antes de comer, para que la ensalada esté fría, al servirla.

LOS POSTRES

Esta sección es breve, porque los postres, numerosísimos, requieren libro aparte. Muy pocas recetas, selectas y probadas.

REPOSTERÍA

Torta moka

De los platos más fáciles. En fuente honda, media libra de manteca fresca. Se trabaja media hora, con cuatro cucharadas de azúcar blanco y de primera, una yema de huevo, y media jícara de café, *cargadísimo*. Luego se pone en un molde una capa de fino bizcocho, otra de la manteca, y así sucesivamente. La última, de bizcocho. Se le coloca una tapadera más pequeña que el molde, con un peso encima, para prensar. Al otro día se desmoldea, y se baña toda la torta con manteca de la mezcla, que se habrá reservado. Se adorna con jeringuilla, dibujando por medio de la misma crema de manteca.

Bizcocho de Pilar

Doce yemas, diez claras, media libra de azúcar, cuarterón de harina y una raja de limón. Se baten las yemas con las raspaduras del limón y el azúcar, y aparte las claras. Se incorpora luego la harina, y al horno, en un molde.

Bizcochada superior

Doce yemas y dos huevos enteros, para media libra de almendra e igual cantidad de azúcar. Se bate todo junto, sin parar, hasta ponerlo en el horno en la tortera, untada de manteca y pan rallado.

Bizcocho fino para el helado

Se toman veinticuatro huevos, una libra de azúcar, tres cuarterones de harina cernida, una ralladura de limón. Se baten mucho las yemas con el azúcar y las claras solas; pero solamente veinte han de estar en punto de nieve. La harina se incorpora con las yemas después de batidas, y luego se mezclan las claras, batiendo lo menos posible; se tiene el molde forrado de papel, y se mete en el horno; se hace un poco de almíbar espeso y se le introduce al bizcocho picándolo con aguja de calceta.

Se cubre con baño glaseado de azúcar.

Brazo de gitano

Tres huevos. Se separan las claras de las yemas, y éstas se trabajan con tres cucharadas de azúcar, cucharada y media de harina de almidón, y cucharada y media de harina de flor. Ya trabajado, se ponen las claras en punto de nieve, y se reúne todo. Se tiene la lata untada con grasa, y se le pone un papel, y luego se echa toda la mezcla en ella y se pone al horno. Así que se ve que está cocido, se vuelve la lata en una servilleta, pulverízase de azúcar, se le quita el papel, se rellena de crema o dulce, y con la misma servilleta se enrolla suavemente.

Polvorones

Una libra de manteca de cerdo, dos de harina, cuatro yemas de huevo, sal, la necesaria. Se amasa todo, añadiendo una copa de aguardiente, se estira en la mesa con la rebolla, se cortan redondeles y se ponen al horno.

(De la señora de Romero Robledo)

POSTRES DE SARTÉN

Se pone al fuego una taza de agua; al hervir, se va echando poco a poco y revolviendo siempre sobre la harina (tres cucharadas de las de sopa, bien llenas de harina).

Después de trabajarlo un poco cerca del fuego, se deja enfriar algo y se le añade una copita de buen anís. Luego se calienta mucho el aceite, que ha de ser bastante superior, en la sartén o tartera, y se van echando los churros con la jeringa, friéndolos crocantes.

Se sirven calientes y espolvoreados de azúcar.

Los churros se afinan añadiéndoles una o dos yemas de huevo.

Buñuelos

Se pone a hervir un cuarterón de agua con una cucharada de grasa o manteca, sal, un poco de azúcar; y cuando hierve, se añade un cuarterón de harina, y se deja cocer un cuarto de hora, moviéndolo; se retira, y después de que se templa, se le añaden tres o cuatro huevos y se bate mucho; se fríe en manteca, pasándolo por la jeringa, o se hacen bolas con una cucharilla para que no salgan grandes, y se espolvorean con azúcar de pilón muy cernido.

La fórmula de las Torres de Meirás es no poner azúcar dentro de la masa; y después de fritas en aceite las bolas, a fuego no muy vivo, se abren con un cuchillo y se les mete dentro crema algo espesa, se bañan en almíbar en punto fuerte, y se colocan en la fuente formando pirámide.

Flores; frito de Carnaval

Dos cuartillos de leche; una libra de harina de primera.

Se va echando poco a poco la leche para deshacer los bollos que forma la harina, y así hasta llegar a incorporar toda la leche.

Después se añaden doce huevos batidos y la sal precisa.

Se deja reposar este amohado, se pone una tartera al fuego con mucha grasa buena o manteca de vaca; se moja el molde en ella; al estar caliente, se sacude para que no lleve de más; seguidamente se moja en el amohado, cuidando que sólo se moje hasta la orilla, pero no por encima del molde; en seguida, a la manteca y así que cae la pasta en la manteca se vuelve a mojar el molde porque ya va bastante untado, y otra vez a la manteca; al caer del molde la pasta se le da vuelta con una aguja de calceta para que se dore por ambos lados.

(De la Condesa viuda de Pardo Bazán)

Rosas

Las rosas se hacen de la misma pasta que los *crêpes* u hojuelas, que es la misma de los buñuelos, un poco más clara. La graciosa forma que tienen, se la da un hierro especial, dentro del cual va la masa a la sartén, friéndose y saliendo de la forma de una flor. Se espolvorea con azúcar fino antes de servir.

Hojas de limón

Desleid una libra de harina en un cuartillo de leche, y cuando forme pasta homogénea mezcladle doce huevos batidos.

Tomad hojas de limonero, y mojadlas en la pasta, de modo que se bañen algo más de la mitad.

Freidlas luego en manteca de vacas, y cuando estén doradas retiradlas de la sartén y extraed las hojas.

Ya en la fuente, polvoreadlas con azúcar pulverizado.

Cada hoja de limonero no ha de emplearse sino una vez, porque pierde el aroma al freirse.

POSTRES DE FRUTAS

Budín de naranjas

Al zumo de nueve naranjas se le echa una libra de azúcar molido, desleído antes en una docena de huevos frescos y dos cucharadas en colmo de flor de harina de la superior. Se tiene preparado un molde de hojalata, untado con manteca de Flandes, que se derrite al calor de la lumbre, para que la manteca corra por todo él. Y se pone todo a cocer al baño de María, tapándolo con una cobertera de ascuas que se renovarán si se apagan.

(Receta de la ilustre escritora Fernán Caballero.)

Fresas con piña

Córtese la piña en conserva muy delgada, y póngase en la ensaladera, alternando capa de ruedas de piña con capa de pequeñas fresillas de Aranjuez, sin rabos, y salpicadas algunas grosellas y frambuesas. Así se va alternando, y sobre cada capa se espolvorea azúcar. Se deja doce horas, y luego se le echa media botella de Champagne (no importa que sea mediano); y unos trozos de hielo se clavan en la mezcla como si fuesen agujas; todo esto, al punto de servir.

Carlota de manzanas

Mondar y expurgar bien veinte camuesas partiéndolas en trozos. Colocar éstos en cacerola en que se habrá derretido una porción de manteca, y añadir azúcar y canela. Poner la cacerola entre dos lumbres sin remover el contenido, pues no hay cuidado de que se pegue, y cuando esté derretido, pasarlo por tamiz y volverlo a la lumbre para que se reduzca y procurando entonces que no se pegue. Cortar miga de pan compacto en forma de barras o corazones y guarnecer el fondo de un molde, de modo que no existan claros; guarnecer también el contorno. Todos estos cortezones se mojan en manteca derretida y se adhieren con caramelo. Colocar dentro la mermelada por capas y añadir entre cada una de ellas otra de mermelada de albaricoques; cubrir con delgadas rebanaditas de pan y cocer entre dos lumbres. Veinte minutos bastan para dar color. Sírvase caliente.

Monte de marrón

Se cuecen castañas buenas con poca agua y arropadas, y ya cocidas, se mondan. Mondadas, se deshacen con la rebolla hasta formar una pasta uniforme. Se les incorpora un poco de canela en polvo, o vainilla, y almíbar suficiente. En la fuente donde se ha de servir se modela el montecito, y con un pincel se le pasa por la superficie almíbar acaramelado, que forme una costra igual y dorada. Se guarnece alrededor con chantilly, o crema, o merengada, o huevos moles.

Melón divino

Se necesita un melón no enorme, pero excelente, de Valencia o de la Corona, y al descabezarlo quitándole por arriba una redondelita, se catará, para estar seguro de su calidad.

Quítesele, como queda dicho, una redondelita por la parte donde peor asiente, y por allí vacíese de jugo y pipas. Guárdese el jugo, si se puede.

Con una cuchara, váyase quitando la carne del melón, que se reserva en un plato. Tómense luego fresas de Aranjuez, y si es posible, grosellas y frambuesas; quítese a las fresas el rabo, y póngase en el fondo del melón: lecho de fresas, capa de azúcar en polvo, lecho de trocitos de carne de melón, capa de azúcar, lecho de frambuesa, azúcar, grosella, y así hasta rellenar el melón casi entero, con su jugo. Déjese así unas tres o cuatro horas; rodéese Entretanto de hielo, y a la hora de servir, añádase un vaso de Kirsch.

Si se quiere, se clava, por la parte de afuera del melón, con alfileres ocultos, una rama flexible de enredadera, alguna rosa o flor delicada, que lo adorne.

La exclamación general es «¡divino!».

Nirvana

Dejo la responsabilidad y la gloria de este postre a su amable autor, mi paisano el Sr. Martínez de la Riva. Yo me limito a rotular:

«El postre se confecciona así: Escójanse frutas variadas, cuantas más mejor: cerezas, albaricoques, melocotones, melón, pera de agua, paraguayas, ciruelas..., lávense y móndense aquellas que lo exijan, partiéndolas en pequeños trozos; azucárense ligeramente, y con una copa o dos de excelente Marie Brissard (según la cantidad), póngaselas en una vasija bien rodeada de hielo.

Por ahora va siendo casi vulgar el postre, ¿verdad, señora Condesa? Pero ahora viene lo definitivo y lo etnográfico, podríamos decir —ahora viene el reflejo del viejo de Manises— En el momento de servir esas frutas, viértanse sobre ellas de dos a cuatro gotas de «éter sulfúrico», removiendo en seguida muy bien aquel manojo de fragancias. Se come inmediatamente, y crea usted, Condesa, que se aproxima uno al Nirvana.

El éter ha de verterse —claro está— con cuentagotas, y de ello debe encargarse, bien ensayado y prevenido, el criado de comedor, porque si, como usted dice tan donosamente, sería muy cruel que las señoras conservaran entre una sortija de rubíes y la manga calada de una blusa un traidor y avillanado rastro cebollero, triste fuera también que entre sus encajes y joyas se columpiase —siquiera por un instante— la ráfaga de una convulsión histérica».

POSTRES DE HUEVO

Yemas exquisitas de Alcalá de Henares

En un cazo se echan treinta yemas, y en otra vasija se ponen setecientos gramos de azúcar con medio cuartillo de agua; se deslíe, y cuando después de cocer toma punto de bola (o sea muy espeso), se mezclan ambas cosas, y luego de hecha la mezcla con una paleta de madera y a fuego lento, se cuaja hasta que se haga una pasta, teniendo cuidado que no se pegue al cazo por estar muy fuerte la lumbre. Después de cuajada, se deja enfriar y se hacen trocitos sobre una mesa; y para que no se peguen, se echa azúcar cernido.

Huevos hilados

Son los huevos hilados uno de los misterios de la confitería, y sin embargo, pueden hacerse caseramente, y salen excelentes.

Hay que tener un artefacto de figura de embudo, pero que en lugar de una sola extremidad, presenta cuatro. Se hace almíbar en un gran perol, y cuando está en buen punto, no demasiado espeso, se van echando las yemas de huevo, tamizadas antes, a que caigan, por los cuatro picos del embudo, en el almíbar hirviente. Cuando el almíbar ha cocido los chorritos, se sacan con pala de agujeros, para escurrirlos bien, y se dejan enfriar.

Tortilla al ron forrada

Bátanse los huevos en tartera grande y añádase ron a proporción de los huevos que se inviertan; por cada seis, un vasito.

Hay que batir bien, y ponerla en sartén grande, con manteca; cuajada ya la tortilla, échese en plato caliente y colóquese dentro mermelada de manzana; se dobla entonces la tortilla sobre sí misma, se salpica de azúcar y se rodea de ron, al cual se le pega fuego al tiempo de servir.

HELADOS FINOS

Espuma de chocolate garapiñada

Calentar en una cacerola cuatro pastillas de chocolate, en compañía de un palillo de vainilla abierto y un poco de agua, meneando con espátula hasta que esté bien cocido y ligado. Pasarlo por tamiz de seda, y dejarlo en una taza. Aparte, preparar una crema de Chantilly bien batida, y debidamente edulcorada y perfumada con azúcar y vainilla. Hecha la crema, mezclarla, en un recipiente, con el chocolate, y batir con cuchara de palo hasta perfecta incorporación. Distribuir la mezcla en cajetines de papel, coronándolos con unas almendras tiernas garapiñadas y cortadas en ruedecitas. Poner los cajetines en heladora a propósito, cuidando de que el agua salada producida al derretirse el hielo no penetre en el interior. Servirlos sobre un zócalo de turrón, o sencillamente ordenados sobre una servilleta.

Chantilly

Para siete claras, medio cuartillo de nata y cuatro cucharadas de azúcar; se bate hasta que esté bien alto, y mejor al lado del fuego; se va incorporando la nata poco a poco, y luego el azúcar; se sazona, perfuma con vainilla y debajo se ponen bizcochos. El Chantilly no va a la lumbre. Se hiela en sorbetera.

Valewski

Se hace una crema con dos cuartillos de leche, ocho yemas y medio kilo de azúcar blanca; se pone al fuego, aromatizándolo con vainilla o corteza de limón; separadamente se baten seis claras a punto de nieve; ya espesada la crema, se aparta del fuego y se le añaden las seis claras y dos terceras partes de un cuartillo de nata, (porque la nata es el secreto de los buenos helados); la nata debe añadirse cuando el resto de la composición esté fría.

Se tiene el hielo, con mucha sal, en la sorbetera; el molde con la composición debe quedar cubierto, cuidando de que no entre la sal; seis horas hay que dejarlo allí quieto, sin tocarle, y para desmoldear se hace como para la gelatina: se mete el molde en agua, un poco más que templada.

Ponche a la romana

Batir juntamente, y un cuarto de hora, cuatro yemas y diez gramos de azúcar en polvo, y ciento veinticinco de manteca fina. Añadir luego cinco cucharadas cafeteras de ron, un poco de vainilla y un cuarto de litro de nata batida.

Se mezcla todo; se pone en copas, y se tiene entre hielo; cuanto más frío vaya a la mesa. mejor; es un excelente postre, que, ignoro la razón, va cayendo en desuso.

ÍNDICE DE RECETAS

Abadejo con nata	271
Abadejo frito	77
Abadejo guisado	77
Abrigos de ternera	60
Acelgas a la malagueña	188
Adobo para la caza mayor	171
Adobos y esencias	391
Adoquín de patata	348
«Agua buena» para cocer el pescado	268
Aglomerados de ternera	253
Agujas de bacalao	258
Agujas de lomo de cerdo fresco	255
Ajo blanco	36
Albóndigas de carne	253
Albóndigas de carnero	59
Albóndigas de lenguado	58
Albóndigas empapeladas, de cerdo	332
Albóndigas Tripoli	332
Albondiguillas de bacalao	76
Albondiguillas de merluza	58
Alcachofas a la moderna	352
Alcachofas en salsa	352
Alcachofas fritas	63
Alcachofas gaditanas	187
Alcachofas rellenas	352
Alcuzcuz moro	189
All y oli	37
Almejas «lame lame»	289
Almejas a la cubana	105
Almejas Angel Muro	105

Almejas con arroz	104
Almejas Marineda	105
Alondras al minuto	303
Alparagate valenciano	142
Ancas de rana	109
Anchoas	385
Anguila a la moderna	284
Anguila asada	93
Anguila de estuche	94
Anguila de mar o congrio, frito	81
Anguila enrollada	284
Anguila enroscada	95
Anguila frita	93
Anguila guisada	94
Anguilas a la marinera	95
Anguilas en su jugo	94
Anguilas toledanas	96
Angulas en concha	96
Animas del purgatorio	211
Antiguas «costilletas»	134
Arenque preso	89
Arlequín de merluza	269
Arroz a la alicantina	179
Arroz a la casera	342
Arroz a la sultana	342
Arroz a la zamorana	180
Arroz a vanda	179
Arroz blanco a la criolla	181
Arroz Botín	181
Arroz con costra, de Orihuela	180
Arroz con queso	342
Arroz en fesols y naps	179
Arroz en morisqueta	181
Atún a la ribereña	83
Atún bermejo	83
Atún en marinada	386
Bacalao a la americana	74
Bacalao a la Carmen Sánchez	75
Bacalao a la gallega	73
Bacalao a la levantina	75
Bacalao a la madrileña	74
Bacalao a la purum-salsa	71
Bacalao a la vizcaína legítimo	70

Bacalao a las Torres de Meirás	72
Bacalao a lo carretero	72
Bacalao Angel Muro	76
Bacalao con miel	75
Bacalao con papas a lo canario	74
Bacalao con pasas	73
Bacalao con piñones	72
Bacalao de Elena	270
Bacalao en nogada	73
Bacalao en salsa de huevo	271
Bacalao sin agua	75
Batallón	134
Bechamela	395
Berberechos	104
Berenjenas con queso	187
Berenjenas fritas	63
Berenjenas rellenas	353
Besugo asado, de Nochebuena	77
Besugo cocido, de Nochebuena	78
Besugo mechado	272
Biftec	307
Biftec Fornos	308
Biftec Nacional	308
Bizcochada superior	406
Bizcocho de Carballino	209
Bizcocho de Pilar	405
Bizcocho fino para el helado	406
Bizcochos borrachos	209
Bocadillos	265
Boga a la parrilla	85
Bola de Zamora para el cocido español	21
Boquerones al horno	282
Boquerones fritos	282
Brazo de gitano	406
Buches de bacalao	76
Budín de hortalizas	362
Budín de merluza	269
Budín de naranjas	408
Buey a lo arriero	133
Buey asado	132
Buey cocido	131
Buey con cebollitas	133
Buñuelos	407

Buñuelos de carne	253
Buñuelos de coliflor	259
Buñuelos de sangre	64
Burete	29
Butifarra	171
Butifarra de sangre	171
Cabeza de ternera en tortuga	319
Cabrito aborregado o en guiso de los pastores de Extremadura	152
Cabrito relleno cubano	152
Cachelos de la montaña	185
Cachucha de jabalí o de cerdo trufada	378
Cachuela de oropesa	32
Calabacines en pisto	188
Calabacines guisados	356
Calamares a lo especiero	289
Calamares en arroz	106
Calamares en su tinta	106
Calderada	90
Caldereta asturiana	90
Caldo blanco para cocer el pescado	268
Caldo corto para cocer el pescado	267
Caldo de hortalizas para régimen y convalecencia	222
Caldo de pescado	221
Caldo de pescado para sopa de vigilia	20
Caldo de pollo para enfermos	20
Caldo del puchero	19
Caldo gallego de berzas o repollo	25
Caldo gallego de calabazo	26
Caldo gallego de harina	26
Caldo gallego de nabizas	25
Caldo para bailes y reuniones	220
Caldo para gelatina	221
Caldo para salsa	220
Caldo sustancioso	20
Callos a la chilena	138
Callos a la madrileña	146
Callos presentables	146
Camarones	100
Cámbaros	288
Cámbaros o cangrejos de mar rellenos	100
Canapé de setas	345
Canapés	387
Cangrejos de río	101

Capón adornado	296
Capón asado	117
Capón cocido	118
Capón mechado	119
Capón relleno	118
Caracoles a la antigua española	107
Caracoles a la española	108
Caracoles asados	108
Caracoles ayunados	108
Caracoles encebollados	109
Cardos al tuétano	356
Cardos en salsa amarilla	355
Carlota de manzanas	409
Carnero a la moruna	151
Carnero con lentejas	150
Carpa	97
Castañas con chorizos	183
Caviar	386
Cazolada de cerdo	157
Cazuela chilena	23
Cazuelitas a la financiera	264
Cazuelitas de bacalao guisado	264
Cazuelitas de cangrejos	265
Cazuelitas de guisantes	264
Cazuelitas de jardinera	264
Cazuelitas de sardina	264
Cebollas estofadas con patatas	186
Cebollas guisadas	185
Cebollas rellenas	186
Cebollas rellenas a la francesa	351
Célebres mantecados de las Torres de Meirás	210
Célebres migas de la Academia militar	38
Centolla	100
Centolla en salpicón	100
Chanfaina	155
Chantilly	412
Chateaubriand y «tournedos	307
Chicharrones	163
Chipirones rellenos	106
Chirivías o pastinacas con chulas de picadillo	186
Chocha a la vizcaína	129
Chochas rellenas	302
Chorizo frito	63

Chorizos cebolleros	166
Chorizos de Candelario	166
Chorizos extremeños	165
Chorizos gallegos	165
Chulas de ternera	143
Chuletas a la Practicón	142
Chuletas a la vallisoletana	134
Chuletas Baldomir	316
Chuletas con guisantes	317
Chuletas de carnero a la gastrónoma	324
Chuletas de carnero al natural	324
Chuletas de carnero tetuaníes	151
Chuletas de cerdo con alcaparras	332
Chuletas de cerdo empanadas	158
Chuletas de cerdo en salsa salchichera	158
Chuletas de cerdo fresco	157
Chuletas de cerdo guisadas	331
Chuletas de cordero	254
Chuletas de cordero a la Farnesio	327
Chuletas de cordero a la tapada	326
Chuletas de cordero empapeladas	327
Chuletas de jabalí salteadas, a lo cazador	335
Chuletas de ternera a la papillota (empapeladas)	317
Chuletas de ternera asadas al natural	316
Chuletas de ternera rellenas	316
Chuletas de venado a la asturiana	336
Chuletas empanadas	316
Chuletas mechadas	317
Chuletas rebozadas	316
Churros	407
Cigalas guisadas	287
Cisne de patata	348
Cocarrois a la mallorquina	380
Cochifrito	152
Cocido o puchero español	21
Cocido veracruzano	21
Codillo con borracha	162
Codillo de cerdo con trufas	329
Codornices asadas	128
Codornices guisadas	128
Codornices guisadas	302
Col borracha	384
Col borracha con manzana	359

Cola de róbalo en salsa	278
Coles enanas de Bruselas	360
Coliflor adornada	357
Coliflor en quesada	357
Coliflor en salsa blanca	357
Conchas	262
Conchas de atún	263
Conchas de besugo y lenguado	263
Conchas de langosta, lobagante, langostinos, camarones, ostras, aviñeiras, etc	263
Conchas de macarrones	263
Conchas de merluza	262
Conchas de ostras	263
Conchas de picadillo de ave	262
Conchas de picadillo de carne	262
Conejo a la española	174
Conejo a la marinera	175
Conejo a la marinera	338
Conejo a la moda en gelatina.	339
Conejo empapelado	175
Conejo empapelado	338
Conejo en guiso fino	339
Conejo en picadillo	339
Congrio cocido	82
Congrio en pimentada	82
Congrio o anguila de mar con cardo	276
Congrio o anguila de mar en arroz	276
Consumado	219
Consumado a la madrileña	219
Cordero con guisantes nuevos	153
Cordero lechal de cuatro madres	153
Cordero Pascual	153
Cordero relleno	153
Corvina asada al agrio	277
Costrada a la chipolata	236
Costrada a la lugareña	31
Costrada a la marinera	237
Costrada clásica	30
Costrada de arroz	31
Costrada de coliflor al queso	237
Costrada de Cuaresma a la cubana	31
Costrada de hortalizas	30
Costrada de huevos escondidos	237

Costrada de langostinos	236
Costrada de manteca, de vigilia	31
Costrada dorada a la antigua española	30
Crema de ave	296
Criadillas de ternera a lo santiagueño.	145
Criadillas de ternera fritas	254
«Cromesquis» de ostiones	259
«Cromesquis» fantasía	257
Croquetas de ave	251
Croquetas de bacalao	252
Croquetas de lechuga	252
Croquetas de merluza, besugo, robaliza o atún	251
Croquetas de patata	252
Croquetas de remolacha	252
Cuajada de tomate	354
Cuarto de jabalí asado	172
Cuarto trasero de cordero al Jerez blanco	326
Delicias de queso	261
Dentón en salsa	85
Despojos de pavo a la cubana	120
Doncella en tartera	276
Dorada a la Cornide	82
Duelos y quebrantos, o chocolate de La Mancha	47
Embuchado de lomo	164
Empanadillas de ave	257
Empanadillas de escabeche de besugo	59
Emparedados	387
Emparedados de jamón	256
Ensalada chic	402
Ensalada chula	206
Ensalada cubana	401
Ensalada de calabacines	400
Ensalada de cuatro colores	400
Ensalada de escarola	206
Ensalada de escarola a la sevillana	399
Ensalada de langostinos	402
Ensalada de lechuga fina	399
Ensalada de patatas	207
Ensalada de pimientos morrones	207
Ensalada de piña y plátanos	401
Ensalada de violetas	401
Ensalada exótica	403
Ensalada Hespérides	400

Ensalada nacional	206
Ensalada refrescante	399
Ensalada rusa	401
Ensalada rusa casera	401
Ensaladas calientes	207
«Entrecote» Angel Muro	311
Entremeses vegetales y otros	384
Escabeche con vino, aguardiente o rón	205
Escabeche de besugo, robaliza y merluza	204
Escabeche de lamprea, anguila y congrio	204
Escabeche de ostras, mejillones o sardinas	204
Escabeche de perdices del capellán	205
Escabeche de perdices, inmejorable	205
Escabeche de rodaballo	204
Escorzoneras al jugo	349
Escudella catalana	26
Escudilla de ángel	27
Espaldilla de cordero a la Bolívar	325
Espárragos a la española	188
Espárragos de invierno	356
Espárragos muselina	356
Espinacas a la mexicana	188
Espinacas con nata	355
Espirales de ternera	253
Espuma de alcachofa	353
Espuma de chocolate garapiñada	412
Espuma de coliflor	358
Espuma de pescado	281
Estofado de pescado	280
Estofado de vaca	135
Fabada asturiana	27
Faisán a lo Alfonso XIII	301
Faisán al asador	302
Farinatos de Salamanca	170
Filete de buey estofado	132
Filetes cardenal	319
Filetes de lenguado en pirámide	274
Filetes de ternera empanados	142
Filetes de venado	172
Filloas	53
Filloas de sangre	54
Flan de hortalizas	361
Flan de jamón	330

Flan de la tía Maruja	349
Flores; frito de Carnaval	407
Fondos de alcachofa al Jerez	353
Fresas con piña	409
Frijoles negros a la criolla	181
Fritada de angulas	61
Fritada de calamares	62
Fritada de pollitos tomateros	112
Fritanga de menudillos	64
Fritanga de sangre	64
Frito alzado	56
Frito de cabeza o manos de ternera	255
Frito de colorines	260
Frito de escorzoneras	259
Frito de hígado de vaca	61
Frito de huevas de pescado	259
Frito de manos de ternera rellenas	60
Frito de orejas de ternera	60
Frito de pollo	256
Frito de queso blanco y blando	261
Frito de sesos de vaca	61
Frito de tirabeques	260
Frito hueco de sesos	56
Frito variado	261
Fritos de almejas	57
Fritos de bacalao a la vizcaína	58
Fritos de bacalao a las Torres de Meirás	57
Fritos de hostias	56
Fritos de sémola	261
Fritos de sesos de ternera	255
Fritos triangulares	257
Fritura de pescado a la andaluza	62
Fritura de riñones	62
Fritura de viejas	61
Gachas de Todos los Santos	43
Gachas gallegas o «papas» de maíz	44
Gachas manchegas	43
Gallina a la catalana	116
Gallina ajerezada	115
Gallina cebada, con ostras	294
Gallina cocida y bañada	295
Gallina en guiso de perdiz	116
Gallina en pepitoria	116

Gallina estofada por lo fino	294
Gallina trufada	376
Gallineja	64
Gallo con arroz	117
Gallo guisado	117
Gallo o San Martín, con guisantes	277
Gandinga criolla	163
Ganso a la española	122
Ganso de varios modos	297
Ganso relleno	122
Garbanzos fritos	63
Garbanzos guisados	183
Gazapo con jamón	340
Gazapo reconcentrado	340
Gazapos a la fuencarralera	339
Gazapos salteados	175
Gazpacho andaluz	35
Gazpacho andaluz	35
Gazpacho blanco refrigerante	36
Gazpacho de campaña	36
Gazpacho extremeño	35
Gelatina surtida	386
Gorrino de leche con arroz, a la guajira	164
Granadinas de vaca	310
Guarnición a la jardinera	389
Guarnición de barras de oro	390
Guarnición de bolas de patata	388
Guarnición de cebollas	389
Guarnición de costrones	390
Guarnición de espárragos	389
Guarnición de gelatina	391
Guarnición de huevos	390
Guarnición de larguillas	388
Guarnición de patatas de varios modos	388
Guarnición de puré de patatas	388
Guarnición para pescado	390
Guisado al pebre	133
Guisado de buey castizo	132
Guisado de carnero a la Muro	151
Guisado de la batalla de Almansa	122
Guisado de vaca	136
Guisado particular	122
Guisantes al natural	344

Guisantes con jamón	344
Guisantes con tocino	345
Guiso de buey	309
Guiso de carnero a la francesa	324
Guiso de carnero a la primaveral	324
Guiso de costillar de ternera a las Torres de Meirás	141
Guiso de empanada de palominos	193
Guiso de ternera	315
Guiso de ternera con arroz y menudos	141
Guiso de ternera más fino	315
Guiso pobre de patatas	184
Guisote de carnero	150
Guisote ordinario de ternera	140
Habas a la catalana	182
Habas blancas con tocino entreverado	343
Habichuelas al agrio	343
Hígado de cerdo a la antigua	162
Hígado de cerdo salteado	333
Hígado de cordero achicharrado	154
Hígado de cordero asado	327
Hígado de ternera a la riojana	320
Hígado de ternera a la vendimiadora	319
Hígado de ternera empapelado	320
Hígado de ternera guisado	148
Hojas de limón	408
Hongos a la andaluza	184
Hongos en picadillo	346
Hormigos o formigos	50
Huesos de buey	309
Huevos a la flamenca	241
Huevos a la hugonota	48
Huevos a la mayonesa	385
Huevos a la portuguesa	241
Huevos a la refinada	245
Huevos abuñolados	240
Huevos al plato	240
Huevos alternados	244
Huevos blandos	239
Huevos cardenal	242
Huevos con ajo	243
Huevos con tomatada	48
Huevos con tomate y jamón	47
Huevos cuajados	243

Huevos de capirote o tortillejas	51
Huevos duros guisados	48
Huevos en cacerolita	240
Huevos en pasta blanca	241
Huevos encapotados	241
Huevos escalfados.	45
Huevos fritos	46
Huevos fritos a la cubana	46
Huevos high life	242
Huevos hilados	411
Huevos ladrillados	210
Huevos Marineda	244
Huevos novedad	242
Huevos pasados	45
Huevos rellenos	243
Huevos remenats	49
Huevos revueltos a la española	244
Huevos revueltos con cebollas	48
Huevos revueltos con pescado	245
Huevos revueltos con trufas	245
Humorada inocente	49
Imitación española de fuagrás	380
Inflado de queso	363
Jamón	387
Jamón a la portuguesa	159
Jamón al natural	328
Jamón cocido	158
Jamón con perendengues	331
Jamón de jabalí mechado	172
Jamón del cura de Sagra, con espinacas	329
Jamón en dulce	159
Jamón fresco con alcaparras	330
Jamón relleno	330
Jibia a la antigua	106
Jibias rellenas en salsa	289
Joroba de mero a la española	79
Judías estofadas	183
Judías verdes a la mexicana	182
Judías verdes al jugo	343
Judías verdes, de vigilia	344
Jugo	391
Jugo para los macarrones	391
la carne de jabalí	334

Lachas o tranchos fritos,	81
Lacón con grelos	161
Lacón Lafuente	161
Lamprea con especias	97
Lamprea en su sangre	97
Lamprea frita, cocida y asada	285
Langosta a la americana	287
Langosta a la catalana	98
Langosta a la cubana	99
Langosta al chocolate	286
Langosta al natural	285
Langosta en bella vista	285
Langosta infernal	99
Langosta viva	286
Langostinos y cigalas	99
Las esencias	392
Lebrato al minuto	338
Lengua de ternera lampreada	145
Lengua de vaca en salsa de tomate	137
Lengua emparedada	321
Lengua rellena y trufada	376
Lenguado al gratín	273
Lenguado cocido	272
Lenguado con malicia	80
Lenguado con mejillones	79
Lenguado en engañifa	272
Lenguados fritos	79
Lenguas de bacalao	77
Liebre a la gallega	174
Liebre a lo cazador	337
Liebre al puré de tomate	336
Liebre asada	174
Liebre asada	336
Liebre benedicta	337
Liebre estofada	173
Liebre fría a la meridional	337
Lobagante a la americana	287
Lombarda con salchicha	358
Lomo con frijoles	156
Lomo conservado	164
Lomo de cerdo fresco a las Torres de Meirás	155
Lomo de jabato, asado	335
Lomo en zorza	156

Lonchitas de fuagrás	386
Longaniza	166
Longaniza antigua	167
Longaniza aragonesa	167
Lonjas de cerdo	158
Lonjas de cerdo esparrilladas	332
Lonjas de ternera a lo señorito	318
Lonjas de ternera con magras	318
Lonjas de ternera rizadas	318
Lonjitas rebozadas	254
Lucio	98
Macarrones acompañados	363
Macarrones con estofado	362
Macarrones con jamón	362
Macarrones con trufas	363
Magras a la gitana	160
Magras con cebolla	160
Magras con guindas	161
Magras con tomate	159
Magras de jamón fritas	61
Magras en almíbar	160
Magras en dulce	161
Magras Olozaga	160
Magritas encapotadas	254
Manjar fenicio	91
Manos de carnero a la antigua	154
Manos de carnero en pepitoria	154
Manos de carnero o cordero fritas	255
Manos de ternera con garbanzos	143
Manos de ternera, según Pepa de Soandres	144
Manteca	385
Manteca de ajo	203
Manteca de anchoas	392
Manzana para las morcillas dulces, sean negras o blancas	169
Manzanas con salchicha	360
Marinada	392
Masa de armar, para pasteles calientes y fríos	367
Masa de empanada clásica	191
Masa de pastelitos de ostras	368
Masa panadera	191
Masa real, para empastelar la liebre	368
Mayonesa francesa	393
Mayonesa inédita	393

Mejillones de Manuela	103
Mejillones fritos	103
Mejillones guisados	103
Melón	385
Melón divino	409
Mendo en blanco	277
Menestra a la española	360
Menestra de hortalizas	384
Menestra frita	260
Menudo a lo gitano	138
Merluza a la calabresa	68
Merluza a la manchega	69
Merluza a la vizcaína	69
Merluza abierta	66
Merluza asada	66
Merluza asada en ruedas	269
Merluza cocida	65
Merluza cocida	268
Merluza con avellanas	67
Merluza con guisantes	67
Merluza en ajada	66
Merluza en guiso de bacalao	69
Merluza frita	66
Merluza rellena	67
Merluza rellena al estilo de Toro	68
Mero a la habanera	78
Mero o cherna a lo caimanero	78
Mero, esparrillado, con salsa de aceite	272
Migas canas	40
Migas canas a la antigua española	40
Migas canas de pastor	41
Migas de Jaén	39
Migas de nata	40
Migas de Teruel	39
Migas generales	42
Migas sin ajo	42
Migas sin migar	237
Modo de dar a la carne de cerdo la apariencia y el gusto de	
Mollejas de ternera en pepitoria	321
Mollejas de ternera ensartadas.	320
Mondongo criollo	147
Mondongo habanero	147
Monte de marrón	409

Morcilla asturiana	168
Morcilla catalana	168
Morcilla de sangre	167
Morcilla picante extremeña	168
Morcillas blancas	170
Morcillas de Baltasar del Alcázar	169
Morcillas de dulce	169
Morillas a la sevillana	184
Morillas o cagarrias al tocino	346
Morro rabioso de buey	135
Mújol cocido	277
Mújol frito	278
«Munchetas» en «salpiquet»	182
Muselina de bacalao	271
Nabitos estofados	350
Nabos a la golosa	351
Nirvana	410
Nudos de merluza	258
Obleas de hígado de cerdo	256
Oille u olla a la española según Gouffé	23
Olla podrida	22
Ollomoles empapelados	78
Ostiones en pepitoria	101
Ostras a la americana	289
Ostras al natural	101
Ostras vieiras, aviñeiras o Pechinas cocidas	102
Otra fórmula	67
Otra fórmula	102
Otra fórmula de anguilas a la marinera	95
Otra fórmula de bacalao a la vizcaína	71
Otra fórmula de bacalao a la vizcaína	71
Otra fórmula de butifarra	171
Otra fórmula de potaje de garbanzos	28
Otra fórmula de salchichas	165
Otra fórmula de ternera en su jugo	312
Otra masa de empanada	192
Otras gachas manchegas	43
Paella (para doce personas), número 1	177
Paella, número 2	178
Paella, número 3	178
Pajaritos	303
Pajaritos en arroz	130
Pájaros fritos de Madrid	130

Pajeles fritos	81
Palominos a la moderna	299
Palominos con gelatina	299
Palominos fritos	123
Pan de coliflor	358
Pan de hígado al Jerez	379
Pan de jamón	331
Pan de sesos de carnero	325
Panchos o buraces fritos	81
Panetela	32
Para cocer el pescado	65
Para evitar el olor fétido que dan las coles al cocerse	190
Para salvar una mayonesa	394
Pargo en costra	86
Pasta amarilla de abuñolar	250
Pasta blanca de encapotar	250
Pasta de empanadillas	367
Pasta de freír	365
Pasta de freír abuñolada	56
Pasta de freír corriente	249
Pasta de freír en buñuelo	250
Pasta hojaldrada	366
Pasta para decorar asados	367
Pasta para pastel	366
Pasta para timbal	366
Pasta quebrada	366
Pastel de liebre	375
Pastel de perdices	374
Pastel frío, de cerdo	373
Pastel murciano	197
Patatas a la cubana	185
Patatas a la nieve	348
Patatas a lo habanero	185
Patatas cocidas y fritas	347
Patatas con nata	348
Patatas en blanco	348
Patatas guisadas	184
Patatas nuevas estofadas	347
Patatitas nuevas doradas	348
Pato asado	121
Pato con aceitunas a la antigua	121
Pato con nabos	121
Pato con naranjas agrias	121

Pato guisado con castañas	297
Pava en su corte	296
Pavipollo al vino de Málaga	120
Pavipollo con salchichas	120
Pavipollo en su jugo	296
Pavo de Aspe, asado	119
Pavo relleno a la antigua española	119
Pavo relleno y trufado	377
Pay de mejillones	104
Pecho de carnero doble	323
Pecho de carnero en carbonada	323
Pechugas de gallina a la suprema	295
Pepinos	385
Peras rellenas	211
Percebes al natural	101
Perdices a la provinciana	300
Perdices a lo San Lorenzo	126
Perdices al chocolate	300
Perdices asadas	299
Perdices con ostras	125
Perdices con sardina	126
Perdices en agri-dulce	301
Perdices estofadas a la antigua	128
Perdices golosas	300
Perdigones a la catalana	124
Perdigones a la española	125
Perdigones a la Sierra Morena	125
Perdiz a la catalana	126
Perdiz con coles	127
Perdiz en repollo	125
Pescadillas al vino de Rueda	70
Pescadillas en caldo empanado	270
Pescadillas fritas	70
Picadillo cubano	137
Picadillo de buey cocido	131
Picadillo de cerdo al «gratin»	334
Picadillo de puerro	360
Pichones a la criolla	124
Pichones a las Torres de Meirás	298
Pichones asados	124
Pichones estofados	299
Pichones fritos	124
Pichones suculentos	298

Pierna de carnero ahogada	150
Pierna de carnero con manzanas	323
Pierna de carnero en engañifa	322
Pierna de carnero entocinada	149
Pierna de corzo asada	335
Pierna de ternera asada a la antigua	139
Pierna de ternera mechada, para fiambre	310
Pierna estofada a la manchega	140
Pierna guisada	132
Pimientos rellenos	351
Pimientos rellenos de arroz	187
Pisto con escabeche	189
Pisto manchego	49
Pollanco a la madrileña	292
Pollitos tomateros con arroz	111
Pollitos tomateros con guisantes	111
Pollo a la avilesa	114
Pollo a la montañesa	292
Pollo asado	112
Pollo con aceitunas	114
Pollo en promiscuación	115
Pollo salteado	292
Pollos a la española	113
Pollos a la indiana	291
Pollos a la valenciana	113
Pollos con tomate	112
Pollos en blanqueta	293
Pollos en fricasea	293
Pollos en pebre	114
Pollos guisados	113
Pollos nuevos asados	291
Pollos salvados	115
Polvorones	406
Ponche a la romana	413
Potaje de almejas	29
Potaje de castañas	28
Potaje de garbanzos	28
Potaje de garbanzos, nuevo	230
Potaje de judías blancas	28
Pote gallego	24
Pote provinciano	26
Preparación de la lamprea, para guisarla de todos modos	96
Puches de trigo fresco	44

Pulpo de las ferias	107
Pulpo zurrado, según Rosa la pescadora	107
Puré de cámbaros	235
Puré de cangrejos de río, de vigilia	235
Puré de castañas	232
Puré de cebollas	232
Puré de cigalas, de vigilia	235
Puré de espárragos con flan de pollo	234
Puré de huerta	233
Puré de judías rojas	232
Puré de pan	232
Puré de patatas asadas	233
Puré de setas con arroz	233
Puré de tomates con huevos escalfados	234
Puré Trevélez	234
Queso sencillo de cabeza de cerdo	379
Quisquillas o camarones	386
Rabo de buey asado	134
Rabos de ternera a la salchichera	321
Ramillete de verdura	361
Raya cocida	86
Raya con queso	280
Raya frita	279
Raya guisada	280
Rebozado usual	55
Relleno cocido	369
Relleno de carnes	370
Relleno de empanada de anguila de Lugo	195
Relleno de empanada de codornices a la vitoriana	194
Relleno de empanada de lamprea	194
Relleno de empanada de lomo y jamón	192
Relleno de empanada de murena	195
Relleno de empanada de pichones	193
Relleno de empanada de pollo o gallina tierna	193
Relleno de empanada de salmonetes	195
Relleno de empanada de sardina	196
Relleno de pastel de hortalizas a las Torres de Meirás	370
Relleno de pastel de jamón y lomo	373
Relleno de pastel de liebre sin liebre	372
Relleno de pastel de ostras	371
Relleno de pastel de perdigones	372
Relleno de pastel de pescado	371
Relleno de timbal a la francesa	375

Relleno de timbal de aviñeiras	374
Relleno de timbal de coles agrias y perdigones	374
Relleno de timbal de macarrones	375
Relleno general número 1, de sobras	197
Relleno general número 2	197
Relleno para aves como perdiz y faisán	369
Relleno para aves gordas asadas, como pavo, capón y gallina	198
Relleno para aves, pescados finos y bocaditos	369
Relleno para pescado	369
Repollos con tocino	359
Repollos rellenos	359
Riñonada de cerdo asada	157
Riñonada mechada	312
Riñones de carnero a la española	151
Riñones de carnero salteados	325
Riñones de cerdo al vino blanco	333
Riñones de cerdo ensartados	333
Riñones de ternera a la casera	321
Riñones de ternera a la española	321
Riñones de ternera en arroz	149
Robaliza cocida	278
Róbalo o lubina a la casera	278
Rodaballo bodeguero	81
Rodaballo cocido	275
Rodaballo frito	80
Rodaballo salvado	275
Ropa vieja	137
Ropa vieja cubana	189
Rosas	408
Rosbif	305
Rosbif españolizado	306
Rubio o escacho con guisantes	82
Rueda de atún fresco asado	83
Rueda de atún mechada	279
Rueda de salmón tostada	283
Sábalo asado	281
Sábalo o alosa cocidos	281
Salchichas	164
Salchichas antiguas	165
Salchichas fritas	62
Salchichón	170
Salmón	93
Salmón al verde	93

Salmón cocido	283
Salmón frito	283
Salmonetes a la parrilla	84
Salmonetes a la rebañada	84
Salmonetes achicharrados	279
Salmonetes con piñones a la alicantina	84
Salmonetes en agraz	84
Salmonetes fritos	83
Salmonetes rellenos empanados	85
Salmonetes victoriosos	84
Salmorejo de pato	297
Salpicón	203
Salpicón de vaca a la zaragozana	136
Salsa a las Torres de Meirás	397
Salsa al Jerez	398
Salsa amarilla	199
Salsa americana	201
Salsa árabe para salmonetes asados	200
Salsa blanca	395
Salsa criolla	201
Salsa cubana	200
Salsa de batata de Málaga	202
Salsa de cangrejos	397
Salsa de huevo	200
Salsa de manteca negra	396
Salsa de manteca rubia	396
Salsa de mosto para la caza, las aves gordas y la carne de cerdo	201
Salsa de naranjas agrias	201
Salsa de ostras	397
Salsa de pebre	199
Salsa de perejil	198
Salsa de pimiento	199
Salsa de piñones	200
Salsa de tomate	198
Salsa de tomate	399
Salsa de vinagre	198
Salsa española	203
Salsa Gran Vía	199
Salsa holandesa	394
Salsa mayonesa	393
Salsa mayordoma	398
Salsa morena	399
Salsa muselina	395

Salsa picante	396
Salsa picante española	201
Salsa remolona	394
Salsa riojana	199
Salsa Roberto	202
Salsa tártara	394
Salsa tortuga	398
Sangre de cordero o cabrito	155
Sangre de corzo	172
Sangre quemada	163
Sarda o maquerel a lo pescador	86
Sardinas «escanchadas»	87
Sardinas a las Rías Bajas	88
Sardinas complicadas	87
Sardinas dobles	88
Sardinas en cajetín	282
Sardinas en garita	88
Sardinas endiabladas	89
Sardinas enroscadas	87
Sardinas fritas	86
Sardinas rellenas a la antigua	89
Sardinas saladas	89
Sardinas según Pilar	88
Serafinada	190
Sesos a la matancera	138
Sesos de carnero estofados	325
Sesos de ternera a la marinera	148
Sesos de ternera, a la cubana	148
Sesos de vaca	138
Setas a la española	183
Setas a la manchega	184
Setas en cajetín	345
Setas guisadas	345
Sobreasada de Mallorca	170
Soldaditos de Pavía primeros	57
Soldaditos de Pavía segundos	57
Solomillo de buey con trufas	306
Solomillo de cerdo fresco, asado	328
Solomillo de ternera mechado	311
Sopa a la española	226
Sopa a la marinera	33
Sopa al cuarto de hora	229
Sopa amarilla	223

Sopa borracha	34
Sopa borracha de torrijas	34
Sopa calada	32
Sopa cubana de cebollas	38
Sopa de ajo	37
Sopa de ajo fácil	37
Sopa de albondiguillas	223
Sopa de almendra de Navidad	38
Sopa de empanadillas	225
Sopa de emparedados	224
Sopa de fideos	33
Sopa de flan de caldo	225
Sopa de langostinos	226
Sopa de loro o de bestia cansada	34
Sopa de maíz	228
Sopa de menudillos	34
Sopa de migajas	223
Sopa de ostras	226
Sopa de patatas	228
Sopa de picadillo	225
Sopa de tomate	227
Sopa de virutas	224
Sopa espesa de ostras	226
Sopa juliana españolizada	228
Sopa mexicana	32
Sopa rape	230
Sopa seria	222
Sopas de ajo castellanas	229
Sopas de pasta	223
Sopas de tapioca, sémola, sagú, perlas del Japón, etc.	224
Sopicaldo	32
Suplemayonesa	394
Tasajo cubano	137
Teresicas de pescado	60
Ternera a la castiza	315
Ternera a la hortelana	313
Ternera asada	310
Ternera asada a la española	139
Ternera con lechuga	314
Ternera en octavo	312
Ternera en su jugo	312
Ternera entreverada	313
Ternera estofada con macarrones	314

Ternera rellena de jamón	139
Tocino del cielo	211
Tocino fresco en salsa diabólica	157
Tomate	385
Tomates complicados	355
Tomates rellenos	354
Torrijas de anchoas	90
Torta de chicharrones	381
Torta de pescado	281
Torta ligera de patata	349
Torta moka	405
Tortilla a la francesa	246
Tortilla al ron forrada	411
Tortilla con arroz	247
Tortilla de bacalao	52
Tortilla de cebolla a la moderna	246
Tortilla de cebolla inédita	247
Tortilla de cebollas	51
Tortilla de chorizos	53
Tortilla de espárragos trigueros	52
Tortilla de jamón	53
Tortilla de ostras	247
Tortilla de patatas	51
Tortilla de pececillos	52
Tortilla de picadillo de hortalizas	247
Tortilla Jacinto Octavio	248
Tortillejas guisadas	51
Tortillitas de San José	50
Tortuga a la criolla	107
Tostón o marranillo	164
Trozo de rodaballo al Champagne	275
Trucha a la española	92
Truchas	283
Truchas a lo cazador	92
Truchas asalmonadas, reos, truchas «bicales»	92
Truchas fritas	91
Truchas rellenas, a la mexicana	92
Trufas borrachas	347
Turbantes de tomate	354
Uñas de ternera en almodrote	144
Vaca a la casera	135
Vaca a la marinera	136
Vaca en guiso de perdiz	309

Vaca frita, a la cubana	136
Valewski	412
Verdaderos hongos a la bordelesa	346
Vieiras a estilo de Vigo	102
Vieiras en salsa de Jerez	288
Vieiras en su concha	102
Vieiras guisadas	102
Vieiras Mondariz	288
Yemas exquisitas de Alcalá de Henares	411
Zamburiñas	103
Zanahorias a estilo de Vichy	350
Zanahorias a la casera	350
Zarzuela de mariscos a la catalana	290
Zorza	163
Zorzales asados	129
Zorzales en salsa	129